晚清原来是这样

金满楼◎作品

历|史|中|国
白金升级版

中国出版集团 现代出版社

图书在版编目（CIP）数据

晚清原来是这样 / 金满楼著. -- 增订本. -- 北京 : 现代出版社, 2017.7
（历史中国）
ISBN 978-7-5143-6161-2

Ⅰ. ①晚… Ⅱ. ①金… Ⅲ. ①中国历史－清后期－通俗读物 Ⅳ. ①K252.09

中国版本图书馆 CIP 数据核字（2017）第 109036 号

晚清原来是这样

作　　者	金满楼
责任编辑	张　霆　邸中兴
出版发行	现代出版社
地　　址	北京市安定门外安华里 504 号
邮政编码	100011
电　　话	010-64267325　010-64245264（兼传真）
网　　址	www.1980xd.com
电子信箱	xiandai@vip.sina.com
印　　刷	三河市宏盛印务有限公司
开　　本	710mm×1000mm　1/16
印　　张	21.5
版　　次	2017 年 7 月第 1 版　　2019 年 1 月第 2 次印刷
书　　号	ISBN 978-7-5143-6161-2
定　　价	42.00 元

目　录

一 数砖：一个晚清高官的官场体会

作为中国近代史上第一个不平等条约——中英《南京条约》的签订者之一，伊里布也一直为世人所唾骂，但这位曾任两江总督的朝廷大员，其人品也未必太坏。

伊里布，字莘农，满洲镶黄旗人，生于乾隆三十七年（1772年），自幼勤敏好学，29岁中进士（嘉庆六年，1801年），这在过惯了优越生活的旗人中并不多见。科场之外，伊里布曾历任通判、知府、知州、按察使、布政使，最后做到陕西、山东、云南三省巡抚，云贵总督、两江总督这样的封疆大吏，其仕途看似稳扎稳打，一步一个台阶，但在起步阶段，却险些栽了大跟头。

《啸亭续录》中说，伊里布做云南通判时（通判为知府佐官，正六品），当地苗民起义被镇压，武将们为贪功将一些无辜老百姓也抓了起来，总督伯麟命伊里布前去审讯。伊里布了解真相后，即将无辜之人全部释放。骄横的武将们得知后大为恼怒，遂跑到伯麟那里大告其状，伯麟听信一面之词，于是将伊里布召来狠狠地训斥了一番。

令总督大人没有想到的是，伊里布竟然当面顶撞："下官职位虽低，但也深知为人做官的本分。那些无辜之人均有父母子女，岂能靠屠戮无辜来取媚朝廷？何况，下官所释均为无辜之人，如果那些人再有反叛，下官愿以项上人头作为担保，要杀要剐，唯命是从。若是以杀害无辜之人作为升官之途，就算提拔做督抚，也非下官所能为也。"伯麟听后颇为震动，待其走后连叹："奇男子，真奇男子也！"

随着对史料的翻检，伊里布最让人感触的还不是以上"一正一反"的形象反差，而是伊里布在清人笔记《留仙外史》中与某客人谈起的一段往事。开篇，伊里布即感慨地说："人生在世，或由福而祸，或由祸而福，皆有定数，无法预料。想当年，我坐在云南抚军衙门外西偏房的胡床（一种可以折叠的轻便坐具）上苦等接见，只能默数屋中的椽木方砖作为排遣——这滋味，可真不好受啊！”

客问其故。伊里布说：“我当时做云南通判，因被弹劾而去官，穷得没办法，想去求抚军批准拨点盘缠，外面站岗的人见我没钱通融，又是新被废的官员，不肯前去通报。我恳求再三，他们才答应，让我到西偏房等候。

“我在西偏房里，看见大小官吏们排好队，随后又听站岗的人分别传令谁谁进去。当时看到司道官员进去了，接着又出来了；府厅官员进去了，接着又出来了；州县官员也进去了，又出来了；武将们也进去了，出来了。眼见等待接见的人越来越少，我想应该到我了，不想这时突然听见站岗的人大声道：‘抚军大人有令，今日接见诸人办理公事，时间已到，大人非常疲惫，没接见的人今天且退下，明日再来！’

“我一听傻了眼，只好自己走回去。第二天，我又眼巴巴地赶来求见。然而，我往返三日，都没见上抚军大人，每次都是如此。

“在这几天里，我在抚军衙门外的西偏房里，坐在一张胡床上屏息枯坐，一无所事。穷极无聊之下，我仰头默数这屋里从东到西有几根椽木，数完了椽木后又数椽上的方砖有几块，反反复复，最后数得是一清二楚，到现在都还记得。最后，我还是没见着抚军大人。云南距京师万里之遥，我当时又没有足够的盘缠，无奈之下，只好让我的妻子儿女暂留云南，我孤身一人先回京城，到时向亲友们借点钱，再想其他办法。

“没想到我回到京城，亲友们听说我已被罢官，路上见了我一个个都远远地绕着道走，生怕被我看见，当时也没有一个人来问我的状况如何。所幸当时朝廷规定，旗人因公去官的，可以请求觐见皇上。一个原来的下属跟我说：‘你现在都困窘成这样子了，不如送点钱给那些值守的人，看他们会不会帮你安排觐见，指不定皇上还真就见你了，到时你的事情或许还有转圜的余地。’

“我当时心想，反正已是山穷水尽，干脆就孤注一掷吧。于是我狠狠心，把我当时剩余的一点钱全拿出来送给值守的人，这才得以具文上奏。也算我的运气好，当时皇上正好挂念云南之事，见我从云南归来，便特意召见了我，询问那边的情况。

“我得此机会，把云南的情况还有我自己的情况都如实汇报，皇上听后，觉得我说得不错，便命我官复原职，仍回云南办事。亲友们听说我复官了，陆续有人向我庆贺。正要出京赴任时，皇上又越级提拔我为知府。消息一出，向我庆贺的人多得不得了，有建言献策的，有馈赠物品的，还有送钱的，一个个还生怕我不收。

“出了京城后，朝廷又下令让我先做监司（监察州县的地方长官，比按察使低一级），仍旧在省城办公。我回到云南与妻子儿女重逢后，感觉恍如梦中，不敢相信这一切都是真的。到家第二天，我前去谒见抚军大人，站岗的还是那几位，但这次却大不相同，这些人见我后赶紧起身，一个个脸上堆着笑前来招呼我。进去一通报，抚军便传命：‘请！’

“我进去后，抚军大人和颜悦色，极力庆贺，他见我还穿着监司的衣服，便惊讶地问：‘你大概还不知道吧？昨天皇上有令，特命你做云南按察使，你怎能还穿监司的衣服呢？’说罢，抚军大人掉头呵斥左右：‘还愣着干吗，赶紧去把大人的衣服拿来！’于是我就在抚军衙门把按察使的衣服换上了。

“随后的日子里，我可谓春风得意，一路高升，不到两年，我便由按察使转为布政使，随后又升为云南巡抚。我受命巡抚的地方，正好在抚军衙门的那间西偏房，当时屋里焚香设案，正当我九拜谢恩时，忽然抬头看见西偏房屋顶的椽木方砖，历历在目，我立刻想起了当年曾在这里苦等 3 天、想见抚军大人一面而不可得的情景，心里不胜唏嘘。

“随后我升堂办事，手下人通报说，云南大小官吏都来向我祝贺，现在屋外等待接见。于是我按次序一一接见，就跟当年我看到的一样，司道也进，司道也出；府厅也进，府厅也出；州县也进，州县也出。所谓‘此一时，彼一时也’，抚今追昔，真是感到人生如梦，令人感慨万千！

“接见完后，我把门外负责通报的属下们都叫进来，告诫说：‘你们都好好听着，从今以后，只要有人求见，都必须通报。接待那些求见的人，要好好对待，不要仗势欺人，不要让西偏房里再有人默坐胡床，求见不得，徒劳无助地仰头默数木椽几根、方砖几块！’”

官场炎凉，人情淡薄，伊里布的感悟故事虽说只是野史，但何尝不是一种历史的常态。无独有偶的是，清末《清代名人逸事》中也记载了一个类似的故事，说乾隆朝、嘉庆朝封疆大吏勒保刚到成都府做通判时，因不讨上司喜欢，时常遭到呵责，趋炎附势的同僚们也都对他爱搭不理。每次到上级衙门排班参见、禀报公事时，竟无人理睬，因而一直郁郁不得志，但因家里穷，不敢挂冠而去，只能忍气吞声。

有一年，听说某人要来四川当总督了，此人正是10年前的故交，勒保因此心中窃喜，又不敢告人。总督将至，勒保先到郊外迎接，但总督没有见他，他有点失望。到了成都城外，勒保去拜见，又被挡了驾。到了总督行辕，大小各官纷纷晋谒，唯独没有接见他。由于名帖已递去，勒保不敢径自离去，天气又热，直等得汗流浃背，心中愤恨欲死。正踌躇间，忽然听到传呼："请勒三爷！"

不称官名而称行辈，是朋友圈子内的称呼。这声称呼让勒保恍如羁囚忽闻恩赦，他立即理好衣冠，疾趋而入，却见总督不戴官帽，立于檐下，指着他笑骂："你太无耻，这个样子来见我。"勒保下跪行礼，总督拉起他："不要你磕狗头。"还叫随从帮他解除衣冠："为勒三爷剥去狗皮，带到后院乘凉饮酒去。"

总督越骂，勒保越欢喜，因为这个待遇，表明总督不将他当外人，因此在后院中把酒话旧时，他简直有点飘然欲仙了。当时众官还未散去，见到他与总督这般亲密，都颇感震惊。勒保饮到三更回来，知府、知县还在衙门中等他，一回来，他们便拉着勒保的手问长问短，问总督有何指示。从此，成都的官员每次见了他都是逢迎欢笑，争着与他套近乎。而勒保还是当初的勒保，官场炎凉之态，言之可叹！

曾任民国总理的颜惠庆在回忆录中说，他在清末外务部任职时，品级高的官员乘车到部，门吏须高声通报，而他乘的是微末之员才坐的人力车，最初门吏颇为藐视，并不通报。后来那些人知道了他的官职是参议，而且对他乘坐人力车习以为常，这才开始通报。等到他买了一辆马车，这些傲慢的门吏们立刻变得毕恭毕敬起来，每次到部，即高声通报。

颜惠庆是喝过洋墨水的人，精通洋务，本篇的主角伊里布就不同了，他在两江总督任上遇到了前所未有的麻烦事。道光二十年（1840年）六月，英军侵占定海，浙江巡抚乌尔恭额被革职，伊里布被命为钦差大臣前往浙江筹办进剿，在见识了这支明显属于另一个时代的舰队后，伊里布不无直接地向道光皇帝奏报：“其船只之高大坚厚，炮械之猛烈便利，破此尤非易事，非厚集兵力，亦恐难以制胜。”但道光皇帝却以为他畏葸怯战，长了洋人的志气，灭了天朝的威风，非要他率领中世纪的水师前去与装备了大量舰炮的英国舰队开战，这种以卵击石的自取灭亡之举，着实是难为他。

在与英方的交涉中，伊里布属“主和派”无疑，当时乡民抓获了20多名英军士兵，伊里布加以善待并向道光皇帝提出以“释放俘虏作为交还定海”的建议。在谈判中，伊里布派家丁张喜以六品顶戴携带大量鸡鸭牛羊前往定海犒赏英军，英军则以洋布等物作为回赠。但双方的礼尚往来并没有达成一个满意的谈判结果，英方提出要“另行酌给一处”方肯退还定海，这让道光皇帝大为愤怒，随即他便命令伊里布“痛加攻剿，无稍示弱”；数日后，未见回报的道光帝又谕令伊里布“痛加剿洗”。

伊里布被逼无奈之下，只好委婉地奏称：“制夷之策，在严守不在力战。”道光得报后很不满意，随即下了一个有威胁的命令：“兵贵神速，计必万全，务须一鼓作气，聚而歼之。倘事前不知筹度，临时坐失机宜，朕唯伊里布、裕谦是问，恐不能当此重咎也。”

伊里布心里清楚，收复定海势必渡海作战，而“江浙两省之兵，柔脆者多，劲勇者少，潜师进剿，非实在精锐之兵不能集事”，即使被道光帝斥责降罪，也比白白送死的好。道光拿他没办法，只好让他回两江总督本任，改由江苏巡抚裕谦为钦差大臣赴浙进剿。

两个月后，伊里布被后任裕谦弹劾“遣家丁赴敌船事”而遭褫职，随后押赴京城讯审。回京后不久，这位已近70的老大员被发配军台，以示惩戒。

经两年的战争后，清朝的海防被证明不堪一击，道光皇帝的态度也就不再那般的强硬。1842年初，在清廷微露议和之意时，英方称谈判须请伊里布筹办，浙江巡抚刘韵珂得知后，即以伊里布为“夷所感戴”，奏请发往浙江军营效力。道光皇帝考虑再三，只好将当时罪戍边疆的伊里布召回并赏给七品顶戴，随杭州将军耆英赴浙差遣。

但是，英军此时的主攻方向已不再限于沿海而是逆长江而上。8月初，英国公使璞鼎查率领一支由80多艘战舰及4500余名士兵组成的庞大舰队连克吴淞、镇江，之后进逼两江总督的治所——江宁（即南京）。昔日平静安宁的江面，如今耸立的却是侵略者的炮口，英国舰队就停泊在仪凤门外的草鞋峡，等待着清廷谈判代表的到来。

8月中旬，耆英、伊里布来到南京并会同两江总督牛鉴与英军展开和谈，那位“六品家丁”张喜再次发挥大作用，一些谈判的细节竟然由其完成，譬如赔款数量由3000万银圆减为2100万银圆等。直到8月20日，耆英、伊里布、牛鉴等人才登上英国舰队的旗舰“康华丽”号与璞鼎查直接会谈。8月29日，《南京条约》在“康华丽”号上举行签字仪式，条约共4份，其中两份由耆英、伊里布、牛鉴及璞鼎查4人分别盖印签字，另两份则交由道光皇帝及英国女王“亲笔批准后，即速行相交，俾两国各执一册，以昭信义”。

为庆祝胜利，“康华丽”号这一天布置得富丽堂皇，英国水兵也统一着军礼服。签字仪式结束后，英军鸣放了21响礼炮。礼炮本无恶意，但耆英、伊里布、牛鉴等人仍为之胆战心惊，在轰隆隆的炮声中，这些大员落荒而走，毫不体面地结束了这场屈辱（尽管他们当时未必感觉到）的议和，而英军则在9月下旬收到了第一批赔款（600万银圆）后离开南京。

战争结束了，伊里布也走到了人生的尽头。就在鸦片战争结束的次年，伊里布在广东任所于困病中弃世，终年古稀增一年。事后，清廷追赠伊里布太子太保，谥“文敏”。

二 天父下凡：洪秀全何来的“正确思想”

在 1837 年初的广州府试中再次落榜后，24 岁的洪秀全大病一场，40 多天高烧不止。昏迷当中，洪秀全做了一个奇怪的梦，他看见一龙一虎一雄鸡走进屋中，接着一群人吹吹打打，一队黄衣童子飘然入室，并用一顶极华美的轿子将他抬起，不断升高飞翔，飞入云端，最后飞到一个极光明的地方。在那里，洪秀全见到了一个身材高大、身着龙袍的长者，他将洪秀全的肚腹轻轻剖开，取出原已污秽的内脏并易之以新后，伤口倏然而愈，不留丝毫痕迹。

洪秀全目眩神迷之时，这个留着金色胡须的威严长者自称是他的父亲，并告诉他人间正受到妖魔的祸害，他的任务就是下界去斩杀妖魔，拯救人间。为帮助他战斗，老者又给了他一把名叫“云中雪”的宝剑，并派他的兄长耶稣前去助阵。炫目的光芒中，洪秀全挥舞着宝剑，耶稣捧着发光的金印，兄弟俩飞过 33 层天界，杀向人间。

昏迷中的洪秀全，经常高呼：“杀妖！杀妖！”围坐在旁的家人大为惊恐，他们以为洪秀全被鬼缠身，即将离开人世。但奇怪的是，洪秀全不久即恢复了健康，高烧退后，他仍像往常那样拾起儒家课本，准备再次应考。不幸的是，洪秀全在之后的 7 年中越考越差，最后不得不彻底放弃，改以教书谋生。

百无聊赖中，一个名叫李敬芳的远房亲戚偶然路过访问，他在洪秀全的书房里无意中发现了一本模样古怪的小册子，于是好奇地将之带走借阅。还书时，李敬芳声称这是一本“神书”并向洪秀全极力推荐。半信半疑之下，洪秀全拿起了这本丢弃已久的小册子，不读不知道，一读吓一跳，那个反复困扰了他 7 年之久的怪梦豁然开朗，一下子就找到了答案。

小册子名为《劝世良言》，作者梁发，中国人。梁发原是印刷工人，他曾协助英国传教士马礼逊印刷《圣经》并皈依了基督教，成为中国本土的第一位华人牧师。梁牧师编写的这本《劝世良言》，主要内容是圣经原文及他个人的理解，因其通俗易懂，对初学者颇为相宜。为更好地传教，梁牧师和他的助手常在广州贡院开考时向沿途士子们免费发放，洪秀全的这本或许即由此而来。

尽管洪秀全不承认那次高烧前看过《劝世良言》，但其梦中的情节与基督教的赎罪、洗礼、驱魔等大体接近，而他后来所称的“天父天兄”，实为《圣经》中的“上帝”与“耶稣”。后人常以为洪秀全为欺骗会众而编出了这样一个神话，但从其多次诚恳地引用来看，洪秀全虽然有神化自己的嫌疑，但也存在高烧幻觉下做过这样一个梦的可能。

宗教的力量是无穷的。不久，洪秀全便与李敬芳按照《劝世良言》提示的宗教仪式相互施了洗礼，他们把水洒在对方的头上并默祷“洗除罪恶，去旧从新”，算是自行入教。在洪秀全的影响下，好友冯云山与堂弟洪仁玕也先后加入，不过这次他们改为浸礼（到附近的小河中洗浸全身）。之后的几个月里，这三位教书先生潜心钻研《劝世良言》并创立了“拜上帝会”，在“上帝”的召唤下，他们在私塾里撤去了孔子牌位，但也因此丢了塾师的饭碗。在乡民们疑惧的目光中，洪秀全等人开始自行传教，他们的家人和亲戚成为“拜上帝会”的首批信徒——梁发播撒多年的种子终于发芽了。

尽管洪秀全声称自己的理论来源于基督教，但他的自行洗礼毕竟不能算是“入教”，而其传教水平也确实有所欠缺。事实上，洪秀全原本有机会成为一个真正的基督徒，但历史有时就是这样，一些很偶然的因素往往会改变一个人的命运，洪秀全也最终走上了另一条道路。

这件事要从一位名叫罗孝全的传教士说起。罗孝全是浸礼会的一名职业牧师，在洪秀全大病一场的那一年（1837 年），他从美国田纳西州来到中国并参加了由另一位知名的传教士郭士立所组织的汉会。洪秀全等人自行传教时，罗孝全和一些汉会会员也得知了他们的活动。1846 年，一名已皈依的基督教徒在访问洪秀全时劝他们去广州找罗孝全听布道，但当时洪秀全因忙于教书而未能成行。次年，罗孝全的一位助手写信给他们，洪秀全才与洪仁玕一同到了广州，并在罗孝全的指导下学习了由郭士立翻译的《圣经新约全书》《圣经旧约全书》。

一段时间后，洪秀全请求罗孝全为他做正式的洗礼，罗孝全答应了他的请求并派了两名汉会会员前往洪秀全的老家调查其情况。准备工作都已完成后，洪秀全准备好誓词，受洗仪式的日期也已确定，但就在这个节骨眼上，罗、洪之间却出现了一点小问题并最终导致洪秀全未能受洗。

这件事有两种说法，一种说法是，洪秀全在受洗之前向罗牧师讲述了那个异梦，罗孝全听到洪秀全自称梦中上帝称他为儿子时大为惊骇，认为这根本是一种玷污上帝的异端思想，完全没有达到基督徒最基本的要求，因而拒绝给洪秀全施洗礼；另一种说法是，有人在洪秀全受洗之前设计陷害他，因为其他一些为罗孝全服务的中国教徒对洪秀全心存嫉妒，他们害怕洪秀全抢去自己的工作机会而有意给他下套，即让洪秀全向罗孝全提出在受洗之后获得一份有薪的差使，但洪秀全不知道的是，性格火暴而又极其虔诚的罗孝全最讨厌别人提出这样的经济要求。由此洪秀全至死也没能当上真正的基督徒。

洪秀全离开广州时，带回了一本由郭士立翻译的《圣经》，他随后溯西江而上，去寻找已在紫荆山区传教数年的冯云山。令他感到欣慰的是，冯云山已在那里打开局面，他们阔别 3 年后，终于重聚在一起研究由洪秀全带回来的《圣经》。经过一段时间的研习，洪秀全根据自己的理解，修正并补充了自己在家中创作的革命“老三篇”:《原道救世歌》《原道醒世训》《原道觉世训》，这为日后的太平天国运动提供了重要的理论指导。

不知道是洪秀全没有看懂，还是他有意没看懂，拜上帝会的宗教理论与友邦的基督教义出入颇大，其中以“天父天兄”论与“三位一位”说的冲突为最大硬伤。所谓“三位一位”，原指“圣父、圣子、圣灵”三位一体而非分开的三个神。《约翰福音》中很清楚地写着“天堂有证，三者存在。圣父、福音、圣灵，且三位一体”，但革命伊始，洪秀全即自称在梦中见到天父、天兄并自命为“天父幼子”，这种自附神灵以抬高自己的言说无疑是对上帝的极大不敬，如果放在中世纪的欧洲，如此胡说八道非当成异端烧死不可。

更可恼的是，在洪秀全的主持下，天父上帝后又添了几个儿子，如东王杨秀清、南王冯云山，甚至还出了个女婿——西王萧朝贵。再后来，这些人的儿子们也进入了上帝的孙子辈，倘若上帝有知，非得吐血不可。不仅如此，洪秀全后来还独创了“爷降节”“东王升天节”“哥降节”等，以纪念杨秀清、萧朝贵等开国功勋，至于圣诞节，反不受重视。

友邦基督徒虽然对太平天国享有亲善，但他们对洪秀全等人的“肆意妄为”也同样感到担忧而反感，如英国公使文翰即指斥太平天国的宗教是“伪造的启示”，虽然其大致以“旧约”为基础，但“已掺入了迷信及谬误的成分”。耶稣曾说过，任何罪都可以赦免，唯有亵渎圣灵的罪不可赦免，洪秀全虽然拜在了上帝的门下，但这种“打着红旗反红旗”的异端之举让他们怎么也亲近不起来。

对于杨秀清这种动不动就“哐当”一声倒地并声称自己是“天父、天兄”下凡的骇人之举，友邦人士更是深恶痛绝，虽说这种中国特色的民间迷信在关键时刻能哄倒无知识的下层会众，但其冒充上帝妄传圣言的表演无疑使上帝成为一个被任意侮弄的工具。

1854年，一些英国人向天京提出质疑并质问“洪秀全自称是耶稣的弟弟”是什么意思时，东王杨秀清反诘他们：“你们这些外国人自以为拜上帝的时间长，但你们可晓得上帝有几高大？腹几大？生何须？须何色？须几长？会题诗否？耶稣长子今年几岁否？耶稣生有几女否……”这50个关于上帝的十分具体的问题把英国人问得哑口无言，最后不得不落荒而逃。

为让会众更好地理解教义，洪秀全对基督教仪式做了一些中国化的改进，譬如拜上帝教的布道，洪秀全就按中国式的道士作法将布道文稿当众焚烧，有时还鸣放鞭炮，把气氛弄得相当热闹活跃。后由布道衍化出来的“讲道理”活动，更是形式多样，五花八门，中国特色非常明显。

清人陈徽言在《武昌纪事》中说，在占领武昌期间，太平军天天派人在阅马场搞“讲道理”宣讲活动，每次都敲锣打鼓让大家仔细聆听，内容无外乎“天父功德”“天王勤苦”“东王操劳”等，意让大家跟随“天王”打江山，去天国享福。但“讲道理”有时也会有不和谐之音，据陈徽言的记载，他曾亲眼看见某士人高声抗辩，驳斥其宣传离经叛道。太平军的演讲家辩论不过，恼羞成怒之下，“讲道理”变成“不讲道理”，要将此人“五马分尸”。可抓来的五匹马未曾受过“分尸”的专业训练，折腾了半天也没把人弄成五块。最后，演讲家大不耐烦，跳下台一刀砍死了这个不知好歹的“封建卫道士”。

从拜上帝会的教义出发，太平军烧毁孔庙、砍死儒生并不稀奇，但真教徒也有危险。史景迁在《洪秀全与太平天国》一书中曾提及，太平军攻入南京后，至少有30名真正的天主教徒被持有武器的同等信仰者“烧死在家或者抛尸街头”，而幸存下来的天主教徒被拜上帝会的信徒们捆绑起来，勒令他们接受自己的祈祷仪式。

虽然拜上帝会也规定七天为一个礼拜，但洪秀全却别出心裁地颁布了太平历（一年366天）。就算是《圣经》，洪秀全也敢于删改，如《创世纪》第九章中一些不符合中国礼法的内容也被断然删去。当然，洪秀全自创的“教义”也不是一无是处，譬如劝诫戒酒、戒鸦片等就颇可采纳，有诗为证：“炼食洋烟最癫狂，如今多少英雄汉，多被烟枪自打伤；即如好酒亦非正，成家宜戒败家汤。请观桀纣君天下，铁桶江山为酒亡。”

《原道醒世训》里，洪秀全宣传说：“天下多男人，尽是兄弟之辈；天下多女子，尽是姐妹之群；何得存此疆彼界之私，何可起尔吞我并之念？”但洪秀全最为人指责的，是他的伪善。正所谓“说一套，做一套”，这个污点，不是靠刷点历史的石灰就可以轻松抹去的。

太平天国等级森严，特权现象极为严重。虽说“人人平等”，但在圣库制度下，高层们比其他人更“平等”一些，他们的生活荒淫奢侈，确实“无处不饱暖”，但下面的会众却是一无所有，过着集体供应的生活。太平天国早期，“别男女”，拆分家庭，会众娶老婆、建家庭均在禁止之列，天王、东王、翼王等人却拥有众多妻妾，甚至连洪秀全的儿子，那个才10岁的“小天王”都分了4个老婆。

太平天国主张“男女平等，妇女解放”，但妇女同胞的脚是解放了，其目的却是派去干活与行军打仗，很多被解放的妇女因此被折磨致死。更恶劣的是，天王有时候还拿妇女作为赏赐品，赏给那些打仗出力的人。

对于女色，洪秀全有较强的嗜好，金田起义时即纳妃15人，永安围城时纳妃36人，武昌期间，“选十余龄有殊色者六十人”；等到了天京小天堂，更是大肆征选美女。《江南春梦笔记》中说，天王府里有爱娘、嬉娘、妙女、姣女等16个名位共208人，24个王妃名下又有姹女、元女等7个名位共960人，光妃嫔就有1168人。加上宫中服役的女官，总计有2300多名妇女在天王府陪侍洪秀全。天王府也曾尝试用太监，但阉割技术复杂，曾一次阉了 80 人，死掉 77 人，剩下的 3 个也成了废人，只好作罢。至于其他男性，天朝门外有诏："大小众臣工，到此止行踪；有诏方准进，否则云雪中（即杀头）！""三千怨女如花貌，百八佳人堕溷愁"，这些女人进宫后，除给洪天王提供全方位的服务外，首先要熟悉以下杖责戒律："服侍不虔诚一该打，硬颈不听教二该打，起眼看夫主三该打，问王不虔诚四该打，躁气不纯静五该打，说话极大声六该打，有嘴不应声七该打，面情不欢喜八该打，眼左望右望九该打，讲话不悠然十该打！"若有犯错，"打知错是单重，打不知错是双重，单重打过罪消融，双重雪（刀）下罪难容"！天王府里敢顶撞天王、至死不认错的人，甚至受到了五马分尸或"点天灯"的酷刑。

"十年壮丽天王府，空余荒蒿野鸽飞。"天王府由原两江总督衙门改建，规模宏大，方圆近十里，从 1853 年建到 1861 年，才完工一半。自从洪天王 1853 年进了天王府后，除有一次被逼去东王府给杨秀清封万岁外，再没出过天王府，一直到死。"苑内游行真快活，百鸟作乐和车声"，在女儿国中如此享乐，以至于后来天京危急时，李秀成请求"让城别走"，洪天王死也不肯答应。

对于洪秀全与天国的堕落，来华传教士的内心很是不安，特别是罗孝全。丁韪良在《花甲回忆》中说，罗孝全后设法访问了天京，"但是没有产生任何好的结果，究竟是由于起义军内部的极度腐败，或是因罗孝全缺乏圆通与宽容……或者是他试图劝说他们采用浸礼和放弃他们发明的洗礼新方式而触怒了他们……不管发生了什么事，他很快便与他的慕道友们发生了争吵，并且不得不为活命而逃跑"。

1860 年，罗孝全到天京后得到了盛情接待，他获得高等住房、精美食物和一份丰厚的薪金，另外，洪秀全还赐给他 3 个妻子（当然，他没有接受而只是接受了一套华丽的官袍）。但洪秀全对当年之事仍耿耿于怀，他曾发出这样的疑问："番人罗孝全是真心诚否？"令罗孝全不快的是，在洪秀全接见他时他被要求行跪礼，他正想拒绝，但"被一声突如其来的命令搞蒙了"，当所有的在场者下跪后，他也"不由自主地跪了下来"。

1862 年，罗孝全逃离天京后，怒气冲冲地给报界写了一封信，信中大骂洪秀全是"一个狂人，完全不适宜做一个统治者，建立不了任何有组织的政府”——而去天京前，他却把洪秀全形容为“纯洁无瑕的人”。

对于太平天国的彻底失败，海外史学家史景迁嘲讽说，“即使天父皇上帝对天王的离世感到伤心的话，他也没有显示出任何的迹象来表明这点。洪秀全的哥哥耶稣也是默不作声”。“天父天兄”都不吭声，想必他们早就看穿了洪秀全的把戏。

三 天京事变：天国兄弟的大火并

1856年9月初，天京城外秦淮河的出口处，原本碧绿的江水忽然被染成了血红，一些被捆绑的黄衣黄褂者尸体顺河漂流，数量之多，令人震惊。正在围攻天京的清军断定，太平天国一定发生了内讧。这次他们还真猜对了。

太平天国定都天京后，清军在城东南建立江南大营，扬州城北郊又建起江北大营，这两个大营就像定时炸弹，时刻威胁着天京的安全。而就当时的形势而言，太平天国的北伐军虽已全军覆没，但西征军进展顺利，皖北等地区均落入了太平军之手。1856年初，在东王杨秀清的指挥下，太平军先击破镇江城外及扬州之敌，并击溃江北大营；随后，太平军在石达开部队的回援下一举打破江南大营。此战后，天京解围，天王洪秀全总算长舒了一口气。

胜利的背后隐藏着重大的危机，其中以洪秀全与东王杨秀清的矛盾为最大。按太平天国的宗教理论，天王洪秀全系上帝次子，是上帝派来解救人间的最高代表；而东王杨秀清在举义前会众思想动摇的危急时刻，和西王萧朝贵联手搞了个"天父天兄"下凡的把戏，并在事后得到了洪秀全的追认。洪秀全不能不承认，如果揭穿杨秀清的话，大家就都得露馅儿：如果杨秀清、萧朝贵不是什么"天父天兄"，那洪秀全又算什么上帝次子呢？

但由此导致了一个问题。东王杨秀清本应在天王之下，但他时不时以"天父"下凡的名义，直接越过洪秀全给太平军部众发号施令。客观地说，杨秀清主持了太平天国早期的全面工作，功绩有目共睹。与之相比，洪天王则大都高高挂起，即有些宗教领袖的味道或是虚君。建都天京后，太平天国仍保留了这种"二元体制"，洪秀全在天王府中深居不出，很少参与具体军政事务，杨秀清由此权威日盛，日益骄横，也就起了篡位之心。

东王府穷极奢丽，内有妃妾数百，选取的都是面容姣好、身材苗条的江南美女，毫不逊色于天王府。据说，东王杨秀清经常昼夜淫逸，并造有龙车，让美女侍妾裸体拖曳，供其淫乐。也许是杨秀清小时候穷怕了，他发迹后，排场也像暴发户一般，出行时乘轿需 32 人抬，轿子里还有两个小童服侍，连轿夫都是华衣华服，派头大得很。每次出门，队伍前必打着绣有青白二巨龙的旗仗，扈从千人，鼓乐齐奏，一副煞有介事的样子。

杨秀清有自己的一套行政班子，太平天国早期的大政方针都出自东王府，大家都唯东王命令是从，洪秀全反被晾在一边。大权在握的杨秀清，不但视洪秀全如无物，对北王韦昌辉、翼王石达开、秦日纲（后封的燕王）等老兄弟也是颐指气使、盛气凌人。为求自保，韦昌辉等人只好对杨秀清曲意奉承，不敢得罪。据说，杨秀清纵欲过度，韦昌辉听说后便十分卖力地为其四方发榜求医，以此来讨好杨秀清。更有甚者，韦昌辉之兄因得罪杨秀清而被五马分尸，韦昌辉本人也被打过数百大板，以至于站不起来，但也只能隐忍不发。

表面上的平静往往蕴含着更大的危险。自从西王萧朝贵在长沙之战中见了上帝后，太平天国里只有杨秀清可以合法通神，所以每当杨秀清要表演“天父”下凡的保留节目时，大家都非常紧张，一个个跪伏屏息，大气不敢出，生怕东王借“天父”发怒为名，把自己的小命枉送。洪秀全的二哥洪仁达，也曾因小事被杨秀清借“天父”名义给捆了几近打杀，实力派韦昌辉、石达开等人深知杨秀清忌讳他们，更是谨慎有加，心存畏惧。

高贵庄严的天王洪秀全也屡次被杨秀清责罚。据史料记载，太平军中“别男女”，普通士兵见不到女人，洪秀全却妻妾成群，军中有人憋不住，夜间偷窥了洪天王与妃子们的男女之事，不巧被更衣的妃子发觉，洪天王听后大怒，下令将此人绑了杀头。杨秀清对此不以为然，他“哐当”一声倒地，摇身一变，再次“天父”下凡训斥洪秀全：“尔与兄弟打江山，杀人大事，何不与四弟（即杨秀清）商议！此须重罚！”

“重罚”就是要打洪秀全的屁股。洪天王有苦说不出，在这个下凡的“天父”面前，也只能跪下认罚。所幸有其他兄弟下跪求情，并愿意替天王受罚，杨秀清这才见好就收，免于一打。

打破清军的江南江北大营后，杨秀清更是野心膨胀，想趁势迫使洪秀全禅位。关于这个篡位故事有很多版本，大同小异，一般说杨秀清假称“天父”下凡，并训斥洪秀全：“四弟杨秀清如此大的功劳，如何才九千岁？”洪秀全惊恐之下答道："应是万岁。""天父"又说："那东王世子呢？"洪秀全赶忙说："也是万岁，世代都是万岁！"杨秀清很满意，于是变回原形说："我做万岁，你做万万岁！"

清人罗惇曧在《太平天国战记》中则记载了另一个版本，说杨秀清图谋篡位前，已做了大量的舆论准备，譬如在科考中故意出题曰"四海之内有东王"，意图非常明显。后来，杨秀清假装生病，要洪天王前去探视。洪秀全第一次走出天王府，来到东王府后见到杨秀清仰卧在卧室内，旁边有4个妖艳的美女伺候，床边既无椅子，也无凳，只设了一个小榻给洪天王坐。

洪天王强压心头之火，假心假意地宽慰东王好生养病。杨秀清不理会却做呓语："都说天无二日，人无二主，秦时二日相斗，这是为何？"洪秀全大惊，忙令手下随员对杨秀清九叩首，山呼"东王万岁"。洪秀全的突然之举，反让杨秀清一时没反应过来。本来杨秀清想引诱洪秀全逊位，如果不答应就动手杀了他，但洪秀全猝令手下对杨秀清高呼万岁，反倒让他无话可说，只好打起呼噜装睡了。

洪秀全见杨秀清半天没反应，便假称如厕并乘机跑回了天王府。洪秀全走后，杨秀清突然睁开眼睛，问左右："天王去哪了？"左右说上厕所了，杨秀清才没有继续装下去。这幕戏，说起来有些像鸿门宴的痕迹，这杨秀清还是反应不够快，所以成不了大事，注定要被人杀。

回到天王府，洪秀全后怕得冷汗直流，他立刻下令紧闭宫门，并让强壮的女兵们加强护卫。随后，洪秀全连夜写下血书诏，召北王韦昌辉、翼王石达开等人速回天京护驾。得令后，韦昌辉与秦日纲率三千精兵昼夜兼程，并在深夜里赶到天京城外。到达水西门时，守城士兵不开门，说："没有东王的令箭，不能开城门。"韦昌辉听后大怒："我就是奉了东王的密书，这才星夜赶来，你们胆敢阻拦，不想活了吗？"守城士兵一听是北王，心里害怕，就把他们给放了进来。韦昌辉不作片刻停留，随后拍马杀奔东王府。遭到杨秀清卫士的激烈抵抗后，韦昌辉登高大呼："奉诏讨贼，顺从者散去，不加罪！"控制住局面后，韦昌辉带兵直扑杨秀清卧室。杨秀清本已睡觉，突然被外面的打斗声吵醒，他听到动静不对后，吓得赶紧躲在水阁下面，最后还是被捆了带走。东王所有的妻妾子女，全部被韦昌辉亲兵杀死，特别是那些怀孕的王妃，更是一个不留。

想到自己的亲哥哥被杨秀清五马分尸，韦昌辉睚眦俱裂，喝令手下将杨秀清狠狠捆紧，连夜押去天王府见洪秀全。洪秀全听说韦昌辉杀了杨秀清全家，心想这又是一个手段毒辣的“韦秀清”，若把他扶到杨秀清的位置，以后恐怕更是专横难制，于是便想赦免杨秀清，以便自己从中操控。

天王出尔反尔，韦昌辉愤怒得几欲喷火，他不顾洪秀全的赦免而命令左右立刻宰杀杨秀清。洪秀全得知后，非但没有褒奖韦昌辉的功劳，反下诏说不要多杀，把自己的责任推得一干二净。韦昌辉这才发现自己被洪秀全当枪使了，由于担心杨秀清的余党报复，他一不做，二不休，矫诏称前去和杨秀清划清界限的人均可赦免，否则杀无赦。

经此大变，杨秀清的余党群龙无首，原东王的3000多部下在惶恐之下，受骗前去投诚，结果被韦昌辉一网打尽。随后，韦昌辉又下令关闭城门，全力捉拿杨秀清剩余党羽。半个多月里，天京城内血雨腥风，近两万太平军精英被屠杀殆尽。此时的事件，已演变成“杨秀清篡位未成而韦昌辉叛乱是实”。

翼王石达开闻此大变后急速赶回天京，他见韦昌辉如此滥杀，于是好言劝导：“杨秀清谋反篡位，死不足惜。但那些广西老乡，大都无罪，你不分青红皂白就把他们都杀了，弄得人人自危，这是让亲者痛，仇者快。”韦昌辉听后非常不爽，他知道自己杀戮过多，天京人都痛恨自己而盼望石达开来主持工作，于是又想杀石达开，除掉这个对手。

由于提前获得消息，石达开连家门都没进就连夜用绳子爬出城墙逃走。韦昌辉随后派兵冲进翼王府，给石达开家来了个满门抄斩。闻此噩耗，石达开奔到安庆召集部属，随即发兵杀回天京。韦昌辉听说石达开大军将至，惊恐之下破罐子破摔，每天杀人泄愤。

韦昌辉的暴行引起天京剩余人马的共愤。在洪秀全的号召下，这些人反攻韦昌辉并将之捉拿。得此消息后，洪秀全在第一时间下令将韦昌辉五马分尸，同党燕王秦日纲也被斩首示众。随后，洪秀全将两人首级派人送到石达开军中，石达开这才重新回到了天京。据说，韦昌辉的首级被割去给石达开看还不算，其尸体还被寸磔（割）成两寸左右的小块，并标上“北奸肉，只准看不许取”的字样，挂在天王府外栅栏上示众。至此，东南西北，四王皆去（南王冯云山在定都天京前即已牺牲），而剩下的翼王石达开，在天京也待不下去。

经此大变，洪秀全也多长了个心眼，他对于外人心存畏惧，而只相信自己的家族中人。虽然石达开深孚众望，但洪秀全也对他起了疑惧之心。于是，洪秀全把大权分成两半，军权分给李秀成等人，政权则分给了洪秀全的胞兄洪仁发、洪仁达。正值当打之年的石达开，反而闲居天京，无所事事。

洪秀全的胞兄洪仁发、洪仁达这两兄弟虽说是宗教迷，但喜好贪敛财物；自己无才无能，却又不懂装懂瞎指挥，还自以为得计。年轻气盛的石达开哪里受得了这两个野心大、气量小的活宝，正气愤间，手下有谋士说："大王既然深得军心，何必在此受制于人？中原不易拿下，何不挺进四川，做一番当年刘玄德的鼎足之业？"

石达开听后决心离开天京，自立门户，不再受洪氏兄弟的气。石达开出走时，沿途发榜广而告之，哭诉了他在天京所受的不公正待遇，以蛊惑更多的老战士加入他的队伍。这一招果然有效，一路上太平军老战士从者如云，跟随而去的人竟有10万人之多，狠狠挖了一下太平天国的墙脚。之后，石达开的大军从江西东部抚州一带杀入浙江西部金华、衢州一带，随后又辗转进入福建，然后进入赣南。紧接着，石达开又西入湖南，但最终在大渡河前遭当地土司和清军的夹击而全军覆没。

君臣内讧，兄弟相残，太平天国赖以维系的拜上帝教宗教权威体系，终于被天京事变的血腥屠杀撕下了面纱。颇富戏剧性的是，杨秀清被杀的那天后来被洪教主定为"东王升天节"，不知是对杨秀清的平反还是对韦昌辉的嘲讽。石达开的出走，更是让太平天国"内政不修，人心各别"，军中流传歌谣："天父杀天兄，总归一场空；打打包裹回家转，还是做长工。"

曾经轰轰烈烈的一场运动，谁也不曾想到会是这样一个凄惨的大结局。事实上，历史上许许多多的运动，何尝不是同样一个结果。如战后尚有余生，这些太平军老战士在回首昔日时也许会感叹，倘若早知今日，又何必当初？

四 叶名琛：客死异国无人问

两广总督在晚清督抚大员中不算显赫，知名人物也不多，但第二次鸦片战争期间的叶名琛应算是异数。叶名琛的“名声大振”，主要归功于晚清名士薛福成，在一篇名为《书汉阳叶相广州之变》的文章中，薛福成给了他这样一个评价：“不战不和不守，不死不降不走，相臣度量，疆臣抱负，古之所无，今亦罕有。”由此，叶名琛荣膺“六不总督”之大名，但他得到的不是掌声与鲜花，而是作为历史反面人物的诟病与嘲弄。

叶名琛，字昆臣，湖北汉阳人，生于1809年，其家道殷实，祖父中过进士，父亲中过举人，官宦家庭出身。作为家中长子，叶名琛从小即在父祖的熏陶下攻读举业，未及弱冠已中秀才，16岁那年列名乡试副榜（中副榜不算举人，但连中两次即享受举人待遇并可入京会试），10年后，叶名琛高中进士并入翰林院，散馆后授编修之职。

对那些久困于场屋的人来说，叶名琛的仕途不仅仅是“顺利”，简直就是“青云直上”。1838年，京察一等，外放山西兴安知府；次年升雁平道；1840年，放江西盐法道（肥差）；1842年初，升云南按察使；年底因在江西水灾中防堵捐资出力而超擢湖南布政使（仅次于巡抚），年仅33岁；1843年，调为甘肃布政使；次年母去世而丁忧，期满后补广东布政使（1846年）；次年擢升为广东巡抚，年仅38岁。从进士登科到一品大员，叶名琛仅用了12年的时间，其间还包括丁忧守制的27个月，这在当时的官场上无疑是个奇迹。

叶名琛入职广东时正值多事之秋，当时鸦片战争虽已结束，但广州仍为中西方冲突的焦点地带。按中英《南京条约》规定，广州、宁波、福州、厦门、上海五地为通商口岸，但与其他四城不同的是，广州仍不允许英国（及他国）商人入城贸易，究其原因，系在鸦片战争前广州城外即设有“十三行”作为指定贸易地点，“夷人不得入城”已被当地士绅倡为固有之传统。1846年

8 月，两名英国人因强行入城而遭到市民的围观继而殴打，结果一死一逃，酿成国际事件。次年 2 月，英国兵舰开进省河并炮轰沿途炮台，当时的两广总督耆英在压力下被迫宣布开放广州城，但缓期两年执行。

两年后，耆英调职北京，但英国人并未忘记此前的入城之约，他们随后要求新任两广总督徐广缙履行承诺，允许英商入城贸易。徐广缙对于前任的软弱颇不以为然，他在谈判失败后即募集乡勇团练十万人，以“民气”相抵制。据英国海军司令柯利尔的报告，成千上万的农村武装进入广州城，“戈矛耀路，锣鼓震天”，几乎重演了当年三元里“荷锄农夫，操戈御敌”的架势。在徐广缙的强硬姿态及“人民战争”的威慑下，英国人知难而退。

在“反入城”斗争中，徐广缙与时任广东巡抚的叶名琛通力合作，配合默契，最终取得了胜利。道光皇帝对此大为赞赏，特下诏曰：“洋务之兴，将十年矣。沿海扰累，糜饷劳师……昨英酋复申入城之请，徐广缙等悉心措理，动合机宜。入城议寝，依旧通商。不折一兵，不发一矢，中外绥靖，可以久安，实深嘉悦！”

诏书中，道光皇帝对洋人“不胜其烦”的心理表露无遗，在他看来，对外通商“扰累”不堪，但关闭国门拒其千里之外，外人又借机寻衅，届时“糜饷劳师”“濒海居民或遭蹂躏”，所以只能“隐忍待之”，加以“绥靖”，所幸徐广缙、叶名琛应付有方，“不折一兵，不发一矢”，在低成本、低风险的前提下，顺利解决了这一争端。高兴之余，道光皇帝下令封赏徐广缙为一等子爵，叶名琛为一等男爵。汉人封爵，特别是文官封爵，这在清朝历史上是极其难得的恩遇了。消息传来，广州士绅也为总督及巡抚大人搭起了六座宏伟的彩牌楼，以彰其劳，以庆其功。

第二年，那位勤俭节约了一辈子的道光皇帝驾鹤西去，清朝的好日子也似乎到头了。次年，太平军兵起广西，烽火燃遍江山南北，新任皇帝咸丰焦头烂额，应对无方，局势日坏一日。此时叶名琛的日子倒还算不错，因其上司徐广缙被任命为钦差大臣北上追击太平军，叶名琛于 1852 年升任为两广总督。

中英《南京条约》签订后，两广总督被赋予一项外交职责，即兼管五口通商事务，整个清王朝的外事均交由其负责，所有涉及洋人洋务的交涉均需通过两广总督先行接待办理。叶名琛上任不久即遇到了麻烦事，英国指派的驻华公使包令给他发来一份照会，声称中英双方应按中英《南京条约》的规定在12年后再行修约，而到期时间为1854年。

叶名琛对此惊诧莫名，考虑再三后还是指定了广州城外仁信栈房作为会面地点，但包令的照会本有“入城”谈判的含义，因而对城外会面的安排并不满意。随后，包令离开广东，他与同样提出修约要求的美国公使麦莲于上海会合后，又一起访问了江苏巡抚吉尔杭阿，但他们得到的答复是：“修约”问题应南下与两广总督商议。

在交涉无果的情况下，“亚罗”号事件爆发了。“亚罗”号是一艘毫不起眼的小商船，船主和水手都是中国人，但它曾在英国殖民者管辖下的香港注册过，由此引发了争端。“亚罗”号曾被海盗掳获过，尔后与这些江洋大盗产生了不可告人的秘密关系。1856年10月8日，广东水师以缉拿海盗的名义登上这艘神秘之船并当场扣押了两名海盗及另外10名有嫌疑的船员，但这一正常的公务活动遭到了英国驻广州领事馆代理领事巴夏礼的强烈抗议，理由是清方在执法时无视船方的抗辩而悍然扯下了船上悬挂的英国国旗，此举对“神圣而不可侵犯”的大英帝国构成了“极大的侮辱”。

历史的有意思就在于“亚罗”号被缉拿时，它的登记恰好已过期，而船上所谓的“英国国旗”其实根本就不存在，因为当时船上只有信号旗，如果英方说的“扯旗”举动确实存在的话，那“被侮辱”的也只能是信号旗。如果说“亚罗”号非要与英国扯上关系的话，那就是它的船长肯尼迪是个货真价实的英国人，正是他回到广州后向巴夏礼绘声绘色地描述了当时的恼人场景。

作为英国驻华领事，巴夏礼的确有责任去保护他的同胞肯尼迪船长，但就“亚罗”号而言，它的船主与船属国均与英国没有直接联系，因而巴夏礼的抗议更像是一种“无礼闹三分”的莫名之举。当然，“亚罗”号与肯尼迪船长并不是巴夏礼的关注焦点，他的真实用意是要借此来推动“入城与修约”这盘更大的棋局。在叶名琛已释放了12名嫌犯的情况下，英国舰队仍于10月14日掳去中方一艘官船作为报复；一周后，英军又在司令西马糜厘的率领下攻击珠江两岸的炮台。至此，第二次鸦片战争爆发。

英国人选择的进攻时机对叶名琛来说是极其要命的，因为他当时无兵可派。他的兵力都在广东与江西、福建交界的边境上防备或与举义的农民军交战，而且他也没有钱，库银早已被太平军所引发的内战消耗殆尽。在溯江而上的英国舰队面前，广州也无险可守，说它是个不设防城市，并不过分。

在英国人的汹汹气势下，叶名琛的表现还算镇定。当英国舰队越过虎门并炮轰广州东郊炮台时，正在监阅武秀才们乡试比武的叶名琛不为所动，他交代属下官员："必无事，日暮自走耳。但省河所有之红单船及巡船，可传谕收旗帜，敌船入内，不可放炮还击。"次日，英军攻占省城对岸炮台，叶名琛仍旧照常阅看武乡试的马箭比武，其属官被英国人的隆隆炮声吓得心惊肉跳，只好托词"风大，难马射"，请求早点收围，叶名琛这才回到督署。

在无兵无饷的窘迫境地下，叶名琛只有一个办法对付英国人：关闭粤海关，停止中外贸易。次日，英军即炮击广州，炮弹射入督署，吓得衙役、师爷们四处逃窜，唯独叶名琛端坐二堂，泰然处之。作为反击，叶名琛再次祭出"人民战争"的法宝，他通告全城，号召军民们对侵略军"格杀勿论"，并宣布杀敌一名"赏银三十大元"。在如此紧张的气氛中，叶名琛还不忘幽默一把，他还给美、法等国领事发去照会，宣布"无暇保护贵国民人"，如果战争中有所损失，"唯向英国巴领事官是问，勒令伊赔偿也"。

在叶名琛的主力部队远离广州城时，英国军队的突袭是易见成效的。叶名琛临时招募的壮勇，其使用的武器是如此粗劣的火药枪、大刀长矛乃至沙石等，以至于英国公使包令轻蔑地嘲讽道："以野蛮时代的武器与兵法，同当今昌明的科学所发明的各种武器及首屈一指的海陆作战战略相抗争，其结果只有一个。"包令没有说结果是什么，但言及于此，何待明说。

英国军舰在炮击广州时，没有哪怕是一颗炮弹的回击，只有在英军侵入广州城时，清军士兵才有机会反击并杀死了 128 名侵略者。

广州城破后，叶名琛以前往文庙拈香的借口避居旧城巡抚衙门，总督衙署则被英国人占领。好在英军兵力有限，他们并没有统治全城的能力，在广州乡勇的袭扰下，英军撤出广州，退往虎门等待后援部队。而这时，印度发生大起义，后援部队被中途抽调走，叶名琛顺利收复了广州，恢复了之前的统治。

在英国人的打击下，叶名琛看起来十分窝囊，简直就是“不抵抗主义”的鼻祖，但事实上，他并不是一个软弱的人。1852年，时为广东巡抚的叶名琛一举击溃由凌十八统率的农民军，迫使正徘徊在湘粤桂边境的洪秀全太平军全力北进而不再觊觎两广基地。太平军北上后，两广境内又现“洪兵”举义，几成失控之局，在叶名琛的苦心经营下，这才得以力挽颓势。在镇压“洪兵”起义时，已升任为两广总督的叶名琛毫不手软，广州刑场上“无首之尸，纵横遍地”“地上之土吸血既饱，皆作赭色”，在最厉害时，叶名琛亲自勾决犯人，最多的一天要杀近千人，而平时也“有八百名被捕的叛乱者在刑场被斩首”“如果一天只有三百到四百人被处决，就认为是很少了”。

刚从美国回来的容闳在回忆录中写道，“天啊！这是一种什么景象！血流遍地，街道两旁，无首的尸身堆积如山，等待掩埋，但却并没有任何准备清除的迹象……土地已完全被血水渗透，散发出污秽恶臭的气味，以至周围两千码左右，都被笼罩在这种传播瘟疫的浊气之下”。成千上万颗的人头染红了叶名琛的红顶子，他甚至获得了体仁阁大学士的封赏。

印度起义被平之后，叶名琛的好日子也到头了。1857年9月下旬，英国专使额尔金来到香港，在他的背后，除了实力强大的英军外，还有因“马神父事件”纠结而来的法军。在与法、美两国协调后，额尔金给叶名琛送来照会，其中直截了当地提出了3项要求：入城、赔款、修约，限10日内答复。

英法联军的剑拔弩张令广州全城震动，但叶名琛仍认为其为虚张声势：“彼无能为也，第作战势来吓我耳。张同云在彼中，动作我先知之，彼穷蹙甚矣。”有人请求“往敌船一探，或可转圜”，叶名琛即怒斥：“如有官绅士庶敢赴洋船议事者，我即指名奏参。”

司马懿曾说，“军事大要有五：能战当战，不能战当守，不能守当走；余二事，但有降与死耳”。1857年12月28日，英法联军大举进攻，炮弹再度射入督署，叶名琛依旧镇定，还在从容地整理文件，有人劝他赶紧避走，他且安慰说，“只有此一阵，过去便无事”。次日，英法联军破城涌入，广州将军穆克德纳及广东巡抚柏贵甩开叶名琛与侵略者媾和，而叶名琛仍旧避居旧城。直到一周后，也就是1858年的1月5日，他终于被忍无可忍的英军抓走了。

叶名琛被俘后，当时有一对联讽刺说：“霜降风高，天下难容老叶；宵雨暗入，人家争怨初春。”“老叶”“初春”，指的是叶名琛的父叶志铣（字初春）。据说，叶名琛在总督衙门里为父亲建了一个“长春仙馆”，里面祭祀吕洞宾、李太白二仙，一切军机进止都取决于占语，譬如他曾告诉属官“过十五日即无事”，就是两个大仙告知的。因此，当时又有民谣曰：“叶中堂，告官吏，十五日，必无事。十三洋炮打城惊，十四城破炮无声，十五无事卦不灵。洋炮打城破，中堂仙馆坐；忽然双泪垂，两大仙误我。”

叶名琛之父或许有占卦请神之爱好，但老先生毕竟是翰林出身，非一般的冬烘腐儒之迂愚可比。因此，叶名琛的镇定其实是另有原因的。据叶名琛的自述，他曾派了不少探子到香港，这些人为他提供大量的所谓“情报”，而对于这个经营多年的谍报系统，叶名琛颇为自得，“我合数十处报单互证，然后得其端绪”，但真实的情况是，这些本职为商人的探子，不过是将香港公开出版的一些新闻作为情报来源，而其中还有一大部分是有意无意的曲解，譬如叶名琛分析完情报后一直以为英法联军只是为“入城”，实则差之千里。

对于叶名琛一意阻挠入城的谬举，有识之士薛福成在日记中不无沉痛地批判道：“英人初志在得入城见大吏，借以通隔阂、驭商民；乃粤民一激再激，叶相复一误再误，使拱手而有粤城……粤民激于前此大府议和之愤，万众一辞，牢不可破，必阻其入城一事以为快，屡请屡拒，纷纭者二十年；而大沽之失，天津之约，皆成于此；由今观之，甚无谓也。”

当然，薛福成给叶名琛的“六不”评价不免也有失公允，正如澳大利亚华裔历史学家黄宇和在《两广总督叶名琛》中为之辩护的：“不战”，其实是无兵可战；“不守”，是因无法守；“不死”，叶名琛可能就是自杀；“不降、不走”，是不能“降”也不能“走”。设身处地地为叶名琛考虑，他的“不走”实则是受朝廷王法所限，因官员弃城而走者必受重惩，乃至送命。实质上，叶名琛不是败于“不战不守、不降不走”，而是败于英军的坚船利炮及镇压各地义军而引发的兵力分散与广州城防空虚。

黄宇和在书中甚至认为，那些讥讽叶名琛的民谣很可能是英国人为搞臭叶名琛而有意炮制的，而做了傀儡的原广东巡抚柏贵等人更是在事后将所有责任都推到叶名琛的头上。历史往事尘封已久，就连《清史稿》为叶名琛作传时也称他“性木，勤吏事，属僚惮其威重。初以偕徐广缙拒英人入城被殊誉，因狃于前事，颇自负，好大言。遇中外交涉事，略书数字答之，或竟不答”。对此，史学家陈寅恪作了更简略的评论：“叶名琛颇干练，有胆识，失事非其罪。”

英国人柯克在《中国》一书中这样描绘被俘的叶名琛：“(他)身高 1.8 米，肥硕，留着中国式长而薄的胡须，前额缩入，头颅甚大……杏圆眼是他相貌中最引人注目的部分。”在其笔下，叶名琛生活简朴、意志坚强、性情顽梗，但“就私人生活而言，他是一位极可敬的中国人”。广州成立傀儡政府后，英国人认为“叶名琛无疑是英勇、果断的人，广州人一定为有这么一个父母官而骄傲”，专使额尔金也在写给外相葛罗的一封信中提到，“叶名琛留在广州会使人心不稳，给重新恢复秩序与信心带来困难”。因此，叶名琛最终被送出境外。

叶名琛是 1858 年 1 月 5 日被抓上“无畏”号军舰的，但直到 48 天后（2 月 23 日），军舰才驶离香港。这位昔日的天朝一品大员虽然被俘，但却极力维持其庄重高贵而有教养的形象，有人偶然上舰并向他脱帽致意时，他也极为有礼貌地欠身脱帽还礼。据观察者说，进入大洋后，叶名琛在没人时就坐在舷窗边，饶有兴趣地观看沿途海上风景，但一有人来，他就保持正襟危坐的庄重姿势，以示他对经过的地方毫无兴趣。

3 月 12 日，“无畏”号抵达加尔各答，叶名琛于次日被请下军舰。据描述，当天他仍像往常一样在 7 点准时用早餐，然后穿戴整齐，戴着朝冠，仪表堂堂地坐上了接他上岸的驳船。随后，叶名琛被囚禁在一个名叫“威廉炮台”的地方。在这里，英方请了一个翻译给他读报纸，当他听到英国的新闻时总是显得非常有兴趣，特别是听到巴麦尊内阁垮台时，他更是高兴得手舞足蹈。

在加尔各答期间，叶名琛曾作一诗《镇海楼题壁》：

镇海楼头月色寒，将星翻作客星单。空言一范军中有，其奈诸公壁上观。
向戍何心求免死，苏卿无恙劝加餐。近闻日绘丹青像，恨态愁容下笔难。

威廉炮台颇似广州镇海楼，故诗中有此一比；苏卿者，即被匈奴囚禁数十年而不改志的汉使苏武是也。可惜的是，到异国他乡后未竟其志，叶名琛于 1859 年 4 月 2 日突然去世。《蕉轩随录》中说，英国人在叶名琛死后将其遗体装殓好，派人送回广东南海县，叶名琛的仆人许庆、胡福同也随同回国。

据仆人云，叶名琛到印度后，带去的食物吃尽，他们请求出去添买，叶名琛不准，说："我之所以不死而来，是听说夷人欲送我到英国，据说他们的国王素称明理，想面见该国王，当面理论，既经和好，何以无端起衅？究竟孰是孰非？以希望折服其心，而存国家体制，性命早已置之度外。本想完成此事，不想日望一日，总不能到他国，淹留此处，要生何为？所带粮食既完，何颜食外国之物？"

与英国女王"当面理论"，这或许是叶名琛的迂腐与天真，但至少也说明他的"不死"并非只为"苟活"。在面见英王断无可能的绝望下，叶名琛遂学习伯夷、叔齐，自带食物一吃完，即绝食而亡。10 余年前的第一次鸦片战争期间，清将陈连升乘坐之黄骝马在其战死后为英军所掳，此马日夜嘶鸣，不食英人之粟而死，人称"义马"，叶名琛若泉下有知，恐心有戚戚焉。

五 浴火浩劫：圆明园的百年伤痛

对中国人来说，圆明园的悲剧不仅代表了近代史上一段痛苦的集体记忆，它对国人的集体心理也构成了一次重大的伤害。残垣断壁前，每一个凭吊的人或许都会有这样的疑问：这座令世界为之惊叹的园林，究竟有着何等的辉煌与美丽?

2010年，文物收藏家王金昌获藏了一本名为《环游世界》的游记，作者M.G. 保蒂埃是19世纪法国著名汉学家，他对中国的文字与文明有着较深的研究。在圆明园遭到浩劫之前，保蒂埃曾游览过这座著名的皇家园林并对其中的各个胜景做了详细的记载。1860年10月，圆明园被英法联军焚毁，保蒂埃得知后匆匆赶来，但映入他眼帘的，到处都是烟熏火燎后的惨象，昔日的美景早已一去不复返。

保蒂埃为之痛心疾首、悲愤难平。他在返回法国后，凭着之前的记忆写下了这篇名为《乾隆皇帝的避暑宫殿——圆明园游记》的文章。文中，保蒂埃极其痛惜地说："自1860年圆明园被烧以后，没有一样东西留下，乾隆皇帝的藏书阁和其他伟大的建筑一样，毁于一旦，真是巨大的损失。"

在保蒂埃的记忆中，藏书阁是这样的："皇帝的藏书阁摆满了书。书柜制作精良，里面摆着最精致和古老的书。皇帝这些珍贵的物品已为欧洲人所周知。这个藏书阁有3个卢浮宫的大小，所有图书自上而下排列整齐，方式科学，为防止蒙灰，书籍都用丝绸覆盖。这里收集着各种书籍的最好版本，有的稀有书籍只有这里才能找到……其实，我们可以用圆明园的藏书阁和亚历山大大帝最骄傲的藏书阁相比。"

1793年，傲慢的英国特使马戛尔尼勋爵来到北京时，把圆明园称作"最最光明的园林"，因为他想不出更好的词语来形容这座中国最好的园林了。阿兰·佩雷菲特在《停滞的帝国》中这样描述："马戛尔尼对鲜花、绿树和喷泉交织成的美景十分欣赏。圆明园大得无边无际，园内数以百计的‘漂亮的楼台亭阁’由穿越假山的通道和美妙的走廊相连接，但马戛尔尼只看到其中一部分。”这一部分已足以令马戛尔尼感到惊叹了。

但是，在英法联军攻入北京后，这一切都灰飞烟灭。10 月 7 日，英法联军进入圆明园，在无数奇珍异宝的诱惑下，不管是军官还是士兵，都发了疯一样地冲进宫殿楼阁，成群结伙地前去抢劫园中的金银财宝及各种珍品。

据法国海军上尉巴吕的描述，这批人最初“以为到了一座博物馆，而不是什么居住场所。因摆在架子上的那些东方玉器、金器、银器，还有漆器，不论是材料还是造型都是那么珍稀罕见，那简直就像欧洲的博物馆。出于一种习惯上的谨慎，大家首先是仔细观察。那些东西摆得那么井然有序，使你觉得只能看，不能动。还是有人经不住诱惑，就先动手了”。

之后的场面，正如参与其事的英军翻译官斯温霍在《1860 年华北战役纪要》中描述的，“军官和士兵，英国人和法国人，以一种不体面的举止横冲直撞，每一个人都渴望抢到点值钱的东西。多数法国人都拿着巨大的棍棒为武器，遇到不能挪动的东西，就捣个粉碎。在一间屋子里，你可以看到好几个各种等级的军官和士兵钻到一个箱柜里，头碰头，手碰手，在搜寻和抢夺里面的物品；另一间屋子里，大群人正争先恐后地仔细检查一堆华美的龙袍，有的人在对着大镜子玩弄掷钱的游戏，另外的则对着枝形吊灯搞掷棒打靶来取乐。尊重身份的事情已完全看不到，占优势的是彻头彻尾的混乱状态”。法国翻译官德里松在 26 年之后出版了名为《一个赴华翻译的日记》的回忆录，他在书中对于当年的劫掠行径记忆犹新：“这一大群各种肤色、各种样式的人，这一大帮地球上各式人种的代表，他们全都闹哄哄地蜂拥而上，扑向一堆无价之宝。他们用各种语言呼喊着，争先恐后，相互扭打，跌跌撞撞，摔倒又爬起来，赌咒着，辱骂着，叫喊着，各自都带走了自己的战利品……”

德里松是个细心的观察者，他对法国人和英国人的抢掠方式进行了比较：“法国人堂而皇之地抢，而且都是单个行动。英国人比较有条理，他们能很快就明白应该怎么抢，而且干得很专业。他们都是整班行动，有些人还拿着口袋，都有士官指挥。有个难以置信但又是千真万确的细节，就是那些士官都带着试金石。见鬼！他们是从哪儿弄到的试金石？”

法国士兵阿尔芒·吕西在进入圆明园后，“我为我看到的东西而震惊，瞠目，惊呆！现在《一千零一夜》对我来说完全是实实在在的东西。两天中，我在值三千万法郎的绫罗绸缎、金银首饰、瓷器、青铜器、雕像中，总之是在珍宝财富中徜徉！我想，远自蛮族对罗马的洗劫以来，没有人见到过这样好的东西”。对于当年的行径，他也不无诚实地说，“要是说有抢劫的话，我只是在对北京掠夺之后或者说在那期间，搜罗了一些‘小玩意儿’。此外，我觉得实在漂亮的，就捎带弄上两三件皮货和几件瓷器。大家都说那几天的机会实在太难得”。

在中国游历多年的法国主教樊国梁在与来华外国人的交流中记下了不少逸事：“听一个士兵讲，当时他想抓一只藏在沙发下的小狗，手却碰到一个大铜环。他挪动沙发，拉开那个活门，那只是片刻工夫的事儿。小密室里有两个匣子，里面装满镶嵌着珍珠和钻石的钟表。他腾空背包，在战友们到来之前，把那些宝物迅速地装了进去。‘关了我两天禁闭，’他说，‘但我也不后悔，因为我那包东西卖了两万五千法郎。’每个士兵都有自己的选择，只不过智商程度不同；行家们专买士兵们抢来的最好的东西，也仅花几个硬币而已。很多人的羊毛长袜以及骑兵的背包里都装满了宝石。尤其是食品店和小卖部的管理员个个都发了财。据说，有个士兵用一尊纯金的菩萨像换了一杯苦艾酒。菩萨像的肚子里经常藏着宝石和金条，所以，对那些大肚弥勒佛，我们的士兵少不了要捅上几刀。”为保证抢劫的“公平性”，英法联军事后成立了一个“战利品管理处”，对士兵们愿意交出来的“战利品”进行拍卖。据英军中校吴士礼的估计，这次的拍卖所得约 12 万美元，这在当时虽然是个大数目，但对于那些价值连城的奇珍异宝来说，这绝对是个严重低估的数字。按照分配原则，这些钱的三分之二分给了士兵，三分之一归了军官。英军司令格兰特虽然没有参与分配，但“军官们赠送他一把雕满花纹的赤金酒壶，这是赃品中最精致的东西”。法军司令孟托邦则自承，战利品管理处给了他 3 条用玉石、琥珀和珊瑚做的项串，作为他夫人及女儿的“远征纪念”。就连英国女王，她也收到了格兰特从圆明园抢来的两个美丽的大珐琅瓶。

虽然每个士兵只从战利品管理处分得了 17 美元（合 4 英镑），但事实上他们都发了横财。据称，法军原本只有一辆车，用来给将军装载帐篷与军用箱，但当他们离开圆明园时，不知道为什么竟然出现了大批满载着的车辆，而英国人的行李车队更是长得出奇。这一刻，英法联军已变成了一支运输大队。

参与了这场“抢劫盛事”的士兵在回国后大多变成了远近闻名的大富翁，譬如英国军官赫利斯，他因劫得大批的圆明园珍宝而获得了“中国詹姆”的绰号，这笔财富他一辈子都花不完。一些世界知名的博物馆，也收藏了大量的圆明园“赃物”，如法国拿破仑三世时的枫丹白露行宫中国馆，其中大部分珍宝就来自圆明园；大英博物馆也收藏了大量来路不明的中国文物，其中就包括了东晋画家顾恺之的传世名作《女史箴图》(唐人摹本)，它们中的很大一部分，如果追踪起来的话，原本应该是放在圆明园的。

历史学家杰克·比钦在《中国鸦片战争》中指出，劫掠和破坏是同时进行的，发了狂的英法士兵们把能拿走的都拿走，拿不走的就随手破坏。英国专使额尔金冷冷地看着，他在写给妻子的信中说：“劫掠和蹂躏这样的一个地方，已够坏了，但更坏得多的是破毁。原来总价值一百万英镑的财产，我敢说连五万英镑也不值了。”恶毒而无知的额尔金，最后下令将圆明园加以焚毁，作为对外国人质被扣押致死的一种报复，也用以对清廷心理上的威慑。10月18日，英军中将米歇尔带领3000多名士兵开始执行纵火任务，他们不仅烧毁了圆明园里的所有宫殿及花园，邻近的万寿山清漪园、玉泉山静明园及香山静宜园里的楼阁也同遭劫难。

英国随军牧师姆吉在《1860中国战役纪闻》中回忆说，放火命令发下之后，不久就看见重重烟雾从树木中升腾上来，随后又聚合成弥天乌黑的一大团，万万千千的火焰往外爆发，烟青云黑，遮蔽天日，所有轮奂辉煌、举国仰为神圣庄严之物的庙宇、宫殿、古远建筑，以及历代收藏的精美华丽、富有皇家风味的物品，都付之一炬，化为劫灰。从今往后，数千百年为人所爱慕的崇构杰制，不复现于人类的眼帘，它们消灭于无形，人类不能重新建造。

焚毁行动持续了整整两天。19日下午，英军烧毁圆明园正大光明殿和大宫门作为“收工”之作。英军步兵中校沃尔斯利在撤退时，看到的最后一幕是：“10月19日晚，圆明园已不复存在。其周围紧邻的区域也仿佛地覆天翻一般，只有黑黢黢的墙垣和一堆堆烧焦的屋架表明皇家宫殿过去所处的位置。

环绕着圆明园的松林也已化为灰烬，只剩下一根根被烧成焦炭的树干。”

大火随后又持续了三昼夜，北京的上空浓烟笼罩，满目烟尘，整个城市充满了黑暗、阴郁与肃杀之气。《庚申夷氛纪略》中说，各名园“尽付劫灰，火光烛天，数日不灭”。恭亲王奕䜣在西山的高地上看到这场可怖的大火后，上奏自己的兄长咸丰皇帝：“臣等登高瞭望，见火光至今未熄，痛心残目，所不忍言……”逃至热河的咸丰接奏后掷笔痛批道：“览奏何胜愤怒！”

12 年后，法国历史学家亨利·高第来到“额尔金留下的废墟杰作”面前。他这样描述这个令人伤感的荒园残景：“坐落在横七竖八的高大石阶顶端的，是一尊令人伤心的铜制佛塔，它周围全是夷为平地的亭台楼宇。低处静静的湖泊里开满了荷花，上面横卧着一座高大的石桥，它与岸边满目疮痍的景色形成了鲜明对照。”又一年后，史学家塔克西尔·德洛尔在其名著《第二帝国史》中说：“所有的这一切，在今天只剩下一堆堆蚀迹斑斑的焦土和瓦砾，圆明园的大门仍由两个铜狮子镇守着，它们由于过于笨重才没有被搬走。”

曾给奕䜣拍过肖像的摄影家约翰·汤姆逊在 10 余年后参观圆明园废墟，他不无遗憾地说：“我们一走进圆明园，一大片荒凉破败的废墟就映入眼帘。昔日装点着中国最壮丽景观的一块块大理石、一座座雕塑，如今倒卧在荒草丛中，瓦砾堆上。”

断壁残垣枯草凄，世上再无圆明园。当抢掠者在为他们的抢劫成果而兴高采烈时，法国作家维克多·雨果却不无愤怒地写道：“一天，两个强盗闯进了圆明园。一个大肆抢掠，另一个放火焚烧。额尔金在巴台农神庙开始干的事，他又到圆明园干了。这次他干得更为彻底漂亮，连一点儿都没有留下。战功赫赫，战果辉煌！胜者之一装满了腰包，另一个装满了他的箱子：他们臂挽着臂，欢笑着回到了欧洲……历史记下了一次抢掠和两个盗贼。”

火烧圆明园、八国联军侵华和南京大屠杀，是近代历史上对中国人的集体心理 3 次最严重的伤害。如今，圆明园残留的石柱依旧无声地矗立在那里，在夜幕快要来临时，往往发出惨白的颜色。它们想要诉说些什么吗？

六 糊涂之争：京师同文馆风波始末

康熙年间，中俄在西北边疆及商贸上多有交涉往来，而清廷之前主要依靠来华传教士及俄国商人担任通译，颇有不便，于是在理藩院下设立俄罗斯文馆以培养俄语翻译，最初打算就近招收蒙古学员，但后因报名人数太少而改为旗人子弟均可入学。俄罗斯文馆的教习主要由俄国人担任并一度招收俄国留学生，其间跨越了近一个半世纪，直到同治元年（1862 年），俄罗斯文馆才被并入新设立的京师同文馆。

京师同文馆附设于总理各国事务衙门，当时仍沿用俄罗斯文馆常例，以旗人子弟为招生对象，主要教授英文、法文。开办之初，同文馆并没有引起太多人的关注，因其最初设想不过是培养翻译以助于对外交涉，但 4 年后恭亲王奕䜣的一个奏折引发了一场轩然大波。

恭亲王奕䜣排行老六，因其热心洋务，与洋人来往频繁，背后又有人送他一绰号“鬼子六”。由于在同英法联军的议和及“辛酉政变”（与慈禧太后联手制伏肃顺等“八大臣”）中表现出色，奕䜣在同治初年受到重用。他既是领班军机大臣，同时又兼管总理衙门，位高权重，风光无限。

在亲历英法联军之役并见识了洋人的厉害后，奕䜣对洋务极其重视，他见京师同文馆经办数年未见成效，而当时又急缺洋务人才，于是提出了一个新的设想，那就是将京师同文馆的职能由外语教学转换为语言与洋务并重，以更快培养出适合时代需要的新型人才。

皇族出身的奕䜣对旗人子弟的素质习性素有了解，因而他的办法就是从生源入手。在 1866 年底的奏折中，奕䜣提出京师同文馆陆续增设天文算学馆、化学馆等新馆，学员将从正途人员中选取，范围是年龄 30 岁以下的举人、优贡及五品以下的京外各官。

奏折公布后，立刻在朝廷内外引起轩然大波，御史张盛藻上疏抗议：“天文算法，宜令钦天监天文生习之；制造工作，宜责成工部督匠役习之。文儒近臣，不当崇尚技能，师法夷裔。”在士大夫们看来，让举人、优贡这些正途人员去学习天文算法、营造器械这些上不得台面的事情，简直是儒林奇耻。

张盛藻的贸然上奏遭到朝廷的驳斥，为表示对天文算学馆的重视，清廷任命了三品京堂、太仆寺卿徐继畬充任总管大臣，而之前的官员都是低级官员，馆内的教习甚至只是月俸八两的八品以下官员。鉴于朝中的保守势力暗潮涌动，奕䜣连续上了两个奏折进行解释：

“洋人制造机器、火器等件，以及行船行军，无一不自天文算学中来……若不从根本上用着实功夫，即习学皮毛，仍无裨于实用……举凡推算、格致之理，制器、尚象之法……倘能专精务实，尽得其妙，则中国自强之道在此矣。”

“若夫以师法西人为耻者，其说尤谬。夫天下之耻，莫耻于不若人……或谓制造乃工匠之事，儒者不屑为之，臣等尤有说焉……匠人习其事，儒者明其理，理明而用宏焉。今日之学，学其理也，乃儒者格物致知之事，并非强学士大夫以亲执艺事也，又何疑乎？”

奕䜣之说并非没有道理，但他在奏折中犯了一个冒进的错误，那就是把天文算学馆的招生对象进一步扩大为“翰林院编修、检讨、庶吉士等官”，理由是这些人“学问素优”而“差使较简”，如果让他们参与学习势必事半功倍，但他的提议招来了保守势力更加激烈的反对浪潮，而这一次担当大旗的是文渊阁大学士、帝师倭仁。

倭仁是道光朝的进士，曾历任大理寺卿、工部尚书等职，他思想保守固然不假，但他本人是真有学问，时有“理学大师”之名，颇受士林中人的景仰。《近代名人小传》中说，倭仁为人严谨简朴，最反对奢靡浪费，曾以古人咬菜根之意，创立“吃糠会”，以提倡节俭。老夫子以身作则不搞假道学，他有件狐裘，皮革已破损外露，无钱购新，就用布在外面打上补丁。由此，倭仁在士人们中间的名声极佳。

倭仁对西学很不以为然，对那些主张洋务的官员也看不惯，譬如外国公使驻京后，朝廷的六部九卿堂官通常会到各国使馆去拜年，既是尽地主之谊，也是一种文化交流，但倭仁从来不去参与。

一开始就跳出来反对天文算学馆的御史张盛藻，其实是倭仁门生，前一次上奏是否出于倭仁的授意，目前尚不得而知，但就观点而言，两人是一致的。这一次，倭仁亲自出马，他在上奏中针锋相对地提出，“天文算学为益甚微，西人教习正途，所损甚大”“立国之道，尚礼义不尚权谋；根本之图，在人心不在技艺”。倭仁的奏折披露后，立刻被守旧派们奉为经典，广为传诵。

不过，倭仁的奏折也不是没有纰漏，那就是这一句：“如以天文算学必须讲习，博采旁求，必有精其术者，何必夷人，何必师事夷人。”奕䜣抓住这句话，说倭仁既然认为不必师事夷人，想必有优秀的洋务人才推荐，于是他故意上奏慈禧太后，让倭仁保荐精于西学的中国教师，并请倭仁来主持同文馆。或许是一种有意的戏弄，慈禧太后颇为默契地批准了奕䜣的建议，并让倭仁随即到总理衙门任职并主管京师同文馆。

倭仁傻眼了，他哪里知道什么是洋务，又哪有什么人才可以推荐呢？

对于倭仁当时的窘迫与尴尬，同为帝师的翁同龢在日记里记述得颇为详细：

三月二十二日：倭仁辞职未获批准；

二十四日：倭仁再辞职仍不批准，他和恭亲王谈了几句，几至拂衣而起；

二十五日：倭仁无法辞职，只得受命而出，当时老泪横流，把同治弄得惊愕了半天；

二十九日：倭仁上马眩晕坠落，靠坐轿才得以回家，回去后痰迷心窍，几至不语；

四月十八日：翁同龢去看倭仁，见其“颜色憔悴，饮食甚少”；

五月十二日：倭仁请开缺，慈禧太后命“赏假一月，安心调理”，仍未批准辞职；

六月十二日：倭仁再请开缺，慈禧太后这才“准开一切差使，仍以大学士在弘德殿行走”。

翁同龢最后在日记中说，倭仁听到这个消息，“为之额手称庆”，总算是长出了一口气。

老夫子倭仁虽然被暂时击退，但这场风波所造成的影响是深远的。在守旧派士大夫的鼓噪下，很多有意投考同文馆的官员，最后都打了退堂鼓。结果，同文馆在 98 个报名者中只录取了 30 人，而因被录取者的素质太低，很快又被淘汰了 20 人，剩下的 10 人中，最后也只有 5 人毕业。洋务派本希望通过同文馆培养一批精通西学的中高层官员，这个计划几同夭折。

自诩国内懂洋务唯"区区一人"的郭嵩焘在冷眼旁观了本次争论后一棍子把双方全部打死，在他看来，双方"用意不同而同一懵懂，如群盲相遇于道，一无所见"，特别是奕䜣派，郭嵩焘的批评更加严厉，认为其原奏立言悖谬，"无一语不足喷饭"，而其所奏章程，"阅之不胜骇叹"。

郭嵩焘的理由是，奕䜣的办法流露出"取媚洋人"的倾向，"以洋人所授之业为升阶狎侮士大夫，流俗之所争趋，君子之所深耻"，而章程中的"拘禁之令，出入有制，而月一加考试，移督教童蒙之政以施之翰、詹事清贵人员，贱简士大夫以辱朝廷"。更为不智的是，折中称"欲严课程，必须优给廪饩；欲期鼓舞，必当量予升途"，这无异于以"奖叙利禄之名"诱导，为标榜"重气节而轻名利"的士人所不齿。

同为帝师的翁同龢虽也保守，但对于这场风波的无厘头颇为不屑并讽之为"朝堂水火，专为口舌相争"。在他的日记里，翁同龢记录了这样一副嘲讽同文馆的对联："诡计本多端，使小朝廷设同文之馆；军机无远略，诱佳子弟拜异类为师。"有好事的士大夫们挖出"同文馆"的"同文"二字，说它"未同而言，斯文将丧"，更有人指责奕䜣的创议引诱儒生为鬼子门徒，所谓"孔门弟子，鬼谷先生""胡闹！胡闹！教人都从了天主教！"

"同文馆风波"并不是奕䜣与倭仁的个人之争，而是中西文化的首次交战，因参与者都是朝中重磅人物，其效应也由此扩大数倍。就学说而言，倭仁之见仍为传统的治国观点，其对列强的压迫及千年之变局的到来浑然不觉或有意视而不见，但同样不可忽视的是，奕䜣对付倭仁的办法有耍小聪明之嫌，洋务派没有在舆论上真正把保守主义驳倒（甚至让更多的士人加入了反对阵营），由此也未能像日本明治维新一样形成学习大潮。就此而论，这场争论实际上没有真正的赢家，两败俱伤之下，国势依旧沉沦。

由于招不到好学员，京师同文馆对馆内学生待遇极优。京师同文馆出身的齐如山对当年“母校”的典故知之颇详，据其回忆，馆中的伙食好得不得了：平时吃饭，六人一桌，四大盘、六大碗；夏天另添加一个大海，还有荷叶粥、果藕，等等；冬天虽无大海，却增加一个火锅，火锅还分什锦火锅、白肉火锅、羊肉火锅三种，各种羊肉片、鱼片、肝片、腰片及鸡蛋、冻豆腐、作料，等等，应有尽有，吃不够还可再添，当时的正阳楼饭馆也不过如此。更绝的是，非但学生如此，就算有熟人来，也可以留饭，随意点菜，一文钱都不用花。

但就这样，同文馆仍旧招生不畅，据齐如山回忆，“馆是成立了，但招不到学生。因风气未开，无人肯入，大家以为学了洋文，便是降了外国。在汉人一方面，政府无法控制，招学生太费事，于是由八旗官学中挑选，虽然是奉官调学生，但有人情可托的学生谁也不去，所挑选者，大多数都是没有人情，或笨而不用功的学生”。

这种情况，直到戊戌以后才有所改变。随着西方文化的不断浸润，士人们对西方事物也从反感到好奇，报考同文馆的人日益增多，于是改行考试入馆，而且搞实验制，学员入学半年后，非可造之才即行剔除。

相比同时期的上海广方言馆及广东同文馆，京师同文馆尽管地位更高，但成绩上并不出色。据曹汝霖所言，当时上海广方言馆附设于江南制造局内，每年招考年幼生徒入学各国语文，毕业后择优送京师同文馆深造，其中的一些优秀人才如陆征祥、胡唯德、刘式训等，都是上海广方言馆所输送的。如1867年，京师同文馆招收的八旗子弟中，有20名实在是不堪造就，最后只得由总理衙门紧急征召上海广方言馆及广东同文馆的高才生前来补缺。

同文馆难出成绩，很大程度上应归结于科举制度。科举制度不但吸走了最优秀的人才，就连同文馆中的学员也难免受到影响。譬如汪凤藻，其在上海期间的英文及“西学”（如几何、微积分、格致等）已有相当基础，并曾为江南制造局下的译学馆做过翻译工作。但就像留学英国学习海军、后来成为大翻译家的严复一样，汪凤藻后来仍旧参加科考并先后中得举人、进士，并被点为翰林，可谓正途不误，中西兼通。严复就没有这样好的运气了，他先后参加过几次科考，但均以失败而告终。

曾先后担任过驻英国参赞、出使英意比国大臣的同文馆首届毕业生张德彝则是另外一种情形，尽管他为光绪皇帝授读过英文，但同文馆的“非正途出身”仍对他造成了很大的阴影。在《宝藏集序》中，他反复叮嘱后辈：“国家以读书能文为正途……余不学无术，未入正途，愧与正途为伍；而正途亦间藐与为伍。人之子孙，或聪明，或愚鲁，必以读书为要务。”张德彝说的“读书”，指的是四书五经、八股制艺而不是语言、算学、格致之类的实用之学，他的这番训导，也颇为形象地折射了同文馆的尴尬地位。

京师同文馆的萎靡不振，与奕䜣、倭仁当年的那场争论无疑是密切相关的，但可惜的是，这场无谓的争论未能确立同文馆乃至新式教育的方向，反而错失了它的目标。京师同文馆原本应发展成为“皇家学院”，并为全国的新式教育树立典范，但直到1902年并入京师大学堂之前，它的贡献与其地位、投入都极不相称，然而，这又是谁的过错呢？

七 花甲回忆：丁韪良的在华六十年

都说“百无一用是书生”，但百年前一位名叫丁韪良的“洋书生”却提供了一个反例。丁韪良，原名威廉·马丁，美国基督教长老会传教士，出生于美国印第安纳州的一个牧师家庭，父亲及兄弟皆为牧师。1850 年，24 岁的丁韪良在印第安纳州立大学毕业后不久被派到中国宁波一带传教，因其熟谙汉语，后在 1858 年中美谈判签订《天津条约》时承担了文件起草与翻译工作。

让丁韪良感到吃惊的是，中国官员在谈判过程中对国际事务与国际法几乎一无所知，之后他萌生了一个念头，那就是将美国学者惠顿所著的《万国公法》翻译成中文，给中国的官员们好好补一补课。美国公使蒲安臣对此十分赞同，随后将他和翻译计划推介给了负责总理衙门的恭亲王奕䜣。奕䜣听说后很有兴趣，他问丁韪良有何要求，丁韪良说需要一名中文助手，并在翻译完成后能以官费印行。

奕䜣本以为洋人会趁机索取高额报酬，没想到丁韪良没有提及一个钱字，于是他大为高兴地给丁韪良派去了 4 名中文助手。1863 年 5 月，丁韪良完成了《万国公法》一书的翻译，总理衙门随后按之前的承诺以官费印行。

一年后，德国在中国领海捕获丹麦船而引发国际纠纷，总理衙门的官员对此很是茫然，为难之际，他们忽然想起了丁韪良翻译的《万国公法》，于是按书中所说的先例加以交涉，最终维护了中国的主权并使丹麦船只获释。由此，丁韪良广获赞誉并赢得了恭亲王奕䜣的极大信任。

在是否学习西方律法的问题上，清廷官员们的心理也颇为矛盾：一方面，来华的洋人们潜心学习中国文化，遇到中外交涉时，他们往往援引中国典制律例相辩驳；另一方面，中国人对于外国的律例条文懵懂无知，而同文馆刚刚设立，学员们通晓外文尚须时日，如果请外国人帮忙翻译的话，他们又担心为人所乘。

一些外国官员也抱有“秘而不宣”的自私想法，他们对丁韪良翻译《万国公法》一事大加反对，如法国临时代办克士可士吉得就扬言：“这个家伙是谁？竟想让中国人对我们欧洲的国际法了如指掌？杀了他！掐死他！他会给我们招来无尽麻烦的。”《万国公法》一书在中国印行后，一些外国人甚至大骂丁韪良，说他将这么重要的秘密，都告诉中国人了！

中西交往之初，能承担如此翻译工作的人凤毛麟角，因当时中国的法学与西方法学大相径庭，西方的一些法律术语很难找到中文对应词，如果翻译者没有很好的汉学与法学水平，这几乎是一个不可能完成的任务。

功夫不负有心人，丁韪良恰好是合适的人选，因为他来中国后，不仅系统学习了四书五经等中国经典著作，而且在英文发音的基础上编出了一整套音标，根据这套拼音系统，“当地的中国人看到自己的孩子只学了几天就能够阅读，都感到十分惊奇，因他们学汉语，往往要经过数年的悬梁苦读才能做到这一点”。

丁韪良对中国文化的钻研也赢得了士绅们的尊重，据其回忆，“当时懂得中国学问的人甚少，所以当恭亲王了解我熟知中国的作家、作品后，立即对我另眼相看，并给我起了一个‘冠西’的雅号。此后许多中国人都尊称我为‘丁冠西’”。首任留美学生监督、后任驻美公使的陈兰彬也不无赞赏地说，丁韪良“居中土久，口其语言，手其文字，又勤勉善下，与文章学问之士游，浸淫于典雅义理之趋，故深造有得如是”。

1865 年，同文馆第二任英文教习傅兰雅辞职前往上海，丁韪良随后接替了他的职务。4 年后，丁韪良在海关总税务司赫德的推荐下升为京师同文馆总教习。对其才华，赫德也极为欣赏，早在翻译《万国公法》时，他就表示大力支持，并承诺从海关关税中提取白银 500 两予以资助。

京师同文馆给予丁韪良的待遇很好，据其所说，光“车马笔费”就高达 1000 两白银，而其薪水则是这个数字的 5 倍。尽管如此，丁韪良在上任数月后却出人意料地提出辞呈，这让总理衙门的官员们大为惊讶。任职于总理衙门的两位官员，户部尚书董恂及曾任总督的刑部尚书谭延襄派人把丁韪良请去，询问他辞职是否是因薪水太低或者有人冒犯了他。丁韪良坦言，与他付出的时间相比，薪水绝不算低，而且所有人都很宽容友好；但是，“照管十个只学英文的男孩子，对我来说是太没有出息了，我觉得自己是在虚度光阴”。

丁韪良的前任傅兰雅也抱有同样的想法，他曾在给朋友的信中写道，向那些本已无缝的小脑袋瓜里死命地填充知识，实在是苦差一桩。而丁韪良辞职的另一个原因是，同文馆在扩展上遇到了问题，他对自己的职业前景感到悲观。

了解了丁韪良的想法后，总理衙门的官员笑了，他们说：“如果你因为这个而辞职的话，那你就想错了。你不会永远只教十个孩子，而且，你要想想这些孩子今后的前程，他们或许有一天会替代我们的职位。还有，皇帝也许也会学习外语，谁知道哪一天你的学生会被召去教皇帝学英语呢？”听了官员们描绘的“美好前景”后，丁韪良犹豫了，而他之前找好的替手不愿意脱离传播福音书的工作，于是他只好继续留任了。

丁韪良的失望，其实主要来自当时官员们对新事物的漠然，譬如在设置电报课程的问题上。为把电报这个“奇妙的发明”介绍到中国来，丁韪良曾在费城学习了整个课程并自费购买了两套电报设施带到中国，但他请总理衙门的官员们前来观看实验时，对方却都冷冷地看着，既不了解，也毫无兴趣，其中有一位翰林甚至不屑一顾地说，“虽然中国四千年来都没有电报，但仍然是泱泱大国”。令丁韪良哭笑不得的是，那几个人对他拿来的一些新颖玩具，譬如带磁性的鱼和鹅却极有兴趣，并被逗得哈哈大笑。

丁韪良叹息说：“在文学上，他们是成人；在科学上，他们却仍然是孩子！”为证明电报是有用的，丁韪良之后又要求到总理衙门亲自为官员们展示，但结果还是一样，那些官员看到火花从一根铜线跳到另一根铜线、报锤嘀嘀嗒嗒地响起来时，一个个狂笑不已。很显然，他们依旧把这个所谓的“新玩意儿”看成玩具。唯独让丁韪良感到欣慰的是，户部尚书董恂和大学士文祥对此极有兴趣，前者甚至学会了如何收发电报。但其他人对此仍熟视无睹，电报机在总理衙门整整放了一年后，最后被当成了“无用的古董”送回了同文馆的陈列室中。

在丁韪良看来，同文馆同样问题很多，当时馆中的洋教习很少科班出身，多数为半路出家的谋职者。在《同文馆记》中，丁韪良记述了一个名叫方根拔的德国教习，此人思维敏捷但性格古怪，而且一向自高自大，他在同文馆中担任天文学教授时，曾放出话说要推翻牛顿的万有引力学说，但很不幸的是，有一次他去北京西山度假时，路上遇上暴雨，结果车上的书籍、笔记等都散落在泥泞的雨水当中。丁韪良对其遭遇表示安慰时，方根拔痛心疾首地说："唉，这可恨的雨水啊！我20年的心血被毁于一旦。牛顿的统治又可以苟延好几个世纪了。"不过，这位一向以"科学界要人"自居的方根拔的水平到底如何呢？俄国天文台的费利敕教授曾对丁韪良说了这样一句话："他也许是语文学家，但绝不是天文学家！"

同文馆的学生们也让丁韪良感到头疼，当然，这是指学生们的素质而不是指馆内的教学秩序。据丁韪良说，在他任职期间，学生们总是十分温顺，从来没有发生过学潮。但由于整个社会对新学的普遍轻视，同文馆很难招到优秀的学生，一些学生的年纪明显偏大，不堪造就。有一次，丁韪良看到一个学生带着一个孩子在街上走，于是顺口问道："这是令郎吗？"对方微笑着答道："是我小孙子。"

尽管同文馆的学生在待遇上堪称优厚（学员学制8年，奖学金最高可拿到1000元），但科举社会下，他们仍遭到士林的歧视并被视为"假洋鬼子"，一些学生甚至"连公开承认他们是同文馆学生的勇气都没有"。由于新学基础和本身素质过于薄弱，很多学生都未能完成学业而中途被淘汰，能够顺利毕业的学生则主要进入外交界或电报局之类与洋务相关的行业，其中也有少数做了知县或进入武备学堂。如当年的预测，同文馆的毕业生张德彝、沈铎后来真的当上了光绪皇帝的英文教师，这对丁韪良来说是一个无上的荣耀，他在回忆录中不厌其烦地描述了给皇帝上课的情景——尽管他不曾身临其境。

在此期间，丁韪良还在北京创办了崇实中学（即现在的北京市二十一中学），并在1865—1885年担任校长。1894年，丁韪良结束了长达25年的同文馆总教习任职，不久后返回美国度假。不幸的是，中国在此期间遭遇中日甲午战争惨败，当丁韪良于1897年再次返回时，国内已掀起了"维新变法"的浪潮。1898年，清廷在同文馆的基础上成立京师大学堂（今北京大学，也是中国的第一所大学），丁韪良被任命为首任总教习（即校长）并授二品衔。

开学之际，身为传教士的丁韪良当着全体中外来宾的面向中国的圣人孔子鞠躬致意，尽管此举被一些基督教人士视为对上帝的"背叛"，但在文化意义上，丁韪良之举不失为中西方文明交融的典范。

庚子年中，戊戌变法中唯一幸存的京师大学堂在义和团及八国联军的双重摧残下毁于一旦，房屋、书籍、仪器荡然无存，而作为总教习的丁韪良也在之后的历史记述中蒙受污名。事情的起因是丁韪良在《北京被围目击记》中的一些记载被不当引述，以致这样的观点一时成为主流：在八国联军攻入北京后，传教士也同样参与了抢劫并陪同侵略军搜索义和团乃至勒索赔款，而丁韪良即为其中一例。

事实的真相是否如此呢？丁韪良主要作品的翻译者、学者沈弘对此作出了否定性回答。他认为，之所以会出现如此误解，很大程度上是因为之前的研究者对丁韪良文章的断章取义，由此造成了不应有的误读和以讹传讹。

据丁韪良的记载，慈禧太后逃走后的北京陷入了混乱，“有一大半居民放弃了他们的住所……他们的衣柜塞满了之前的皮货，地板上撒满了最华丽的绸缎，有些地方满地都是银锭。多么诱惑人去抢劫啊”！问题的关键在于，接下来的抢劫活动是八国联军干的，而所谓丁韪良的“抢劫”，则是因“惠志道牧师和怀丁牧师负责的教徒们急需粮食，我为他们的利益干了一点小小的抢劫。我听说在内城京师大学堂附近有一家被遗弃的粮店。我们到那里去发现有相当数量的小麦、玉米和其他粮食。于是我们把这些粮食搬运到好几辆骡车上，我们运走的粮食不少于二百蒲式耳。我高声叫喊店主，告诉他把账单送到时，我会付给他全部粮款。但是唯一的答复就是我的回声……”

至于对义和团研究中津津乐道的传教士“抢皮货”问题，来源同样是丁韪良的记载：“美国公理会在一处王府驻扎，都春圃牧师发现该处和附近一带房屋里有大量的皮货、绸缎和其他不值钱的东西。他向军队和使馆做了广告，把这些物品拿出来公开拍卖……另一个雷思德牧师……买了四大箱皮货拟拿到纽约去转售，为的是要帮助受难的教徒……我很荣幸在他们蒙受的责难中我也有份，我承认自己与他们一样有罪，虽然我侵吞为我个人使用的唯一物品是一条羊毛毯……”

部分传教士参与了皮货的发现与拍卖事宜，其动机是为解救中国教民的生命，这听起来似乎是合乎人道主义的，至于丁韪良拿了一条“羊毛毯”，在当时的混乱局面下似乎也无可指摘，因为丁韪良当时已 74 岁，他在京师大学堂中的宅邸早已被摧毁，作为难民的他，在入秋后需要一条羊毛毯御寒似乎也不算过分。

1902 年，清廷下令恢复京师大学堂，丁韪良被重新任命为总教习，正当他踌躇满志地准备大干一场时，一场意外的纠纷却让他的计划戛然而止。原来，原京师大学堂的一些洋教习要求清廷补发之前的工资，纠纷之下，新任管学大臣张百熙随后以经费紧张为由集体辞退了所有洋教习——丁韪良躺着也中枪。

风波之后，丁韪良仍留在中国从事教育和传教活动，直至 1916 年 12 月病逝（后与妻子同葬于北京西直门外的一块墓地）。丁韪良去世时 89 岁高龄，其中在中国的时间超过一个甲子（1850—1916 年，中间有 4 年多时间不在中国）。

丁韪良的一生著述颇丰。据不完全统计，他共出版中文著译 42 部、英文著述 8 部，并在各种报纸杂志上至少发表了 153 篇文章。其最重要的三部作品，一部是 1896 年出版的《花甲忆记》，另一部是 1901 年出版的《汉学菁华》，还有一部是 1907 年出版的《中国觉醒》。三部作品实为一个系列，其中第一部是他对 1850—1896 年在华所经历事件的回顾；第二部是其对中国及其文化的观察集；第三部则是前两部书的后续，补充描述了 1902—1907 年间他的经历与观察，其中对清末新政做了重点记述。

对于清末新政和改革，丁韪良表示出极大的兴趣和热切的期盼，他在《中国觉醒》一书中满怀信心地宣称，“中国是一个具有无穷精力之民族的故乡，它如今之伟大和未来之繁荣都足以令人仰慕不已……用蒸汽和电力将这个庞大国家的所有成员都凝聚在一起时，我们很难想象它未来将会变得多么强盛”。

据说拿破仑曾说过这样一句名言：“中国是一头睡狮。一旦惊醒，整个世界都将会为之震动。”丁韪良给这本书取名《中国觉醒》，其意也在于此。他认为，只要清廷的改革继续下去，中国注定会发生翻天覆地的变化，而中国的强盛也必将到来。但事与愿违的是，之后的中国迎来的却是一场大革命。

八 李提摩太：从肉体救赎到精神救赎

1869 年 11 月，一位名叫李提摩太的年轻传教士开始了他的东方之旅。3 个月后，他抵达上海，并在中国一待就是 45 年。

李提摩太出生于英国威尔士省卡马郡，家中兄弟姐妹 9 个，他排行老末。20 岁那年，李提摩太开始学习神学，后加入伦敦浸礼会并被派往中国山东一带传教。由于中西方文化及习俗等诸多方面的巨大差异，像李提摩太这样的外国传教士并不受到中国人的欢迎，譬如他外出散步时，总会有一大群孩子甚至地痞恶棍跟在后面高喊："洋鬼子！洋鬼子！"甚至会收获一些石头和土块。到了晚上，还有人趁着夜色在他住所的门上涂上各种污秽肮脏之物。不过，李提摩太得以相安无事的秘诀是，除非万不得已，否则决不求助于政府官员的帮助，这总算是保持了相对的和平。

为了更好地接近中国人，李提摩太的前辈——麦考文牧师曾仿造当地样式做了一件皮袄——里边是长袍，外罩一件马褂，当他穿着自己的新衣服出现在街道上时，见者无不捧腹大笑："这洋鬼子的老婆多蠢哪！""她不知道怎样做一件大衣！"

接受了麦考文的教训，李提摩太决定把自己弄得更像样一些，他换上了当地人的服饰，还剃去前额的头发并安上了一条人工的辫子。李提摩太的这次亮相更加轰动，一个卖点心的小男孩乍看到他的这副装扮，顿时吓得跳了起来，满盘子的点心都撒落一地。李提摩太走到街上时，这个消息似乎已传遍了整个大街，每户人家的男人、女人还有孩子，都跑出来要目睹这难得一见的景观。在众人的注目礼和惊呼声中，李提摩太听到背后一个人对另一个人说："啊，他现在看起来像个人了！"

李提摩太的想法其实很简单，他认为这样的话，前来拜访他的上层社会人士或许会多一些。后来的事实证明他是对的。当天下午，李提摩太就被邀请到一户人家去喝茶。这时他才恍然大悟，原来之前没有人邀请他，是因为他穿着外国人服装的样子太古怪，当他坐在屋子里时，“各种各样看热闹的就会凑到纸糊的窗子前，每个人都悄无声息地用指头尖沾着唾沫把窗纸戳一个洞，在上面凑上一只眼睛”，这样一来，主人每邀请他一次，家里的窗纸就得修补一次，而外国人穿上中国服装后，他就像一个普通的中国人，反而不值得一看了。

李提摩太发现，要获得中国人的好感，最好的办法就是给人治病。1875年，山东青州有很多人患上热病，李提摩太便源源不断地将奎宁丸免费发放给病人，而止痛药是最受欢迎的。当时有个人的妻子感染了霍乱，家人以为她不行了，李提摩太给她滴了几滴掺在糖水里的樟脑油，不一会儿，病人就转过脸来，说自己感到好多了。李提摩太不无得意地说：“对周围的人来说，那绝对是个奇迹……消息不胫而走，人们传说尽管很难找到我，并从我手里得到药，可一旦找到了我就能像上帝一样手到病除。”

由于身份特殊，当时的传教士无论做什么都会被人怀疑。1876年，李提摩太一行人前往山西赈灾，但拜访巡抚曾国荃时被兜头泼了一盆冷水。曾国荃的下属说，巡抚因为他的出现非常生气。在之前的两年中，李提摩太因在山东赈灾已小有名气，山西官方为何会如此不友好呢？李提摩太感到困惑不解。他在回忆录中写道：“他认为我的到来只是收买人心，使民众对政府离心离德。见面后，尽管我跟他解释说，我带来了2000两白银，将要发散给受灾最重的灾民，并且办了通行证，他仍然不怎么高兴，依然阻挠我的行动，处心积虑地要使我在刚刚开始时即陷于困境。”

曾国荃之所以反感李提摩太的到来，一是因为他的洋教士身份，二是因为清廷已发密旨，要山西方面对洋教士“婉为开导，设法劝阻”（另一个原因是，清廷担心洋人在非常时期深入险境，万一出现人身安全，将引发外交争端，因此“多一事不如少一事”）。好在曾国荃是个有历练、讲究实际的干员，当他发现李提摩太一行人并无恶意而且准备充分时，于是改变态度，并派助理为他们安排几个村庄去救济，还派官员和绅士前去帮助，以便不受干扰地完成赈灾工作。

1876年之后，华北地区连续出现旱情，先是山东，后蔓延至山西、河北等省，史称“丁戊奇荒”（1877 年为丁丑年，1878 年为戊寅年），而受灾省份中，最为严重的是山西。在日记中，李提摩太以纪实的手法记载了当年的那幕惨剧：他从太原出发后一路南行，第一天就看到一个快要饿死的人。第二天，看到四个躺在路边的死人，还有一个人四肢着地在爬行，已没有力气站立。第三天，路过两个显然刚刚断气的人，一个衣服鲜亮，却死于饥饿。一个大约 40 岁的男人走在前面，摇摇晃晃像是喝醉了酒，被一阵风吹倒后，再也没有爬起来。第四天，路边躺着四具尸体，其中一个只穿着袜子，看来已没什么分量，一只狗正拖着移动。另三具尸体成了一群乌鸦和喜鹊的盛宴。第五天，半天内就看见了六具尸体，一具浸在水里，由于野狗的拖曳，半身暴露在冰面上；一具半身穿着破破烂烂的衣裳，躺在路边的一个洞口旁；还有一具已被食肉的鸟兽撕碎，吃掉了一半……

李提摩太还看到，“有人磨一种软的石块，有些像做石笔的那种材料，磨成细粉后出卖，每斤两文到三文钱。掺上点儿杂粮、草种和树根，可以做成饼。我尝了一点这种干粮，味道像土，事实上这也是它的主要成分。吃了这种东西之后，许多人死于便秘”。这就是中国史书中经常被提及的观音土。

一路上的景象是如此可怕，“路两边的树皮自 10—12 尺以下都被剥去吃掉了，漫漫长路一片惨白……每天都能碰到载满妇女去外地贩卖的大车。也有步行的人，都带着武器自卫……在旅馆里，我听到了父母易子而食的故事，因他们无法吃自己的孩子；也听到人们议论，现在没有人敢到煤窑运煤，因运煤者的骡子、驴子甚至他们本人，都有可能被杀死吃掉”。

目睹了这些人间惨剧后，自带银两不多的李提摩太通过各种方式向海外通报灾情，以尽可能地展开募捐。据统计，经李提摩太等西方施赈者从饥馑线上挽救过来的家庭数目达 10 万户，获得救济约 25 万人；而据李提摩太自己的记载，在海外赈款 20 余万两中，他与助手负责发放了 12 万两。

之前山东赈灾的经验给了李提摩太很大的帮助，当时他采取的办法是：站在城里最贫困地区的一条狭窄小巷的尽头，让申请救济金的人排着长队从身边走过，“每有一个人领到救济金，我就在他那脏兮兮的手上用墨水涂做一个不易被涂掉的标记。有些人利用充足的时间跑到巷子的另一端重新排队，每当干干净净的手伸出来，我们就会怀疑这些人早已领过救济金，只不过用力把墨汁洗掉罢了。这样，我们只继续向剩下的那些依旧脏兮兮的手上发放救济金”。

山西放赈时，李提摩太对灾民们说：“你们安静地坐着不要动，每个人都会获得一份口粮”。他的自信和井井有条赢得了灾民的信任，他们就这样安静地等着，这让对面官府里的那些人大为惊异，因为他们从来没看见过这样的场景，没有兵，也没有枪，这些随时可能变成暴民的饥民是如此地顺服听话和安静平和。

好人总有好报。李提摩太有一次在山东遇到土匪抢劫，曾受过他救济的村民们听说后，“有的手持棍棒，有的扛着草杈，有的带着更危险的武器，还有人骑在骡子上，提着灯笼”前来营救他；村民们看到他安然无恙，就坚持让他骑上骡子，队伍原路返回，“途中又遇到了另外一些前来接我的人，他们同样掉转头，参加了我的护卫队。这样，当我们到达姚沟时，便形成了一支各色人等混杂在一起的巨大队伍”。1878 年 10 月，李提摩太离开山西时，曾国荃给他写了一封充满赞美之词的信。李提摩太对此不无感慨地说，“他不仅以个人的名义，而且代表我曾帮助他们摆脱饥饿的山西千千万万民众，对我表示了感谢”。

在游历与赈灾的过程中，李提摩太发现中国官员对交通和通信漠然视之（一方面也是财政因素的制约），就算在天津这样新近崛起的大城市，“道路之狭，不能容许两辆马车交错而过，这经常在马车夫之间引发严重争吵，争执谁该把车子退回到街头”。在广阔的华北平原，每到 6 月、7 月、8 月，“当雨季来临时，路上洪水四溢，水与尘土混合，形成无法行走的泥沼。路上的交通都中断了，3 个月里，一般来说生意也都停下来了，其间所有的资金都被锁在柜子里产生不了任何利润，对整个中国造成巨大的经济损失”。

发生灾荒时，交通落后的问题日益突出，很多救援的粮食从天津转运而来，但尚距山西荒区 2000 多里，因山多路远、驮运费重，加上经手人难免中饱私囊，救援的成本很高。为此，李提摩太多加用心，他经常在空闲时观测山路的高下并画为图形，为日后筑路做准备。

离开山西时，李提摩太给山西巡抚曾国荃提出了三条建议：一是修建一条铁路，改变山西闭塞的局面，以便于赈济灾民；二是开关放行，让山西饥民能四出就食；三是就地募捐，以解倒悬燃眉之急。可惜的是，山西地方官员讨论后认为：“修筑铁路过于超前，并且必须引进大量外国人，这会导致无穷无尽的麻烦。因此，从对山西是否最有利的角度看，最好不要修筑铁路。”

1880 年，直隶总督兼北洋大臣李鸿章的一席话对李提摩太触动很大，李鸿章直截了当地批评他们：“你的教徒无非吃教，一旦教会无钱养活他们，自然散伙。我知道信奉耶稣教的中国人，没有真正的读书人在内。”李提摩太由此意识到，从肉体上救赎一个人意义并不大，更重要的是改变他的精神和心灵，而要做到这点，必须了解中国文化，并用现代科学知识去赢得中国知识分子的信任。

为此，李提摩太花了 1000 英镑购买各种科技书籍、仪器及标本进行自修，在 1881—1884 年的 4 年间，他每月在太原举行一次报告会，并邀请当地官员与士绅前来参与。1886 年 11 月，李提摩太移居北京，并受曾纪泽（曾国藩之子）之托为曾氏子侄教授英文。此后，李提摩太更加深入地介入了中国上层人物的圈子。

1890 年 7 月，李提摩太在李鸿章的邀请下出任天津《时报》主笔，后来他利用这一舆论平台发表了众多呼吁中国改革的文章。次年 10 月，李提摩太赴上海接替韦廉臣为同文学会的督办。同文学会是由西方在华人士组织的团体（包括传教士、外交官、租界官员及洋商等，也有少数受过西方教育的华人），人数在 200 人上下，主要目的是宣传西学和联谊。李提摩太上任后，将之改名为“广学会”，并主张“从宗教的小圈子里走出去，去影响中国知识界的发展，影响中国政治的进程”。李提摩太强调，今后“广学会”的争取对象应以中国士绅和官员为重点，并对中国问题展开具体的调查和研究。

近代以来，涌入中国的外国传教士数不胜数，李提摩太不是第一个，也不是最后一个，但他能赢得极高的声誉，这与他在“广学会”长达 25 年（1891—1916 年）的工作经历是分不开的。在李提摩太的主持下，“广学会”出版了《万国公报》等 10 余种报刊、2000 多种书籍和小册子，它也是当时中国规模最大的出版机构之一。

维新派领袖康有为曾说：“我信仰维新，主要归功于两位传教士，李提摩太牧师和林乐知牧师的著作。”事实上，当时的维新派人士几乎都是从“广学系”下的出版物获得启蒙的，康梁师徒即为《万国公报》的忠实读者，梁启超还曾主动要求为李提摩太做私人秘书。私下里，李提摩太也自居为“维新派的老师”。他在给妻子的信中说，“我以前所做的种种建议，几乎全部概括和凝聚在他那份具体而微的计划中了”。这指的是康有为的变法计划。

李提摩太一度还影响了光绪皇帝，譬如他编著的《七国新学备要》就被摆上了皇帝的书案。1898年变法开始后，光绪皇帝曾决定聘请李提摩太担任私人顾问，但在变法中，李提摩太却扮演了一个出人意料的角色。

据台湾学者雷家圣在《力挽狂澜：戊戌政变新探》一书中的说法，日本前首相伊藤博文在变法期间访问中国，李提摩太向康有为建议，让光绪皇帝聘请伊藤博文为顾问，甚至赋予事权（清廷聘请洋顾问是李提摩太一贯的主张），这引起保守派官员的极大警惕。之后，御史杨崇伊密奏慈禧太后：“风闻东洋故相伊藤博文，将专政柄。伊藤果用，则祖宗所传之天下，不啻拱手让人。”由此，慈禧太后从颐和园突然返回宫中，并部分解除了光绪皇帝的大权（这是政变的第一步，第二步是因袁世凯告密而引发流血事件）。

李提摩太还有一个更加雷人的提议，那就是“中美英日合邦论”。变法期间，维新派官员杨深秀在康有为的授意下上奏光绪：“臣尤伏愿我皇上早定大计，固结英、美、日本三国，勿嫌合邦之名之不美。”另一维新派官员宋伯鲁也在奏折中以李提摩太的名义转述了“合邦论”，并极力提倡聘请外国重臣。很显然，这些言论在当时更多的是“添乱”，李提摩太的想法也确实有哗众取宠的嫌疑。

庚子国变时，在山西巡抚毓贤的戕害下，山西传教士与教民受祸最深，后其省承担的赔款也极重。《辛丑条约》谈判过程中，李提摩太向各方提议，从山西教案赔款中提取50万两白银用于创办一所近代山西大学堂，这就是后来的山西大学。岑春煊任山西巡抚时，李提摩太被聘请为山西大学堂西学书斋总理。为表彰其贡献，清廷还曾赐他头品顶戴、二等双龙宝星，并诰封三代。

早在20年前，李提摩太就向李鸿章建议，中国政府应每年投入100万两白银进行教育改革，李鸿章的回答是：“中国政府承担不了这么大一笔开销。”李提摩太争辩说，“那是‘种子钱’，将来会带来百倍的收益”。李鸿章问他何时能见成效，李提摩太说："需要 20 年，才能看到实施现代教育带来的好处。""噢！"李鸿章回答说："我们等不了那么长的时间！"

李提摩太曾说，中华民族的改变就意味着世界的改变，而教育是拯救一个民族唯一的方法和出路。在他看来，庚子年间之所以会出现义和团的排外行为，根本原因在于现代教育的缺失，如果教育普及的话，类似这样的仇外事件本不应该发生。李提摩太认为，与其使用暴力与罚金，不如用教育来改变愚昧和无知。在他的不懈努力下，山西大学堂成为辛亥革命前中国仅有的三所大学之一。

1916 年 5 月，年事已高的李提摩太辞去广学会总干事的职务回国，后于 1919 年 4 月 20 日在伦敦逝世，终年 75 岁。

九 坚硬的膝盖：百年荣辱，不欠一跪

1872年10月，同治皇帝举行大婚典礼，场面极其隆重，在京的各国使节都以为会受邀观礼，但令他们大跌眼镜的是，主管清廷外务的总理衙门非但没有给他们送来请柬，反而派出官员吞吞吐吐地“友情告知”，请他们通知其所在国的侨民们在皇帝大婚之日最好不要外出——当然，也包括他们在内。

次年2月，同治皇帝宣布亲政，但仍无召见各国公使的意思。忍无可忍之下，英、俄、德、美、法五国公使联名照会总理衙门，要求觐见皇帝。按说，皇帝大婚与亲政是热热闹闹的大场面，各国使节受邀观礼也是当时的国际外交惯例，清廷为何避之犹恐不及呢？

这事得从乾隆年间说起。1793年6月（当年正值乾隆八十大寿），英国特使马戛尔尼率使团来到中国，清廷官员在接待时遇到一个前所未有的大问题：英国人居然不肯向皇帝下跪！乾隆听后也很不高兴，但英国人不远万里地前来祝寿，最后还是格外恩准了马戛尔尼只单膝下跪的要求。英国人或许没有意识到，他们认为单腿下跪是对中国皇帝表示尊重的合适方法，但在乾隆眼中，这只是一种表示臣服的粗野方式。

事后，乾隆对马戛尔尼的觐见方式非常生气，“英吉利国使臣等前来热河，于礼节多未谙悉，朕心深为不惬”；随后特别批示：“英吉利国使臣不谙礼节，是以拟于万寿节后，即令回京。”由此，马戛尔尼的此次出访遭遇了彻底的失败。25年后，英国再次派遣阿美士德使团来华，但同样因拒行三跪九叩礼而被“即日遣回”。两次风波后，外国使节觐见清帝的礼仪问题便成了中外交涉的大难题。

中国古代没有椅子，人们通常席地而坐，跪拜礼原起源于古代“正坐”的鞠躬礼，其本身并无人格侮辱的含义，但随着专制皇权的日渐加强，跪拜礼开始变味并成为体现上下尊卑的等级强化剂。按照天朝的世界观，中国就是世界的中心，不独在地理上位于地球中央，文字、道德、礼仪、制度，无一不优于四夷。

因此，臣民和外国使节觐见清帝必须行三跪九叩礼，这一礼节不仅象征着清朝皇帝专制统治和尊严，也反映了森严的封建等级。在乾隆的眼中，中国与海外诸国为宗主国与朝贡国的关系，英国也不例外，英使既然以“贡使”的身份“觐见”，当然应该“三跪九叩首”“行礼如仪”。可惜的是，这只是清廷的一厢情愿，英国并不认为是“外藩”下国，而是认为与中国地位平等，既然“中英平等”，当然没有以“贡使”的身份行“三跪九叩首”之理，双方在这一问题上根本谈不拢。

乾隆朝国势正盛，还算是有本钱摆架子，到了道光、咸丰朝后，中国在一系列对外战争中迭遭败绩，但列强的坚船利炮仍难以撼动天朝“体制”的硬壳。第二次鸦片战争中，英法联军从天津攻至通州，咸丰皇帝对联军的八项议和条件无不应允，唯独对英方提出亲递国书一条表示万难允准，因亲递国书须按中国礼节跪拜如仪，否则只能交钦差大臣呈进，此系国体问题，万不可让步，如洋人“不知悔悟，唯有与之决战”。

战争的结果是英法联军攻破了北京城，咸丰仓皇逃往热河。事至于此，咸丰仍对“夷酋面见朕弟”（即留京收拾残局的恭亲王奕䜣）一事耿耿于怀，即便英法联军已撤出北京，咸丰仍心存疑虑，他最担心的是洋人以“坚持入觐”为要挟，最终不得不在殿堂之下面见“夷人”，为此，他宁可病死热河也不肯返京。

1861 年后，英、法等国相继在北京设立使馆，各国公使要求觐见而又不肯下跪，这一问题成了清廷的一块心病，好在同治继位时仅 6 岁，总理衙门尚可以“皇帝年幼、太后垂帘听政”为由拒绝其觐见要求，但随着皇帝年龄的日益增大，清廷也就陷入了无尽的麻烦之中。

经过 4 个多月的反复交涉后，总理衙门最终与各国使节达成协议，其中要点有三：一是清廷同意外国使节“不行跪拜”而按西方的三鞠躬惯例改为五鞠躬礼觐见清帝，这样的话，双方各让一步，彼此不失体面；二是外国使节觐见时只可礼貌性地致辞而不能涉及具体事务，如“遽然奏陈，国主亦可以礼谢却”，这主要是防止洋人趁机要挟皇帝；三是觐见事大，不宜轻举，外国使节应遵守“同见之例，迟早恭候，谕旨遵行，不能一人随时请觐，用昭郑重”。

1873年6月，各国公使最终觐见同治皇帝，一睹天颜，但对于中外关系史上的这一重大历史事件，《清实录》和《起居注》（记载皇帝每天的重要活动）却并不愿详细记述，如《清穆宗实录》中只有简单的一句话：“六月壬子，日本使臣副岛种臣、俄罗斯国使臣倭良嘎理、美利坚国使臣镂斐迪、英吉利国使臣威妥玛、法兰西使臣热福理、荷兰使臣费果逊（荪），于紫光阁前瞻觐。”《起居注》中的记载更为简略：“六月壬子，上御紫光阁升座，各国使臣暨翻译等九人入觐见，上温语慰问。”

殷海光在《中国文化的展望》一书中转引近代日本学者稻叶君山所著的《清朝全史》中的记载，其称列强使节觐见时，“英公使（威妥玛爵士）先诵国书约二三语，即五体战栗。帝曰：‘尔大皇帝健康？’英使不能答。皇帝又曰：‘汝等屡欲谒朕，其意安在？其速直陈。’仍不能答。各使皆次第捧呈国书。有国书失手落地者，有皇帝问而不能答者，遂与恭亲王同被命出。然恐惧之余，双足不能动。及至休息所，汗流浃背，以致总署赐宴，皆不能赴。其后恭亲王语各公使曰：‘吾曾语尔等谒见皇帝，非可以儿童戏视，尔等不信，今果如何？吾中国人，岂如尔外国人之轻若鸡羽者耶？’”

稻叶君山著作的中文版始见于1914年，其中对列强使节大出洋相的戏说性描写究竟是因中外语言障碍导致还是黄种人的阿Q式胜利法（当时日本同为“黄祸论”的受害者，彼此厌恶白人），目前不得而知。不过在晚清名士李慈铭的《越缦堂国事日记》中，倒有一段像是上文的出处，其中曰：“六月初五日。是日巳刻，上御紫光阁见西洋各国使臣。文武班列。仪卫甚盛。闻夷首皆震栗失次，不能致辞，跽叩而出。谓自此不敢复觐天颜。盖此辈犬羊，君臣脱略，虽跳梁日久，目未睹汉官威仪……今一仰天威，便伏地恐后，盖神灵震叠，有以致之也。”

作为当事人，日本使臣副岛种臣的回忆似乎更能反映出当日的细节：“29日晨……7时，由宝鋆、毛昶熙引导大使（副岛种臣）及郑（永宁）至紫光阁傍行幄中伺候。8时帝出宫，9时御紫光阁，宝、毛两大臣引导大使及郑自阁之左阶升，左门进（郑捧国书，在大使左肩后一步随行）……

“大使及郑开始进前，斜见宝座时，脱帽，作第一揖。再进至中央，正面对宝座时，作第二揖。又进，至御座所在之黄案前中央，立定，作第三揖（此为觐见三揖）……

“郑在大使左肩侧后一步，宝、毛两大臣分立黄案两侧，俱面北而立。去黄案数步之正北面设坛。坛上设高座，帝坐其上之龙椅上。座之左右，恭亲王及皇族御前大臣侍立。军机大臣、六部尚书、文武显官，则在自坛下至黄案间之两侧分别对立……

“大使以国书放置黄案上后，作一揖，陈颂来意，由郑译述毕，又一揖。帝有复书，恭亲王跪接，自阶而下，至黄案前，宣称：贵国大皇帝国书，朕收到了。大使作揖，恭亲王复班……

“帝又下敕语，恭亲王又跪奉，下坛宣称：贵国大皇帝安康否？两国交际事宜，亲赴总理各国事务衙门公平商议可也。大使作揖（此间揖无定数），隶亲王又复班。事既毕，大使又一揖。郑随从背行后退，至中央尽头处一揖，仍背行，至将见不着御案处，又一揖（此为退出三揖）。于是戴帽，仍由宝、毛两氏前导，至时应宫憩息。”

此处有个细节颇值得注意，按总理衙门与各国使节的约定，觐见时不行跪拜礼而行五鞠躬礼，但日本使节副岛种臣行的却是三鞠躬礼，这显然是一种破格的礼遇。清廷此举，似乎有一种“中日同文同种”的政治示好之意。

对这次的觐见，英、法、美俄等国公使大体满意，但唯独对觐见地点提出质疑，其理由是，觐见地点紫光阁乃“接见贡使的地方”，清廷的做法是故意将各国使节降格为昔日贡使，因而他们提出了更换觐见地点的要求（从历史上看，紫光阁并非清帝接见贡使的唯一地方，譬如乾隆就在热河行宫接见马戛尔尼，而一些贡使来京后，遇大朝、常朝之期，往往与清廷大臣们随班觐见；如不遇朝期，则在便殿接受召见）。

英、法等国公使对此问题的非难，目的是想让清帝将太和殿作为外国使节的觐见场所。太和殿俗称“金銮殿”，是紫禁城中规模最大的殿宇，高约 27 米（连台基约 35 米），建筑面积 2377 平方米，是明清两代帝王举行登基、朝会大典等重大礼仪的场所。列强的要求被清廷断然拒绝，直到中日甲午战争期间，法国新任公使施阿兰趁机要挟，清廷以文华殿为觐见地点作为让步。

1900 年“庚子国变”后，列强再次提出在太和殿举行觐见仪式的要求，几经交涉后，双方最终约定以乾清宫为觐见地点（其地位仅次于太和殿）。

对于中国礼仪的认识与评价，丁韪良在《花甲忆记》一书中也承认，世界上最重礼仪的国家莫过于中国。中国古书即记载，“圣人垂裳而天下治”，即通过烦琐隆重的礼仪来使臣民们对皇帝产生一种宗教性的敬畏；时至今日，朝廷礼制的威严气势仍与古代别无二致，礼仪作为一种统治工具已渗透到了社会的每一个角落。

无独有偶，清末外交官颜惠庆在回忆录中也有同样的认识。有一次，他作为外务部部员参与了英国公使朱尔典觐见宣统皇帝并递交国书的仪式，据其记载，在宏大的宫殿中，英国公使向端坐在宝座之上的皇帝行三鞠躬礼，“隆重的仪式使殿内的氛围无比庄严，乃至见多识广的英国外交官在宣读祝词时也不免声音有些颤抖”。

中日甲午战争失败后，变法思维在年轻的士子中迅速流行，其中对留辫、缠足、跪拜等旧俗提出了猛烈的抨击，如梁启超在湖南时务学堂向学生宣传：今日欲求变法，必自天子降尊始；不先行跪拜之礼，只能受到外国人的讪笑。此议一出，湖南旧儒叶德辉大起反对，其指责梁启超“欲易中国跪拜为西人鞠躬，居然请天子降尊，悖妄已极”！

据高阳在《翁同龢》一书中的记载，戊戌变法前德国亨利王子访华，光绪皇帝在接见时破除了各种旧有礼仪；但庚子年后，因德国公使克林德被杀，御弟载沣被迫前往德国谢罪，据说德皇一度要求中方在谢罪时行跪拜礼，载沣听说后托故不行，后在驻德公使吕海寰的交涉下，德皇才取消了这一侮辱性的要求——“风水轮流转”，野蛮的并不只是中国人。

作为唯一出过国的执政者，摄政王载沣的作风明显要开明许多。据曹汝霖回忆，载沣在接见各国代表时非常热情，并与之一一握手，表示出鲜明的欲求亲善的愿望。1910 年后，载沣某次在养心殿召见官员，“太监引至门口，自行进去，行一鞠躬礼。三品京堂以上，隔案设座位。摄政王即说，坐下奏对，这是民主得多，不觉得拘束惶恐”。

在现代人看来，跪拜导致身体扭曲，随之而来的是人格的屈就，体现出一种绝对不平等的价值观，这与现代社会提倡的“自由、平等、博爱”观念格格不入。如果跪拜是为表示臣服与顺从，这种下跪是具有侮辱性的，这也是马戛尔尼和其他外国使节拒绝下跪的原因。

辛亥革命后，南京临时政府明令废止跪拜礼，并规定鞠躬为正式社交礼仪，当时还有一个流传甚广的传说：孙中山担任临时大总统期间，有位80多岁的老先生前来瞻仰大总统的风采，见到孙中山后，老先生恭恭敬敬地行起了三跪九叩首的旧礼来。孙中山连忙拉他起来："总统在职一天，就是国民的公仆，是为全国人民服务的。"老先生恍然大悟："今天我总算见到民主了！"此说是否属实，目前尚难考证，但从专制向民主转型，废除下跪是一种象征性的进步，确是不争的事实。

袁世凯继任临时大总统后，随后正式宣布民国的通用礼节：男子礼节脱帽鞠躬，大礼三鞠躬，常礼一鞠躬，寻常相对，只用脱帽礼；女子大礼大致相同，唯不脱帽，专行鞠躬礼。1915年袁世凯复辟帝制时，有人阿谀奉承，建议恢复跪拜，但袁世凯没有同意，因为他知道，这不是简单的礼仪问题，过去的毕竟已经过去，强求毫无意义——但没有跪拜的帝制仍不受欢迎并很快破产了。

十 海归容闳：我有一个梦想

1854 年毕业于耶鲁大学的容闳常被人认为是中国近代史上最早的海归，但从严格意义上说，他只是从美国取得大学文凭的第一人。

1828 年，容闳出生于广东香山县南屏村（今珠海南屏镇）的一户普通农家中，其家乡离澳门近在咫尺，接触洋人有地利之便。1835 年，在哥哥就读传统私塾时，7 岁的容闳却被父亲送入传教士郭士立夫人所办的教会学校（由伦敦妇女会资助）。容父的做法原因其实很简单：他只能供养一个孩子读书，而外国教会学校可以免费就读并提供食宿。潜意识里，容父或许希望大儿子走读书做官之路、小儿子走读书发财之路，因当时一些乡人精通洋话而发了不小的“洋财”。

郭士立夫人所办的是一所女子学校，容闳就读的是附设的“男塾”，这其实是筹建中的“马礼逊学校”的“男生预备班”。马礼逊是基督教新教派往中国的第一个传教士，同时他也是最早将《圣经》翻译成中文的人。鉴于其贡献，英国宗教界后成立“马礼逊纪念协会”，协会每月拨出 15 英镑资助郭士立夫人在澳门先行招收部分男童就读。

1839 年后，中、英两国因鸦片贸易交恶而爆发战争，郭士立夫人的学校停办，容闳回到村里，后前往澳门某印刷所充当装订书籍的小工，每月挣 3 元钱。某日，家里转来一封信，信是一位澳门医生所写。原来，郭士立夫人千叮咛万嘱咐，一定要他把容闳找到，送到新开办的“马礼逊学校”去上学。令人啼笑皆非的是，容闳其实就在距其医院仅一英里的地方当小工，而那位医生却为此费尽了周折，最终在“马礼逊学校”开课近一年后才将他找到。

1842 年，“马礼逊学校”迁往香港（原址在摩理臣山），当时的校长是来自美国的勃朗牧师，这是一位非常优秀的教育者。在这里，容闳读了 6 年书，直到 1846 年 8 月的一天，勃朗牧师告诉学生们，因个人健康的缘故他要返回美国，同时希望带几个同学跟他一块回美国继续学业。

在一片沉寂中，3 名学生站了起来，他们分别是容闳、黄胜与黄宽。由于 3 人都是穷人家的孩子，勃朗牧师除帮他们解决路费和学费外，还给他们的父母筹到了一笔赡养费。4 个月后，这 3 个勇敢的孩子——容闳、黄胜与黄宽跟随着勃朗牧师乘上“亨特利思”号运茶帆船，开始了他们人生中的首次惊涛之旅。

容闳此行仍是帆船时代的标准航线，他们所乘之船必须借助自东北吹向西南的“贸易风”，先穿过马六甲海峡，之后绕过好望角，横渡大西洋后驶往美国东海岸。途经大西洋上幽禁拿破仑的圣赫勒拿岛时，容闳在这位异国英豪的墓前折下一根柳枝——8 年后，当他离开美国时，当年的细柳已是柳岸成荫。

经过 98 个日夜的惊险旅程，容闳等人来到了马萨诸塞州的孟松学校，这也是当时美国最著名的大学预备学校。一年后，同行者黄胜因病回国（其后在香港报馆供职并成为著名的华人领袖，1873 年后曾随第二批幼童再度来美并入中国公使馆做译员），而另一位同学黄宽则被送往英国爱丁堡大学学医（1856 年学成回国并被外国侨民称为“好望角以东最好的医生”，于 1878 年去世）。

按惯例，孟松学校可以资助部分学生进入大学，但条件是他们在毕业后必须以传教士为职业。在这一重大的人生抉择面前，此时已入教的容闳还是坚决拒绝了。在个人回忆录《西学东渐记》中，容闳特别提及此事，他不无激动地表示，“传道固然好，却不是造福中国的独一无二的事业……志愿书一经签字，我就受到束缚，很可能坐失为国家谋福利的机会”“人类应尽之天职，不能因贫穷而改变宗旨”。

百年前的话语，如今听来犹掷地有声。自由，造福中国，为国家谋福利，这是年轻的容闳的梦想，但它同时是一个代价高昂的决定，因为这意味着慈善基金将停止对他的资助。把容闳带到美国的勃朗牧师对容闳的决定感到失望，但他并不愿意看到这位有志向的年轻人就此折翼。1850 年夏天，当勃朗牧师前往美国南方看望亲友回来后，他给容闳带来了一个好消息：佐治亚州的萨凡那妇女会愿意继续资助容闳，而且不附加任何条件。

容闳闯过了这一难关。也就在这一年，他带着辫子、穿着中国长袍进入了耶鲁大学。一年后，这两样都割弃了。经过4年的苦读，容闳与同级的98位同学一起毕业，在当天的毕业典礼上，很多人赶来参观，而他们的目的之一就是要看一看容闳——第一位获得美国大学而且是耶鲁大学文凭的出色中国人。

1855年，容闳拒绝了朋友劝其归化并在美谋职的忠告，随后沿着当年的路线回国。到香港时，容闳激动万分，但他突然发现，自己竟然已完全忘记了中文——某外籍领港员上船用中文问他前方有无暗礁沙滩，但容闳已不知道如何用中文表述（回国后，容闳花了3年时间去重新熟悉中文）。之后，容闳见到了阔别8年的家人，他们对他从耶鲁大学获得的羊皮纸（毕业证明）十分好奇，容闳无从解释，只好说它相当于“秀才”文凭，而母亲还似懂非懂地问这个东西可以领多少奖金。

耶鲁大学毕业生在当时的美国往往被视为社会的领袖人物，但容闳回国后的最初几年却遭到了普遍的冷遇，当地官僚士绅根本不知道这种洋文凭、洋学问价值何在，他们只认进士、举人，哪怕是个秀才。回国不久，容闳先在美国传教士派克（当时兼为美国外交委员即代领事，也是容闳的校友）处担任书记一职，月薪15两银子。数月后，他又改任香港高等审判厅译员，月薪提高到75两。

时隔不久，容闳受人排挤而于1856年前往上海，并在海关翻译处谋得一职，月薪同样是75两。直至有一天，容闳问税务司李泰国：“以予在海关中奉职，将来希望若何？亦能升至总税务司之地位乎？”李泰国大摇其头：“凡中国人为翻译者，无论何人，绝不能有此希望！”容闳听后，随即提交辞职书，李泰国还以为他是对薪水不满，当场表示月薪可增至200两，但容闳仍弃职而去。

回国前，容闳直抒胸臆：“更念中国国民，身受无限痛苦，无限压制……予无时不耿耿于怀……予意以为，予之一身既受此文明之教育，则当使后予之人，亦享此同等之利益。以西方之学术，灌输于中国，使中国日趋于文明之境。”

可是，当他回国后看到的现实情况却是清廷官吏腐败无能，社会民众愚昧无知，底层百姓被肆意欺压乃至被妄加杀戮，如叶名琛镇压“洪兵”，杀人无数，一般人却对此视若无睹。鸦片战争后，列强对中国蔑视有加，自从外人开辟租界以来，不但侵夺中国的治外法权，而且“寄居租界之中国人，处外人势力范围之内，受彼族之凌侮，时有所闻”。有一次，一个体格高大的洋人将一团棉花球粘在容闳的辫子上加以嘲弄，容闳要求他立即拿掉，竟然被此人打了一个耳光，容闳大怒之下，趁其不备将其一拳击倒，一时哄传。

辞职后的容闳改为从事丝茶生意，他曾为上海宝顺洋行前往湖南、湖北、安徽、江苏等地采办茶叶，但由于太平天国战争尚在进行当中，各地局势不安，容闳在一次与土匪的遭遇中，“神经受到震动”，为此而患病数月。经此刺激后，容闳突然醒悟，自己近年的所作所为已越来越背离了自己回国的初衷：“我志在维新中国，自宜大处落墨。要是让土匪给宰了，岂不轻如鸿毛。整天为赚几个茶叶钱奔走于途，我的大事业岂非如水中捞月！”

1860 年 11 月，在两位传教士的邀请下，容闳决定随他们前往太平天国的都城天京（即南京）。据其自述，“此行的目的，是要去观察一下太平军是什么性质，看看他们能否建立一个新政府以取代满洲朝廷”。一行人乘坐一艘被称作“无锡快”的快艇从上海出发，但所过之地令容闳触目惊心，在连年的战乱和相互杀戮之下，常州至无锡一带，这样的富庶之区竟然少无人烟。

容闳与当时主持太平天国朝政的干王洪仁玕在香港既已相识，他们此行也得到了太平天国方面的热烈欢迎。数日后，洪仁玕派人送来一颗镌有“义”字爵位的官印（太平军中的第四等爵）和一幅写在黄缎上的委任状，容闳对此大失所望。经过几天的观察，容闳认为太平天国即便成功，也不过是“一姓之废兴，于国体及政治上，无重大改革之效果”；那些“领袖人物，其行为品格与所筹划，实未敢信其必成”；至于“新入伍者”“都是些地痞流氓和社会渣滓，这群乌合之众，不但没有增强实力，反而成了拖累，明显地削弱了战斗力。这帮人既不懂纪律，又没有宗教信仰以遏制他们不分青红皂白地到处烧杀抢掠”。

容闳认为，洪秀全很可能是因考试失败而得了神经病，靠基督教救赎，结果却发展出一套不伦不类的东西，这些人在攻取了历来以财富和美女著称的苏杭、扬州等地后，给他们“带来了说不尽的财富和享乐，促使他们更快走向覆灭”。容闳的结论是，“太平军之行为，殆无造福中国之能力，可断言也”。之后，容闳退还官印和委任状，立即离开了“天国”。

在朋友的推介下，容闳于1863年见到了湘军主帅曾国藩，据其所说，喜欢给人看相的曾国藩见到他后，上上下下地足足打量了他好几分钟，之后认为他“威棱有胆识”，是做军官的好材料，并提出让他带兵。但是，容闳自认为对军事一窍不通，而且太平天国战争即将结束，他更愿意参与洋务方面的工作。曾国藩随后委派其前往美国为江南制造总局购买机器，容闳欣然从命，之后携带6.8万两白银再度赴美。在美期间，也正好赶上他在耶鲁大学毕业10周年的聚会。

1865年，容闳为节省时间从巴拿马地峡经旧金山横渡太平洋回国，由此圆满完成任务。他采购回来的机器，使得江南制造总局一跃成为当时远东最大最完善的机器工厂，不但可以修理制造枪炮，而且还可以造船。

在这些洋务活动中，最让容闳感到骄傲的是“留美幼童”计划，而这一计划的背后推动者不仅包括了曾国藩、丁日昌、李鸿章等封疆大吏，还包括了朝廷重臣恭亲王奕䜣等。在反复的努力之下，第一批幼童终于在1872年赴美留学，而作为副监督的容闳就此长期驻美（兼任驻美副使），实际成为这一计划的主要负责人。

可惜的是，这项计划最终未能达到圆满的结果。问题主要出在留学正监督的身上，特别是以陈兰彬与吴子登为甚。陈、吴二人都是翰林出身，虽然对洋务还算了解，但思想不甚开通，他们对幼童们剪辫子、穿西服、打棒球等“西化”行为大为不满，而一些幼童入教更是给他们提供了借口（违反了当时的禁令）。之后，吴子登指责幼童们“离经叛道”，容闳有意纵容、管教失职，留学外洋“利少弊多，难得资力”“此等学生，若更令其久居美国，必致全失其爱国之心，他日纵能学成回国，非特无益于国家，亦且有害于社会。欲为中国国家谋幸福计，当从速解散留学事务所，撤回留美学生”。此奏入京，朝野大哗。

对幼童们来美后的变化，容闳本以为正常，无须大惊小怪，但吴子登之举非同小可，容闳随后四处奔走，尽其可能地拜访联络美国名流和政要，希望借助他们的力量挽回事态。在容闳的努力下，美国总统格兰特、大作家马克·吐温、耶鲁大学校长等人纷纷呼吁或致信总理衙门，但是所有的努力均告无效。1881 年 6 月，清廷的答复和当年批准留美计划一样，仍是那四个字："依议，钦此！"

10 年前，容闳的"强国梦"从这四个字开始；10 年后，容闳一生中最大的努力同样被这四个字断送。失望之余，加上妻子患病（据京师同文馆总教习丁韪良回忆，朝廷重臣沈桂芬即对容闳娶外籍女子为妻颇有微词，这也从侧面反映了朝中保守派对容闳的看法），容闳于 1882—1894 年侨居美国，一时淡出了中国的政界。

中日甲午战争后，容闳重返国内并积极参与了之后的变法运动，他当时有两个重要的议案：一是建立国家银行，以鼓铸银币、发行国债和纸币，惜为盛宣怀所坏；二是提议建造天津至镇江的铁路（即后的津浦铁路），再为德国人所阻。戊戌变法前后，容闳与翁同龢、张荫桓、康有为、梁启超等人来往密切，其金顶庙住所"一时几变为维新党领袖之会议场"。

变法失败后，容闳避至上海租界，并对清廷彻底死心。1900 年，容闳更出一惊人之举，即与唐才常等激进的"自立会"人士在张园集会（与会人还有严复、章太炎、马相伯、叶瀚等名流），7 月 26 日更是宣布成立"中国议会"，容闳被选为议长。

一个月后，唐才常的"自立会"举事失败。当年 9 月，在清廷的通缉下，容闳在堂弟容星桥的协助下离开上海。巧合的是，孙中山也在这艘驶往日本的"神户"号上。在容星桥的介绍下，孙中山与容闳首度相识，之后大赞其为"中国政治改革派中众望所归的领袖"。而作为第三批留美幼童的成员，容星桥在回国后任职于海军，后弃职经商，曾任香港太古洋行、俄国顺昌茶行买办，他早在 1895 年即加入革命党，也是留美幼童中唯一的革命党人。

1901 年，容闳避至台湾，后至香港而返美国。1912 年 4 月 21 日，容闳病逝于康涅狄格州哈特福德城，终年 84 岁。容闳去世第二天，当地日报刊登了一则消息："身为学者、政治家及今日新中国运动的先驱者容闳博士，昨日上午 11 点 30 分，在他的沙京街 284 号寓所去世。过去的一年里，他密切关注着中国的进步变动，这是他毕生努力的目标。星期六（4 月 20 日），他刚收到孙逸仙博士的一张签名照片，可惜为时已晚，因容闳博士早已昏迷不醒……"

十一　留美幼童：横渡大洋的孩子们

1874年9月19日上午，一艘日本轮船拉响汽笛，缓缓离开了上海码头。船上，有一位名叫祁兆熙的官员，他领着身边一群十一二岁的孩子向送别人群挥手致意。第三批被派往美国的“留美幼童”出发了。

从1872年开始，在李鸿章等人的努力下，清廷共派出4批幼童赴美求学，每批30名，共计120人。说起这个留学计划，首先要归功于容闳，在他的努力下，清廷答应为每名学生支付每年400两的费用（加上其他人等的费用，每年合计6万两），款项由江海关下按期拨给。

由于当时风气未开，容闳的招生计划并不算完美。在所有120名幼童中，来自广东的占绝大多数（共82人，接近70%，而其中又有39名来自容闳的家乡香山县），其次为江浙（分别为22人和8人，占25%），只有零星数人来自安徽、福建与山东。

当时的社会上层或学者家庭对容闳的计划并不热心，正如第二批幼童中的李恩富所说：“多数父母并不想送他们的孩子去如此远而且是他们不知道的一块土地，何况时间又是那么长，他们以为，那儿的人都是些野蛮人。”

为此，每个幼童在出发前必须完成两件事，一是他们的父母或监护人必须与清廷签订一份文件，保证幼童在留学过程中，“不管是任何原因的死亡、生病或残疾，政府都不负任何责任和义务”；二是必须先参加设在上海的预备学校，只有那些通过考试的人才能被派往美国。

一切就绪后，幼童们由专门的看护官员带领，从上海出发，之后到日本横滨换乘大海轮横渡太平洋前往旧金山。据祁兆熙记载，他们当时换乘的海轮名为“日本”号，一些幼童在出洋不久就开始晕船，“呕吐大作，俱睡而不能起”，晚上则舱间“多啼哭声，不得安睡”。

晕船还不是最可怕的，数日后，“遇横风，如山巨浪，排闼飞来，声沸万鼎”，祁兆熙自觉“昏昏然坐立不安，寝食不稳，船上行走两脚如醉人，东摇西掷”，所幸的是，此时幼童们多已适应，因免其课读而嬉戏自得。

第二批幼童中的温秉忠在前一年出发，他清楚地记得，当时轮船还是“明轮船”（早期轮船的驱动轮设在船舷两侧并露出水面，“轮船”名即由此而起），巨浪来袭时，蹼轮往往悬空而吱吱声大作。大多数时候，太平洋上风和日丽，观赏飞鱼也就成为了幼童们的一件乐事，有时候就连鲸鱼也会露出水面，并喷出一道水柱。

近一个月的海上航行结束后，轮船抵达美国旧金山。从古老的帝国来到年轻的共和国，新大陆给幼童们留下了深刻的印象。多年后，温秉忠仍记得旧金山大桥下轮船来往穿梭，树荫草地间大厦高耸，而他们入住的皇宫大饭店有9层高，是当时旧金山最高的建筑。同批来美的李恩富回忆说，“我从没有见过有那么高的摩天大楼”“这里有煤气，有自来水，有电铃，还有一种‘升降梯’，所有这一切极大地满足了我们到一个新地方的好奇”。

稍作休整后，幼童们开始了横跨美洲大陆的火车旅行。第一次见到火车，孩子们都为之瞠目结舌，惊叹不已，“我实在不明白，什么样的车可以在那上面行走，而且据说是被‘火’推进着”。数年后，一位男孩进入了耶鲁大学工程学院，后来他主持修建了闻名遐迩的京张铁路，他就是詹天佑。

祁兆熙也是第一次坐火车，据其记述，“车轮一发，山川、田地、树木，恍如电光过目。忽进山洞，比夜更黑，不见天日”；在幼童们的喧闹声中，他“急令诸生，勿探头出，恐有撞击”。那时的火车没有餐车，吃饭都在停车时解决。作为幼童的保护者，祁兆熙既要“保护诸生下车，点诸生上车”，又要“保护公司银箱”，因而他从未下车而始终就着冷水吃着幼童带回的面包。

在横穿美国大陆的旅程中，幼童们看到了插着鹰羽毛、脸上涂有油彩而像是京剧演员般的印第安人，成群的野牛在一望无垠的草原上奔跑。其中，第二批幼童遇到了最为惊险的一幕，他们在旅途中碰到了美国历史上著名的火车劫匪杰西·詹姆斯兄弟，在这次事件中，劫匪不但抢走了车上运载的金条，而且杀死了火车司机并捣毁了火车引擎。

幼童们的终点站，是康涅狄格河畔的 Spring Field（有人给它起了一个充满诗意的名字叫“春田”）。按计划，幼童们将被分别安排在春田城和哈特福德的美国接待家庭中，而容闳的私人关系在此起到了重要作用。在第一批幼童抵达前，总共有122户美国家庭提出了申请，其中多为当地的教师、医生或教会成员等。值得一提的是，大作家马克·吐温一家当时就定居于此，他的两个女儿后来也成为留美幼童的同学，而马克·吐温本人也成了容闳的好朋友。

为让幼童们得到更好的关照，康涅狄格州教育局长诺索布还特别写信给接待家庭，要求家长们对中国孩子们既要慈爱有加，也要严格要求，特别要保证幼童们的健康，让他们经常洗澡，遇到天气有变，必须躲避风寒，尤其在出汗后要特别谨慎，以免发生意外。

将幼童安置到美国家庭中，一方面是为得到更好的照顾，另一方面也是为帮助幼童们尽快掌握当地语言。据李恩富回忆，他们刚到美国时，主人往往要求他们通过记忆实物名称的方法来学习英文，比如，在饭桌上让他们学习各种食物的名字，如果记不住某道菜的名字，就不能吃那道菜。在这种环境下，幼童们很快就掌握了与当地人交流的语言能力。

按计划，幼童们在当地攻读小学、初中和高中的课程，之后进入各大学学习机械、兵器、造船、铁路和电报等。与想象中所不同的是，异国就读的幼童们并没有表现出任何的不适应，事实恰恰相反，他们的很多作为都让本地同学钦羡不已。曾在西部中学和哈特福德高级中学与幼童们同学的耶鲁大学教授威廉·L. 菲利普回忆说，那些中国同学似乎都来自贵族家庭，花钱很阔绰，他们头脑灵活，善于学习，爱好体育运动，无论篮球、足球还是冰上曲棍球，他们样样精通，而且球艺高超。更让菲利普教授感到嫉妒的是，就连在舞会上，中国同学们也更受欢迎，让本地男同学一点机会都没有。

有一个流传颇广的笑话是关于留美幼童钟文耀的。钟文耀是耶鲁大学划船队的舵手（因其体重轻而在比赛中占得便宜），在他参加的与哈佛大学的两次比赛中，耶鲁大学均取得了胜利。多年以后，一位哈佛毕业生在闲聊中谈起哈佛、耶鲁的划船比赛，那位先生不无得意地问钟文耀：“你见过哈佛划船队吗？”钟文耀笑了：“不，我没有见过，因为他们总在我们的后面！”

幼童们喜欢体育运动，原因是他们的零花钱比美国同学多，据说每月可以拿到一美元，而对一个孩子来说，当时的一美元可不算少。从他们留下的照片看，有的幼童买了猎枪（曹嘉祥），有的甚至买了当时最时髦的自行车（前轮小、后轮大的那种老爷式车型）。当然，幼童们绝不是所谓的“中国贵族”，他们丰裕的零花钱也是来自于清廷提供的津贴——中国是好面子的国度，清廷可不想让孩子们丢了国家的脸面。

来美之初，幼童们都留着辫子、穿着马褂，这种古怪的装束让很多美国人误以为他们是女孩。为了更好地融入美国生活，他们被批准剪辫子并改穿西式服装。由于年龄小，幼童们很快“被美国化”，日常生活也与美国儿童无异，但有一件事需要格外注意，那就是来美国前被一再告诫的——不得信教。

1874 年，在清廷的批准下，容闳在哈特福德建造了一幢洋房，作为中国留学事务所的永久办公之地。按规定，分散在各处的幼童要求定期返回哈特福德（每 3 个月一次，分批安排），并住进留学事务局学习中国功课，负责教导他们的是留学事务正监督、翰林陈兰彬及其继任吴子登。从他们所作的诗文来看，这些幼童的汉文水平并不算弱。

1876 年，美国费城举行世博会，一位名叫李圭的中国代表在博览会上偶遇了这些中国幼童，他在《环游地球新录》中有这样一段记载：“见诸童多在会院游览，于千万人中言动自如，无畏怯态。装束若西人，而外罩短褂，仍近华式。见圭等甚亲近。举止有外洋风派。幼小者与女师偕行，师指物与观，颇能对答，亲爱之情，几同母子。”

李圭所见不虚，幼童们确实与他们的接待家庭结下了深厚的友谊。多年以后，已长大成人的幼童们再次将他们的子女送到美国读书，一些人仍旧是通过他们过去的主人关照自己的孩子，其中就包括后来任民国总理的唐绍仪。值得一提的是，宋氏姐妹（宋庆龄和宋美龄）也是其姨父温秉忠送去的。

“留美幼童”计划反映了清廷要求富国强兵的迫切愿望。按之前的规划，幼童们应在美国学习 15 年，在完成大学学业后，他们中的合格者将被送入西点军校和海军学院深造，但很不幸，这一计划因种种原因未能继续执行。1881 年，在大多数人都未能完成大学学业的情况下，留美幼童被全部撤回，当时只有 2 人从耶鲁大学毕业（詹天佑和欧阳庚），而另外 38 人已进入耶鲁大学、麻省理工学院、瑞萨尔理工学院等院校学习。

清廷中断留学计划有这样几个原因：一是留学正监督陈兰彬及其继任吴

子登的过于保守，他们与副监督容闳的矛盾及对幼童们各种“叛逆”的作为不满，其态度主导了清廷的撤回决定；二是美国政府拒绝了幼童们在大学毕业后进入军事学院和海军学院的要求，这让李鸿章十分不满，从而未大力挽救这一留学计划；三是美国西海岸掀起了甚嚣尘上的“排华”浪潮，这也在一定程度上影响了清廷的决策。

1881年6月，已长大的留美幼童们被分作三批撤回，他们中的第一批留学10年，第二批9年，第三批8年，第四批7年。除病故或之前即因故撤回及抗拒不回的26名之外，其余94名全部撤回。抗拒“召回”的是谭耀勋和容揆，前者在撤回途中逃跑，后者在叔叔容闳的帮助下藏了起来，这两人后来都毕业于耶鲁大学。另外，还有李恩富、陆永泉、曾溥、李桂攀、张康仁等人在被“召回”后通过各种途径重返美国，并完成了之前的大学学业。

回到国内的幼童们前景非常不妙。在他们看来，简直就是从天堂掉进了地狱。回到上海后，原耶鲁大学学生黄开甲写信给他的美国“家长”巴特拉夫人，其中不无愤怒地倾诉道：“我们曾经幻想，热烈的欢迎、熟悉的人潮和祖国温暖的手臂在等着我们。可是，这完全就是幻想！……只有一个人上船来接我们……可他却雇用独轮车来接我们……通过法租界时，因没有通行证，我们必须下车自扛行李，这在中国士大夫眼中是一件丢人现眼的事……为防我们脱逃，一队中国水兵押送我们去上海道台衙门后面的‘求知书院’。”

“学院已关闭10年了……10年来，大门从未开启，墙壁剥落，地板肮脏，石阶满布青苔，门窗均已潮湿腐烂。一跨进门槛，立刻霉气熏鼻，这些阴暗似乎象征我们的命运。入夜，我们可以清楚地看见那潮气由地上砖缝冉冉升起，使我们衣衫尽湿。一种昏沉笼罩着我们，这种侮辱刺痛着每个人的心。”

6天后，黄开甲回到故乡汕头，因邮政不佳，一周前他寄的信与他本人同船抵达。由于离开家乡太久，他想找到自己的家并不容易——而且他已忘记了自己的方言。几经周折后，他被人领到了一座深宅大院前，但看门人认为他是来求情的可怜人，要他等到10点才能去通报。父母家人近在咫尺，黄开甲却不能进去相见，他想方设法，甚至用上了指手画脚的哑语，但看门人仍旧无动于衷。

无奈之下，黄开甲想起了“世界上无论野蛮人、文明人，无论男女老幼，都叫双亲‘爸’‘妈’”，于是他开始大叫起来：

“爸！——”

“妈！——”

在这一声声的呼唤中，似乎所有归国幼童们的委屈都得到了尽情地宣泄！

幼童们回到上海后，被清廷以“听候任用”的名义羁留在求知书院，为防止他们逃走，上海道台还派有兵丁把守大门，即便是中秋佳节，也不准幼童与亲人团聚。一位名叫罗博特的美国朋友在家信中说，他曾在街上遇到黄开甲（当时负有公差），据其所说，官方对待他们形同罪犯，幼童们对此愤慨不已。

不久，幼童们被重新安置，有 21 人进入天津电报总局，23 人被福州船政局、上海机器局留用，其余 50 名“分派到天津水师、机器、鱼雷、水雷、电报、医馆等处学习当差”。回国之初，幼童们受到明显的排斥与冷遇，所获得的待遇也非常低（一个月只发给数两银子），以致个别人从天津私自逃回上海谋事，结果又被上海道台通缉抓捕。

被分派到福州船政局（福建水师）服役的薛有福，曾在回国途中写信给女友凯蒂：“晚上夜黑似漆，船身摇动，使游子倍感惆怅。我走上船舷，观赏浪中的磷光大小如棒球，闪亮无比。我真愿有你同在，不知你可喜欢？”可惜的是，这段异国情缘并没有结果。3 年后，薛有福在中法战争中阵亡。这一年，本应是他在麻省理工学院毕业之年。

1884 年的中法海战中，有 6 名留美幼童参战，其中 4 人牺牲。在福州马尾的昭忠祠石碑上，仍刻有“振威二副邝咏钟、扬武练生杨兆楠、扬武练生薛有福、扬武练生黄季良” 4 个人的名字，“振威”与“扬武”，都是他们所属战舰的名称。

1894 年的中日甲午海战中，同样有留美幼童的身影，而第四批幼童之一的沈寿昌，则是为国牺牲的海军第一人。丰岛海战中，“济远”舰在完成护送运兵船任务回航之际，遭到了 4 艘日本战舰的突然袭击。激战中，正在指挥发炮的帮带大副沈寿昌被日舰炮火击中，年仅 29 岁。在之后的大东沟海战中，同为第四批幼童之一的“致远”舰帮带大副陈金揆殉国；在威海保卫战中，“广丙”舰帮带大副黄祖莲殉国。其他参战的幼童还有“镇远”舰枪炮大副曹嘉祥、“定远”舰参谋吴应科、“定远”舰鱼雷大副徐振鹏、“广甲”舰舰长吴敬荣、“广甲”舰帮带大副宋文翙、“福龙”号鱼雷艇管带蔡廷干。

一直等到清末新政时期，留美幼童才得以真正出头，而这与袁世凯有着莫大的关系。袁世凯就任直隶总督兼北洋大臣后，一大批留美幼童投奔到他的门下并得到了重用，其中有后任民国第一任总理的唐绍仪、京张铁路的设计者詹天佑、北洋大学校长蔡绍基、天津巡警道曹嘉祥、天津招商局总办周寿臣等，最富传奇色彩的是，连续四任天津海关道全部为留美幼童，他们分别是唐绍仪、梁敦彦、梁如浩和蔡绍基。

曾在威海保卫战中率鱼雷艇队出逃的蔡廷干，一度被日军俘虏，后被袁世凯接纳，成为其外务方面的幕僚。在辛亥革命南北议和期间，蔡廷干发挥了重要作用，并亲自为袁世凯剪去了脑后长辫。当然，留美幼童中比蔡廷干更加优秀的外交人才还有数位，譬如梁敦彦曾担任外务部尚书、唐国安曾担任“万国禁烟会”的中国代表、梁诚曾担任驻美公使并促成了“庚子赔款留学计划”，而留学计划的预备学校——清华学堂的负责人正是唐国安。另外，温秉忠曾于 1905 年随同五大臣出洋考察宪政，而当时的随员中，还有同为留美幼童的电信专家唐元湛，他在出访途中考察了瑞典“爱立信”公司。

据统计，在 120 名幼童中，3 人死于美国，4 人从事政治，16 人成为外交官，20 人服务海军，3 人在税务和海关机构，3 人是教师，14 人成为铁路官员和工程师，9 人成为采矿工程师，16 人从事电信工作，8 人经商，3 人成为医生，1 人成为律师，3 人成为记者（统计未尽准确，因其职业生涯或有交叉重叠）。

谭耀勋与容揆这两位抗旨留在美国完成学业的幼童，前者获得了中国驻纽约总领事馆的职位，不过他很快就因肺病而客死他乡；后者供职于中国驻美国公使馆，两人都毕业于耶鲁大学。另外值得一提的是，后来返回美国并同样毕业于耶鲁大学的李恩富，成为幼童中少有的报人与作者，而他的那本小书《我在中国的童年故事》，极其生动地记述了留美幼童的那段历史。

钟文耀，那位前耶鲁大学划船队的舵手，其回国后的经历也很丰富。他既当过外交官，也做过沪宁铁路和沪杭铁路的总办，也是上海滩最早的汽车拥有者。在所有幼童中，湘潭煤矿的发现者邝荣光是最后一位离世的，他于1965年在天津辞世，享年103岁。

十二 孤悬海外：琉球是怎样陷落的

1879年10月，3名衣衫褴褛的海外客匍匐在总理衙门门口痛哭不已，引起了众多过路人的围观。他们是谁呢？原来是做了“亡国奴”的琉球耳目官毛精长等3人，他们在国王尚泰被日本人掳走后，历经千辛万苦前来母邦求援，以“尽逐日兵出境”，但在他们的痛苦哀号声中，他们的母邦却无能为力，事后只能发给他们300两银子作为川资，让他们设法自行回去。求助无望之下，琉球国使者林世功悲愤自戕，希望以死来唤起母国的关注。

林世功曾留下一份“以死乞师”的请愿书，情极可怜：“琉球国陈情通事林世功谨禀，为一死泣请天恩，迅赐救亡存国，以全臣节事。窃功因主辱国亡，已于客岁九月，随同前往进贡正使耳目官毛精长等，改装入都……泣念奉王命抵闽告急，已历三年，敝国惨遭日人益肆鸱张，一则宗社成墟，二则国王世子见执东行，继则百姓受其暴虐。皆由功不能痛哭请救所致，已属死有余罪，然国主未返，世子拘留，犹期雪耻以图存，未敢捐躯以塞责，今晋京守候，又逾一载，仍复未克济事，何以为臣……”

林世功自戕后尚有后话。10余年后，江西名士文廷式在《闻尘偶记》中有这样一则记载：“甲午之役，有奏请缉奸细者，言其人住南城外羊肉胡同，谢姓。廷寄命给事中唐椿森缉拿之。唐至，令军役勿遽，先捡其来往书札，则琉球遣臣来救于中朝者，流寓京师十二年矣。每岁皆有表文，而总督不为达，其旅费则琉球遗民倾助，流离琐尾，备极可怜。”由此看来，这位谢姓人士并非“奸细”，而是琉球使臣求助团的成员，没想到流落京城街头巷尾十余载，实在可悲可叹。

从地图上看，琉球群岛像弯曲的胡子一样散布于东海，距中国浙江、福建千余里。《隋书·流求传》中将之称为“流虬”，其中就颇为形象地描绘了它的地理特征。中国古代出海打鱼的渔民，对这个海外大岛多有提及，其名字也因各朝而变化，或作流求，或作琉球，《元史》中也称之为“瑠求”。

元朝末年，琉球群岛形成北山、中山和南山 3 个独立王国。洪武五年（1372 年），明太祖派杨戴出使琉球，分别册封了这三国国王，琉球也由此成为明朝的藩国。数年后，中山国统一南北两岛，中山王也就被明朝正式册封为琉球王，这种藩属关系一直保持到清朝。

琉球与明清的藩属关系，其间也出现过一定的波折，那就是日本的介入。明朝中后期，日本丰臣秀吉北侵朝鲜时，曾派诸侯岛津氏派兵 3000 征伐琉球，在俘虏了国王尚宁后，又令其向日本萨摩藩输送钱财粮食，以供军饷之需。直到 50 多年后，琉球王才摆脱了萨摩藩的控制，随后又主动遣使到中国，请求大清皇帝册封。当时的顺治皇帝应允其要求，将琉球王册封为尚质王，规定每两年进贡一次。

在地理位置上，琉球与日本也颇有关系，除了明末萨摩藩曾攻伐过琉球一段时间外，后来的日本也常假借琉球与中国交通。明清时期，琉球也与日本发展贸易，萨摩藩一度将之视为属下，由于古代航运条件的限制，清廷也未予过问，而日本也未做进一步要求。因此，这种“两属关系”维持了很长一段时间。

中日因琉球问题发生冲突，是近代以后的事。1871 年，琉球所属的宫古岛、八重山岛渔民因风暴而漂流至台湾南部，后有 54 人被生番（即台湾原住民）所杀，剩下的 12 人死里逃生，回到琉球，史称“牡丹社事件”。事后，日本向清廷提出抗议，称琉球属民被台湾人所害，而总理衙门却以“台湾生番之地，置于化外，政教未逮”加以敷衍，日本人由此抓住把柄并在次年出兵征伐台湾。

当时的中国官员缺乏最基本的国际法概念，日本人很好地利用了这一点。事实上，琉球乃是中国的藩属国，琉球渔民被台湾原住民所杀，此乃本国内政，日本岂有干涉之理？即便琉球是“两属之国”，日本也无权独霸其管辖权。再者，即使中国官员称琉球渔民被杀系台湾生番所为，其所谓“化外”，也不过称其未经儒家教化，并非搁置不理，又岂能成为代琉球出兵的理由？日本之强蛮无理，由此可见一斑。

有一点必须指明的是，征伐台湾的并非日本政府，而是违抗政府命令的西乡从道，其行为只能算地方军阀所为。在中方的强大压力下，加上日军在台湾感染时疫，西乡从道不得不自行撤退，征台之举完全失败。

可惜的是，在此事件之后的谈判中，清廷犯下重大错误，那就是在1874年的《中日北京专条》(又称《台湾事件专约》)上，写有台湾生番“将日本国属民等妄加杀害”“日本国此次所办，原为‘保民义举’，中国不指以为不是”等语，从而造成了一种外交事实，即凸显了琉球与日本的特殊关系、日本有权保护琉球之后果。不仅如此，清廷还为日本此次出兵赔付了白银50万两，作为抚恤银和日军在台湾修路及营房的费用。

清廷在这次事件中的妥协，主要原因还在于当时缺乏可供出洋作战的战舰，而这也成为中国近代海军之发轫。从那一年开始，李鸿章便开始从英国和德国购买或者建造军舰，以期捍卫辽阔海疆。

打造一支近代海军，非一朝一夕所能成功，而日本抓住时机，加快了吞并琉球的进程，这就是所谓的“琉球处分”。1875年，日本权臣大久保利通以替琉球讨伐生番的名义，将琉球三司官池城安规等召至东京，要求他们停止向清廷朝贡，不再接受清廷的册封，撤销在福州的琉球馆，今后琉球的外交事务统由日本外务省负责等。琉球三司官以害怕冒犯中国的理由拒绝了大久保利通的提议，要求仍按传统习惯行事。

在日本的一再威逼之下，琉球一边遣使说理，一边派人到中国乞援。1877年4月，琉球国王密遣紫巾官向德宏来华陈情，告以日本阻止琉球朝贡中国之事。经闽浙总督何璟、福建巡抚丁日昌上奏后，清廷颁下谕旨，称“琉球世守藩服，岁修职贡，日本何以无故梗阻？是否借端生事，抑或另有别情？著总理各国事务衙门即传知出使日本大臣何如璋等，俟到日本后，相机妥筹办理”。

1877年底，首任驻日公使何如璋到达东京，随即就日本阻止琉球朝贡之事展开了交涉。而琉球官吏也分别拜会了驻东京的英、美、荷兰等国公使，以争取这些国家的同情与支持。日本政府得知此事后，随即对琉球藩吏下驱逐令，禁止他们继续在东京停留。受此侮辱，琉球官吏“全都面露愤然之色”，并赴日本官员私邸发泄他们的不满。

对于中方的抗议，日本外务卿寺岛宗则却借口何如璋的照会“言辞激烈”

而屡屡纠缠不休，不予正面回复。究竟何如璋在照会中是如何强硬的呢？现在看来，不过是一说理帖子。试节录如下：“查琉球国为中国洋面一小岛，地势狭小，物产浇薄，贪之无可贪，并之无可并……我大清怜其弱小，优待有加；琉球事我，尤为恭顺。定例二年一贡，从无间断……又琉球国于我咸丰年间，曾与美利坚合众国、法兰西、荷兰国立约，约中皆用我年号历朔文字，是琉球为服属我朝之国，欧美各国无不知之。”这段是梳理琉球的历史。

接着，何如璋又称：“今忽闻贵国禁止琉球进贡我国，我政府闻之，以为日本堂堂大国，谅不肯背邻交，欺弱国，为此不信不义无情无理之事……今若欺凌琉球，擅改旧章，将何以对我国？且何以对与琉球有约之国？琉球虽小，其服事我朝之心，上下如一，亦断断难以屈从……务望贵国待琉球以礼，俾琉球国体政体一切率循旧章，并不准阻我贡事，庶足以全友谊，固邻交，不致贻笑于万国。”

日本外务卿寺岛宗则抓住“日本堂堂大国，谅不肯背邻交，欺弱国，为此不信不义无情无理之事”数句斥责之语大做文章，非要何如璋作出解释，实则是在回避“琉球归属”的问题。

李鸿章对于何如璋的强硬颇有点不以为然。之前，何如璋曾给李鸿章寄过一函，其中称：“如璋熟知中国此时决非用兵之时，即虑日人，亦我天恩宽大，必不因弹丸之地，张挞伐之威。口舌相从，恐无了局。然无论作何结局，较之今日之隐忍不言，犹为彼善于此。即终无了期，而日人有所顾忌，球人借以苟延，所获亦多。失此不言，日人既灭琉球，练之为兵，驱之为寇，转恐边患无已时，斯又度时审势，反复踌躇，而以为不得不言者也。”

李鸿章接信后，尽管其在复函中也痛斥日本“阻贡不已，旋改年号；改年不已，复欲锁港。无理已极”，但他又认为，“琉球以黑子弹丸之地，孤悬海外，远于中国，而迩于日本”“琉球朝贡，本无大利，若受其贡而不能保其国，固为诸国所轻；若专恃笔舌，与之理论，而近今日本举动，诚如来书所谓无赖之横，瘈狗之狂，恐未必就我范围。若以威力相角，争小国区区之贡，务虚名而勤远略，非唯不暇，亦且无谓”。

在交涉没有结果的情况下，何如璋致函总理衙门，提出“上、中、下”三策：一是遣兵船责问琉球，征其入贡，示日本以必争；二是据理言明，约琉球令其夹攻，示日本以必救；三是外交辩论，或援万国公法以相纠责，或约各国使臣与之评理。总理衙门在征求李鸿章意见时，李鸿章从功利的角度出发，认为暂时可用第三策应付。

清廷的妥协主要还是因清朝海军刚刚起步，外购军舰尚在询价当中，无力承担起对琉球的保护责任，对于日本的举动，当时能采取的方法也只能是外交羁绊。事实上，日本在1877—1878年的国内政局也极为混乱，先是西乡隆盛在萨摩藩发起叛乱（史称“西南战争”），最终失败战死。次年，被称为“东方俾斯麦”的大久保利通被人暗杀。可惜的是，清廷当时连一艘巡洋舰都没有，因而也就未能抓住这短暂的机遇。

1879年3月，日本政府对琉球下达“废藩置县”令，曰：“琉球藩旧服王化，实赖复育之德；今乃恃恩挟嫌，不恭使命，是盖舟程远隔，见闻有限所致。朕一视同仁，不深谴既往之罪。兹废该藩，移置尚泰东京府下，赐以第宅。且以尚健、尚弼置于华族之列，俱置籍东京府，着所司奉行。”由此，日本将琉球王尚泰抓到东京软禁，琉球群岛也被日本鹿儿岛县与新设置的冲绳县一分为二：北部数岛并入鹿儿岛县，余下诸岛则成立新的冲绳县。对于清廷的强烈抗议，日本充耳不闻。

作为琉球的宗主国，清廷始终不承认日本吞并琉球的事实，并向日本进行了多次交涉和抗议。由于琉球问题一直悬而未决，后李鸿章邀请来华旅行的美国前总统格兰特设法调解。在压力之下，日方提出将琉球群岛三分，北部归属日本，南部即宫古、石桓、八重山群岛在内的先岛群岛（当时已为日本控制）归中国，中间的琉球主岛仍划为日本之冲绳。更为居心叵测的是，日本在这份拟稿中加上了一个附加条件，即日本也要像英、美等国一样，取得“最惠国待遇”。

当时中俄因伊犁问题也在展开谈判，其间危机四伏。由于担心日本与俄国勾结起来，李鸿章主张对日本的拟稿采取拖延战术，等待中俄谈判结果的明朗化。日方急于骗取中国的“最惠国待遇”，多次催问签约事宜，但最终因中俄在伊犁问题上达成妥协，总理衙门拒绝在日方拟就的拟稿上签字，日本公使宍户玑最后只好悻悻离京，以示决裂。琉球群岛主权归属一案也就此搁置，最终未能了结。

直到中日甲午战争后，中国战败，清廷被迫签订了《马关条约》，中国台湾及澎湖列岛由此被日本割占，“琉球问题”也就不再是主要问题。1901 年，琉球最后一位国王尚泰在日本死亡，随着时间的流逝，曾经的琉球国也就变成了日本的冲绳县，琉球的复国运动也日渐消失在历史的长河之中。

十三 御史尸谏：清末宫荒下的言官棱角

公元1789年，即光绪继承皇位后的第五年，京城发生了一件非常之事：在前任皇帝同治的惠陵移葬大典结束当晚，一位名叫吴可读的六品主事在毫无征兆的情况下，突然在惠陵附近的一个荒僻小庙中服毒自尽……

此事说大不大、说小不小，消息传出后，州官驰报，全城轰动，人们脑海里涌现出一连串的疑问：吴可读是什么人？他为什么要这样做？这里面到底包含了什么玄机与隐情？

事件本身并不复杂，因从吴可读的遗折来看，他的举动完全是出于自愿，而且早在计划当中。令人困惑的是，这位道光年间的老进士，按例并无参加移陵的义务，而事后据其长官所述，其随同吏部参加祭礼原属主动要求，因其对先帝至忠至哀方获允准。旁人或许要问，吴可读既然“至忠至哀”，那何以要在此敏感时期选择在皇陵禁地做出此等不敬乃至惊世骇俗之举呢？

七十老翁何所求，吴可读当时已近七旬，按官场前例完全可以告老还乡，回家含饴弄孙，共享天伦之乐，可又为何要选择暴尸荒野、不得善终呢？

问题的答案，还在吴可读那道遗折上。可以肯定的是，吴可读的自殉绝非无由头的自寻短见，而是历史上最惨烈的一种谏议方式，即所谓“尸谏”。在这道生前便已拟就的折子里，吴可读公开指责慈禧太后没有为同治皇帝立嗣，以致皇位承继的头等大事一拖再拖、一误再误，最终将酿成“纲纪不振、礼法大坏”的巨患。由此，他决定用“死谏”的方式来要求慈禧太后明降谕旨，确保新皇帝光绪在将来生子后以同治之子的名义承继大统，以防止因同治无后而紊乱皇位世系。

同治系慈禧太后的亲生子，也是咸丰皇帝的唯一继承人，但这位天生顽劣的小皇帝在大婚后不久便突然驾崩，由于其生前并未留下任何子嗣，这就给皇位继承出了个大难题。按清朝祖制，皇位父死子继，同治无子，理应立嗣。但这个问题操作起来却颇为复杂，因同治（载淳）属“载”字辈，如要立嗣，理应从“溥”字辈中挑出一个合适人选，而人选是否合适，主要的标准取决于血缘的亲近。

遗憾的是，当时的人选均不符合要求，因为在皇族近支中，“溥”字辈只有两人：溥伦和溥侃。溥伦和溥侃均为道光皇帝的长子奕纬（咸丰皇帝之长兄，死于道光之前）之孙，当时溥伦 17 岁，年龄偏大；而溥侃只有 8 个月，年龄又偏小。年龄的大小尚有余地可议，问题的关键还在于血缘，因溥伦和溥侃的父亲贝勒载治是由旁支过继而来的养子而不是奕纬的亲生子，因此从血缘上来说，不应算是近支宗室。

当然，溥伦与溥侃的落选还有另外一层原因，那就是一旦立“溥”字辈为嗣皇帝，慈禧太后势必要变成“太皇太后”（慈安太后当时也在世），之前的“垂帘听政”议政模式也将无法再续，这也是慈禧太后所不愿意看到的。由于各王公大臣们在此问题上拿不出主意也说不出所以然，慈禧太后断然决定，以醇亲王奕譞之子——3 岁的载湉（即光绪皇帝）作为咸丰皇帝的子嗣继承皇位。对此安排，朝中重臣私下里虽颇有微词，但慑于慈禧太后的威势，当时也无人敢公开表示反对。

立载湉为新皇帝引发了一个严重的问题，那就是光绪与同治均属“载”字辈，两人为堂兄弟关系，这在继位制度上与礼法不合，势必引发皇帝世系的紊乱。圣贤有云，“名不正则言不顺”，历史上因礼法问题而发生激烈冲突的案例不可胜举，其结局大多以悲剧而告终。所谓“前事不忘后事之师”，往大了说，合乎礼法的皇位承继乃数百年立国之本；往小了说，这也是朝政正常交接运转的根本保证。

醇亲王奕譞是咸丰皇帝的七弟，但这并不是慈禧太后选择其子载湉为皇位继承人的主要原因。奕譞的好运气主要来自于他的福晋，因为她是慈禧太后的亲妹妹。如果单纯地从皇族血缘之亲近来说的话，载湉未必不是最合适的人选，但问题的要害在于，宗法制度如何解决？

慈禧太后提出的折中方案，其要点有二：一是宣布载湉承继的是咸丰皇帝的皇位，她仍以皇太后的名义承担将小皇帝抚养成人的责任；二是光绪将来生子之后，其子作为同治的子嗣继位，将以继位名分及皇帝世系的问题加以纠正抹平。

就实用主义而言，慈禧太后的方法称得上切实可行，但以往并无先例且有违祖制，因而言官们在背后不免议论纷纷。光绪继位后的第一年，内阁侍读学士广安上了一道折子，其在对光绪未来的皇子承继同治的安排表示颂扬的同时，又提出了一个颇为大胆的要求，即请求慈禧太后立下铁券，昭告天下，以免此事将来旁生枝节。

铁券之典故出于宋朝初年。据说，昭宪太后临终前告诫宋太祖赵匡胤，宋之所以得天下，“正由周世宗使幼儿主天下耳，使周氏有长君，天下岂为汝有乎”？太后之意，赵匡胤的儿子太小，其“百岁之后”当“传位于汝弟”，以避后周覆亡之前鉴。赵匡胤表示遵从后，昭宪太后命宰相赵普制立誓书，“藏之金匮”，以保证之后再传位于太祖长子赵德昭。但是，这种“兄终弟及”再“还政归本”的继承方式显然是昭宪太后与赵匡胤的一厢情愿，因宋太宗赵光义即位后即违背诺言将皇位传给了自己的儿子赵恒，嫡长子继承制再次成为主流。

慈禧太后未必充分知晓前朝故事的利害关系，但她心里清楚，这次的皇位安排虽有不得已之苦衷，但毕竟经不起儒家宗法制度的严格推敲；倘若将此事公开讨论，势必令问题更加复杂化，稍有不慎即有无穷之后患。因此，慈禧太后从一开始便十分坚决，她在下发的谕旨中将广安疾言厉色地训斥了一顿，并称其为“冒昧渎陈，大胆妄为”，硬是将一场潜在的风波给强行打压了下去。

5 年过去了。正当慈禧太后以为人们已经遗忘了此事之时，“吴可读事件”在同治移陵大葬的敏感时期发生了。

中国的士大夫饱受孔孟之道的浸染，对于不合祖制的安排往往会采取极端行为，譬如明朝嘉靖年间的“大礼狱”一案，一些大臣宁可被廷杖打死，也绝不让皇帝违反儒家礼法。即便是吴可读的“尸谏”之举，道光年间也曾有过先例，当时军机大臣王鼎弹劾朝中第一权臣穆彰阿“奸诈害国”后仿“史鱼尸谏”之义，自缢而亡，朝野为之震惊。由此，光绪初年的清流党们对吴可读的义举大为赞叹，并称其为“从容就义，视死如归，非匹夫之勇，是君子道义之勇”。在这些士大夫的眼中，吴可读是一个崇高赤诚的殉道者，其非常之举绝非一般人所能比拟，亦非一般人所能做到。

据野史记载，慈禧太后在接到吴可读的遗折后勃然大怒，她掷折于地，拍桌大骂："不要让此僚走掉！"身旁大臣从容上奏说，此人早已将身后之事安排妥当，现已从容赴死。慈禧太后听后大为震惊，对折拜读再三后，她也被吴可读的忠诚所感染并勾起了对亲生子同治早逝的伤心。最后，慈禧太后颁下谕旨再次申明，光绪生子后将作为同治的子嗣继位，事无更改，而吴可读"以死谏言，孤忠可悯"，命廷议加恩按五品官例议恤。

既获天语褒奖，清流党们随后在宣武门外的文昌馆内为吴可读设奠开吊，那天的场面可谓规模空前，盛极一时，上至大学士各部堂官，下至各衙门的一般司员，素车白马，人来人往，就连那些一向自视甚高、清贵耿介的翰林御史们，也都自发地代丧家接待吊客，极尽一时之哀荣。

在众多的挽联中，翰林院编修黄贻楫所撰的最为人称道："天意悯孤忠，三月长安忽飞雪；臣心完夙愿，五更萧寺尚吟诗。"原来，这年3月下旬的某日午后，京城忽然飘起了"太阳雪"（白日飘雪），虽然时间很短，但街上的人都亲眼看见、亲手触碰，众人议论纷纷，以为近日必有奇冤（如家喻户晓的《窦娥冤》的故事）。"吴可读尸谏"一事后，士林于是将之比附为"奇节"而不是"奇冤"。

"回头六十八年中，往事空谈爱与忠。抔土已成黄帝鼎，前星犹祝紫微宫。相逢老辈寥寥甚，到处先生好好同。欲识孤臣恋恩所，五更风雨蓟门东。"吴可读死后，这首其生前所作的殉道诗在光绪年间为士大夫们传诵一时，但令人无法预料的是，慈禧太后看似圆满的安排，在之后的数十年中又遭遇变数。

这次的问题出在光绪身上。光绪亲政以后，随着醇亲王奕譞及福晋的先后去世（失去了调解的中间人），慈禧太后与光绪的"母子失和"现象日益严重。光绪的"忤逆不孝"，令慈禧太后一度萌生废黜皇帝的念头，但最终因中外阻力而不得不放弃。次年，慈禧太后宣布"乙亥建储"，即选中端亲王载漪之子溥儁为皇储并入继穆宗同治为嗣，名号"大阿哥"。

这事颇有些吊诡，光绪当年不过28岁，为何不待他生下子嗣而急于为同治立嗣？其中必有隐情。最合理的解释是，光绪皇帝很可能因长期的肾炎等疾病而导致无生育能力（甚至性能力）。对于此点，慈禧太后未必不是心知肚明，因为隆裕皇后是她的亲侄女。

后来光绪无子嗣的事实固然证明慈禧太后提前立嗣是正确的，但因其所选非人，“乙亥建储”引发了更大的一场灾难，即“庚子国难”。由于端亲王载漪等人的胡乱作为，慈禧太后与光绪皇帝勉强在八国联军攻入皇城前逃出北京，在吃了一场大苦头后，慈禧太后与光绪的关系有所改善，“大阿哥”溥儁则在返京后不久被废出宫。皇宫恢复了昔日的平静，但帝后之间的矛盾仍旧长期存在，在光绪的身体一日不如一日的煎熬中，如此又过了 8 年。

1908 年 10 月 21 日，年仅 38 岁的光绪在中南海瀛台涵元殿黯然离世。一日后，慈禧太后也宣告死亡，并在死前立醇亲王载沣之子溥仪为帝。

“国无长君，妇人执政；国运已堕，事不过三。”如果说同治皇帝未能生育是因死得太早，那么光绪与溥仪很可能是没有生育能力。在古代皇权社会里，国事即家事，皇家之事便是国之大事，要是皇帝生不出儿子，那就成了天大的事。晚清 70 年，连续 3 个皇帝都没有子嗣，这在以往的历史上实属罕见。从这个角度说，导致清廷覆亡的，或许就是“宫荒”二字。

十四 清官固穷:“救时宰相”阎敬铭

光绪年间的户部尚书、理财专家阎敬铭，人称“救时宰相”，其为官清廉耿介，口碑极佳。阎敬铭，字丹初，生于嘉庆二十二年（1817 年），陕西朝邑人（今大荔县），年少好读，后于道光十四年（1834 年）中举，年仅 18 岁。在之后的会试中，阎敬铭屡试不中，无奈之下，他只好参加了吏部举行的“大挑”，以图进入仕途。

“大挑”是清朝特有的科举制度，每六年举行一次，只有在会试中连续 3 次以上不中（含 3 次）的举人才可以参加。清廷的用意，原本是因进士录取名额太少，而参加会试的举人人数众多（每次数千人），为防止人才浪费特别是士子怨愤，清廷准吏部对连连落选的举人进行考试，一等以知县用，二等以教职用，意在让这些落第的举子能有较宽的出路。

“大挑”与考举人的乡试、考进士的会试还不一样，它并不重视文章辞赋而主要根据应考者的形貌、应对与时事进行考察，每届“大挑”，由皇帝钦派亲王大臣在内阁举行。据说，被挑中的主要与其相貌有关，这下阎敬铭可就吃大亏了。《春冰室野乘》中说，阎敬铭长得身材短小，脸形像个枣核，二目一高一低，尚有大小之分，模样十分古怪。在“大挑”中，接受挑选的举人们按每班 20 人进入，众人站定后，某亲王立刻被阎敬铭的怪模样吸引住了，他瞧了瞧，觉得此人长相实在有损大清形象，于是高声道:“阎敬铭先起去！”

尚未等到自报履历便第一个出局，阎敬铭被气得半死，又无可奈何，他只能更加发愤读书，以待下一次的会试。好在老天有眼，功夫不负有心人，在道光二十五年（1845 年）恩科中，阎敬铭考中进士并以优异的成绩进入翰林院，散馆后被授为户部主事。在此期间，阎敬铭多研究经世致用之学，并小有名气。

太平天国起义爆发后，因战事紧张，湖北巡抚胡林翼请调阎敬铭担任前军粮台之职。由此，阎敬铭大展身手，他不仅将军需粮台处理得井井有条，而且对军务时有建言，由此得到了胡林翼与湖广总督官文的极大赞赏。同治元年（1862年）八月，阎敬铭被任命为湖北布政使，仕途青云直上。

鉴于其突出的才干，阎敬铭不久调任山东巡抚，成为独当一面的开府大员。总的说来，阎敬铭一生中最大的成就不是为官一方而是为国理财。光绪八年（1882年），阎敬铭奉命入京，出任户部尚书。巧合的是，此时正值李鸿章南下、张树声北上，两位大员仪从煊赫，气势逼人，而阎敬铭却布衣敝车，行李萧然，不知道的人还以为是个进城赶考的寒门老儒。

阎敬铭上任后，发现户部官员素质低下，账目混乱，一些贪官往往利用职权中饱私囊，危害很大。之后，阎敬铭决心革除积弊，力行改革。他上任第一天就亲自看账，并找来各管事的官员问账，结果发现无论是领办、会办还是总办，都不知部库的存银几何、出纳几何和盈亏怎样，有的人甚至连基本的算账、看账都不会。

查完账目后，阎敬铭再查三库。所谓“三库”，系指户部所管的银库、缎匹库和颜料库，阎敬铭进去看后，发现后库中物品堆积如山，毫无章法，加上日积月累，鼠咬虫蛀，很多存品（很多还是贡品）都已霉烂而无人管理。银库问题更大，那些司官差役，无不从中上下其手，就连搬运银锭的库兵，也都抓住一切机会从中窃取，有的甚至把银子塞在肛门里偷带出库。

一番查验后，阎敬铭当场斥逐一批书吏差役，并奏参了当时号称户部“四大金刚”的司官姚觐元、董俊汉、杨洪典及旗人启某，此4人后被清廷“革职回籍”。据说有一次，阎敬铭见掌管银库天平的属官史松泉锦衣华服，随后命当堂检验砝码，果然查出此人轻出重进，侵吞库银。

早年在湖北掌办军需时，阎敬铭即实行“一体办公”的制度，也就是说，主官与同僚们在一个大屋里办事，以防止有人从中买通牟利，行贪贿苟且之事。到户部后，阎敬铭将所有办事章程都公开张贴在墙上，以杜绝书吏差役们“搞猫儿腻”“讲惯例”。这种“政务公开”的方式，实际上也堵住了这些人搞权力寻租的可能。

在整顿户部积弊的过程中，影响最大的是“云南军费报销案”。军费报销一向猫儿腻甚多，当时各省报销者往往将并非军事用途的款项纳入军费报销中，经办的户部官员也借机纳贿舞弊，各方心照不宣，大量的公家钱款就此流入了私人的腰包。早在阎敬铭上任前，云南方面即来京打点，正当他们与户部官员讨价还价时，阎敬铭被调任户部尚书的消息传来，于是双方赶紧谈妥了 8 万两好处费，之后从速了结了本次报销。

这等事在此之前可以说是习以为常，由于其中往往牵涉朝中与地方大员，一般人即便深知内情也不敢揭发，由此积弊日深。阎敬铭上任后，正好遇上御史陈启泰揭参此案，由于涉及军机大臣王文韶、景廉（原户部尚书），清廷并不打算大动干戈，但在阎敬铭的坚持与言官邓承修、张佩纶、盛昱等人的推动下，"云南军费报销案"最终顺藤摸瓜，一批参与分利或有瓜葛的大小官员均被惩处，如户部云南司主事孙家穆、太常寺卿周瑞卿等均被革职赔赃流放，而王文韶、景廉也因失察而受到降级处分，前者还被逐出了军机处。

户部掌管朝廷财政命脉，但因管理无方，竟成为官员贪污的利薮。对实际情况了然于胸后，阎敬铭开出药方，户部中的"满员多不懂筹算，事权多半由胥吏掌握，这些胥吏平日弄虚作假，贪得无厌，要想从根本上厘清度支账目，凡南北档房及三库等处，非参用汉员不可"。由于当时财政困难，库款缺乏，慈禧太后驳回满洲大臣的反对意见而同意了阎敬铭的整顿要求。在阎敬铭的主持下，户部采用了新的度支记账制度，随后又裁退了部分蛀虫官员及胥吏，并重新选用了一些有才干的汉人官员，从而在很大程度上扭转了清廷的财政困窘状况。

经数年的整理后，清廷国库开始逐步丰盈，以光绪十五年（1889 年）为例，清廷岁入白银 8076 万两，岁出白银 7308 万两，当年盈余白银 768 万两，这已是太平军兴后的最好成绩。更令人敬服的是，阎敬铭经手的国库银子数额巨大，数不胜数，但他本人却是一个出奇的俭朴之官。正所谓"人以群分"，阎敬铭最信任的两个司官，一名李用清，一名李嘉乐，作风即与之极其相似。

李用清回原籍山西守制 3 年期满后，返京时居然自己背着一个小铺盖卷儿，徒步 3000 多里进京；李嘉乐则每次都是让夫人帮他剃头，目的就是省钱。阎敬铭对这两个人非常欣赏，他以为做官必须从"俭"做起，唯此才能"无欲无贪"。

1877年，山西遭遇灾荒，大量饥民流离失所，清廷虽屡派官员前去赈济，但饥情并没有得到缓解，后即调阎敬铭去视察赈务。受命后，阎敬铭一路上敝车荆服，到山西后更是穿一身粗糙的“褡裢布”官服上任，属下有穿着绸缎的，定要被他责骂，甚至要罚捐饷济灾。事后，阎敬铭查办了在赈济中贪污舞弊的知州段鼎耀等人，并严厉弹劾了礼部尚书恩承等官员对地方的滋扰，在其苦心经营下，山西灾情才有所缓解。

时人笔记《药裹慵谈》中说，阎敬铭做山东巡抚时，从来都是穿着布袍布靴，丝毫没有地方大员的样子。州县或者候补官员穿的衣服稍微鲜亮了一点，往往会遭到阎敬铭的呵斥。时间长了，其下属也投其所好，一个个假装很穷的样子，都穿着破烂的旧衣服办公，知道的人晓得这是督署，不知道的人还以为丐帮在开会。但阎敬铭就吃这套，那些故作简朴的人往往能够得到他的青睐。

有一次，齐河县令穿着狐袍来见他，阎敬铭见后大怒：“你身上的狐袍，想必是百姓的脂膏吧！你难道不知道本官发给各州县官员要求勤俭的训令吗？何以如此大胆！”该县令故作惊恐：“属下知罪，但大人有所不知，卑职此袍的价格现在比羊皮褂还要便宜。省中承大人指示，大家都争着购买羊皮褂，现在狐皮的价格骤落，因此我才买了一件。何况，现在省中的官员，上班时穿羊皮褂，回去后还是穿狐貂，不过为取悦大人罢了。对此，卑职不敢附和。”

阎敬铭听后愣了半晌，想想有些道理。不久，此人便由县令提拔为知府。此事传闻颇广，《官场现形记》第二十回即以此为样本，其间更是绘声绘色，做足了添油加醋的功夫（不过未直接点出阎敬铭之名）。

在地方上任职时，阎敬铭往往将自家的纺布机安放在衙署大堂后面。当他升堂办公时，属员们经常听到后面的机声轧轧。原来，其夫人就在大堂之后纺绩，而他家的冬衣絮袍，也大都出自其夫人之手。曾有人对此不以为然甚至暗中讥讽，但阎敬铭不为所动，他常指着身上的棉袍向僚属们自夸：“内中之絮，内人所手弹也。”

阎敬铭在山东搞得太清廉了，久而久之，手下官员们实在受不了，他们纠集起来找阎敬铭诉苦：“大人为官至清，但这样下去，我们快吃不上饭了！”

阎敬铭听后大为诧异，随即从衣袖里掏出半块锅盔递给众人：“你们没饭吃，吃我的。”满堂官员哑然失笑，但他们也知道阎敬铭是在故意装糊涂，堵他们的嘴罢了。

阎敬铭的清廉俭朴还真不是装出来的。《清稗类钞》中说，阎敬铭身为山东巡抚，但家中吃饭却是极为粗陋。有一次，他请新上任的学政来家中吃饭，桌上所放不过几盘白盐青菜，中间一碟是干烧饼，一点肉食也没有，阎敬铭却吃得津津有味。学政见后目瞪口呆，根本无法下筷，阎敬铭却一边嚼着烧饼，一边还不断劝学政多吃。盛情之下，学政窘得没办法，只得勉强吃了半碗糙米饭，随后赶紧告退。回去后，学政不无揶揄地对人说：“阎大人哪里是在请客，简直就是祭鬼啊！”

不过，这样俭朴的督抚大员，在当时还真不止阎敬铭一个。“云南报销案”中被牵连去职的前军机大臣王文韶在回到老家杭州后，曾在光绪十二年（1886 年）除夕的日记中记载了这样一件事，“偶至账房见潘厨子，言近在抚署司庖，内外上下共 32 人，每月伙食 94 元，柴米油盐及厨子辛工一应在内，到此半年，从无只鸡特豚之添菜，每日早点烧饼、麻花各一件，静澜之俭德向固闻之，初不料其刻厉至此也”。

王文韶日记中说的“静澜”，指的是当时的浙江巡抚卫荣光（字静澜）。与阎敬铭的白盐青菜相比，卫巡抚每天早上吃点烧饼、麻花，整个抚署半年都不曾吃过一次猪肉、鸡肉，这也可以说是俭朴到家了。

身为大清财相，阎敬铭反对一切无谓的开支。光绪十二年（1886 年），慈禧太后想重修颐和园，以便在撤帘归政后有一个颐养天年之所，由于工程浩大，费用极高，遭到了朝中大臣们的反对，其中又以阎敬铭的反对声最为激烈。后来大臣们的谏阻虽然成功，但这大大得罪了慈禧太后。不久，慈禧太后便找碴儿将阎敬铭革职留任，以示警告。

受此打击，阎敬铭不久即以年老为由请求告老还乡，但当时朝中还离不开他，于是慈禧太后又加以慰留，直到两年后，阎敬铭才得以退归乡里。尽管不在朝堂之上，但是阎敬铭仍不忘国事，继任户部尚书翁同龢有一次去看望他，据其日记中所说，阎敬铭自称有“三大愿不遂，激昂殊甚。三大愿者：内库积银千万，京师尽换制钱，天下钱粮征足”。

回乡后，阎敬铭仍热心地方公益，他不仅捐款修建义学，还在朝邑县城西侧（今大荔县城东）建起一座规模宏大的“丰图义仓”，慈禧太后特为之题写了仓名：“天下第一仓。”10余年后，这个义仓在庚子年的灾荒中赈济了众多饥民，救人无数。家乡父老为纪念他，后在仓西面修建了一座“阎公祠”，如今丰图义仓犹在，稳固如初。

1892年，阎敬铭病逝于山西寄寓，据说慈禧太后怒气未休，打算不给阎敬铭谥号，但查本朝恤典中没有不给大学士谥号的惯例，最后由内阁拟了“文介”二字。慈禧太后私下里还愤愤不平，对人说：“可恨阎敬铭骗去一好谥法。”

自古难当官，清官更难当。阎敬铭为官40余年，一生经手钱物何止千万，但从不妄取一分一毫。终其一生，阎敬铭不讲排场，不蓄家财，虽身居高位而“望之若老儒”，其俭朴虽有矫枉过正之嫌，但对老百姓来说，却也不失为一好官；而其淡泊名利、两袖清风的作风，更是为晚清官场之少有，为天下士人所尊崇。

十五 不败而败：中法之战的“求和论”

从历史上来看，战争和外交仿佛一对孪生儿，两者相互对立，又结合紧密，任何一方都不可或缺。由此，当政者要想处理好这两者的关系，必须具备非常高超的操控水平，譬如在1883—1885年的中法战争中，中外各方围绕“和战”问题的外交活动和秘密谈判就几乎没有停止过。

毫无疑问，打仗最能花钱，打赢了，不但可以收回成本，还能敲诈一笔；但要是打输了，战败方不但血本无归，反而要倒赔战胜国的军费，这在19世纪和20世纪初弱肉强食的国际社会里，也是通例。譬如，德国人在色当战役里打败了法国人，法国人不但损兵折将，还得赔偿50亿法郎并割让阿尔萨斯和洛林给德国人；“一战”结束后，德国人被打败了，就得反过来赔偿1320亿马克给那些战胜国。最后，希特勒一嚷嚷，弄得德国人不干了，要重新再打，“二战”爆发了。

1885年4月7日，也就是镇南关大捷后没几天，正当前线老将冯子材联合各路清军将领准备分兵南下收复河内、太原时，清廷却突然下达了“乘胜即收”、停战撤兵的命令。清军将士接令后，捶胸顿足，“拔剑刺地，恨恨连声”。许多士兵甚至跑到将帅帐外，写血书，立军令状，“摩拳擦掌，同声请战”“战如不胜，甘从军法”。冯子材等清军将领也联合致电两广总督张之洞，要求代奏清廷，诛杀议和之人，以振士气。

时人写诗讽刺清廷：“十二金牌事，于今复见之。黄龙将痛饮，花目忽生期。”“十二金牌”指的是当年南宋朝廷令岳飞从朱仙镇退兵的金牌诏。就连清廷派赴广东会筹防务的彭玉麟，当时也愤然赋诗一首：“电飞宰相和戎惯，雷厉班师撤战回。不使黄龙成痛饮，古今一辙使人哀。”但胳膊毕竟扭不过大腿，冯子材最终还是被迫遵旨撤军，彭玉麟只能叹道：“老臣抗疏千行泪，一夜悲歌白发生！”

事实上，以慈禧太后为首的清廷即使在宣战以后，也始终在或明或暗地寻求议和。镇南关大捷本来使中国在军事和外交上都处于一个相对有利的地位，但慈禧太后担心法国会“因愤添兵”，不断扩大战争，兵连祸结，而主管谈判事务的李鸿章也表示，“谅山已复，若此时平心与和，和款可无大损，否则兵又连矣”“当借谅山一胜之威与缔和约，则法人必不再妄求”。慈禧太后对此点头称是，以胜求和也就顺理成章了。

武人好战，情有可原，但作为大清帝国的总管家，慈禧太后考虑的可能要多一点。就当时的情况而言，虽然清军在镇南关、谅山等地大败法军，并在北越处于一个有利的地位，但法国舰队当时也占领了澎湖列岛并对台湾形成了封锁态势，中法双方在陆海两个战场上互有胜负，总体上形成一种均势。

慈禧太后担心的是，法国人会因失败而愤怒，因愤怒而继续扩大战争，这是她所不愿看到的。实事求是地说，对于越南未来的战局，不要说慈禧太后没有十分的把握，恐怕连前线将士心里也未必有底，因为镇南关大捷和临洮大捷，在很大程度上是因清军在人数上的压倒性优势所取得的，而双方在军事实力上的差距，却非短时间所能弥补。

譬如在海战方面，清朝海军和法国舰队根本不是一个级别，这从马尾海战及南洋舰队的两艘军舰在浙江石浦被击沉的惨痛失败可以看出。更让慈禧太后心烦意乱的是，法国舰队可能会对南方到北方的海上漕运构成威胁，甚至可能像第二次鸦片战争一样，北上进行骚扰并再度攻击京畿，这也导致清廷对持续作战底气不足。

海防空虚，加之战争耗费巨大，清廷在财力上难以支撑是停战求和的重要原因。据后来统计，清廷在中法战争总共耗资一亿多两白银，并为此欠债达 2000 万两白银，其中相当一部分是以海关税收作为担保，向外国银行所借的债款。而清廷此时的财政收入在 7000 万两左右，除去开支，每年只有数百万两的盈余。这样的战争，显然不是清廷所能长期承受的。

从当时的国际形势来看，虽然英、美等国在战争期间保持中立，但战争的过分延长会危及它们在中国的商业利益。因此，英、美等国也一直给清廷施加压力，迫使中国尽快对法妥协，早日结束战争。英、美等国并不希望中国取得对法战争的全面胜利，因为这可能会使清廷对西方列强采取强硬措施。英国外交大臣就曾说，“中国的任何胜利，都会一般地对欧洲人发生严重后果”。

而中国的两个近邻——俄国和日本，此时也在虎视眈眈，观察着战争的进程。拿俄国来说，早两年因强占伊犁的阴谋未能得逞，目前正企图利用中法战争浑水摸鱼。1884 年 9 月，在法国突袭马尾港的福建水师之后不久，俄国报纸竟然声称：“中国伊犁背约，将来法攻中国，俄亦欲夺疆土。”俄国人对土地的贪婪，的确让清廷头疼不已。

更为严重的是未来的中日冲突。中法战争期间，日本策动朝鲜的亲日派开化党发动“甲申政变”遭到失败后，也不断鼓吹武力侵朝，这对中国北方的安全形成了潜在的巨大威胁。1885 年初，正当中法军队在北圻激战之时，日本代表伊藤博文来华与李鸿章谈判有关朝鲜“甲申政变”的善后事宜，却与法国驻华公使巴德诺暗通来往。清廷当时最担心的是法国和日俄勾结，南北呼应，趁机在北方挑起事端，到时清廷根本无法同时应对。毕竟，以清廷当时的实力，是无法同时打赢两场战争的。

此外，当时台湾仍受到法国舰队的严密封锁，形势险恶。而越南当局在中法战争中一味地妥协投降，甚至在法国人的胁迫下公开断绝了同清廷的宗藩关系。越南的离心离德，也让清廷心灰意懒，失去了继续援越抗法的信心和理由。

正是出于多种考虑，慈禧太后在权衡利弊后，决定舍越南而保台湾，承认越南沦为法国保护的现状。恰在此时，法国茹费理内阁垮台，新的法国政府对持续的战争也感到不堪重负。既然双方都不想再打下去，两国在已进行了多日的秘密谈判中也就互相妥协，彼此都表现出和平解决的意愿。

1885 年 1 月，在中国海关总税务司赫德的干预下，清廷授权中国海关总税务司驻伦敦办事处的英国人金登干作为中国代表，同法国外交部进行秘密谈判。得到清廷授权后，金登干于 4 月 4 日同法国外交部政治司司长毕尔签订了《巴黎停战协定》(又称《中法议和草约》)。

金登干签的只是初步的意向书，正式文本还要双方正式代表重新谈判拟定。后来，法国政府代表兼驻华公使巴德诺来到天津和李鸿章进行谈判，以敲定和议最后的正式文本。1885 年 6 月 9 日，中法双方在天津签订《中法会订越南条约》(通常称《中法新约》),和约共十款内容。在随后的1886—1888年,根据《中法新约》的约定,清廷又和法国签订了《中法越南边界通商章程》《中法界务条约》《中法续议商务专约》等后续条约。由此,法国终于打开了通往中国西南的商业之路。

中法之战结束了。在这个战争中,清廷乘胜求和基本没有什么疑问,但中法战争到底是不是"不败而败",学界一直争论不休。

不如来看看条约原文。条约第一款和第二款,说的是清廷承认法国对越南的保护权。具体来说,就是规定越南境内的事情如叛乱之类,由法国自行弭乱安抚。中国境内的匪党等问题,由中国设法解决。总而言之,不要弄到越南来。至于那些在越南的中国侨民,改由法国保护,一视同仁。无论遇有何事,法兵永不得过北圻与中国边界,法国并约明必不自侵此界,且保他人必不犯之。法国既担保边界无事,中国约明亦不派兵前赴北圻。

第二款说,法国与越南自立之条约,不管是已定的还是续立的,都请中国不要干涉,至于今后中越往来,也不要有碍中国的威望和体面。

这两款的意思,换句话说,就是越南以后是死是活,都改由法国来保护,清廷不必插手。反正大清帝国在越南也没有行使过什么实质性的权力,现在又无力承担义务,天朝的面子问题都是虚的,设法保全就是。至于第一款后面的规定,则更像是中法互不侵犯条约。

第三款提出要勘测界址,划定中越国界。中国古代不存在什么具体的国界概念,"普天之下,莫非王土",世界以中国为中心,不用划界。但是,近代民族国家的观念兴起后,敲定双方的边界成为国际通常做法,划界也是迟早的事情。

第四款讲的是对中越老百姓往来两国的边境管理,比如,发放护照之类的,这些也是欧洲人搞的新鲜玩意儿,也算是学习西方国家的先进管理经验了。

第五款说的是通商问题。中国与越南北圻陆路交界,允准法国商人及法国保护之商人并中国商人运货进出。通商处所在中国边界的指定两处:一在保胜以上,一在谅山以北。法国商人可以在此居住,和其他通商口岸无异。中国应在此设关收税,法国亦在此设立领事官,其领事官应得权利,与法国在通商各口之领事官无异。中国也可与法国商议，在越南北圻各大城镇拣派领事官驻扎。

第六款是对第五款的补充，商定以后具体讨论关于通商的章程和税收等问题，这就是后来签订的《中法越南边界通商章程》《中法续议商务专约》。

上面两款，之前的主流观点认为侵犯了中国的权益，说是法国人打通了侵入中国西南的门户，被骂得很厉害。但以现在的观点看来，这只不过是一个普通的通商条款，从条约内容上来看，双方都是平等的，谈不上谁侵犯谁的问题。由此看来，之前的老调子倒有点跟不上时代潮流了。

第七款是关于修建铁路的，法国将在越南北圻一带开辟道路，鼓励建设铁路。“日后若中国酌拟创造铁路时，中国自向法国业此之人商办；其招募人工，法国无不尽力劝助。”但特别说明的是，“不得视此条系为法国一国独受之利益”。

从这条来看，也看不出有什么不平等的，法国人已特别说明，中国修建铁路可以考虑和法国多合作，但没有规定这是法国独享的权利。事实上，战后中法两国和好如初，后北洋水师的船坞工程和马尾港一样，也是请的法国人承包建造的。第八款约定通商条款和将来的章程十年为期，期满可续修。这也是当时的国际惯例。第九款是法国撤兵的规定，规定条约彼此画押后，法军立即退出基隆，并除去在海面搜查等事。画押后一个月内，法兵必当从台湾、澎湖全行退尽。第十款是关于双方换约。

条约大概内容如此，若以现在的眼光来看，尚属正常。《中法新约》中最大的争议，莫过于关于越南的保护问题。正如从中调停的中国海关总税务司赫德所说：“中法争端是解决了，条件是所能希望中最易行的，简单地说，就是承认现状，正所谓：‘谁能抢就抢，谁能抢到就算他的！’”

不过笔者以为，关于越南沦为保护国，其主要责任不在清廷，而在越南阮氏王朝。退一步来说，也是实力问题，无可奈何之事。据说，李鸿章和福禄诺于 1884 年 5 月签订了《中法简明和约》后不久，越南阮氏王朝就在法国人的指使下，将清廷颁发的玉玺、封册等当众焚毁，公开宣布断绝和中国的藩属关系，接受法国的保护。

皮之不存，毛将焉附。越南阮氏王朝公开投降法国的举动，让中国军队援越抗法失去了基本前提和理论依据，而这对后面的战局也有重大影响。清军取得胜利的镇南关等地，都靠近中越边境，后勤保障和补给相对容易，而且得到了当地人民的支持，但如果深入越南中部和南部，没有越方的支持，情况就很难预料了。

在西方列强面前，当时的大清帝国远谈不上是什么强国，在国力并不强大而万事待兴的情况下，去保卫一个没有太多利益且已单方面宣布中断传统关系的藩属国，未必是一个明智的选择。譬如越南乃至后来的朝鲜，早放弃，早受益，似无必要去背这样一个包袱。

从战略上来说，决策前必须要界定自己的威胁是什么，利益在哪里，在怎样的资源条件下采取什么样的手段。就当时的情况而言，大清帝国的实力有限，去保护一个对自己没什么实质意义的藩属国，正如李鸿章认为的，避重就轻，意义不大。

如果按这样的思路，中法和谈如能早日实现，反倒是件好事。加利福尼亚大学教授徐中约在《剑桥中国晚清史》中指出，“事实证明，清廷的优柔寡断和举棋不定造成了灾难。坚定的作战政策本来可能制止法国的侵略；如果坚持和平政策，本来也可以保住福建水师和马尾船坞。可是，庸碌无能的领导层却毁了这两者，而且还丧失了安南这一朝贡国。清流党意气用事，无补于事，因此对这些后果应负大部分责任”。

决策最忌首鼠两端，举棋不定，最后弄得两头落空，损失惨重。这些损失，和慈禧太后的意气用事是分不开的。至于《中法新约》，就条约本身而言，不能说是失败，尽管后人大都认为清廷腐败无能，但对此条约，平心静气地说，后人们似乎没有必要妄自菲薄，更不必因此认为它是卖国条约，尽管它存在着这样或那样不尽如人意的地方。

十六 长崎事件：北洋水兵的洋斗殴

1886 年 7 月，北洋水师提督丁汝昌及率“定远”“镇远”等六舰前往朝鲜东海岸海面巡防操演。操练结束后，舰队由丁汝昌率领前往日本长崎进行修理维护。

之所以要前往长崎，是因为旅顺军港尚未完工，而当时亚洲只有长崎才有供巨舰维修的大船坞。当然，由于最近的 10 年中，中日间因琉球、朝鲜乃至台湾问题多有龃龉甚至悬案未结，李鸿章此次派出“定远”“镇远”两艘巨舰前往日本，其中也不乏“震慑吓阻”之意。

“定远”、“镇远”为同级姊妹舰，由德国伏尔铿船厂制造，在 1885 年 10 月交付，两舰共费白银 340 万两，当时号称“全球第一等铁甲舰”。铁甲舰在当时海军中的地位，就像今人眼中的航空母舰，而号称“亚洲第一巨舰”的“定远”“镇远”，也确实非同凡响，两舰长 94.5 米、宽 18 米、吃水 6 米，排水量 7220 吨，航速近 15 节；两舰的主要武器为：克虏伯 305 毫米后膛主炮 4 门、克虏伯 150 毫米后膛副炮 2 门、75 毫米克虏伯舢板炮 4 门等。

8 月 1 日，北洋四舰抵达长崎港，立刻在当地引发了轰动。在两艘威风凛凛的巨舰面前，前来观看的日本人见所未见，闻所未闻，心中的震撼无法用言语表达。可以想象，多数人的心情是复杂的，复杂到可以用“百味杂陈”来形容，“羡慕、恐惧、愤懑、嫉妒、仇恨、震惊、自惭形秽、怒火中烧”等混杂在一起，相当不是滋味。

日本人对中国的感情一向复杂而矛盾，原因是他们在历史上饱受中国文化的浸染，一向有“学生对老师”的心理，但近代特别是“明治维新”后，日本走上了“脱亚入欧”的道路，相比于故步自封的大清国，他们在心理上难免有傲视之意，但这次北洋水师的来访，对他们的心理打击太大了。

日本原本也是闭关锁国，像中国开放广州“十三行”一样，日本也只开放长崎作为贸易窗口，因而中国人在长崎做生意已有一定的历史。但是，这些被限制在一定地域的中国人常被日本警察所欺凌，这次北洋水师的到来也算是给了他们一次扬眉吐气的机会。对此，日本警察也是看在眼里，恨在心上。

由于常年漂在海上，数月不见大陆，水兵们上岸后总是喜欢胡闹。或许是因听了同胞的诉苦，或是因枯燥的海上生活引发的放纵，一些上岸醉酒的北洋水兵，“简直是横着身子走路”（日本人语），以致日本警察也只能给他们让路。“我已侮彼，彼亦侮我”，双方的情绪对立日益严重。

8 月 13 日，北洋水师放假一天，水兵们借机上岸购物，其中有几个水兵跑到当地妓院耍，结果捅下大娄子。据说，当时因妓院宾客盈门，生意好得不得了，这几个中国小伙在排队等候时，有个声称是 VIP 的日本客人不经排队便径直入内，这下惹出事端。一番争执后，水兵们与妓院老板大打出手，砸坏了人家的玻璃和家具，结果把警察给招来了，但北洋水兵人多势众，赶来平息事端的日本警察反被打成重伤。

当时情形比较混乱。《长崎快报》报道说：“有一群带有醉意的水兵前往长崎一家妓馆寻乐，因发生纠纷，馆主前往警察局报告。一日警至，已顺利将纠纷平静，但由于中国水兵不服，不久乃有 6 人前往派出所论理。非常激动，大吵大闹，引起冲突。日警 1 人旋被刺伤，而肇事水兵也被拘捕，其他水兵则皆逃逸。”

当日事件中，一名日本警察重伤，一名中国水兵轻伤，事情后来都交由中国驻长崎领事处理，但日本人在自己国土上吃了亏，断然不会轻易咽下这口气。事后，提督丁汝昌严饬水兵不许滋事，不许上岸，因而 14 日那天彼此相安无事，事态似乎得到了平息。但在这看似平静的气氛里，15 日却发生了一场更大规模的冲突。

15 日下午，北洋水兵被许可上岸购物消遣，当天上岸的人数有四五百人之多。这些人当时主要集中在华人街一带的餐馆或商店里，浑然不知危险已一步步向他们靠近。傍晚时分，早有预谋的数百名日本警察、浪人将各街道两头堵住，突然持刀追杀那些在街上游逛的北洋水兵。混乱当中，一些当地的日本人也从楼上浇沸水、掷石块，有的甚至也拿着刀棍参与混战。

猝不及防加上没有携带武器，北洋水兵们这次吃了大亏。据事后统计，北洋水兵在这次冲突中当场死亡 5 名（事后因重伤又死亡 2 名），40 多人受伤；日本警察也被打死 1 名，受伤 30 名，另外当地也有多名日本人负伤。

根据日方提供的验伤报告，北洋水兵受刀伤的 37 人，日方为 14 人，双方撞伤与打伤的数字基本接近，前者分别为 6 人，后者北洋水兵 7 人，日方 9 人。北洋水兵的刀伤大多集中在背后，可见当日被追杀的情形。毫无疑问，这是一起赤裸裸的、有预谋的报复行动。

据《申报》驻长崎访事人（即记者）的报道分析，“华兵与日人启衅之由，盖因日本巡捕向来轻视华人”，13 日的事件本不是什么大事，日本人吃亏后，心存谋害之心，14 日就暗中联络并集合了包括士兵和当地浪人在内的一两千人，并由日本警察局配发武器，图谋在次日对中国水手进行报复。

8 月 17 日，驻日公使徐承祖向日本外务省发出照会，称“昨日我水手登岸，8 点钟有日本巡查多人，近前挑衅；又有数百名，将各街巷之两头堵塞，逢兵便砍；并有日民千余，各持兵刃乱杀……日本人预存害心，千数百人以刀砍，又于沿街楼上，泼滚水，掷石块，我兵无预防，散于各街头，购物者皆徒手，故吃大亏”。

日本外务省则诡辩称：“本月 13 日夜，支那水兵对我人民逞凶，我巡查迅速前往制止，支那水兵以刀砍伤我巡查，支那兵亦有微伤。15 日，支那水兵上岸，人数众多，至下午 8 时，突有一名支那兵，欲摘取巡逻于广马场巡查之制帽，此时，忽有百余名水兵纷然冲出，聚众殴打，遂打死巡查一名……近旁人民携带防身武器，冲向水兵，杀伤多名……”

日方的说法显然不值得一辩，其将责任推给连是谁都不知道的所谓日本“人民”，其用意在于掩盖那些策划并制造这场事件的日本警察，以免引起更严重的外交冲突。毕竟，警察是公职人员，而所谓“人民”，这责任就不好追究了。

为防止事件升级和密谋外泄，日本外务省在 22 日成立了新闻检查科，命令长崎、大阪、兵库和其他府县的各家报刊在报道长崎事件时，必须事先交新闻检查科审稿，以禁止刊登辱骂中国的言辞与涉及机密的报道。

“武人好色，乃其天性，但能贪慕功名，自然就我绳尺”，李鸿章在得知

“长崎事件”后，一边给自己的北洋士兵护短，一边大为愤怒地召见了日本驻天津领事波多野，其中不无威胁地说：“如今开启战端，并非难事。我兵船泊于贵国，舰体、枪炮坚不可摧，随时可以投入战斗。”北洋水师总教习琅威理也建议立刻对日本宣战，炮轰长崎作为报复。

事后，日方随即对冲绳和对马的战备情况进行调查，而冲绳县知事立刻带领几十名警察踏上归途（因中日间的“琉球案”仍旧悬而未决）。尽管一些日本好战分子大肆叫嚣，要求政府“不屈服于任何恫吓或压力”，但底气毕竟不足。

日本虽说已开始变法维新，但在十年间便完全改变也不可能，何况日本还是一个资源贫乏的国家。尽管日本人对“顽固保守”的中国报以蔑视，但中国毕竟是一个古老而庞大的帝国，这种历史的阴影并不能轻易抹去。更重要的是，当时中国的国力及军力都是日本难以企及的，仅就海军而言，日本当时只有 3 艘 3000 吨级的铁甲舰，而北洋水师光 7000 吨级的铁甲舰就有 2 艘，其他巡洋舰、炮舰、运输舰等，其数量和质量也远在日本之上。

但到了最后，李鸿章和总理衙门还是冷静下来，因为当时中法战争刚刚结束，国家财政困难，一下也拿不出那么多钱来动员军队。如果因“长崎事件”而向日本宣战，势必引发更大的国际冲突，而英、法、美、德等国此时正虎视眈眈。中日两国毕竟同文同种，一衣带水，当时的关系也没有后来的那样极端对立，贸然开战，于人于己都未必是一件好事。在这个前提下，中日双方还是决定以外交和法律的形式来解决这一事件。

在各国调停和外交折中下，中日双方在半年后达成协议，称“争斗事件原为语言不通，彼此误解，遂致互斗死伤”；根据中日之前签订的《天津条约》，“两国司法部门根据本国法律，各自斟酌处办，互不干预”；至于各自的死伤者，中日互给抚恤，日本赔付中国 52500 元（其中士官 1 名 6000 元，士兵 7 名共 31500 元，致残 6 名共 15000 元），中国赔给日本 15500 元（其中警部 1 名 6000 元，巡查 1 名 4500 元，致残 2 名各 500 元），长崎医院的医疗救护费 2700 元由日方支付，这事算是和平了结，双方互让一步，彼此体面下台。

从赔款来看，貌似中国赢得了这场外交谈判，但如此重大的事件，只赔款不惩凶，也不追究背后的阴谋，显然日本占了便宜。李鸿章事后也颇有些悻悻然地说：“长崎之哄，发端甚微。初因小争，而倭遂潜谋报复，我兵不备，致陷机牙。观其未晚闭市，海岸藏艇，巡捕带刀，皆非向日所有，谓为挟嫌寻衅，彼复何辞？”

李鸿章派北洋四舰去长崎，确实有“炫耀武力”的意思，但他没有想到的是，北洋水师的两艘巨舰对日本人的民族心理产生了极大的刺激。经此事件，日本的反华仇华情绪反而进一步高涨，从军国主义分子到普通老百姓，都对北洋水师充满了敌意。在他们看来，外国水兵喝醉了酒来本国滋事，最后竟然要本国赔款，这种愤恨和受辱感，很容易便被煽动了起来。

在这种情绪感染下，“大力发展海军”成为日本国内的共识，“一定要打败‘定远’”也成为日本海军的目标和口号。就连日本的小孩子，当时最流行的游戏，也是分成两组，一组扮成中国舰队，另一组扮成日本舰队，进行捕捉“定远”“镇远”的战斗游戏。

日本的反华情绪在日本政府的鼓动下，很快变成了赶超北洋水师的动力。“长崎事件”结案不过一个月，明治天皇便颁发敕令：“立国之务在海防，一日不可缓，”随后便以身作则，拨出内帑30万日元，作为海军的补助金。之后，明治天皇又发布敕谕，决定在其后6年中每年拨出30万日元，并从文武官员薪金中抽出十分之一作为造舰费缴纳国库。首相伊藤博文也发表演说，呼吁国民捐款捐物，节衣缩食，为日本打造一支更强大的海军。在这场献金热潮中，日本在半年间便筹集了200多万日元，连天皇老妈阿巴桑，也捐出了她仅有的两件首饰。

之后，日本政府更是不顾财政困难，逐年增加海军经费并发行巨额公债，其数量几乎超过其财政收入的3成。譬如1886年，日本政府就发行了1700万日元的海军公债，而在1889年，日本的海军军费已接近1000万日元。

1888年后，日本开始了大规模购舰、造舰的进程，6年间共添置军舰12艘，总计新添海军吨位近18000吨。到甲午战争前夕，日本海军主力舰总吨位已达37000吨，大大超过了北洋水师主力舰总吨位（不到30000吨）。敌进我退，北洋水师昔日的辉煌已成昨日黄花。

十七 购舰记：甲午海战中的“外援春梦”

1888年北洋水师正式成军时，计有“定远”和“镇远”两艘主力铁甲舰（排水量达7400吨），5艘次轻量级的巡洋舰（即“致远”“靖远”“经远”“来远”“济远”5舰，排水量在2000—3000吨），加上早前购买的“超勇”“扬威”两艘千吨级的巡洋舰和其他国产木甲战舰、炮舰和鱼雷艇，即为北洋水师的主力阵容。

万吨级战舰出现前，北洋水师中的两艘主力铁甲舰“定远”和“镇远”堪称海上巨无霸。在成军时的军事年鉴排名中，北洋水师也曾名列亚洲第一、世界前八，而每次舰队出海操练时，那也是“樯橹如云，旌旗蔽空”，各国海军都为之侧目。

但是，1888年北洋水师初具规模后，由权贵们把持下的海军衙门竟然未给北洋水师添置过一舰一炮。更有甚者，主管拨款的户部在1892年中日局势已相当紧张时，宣布为慈禧太后万寿筹款，停购舰艇两年。

逆水行舟，不进则退。作为北洋水师的当家人，李鸿章何尝不知北洋水师的致命弱点在于舰体老化，整体速度不够快，又极度缺乏速射炮。在战争爆发前，李鸿章曾数次请求添购快船快炮，但由于朝廷官员的短视和倾轧，每次都是毫无下文。

直至1894年战争一触即发之时，清廷中枢才想到要为北洋水师添购新舰。当时的购舰渠道主要有两个：一个是海关总税务司赫德通过在英国伦敦的代办金登干联系购买，另一个则是李鸿章通过当时的驻外使节广泛搜求。

最开始时还算顺利，金登干于7月5日报告说，阿姆斯特朗公司在10个月内便可交货，而且是最快速的巡洋舰；另外，如果需要小型捕雷驱逐舰的话，5个星期即可交货。第二天，金登干又发电报说，如果中国急需的话，英方还可以将他国订制的军舰优先供应。李鸿章得知后，急令驻英公使龚照瑗即刻联系，将合适的快速巡洋舰赶运回国。7 月 26 日，金登干报告说，英国尚有一艘与“吉野”号同级别但规模、火力和速度更佳的巡洋舰出售，报价是 34 万英镑（折合白银约 240 万两），欲购从速。

清廷这次的反应还算迅速，8 月 2 日即发上谕批准拨款 200 万两购买军舰，但要命的是，英国在中日宣战后便宣布中立，交战国不能从英国直接发货。而驻德公使许景澄那边，本来开战前德国方面表示有 2 艘“萨克森”级的铁甲舰可以出售，但德方开的价格太高，几经磋商后许景澄选中了其中一艘巡洋舰（后来的“飞鹰”号），但由于战争爆发，这艘军舰和在英国订购的驱逐舰“飞霆”号一起被扣留在欧洲港口，要等到战争结束才能交付。而意大利、奥、匈等国出于严守中立的政治考量，最后都放弃了卖军舰给中国的计划。

欧洲购舰受挫后，李鸿章不免愁云密布。这时，他的一个老朋友，怡和洋行的老板克锡突然找上门来，说智利在英国建有三艘新式巡洋舰，愿意照原价出售。原来，智利因其国土海岸线漫长，又屡屡与邻国阿根廷发生战争，因而对海军极为重视。在多年的战争中，智利海军一度十分强大。但到了 19 世纪后期，由于战争不再，智利海军的军舰无用武之地，便打算趁他国急需之际高价出售本国现役军舰，狠赚一笔。

李鸿章当时也管不了那么多，他听到这个消息后便急令龚照瑗联系购买。8 月 21 日，龚照瑗回电说，已同智利达成协议购买“恩卡拉达”号和“卜拉托”号，合同签订后 10 天便可成行。

“恩卡拉达”号是 1893 年 9 月在英国阿姆斯特朗公司制造下水的大型穹甲巡洋舰。这艘全新的军舰长 112.78 米，排水量 4568 吨，2 台三膨胀蒸汽机的动力系统，航速 22.8 节。军舰舰体采用穹甲防护样式，首尾主炮为 2 门阿姆斯特朗 8 寸 40 倍口径速射炮，主甲板两舷装备了 10 门 6 寸 40 倍口径的阿姆斯特朗速射炮，此外还有 47 毫米和 25 毫米的哈乞开斯小速射炮各 12 门，以及 5 具 18 英寸口径鱼雷发射管。“恩卡拉达”号的船型设计与“吉野”号相仿，但由于其制造在后，因而装备设施更为先进，除了速度稍逊于“吉野”，其在吨位和火力上都占优势。

但是，“恩卡拉达”号虽然先进，但智利的要价也十分高昂，而且日本后来也参与了抢购。当时日本和中国先后出价 40 万英镑和 42 万英镑，智利仍旧待价而沽，最后竟然将价格哄抬到 50 万英镑，超过了当年北洋水师订购“定远”和“镇远”2 舰的费用。

在冗长的谈判过程中，黄海海战已结束，北洋水师失利。这时，智利又来吊李鸿章的胃口，并陆续拿出“恩卡拉达”号、“卜拉托”号、“埃斯梅拉达”号、“额拉粗力士”号、“平度”号、“康德尔”号和“林则”号 7 艘巡洋舰供出售，这几乎是当时智利海军的全部家当了。

李鸿章听说后怦然心动，他在与龚照瑗商议后，提出了一个非常大胆的战略，那就是购买其中的 4 艘军舰，然后重金聘请英国著名海军将领进行编队指挥，配足弹药航行至吕宋岛休整，随后便一鼓作气地直捣长崎，切断日本和东亚大陆的联系。

当时李鸿章看中的 4 艘军舰是“恩卡拉达”号、“卜拉托”号、“康德尔”号和“林则”号。“卜拉托”号是 1890 年 12 月下水的法国货，其规模超过“定远”，军舰排水量 6901 吨，舰长近百米，航速 18 节。“卜拉托”号采用了铁甲堡防护样式，4 门 9.4 寸 35 倍口径法国加纳炮的主炮（首尾 2 门，军舰两舷 2 门），另外还有 8 门 4.7 寸 45 倍口径速射炮、6 门 57 毫米哈乞开斯单管速射炮、4 门 47 毫米哈乞开斯速射炮和 10 门哈乞开斯 25 毫米速射炮，军舰首尾和两舷则各配有 1 具 18 英寸鱼雷发射管。

“康德尔”号和“林则”号是姊妹舰，舰体较小，但速度较快，属于以鱼雷为主要兵器的小型巡洋舰。两舰的排水量 713 吨，舰长 70 米，主要武器是 5 具 14 寸鱼雷发射管，1 具在舰首，其他 4 具在中部两舷位置。

北洋水师内部得知这个计划后都十分兴奋，提督丁汝昌甚至召集高级将领讨论过作战方法。据英籍顾问戴乐尔回忆说，“电购智利某新巡洋舰，为世界最捷之舰，开来中国海岸”“数日后闻购舰一事已办妥，予为之手舞足蹈，心中充满关于用人及储煤之计划”。在大家的想象中，这支新加入的生力军将直扑日本，炮击其后方、掠捕其运兵船和商船，最终与北洋水师会师，并将胜利的旗帜飘扬在黄海之上。

无独有偶，容闳也向清廷提出了类似的设想，即向英国商人借 1500 万英镑，以购买三四艘已成的铁甲舰，并雇用外兵 5000 人，由太平洋抄袭日本之后，使之首尾不能相顾。由此，日本在朝鲜之兵力，必分而弱，中国可乘此间隙，急练新军，海陆并进，以敌日本。容闳之言，当然也有些书生谈兵的味道，因为英国与日本当时已达成同盟，英国严守中立已属必然。

可惜的是，清廷虽然批准了李鸿章的购舰计划，但智利突然又反悔前议，无论中方出价多少，都不出售其中的任何一艘军舰，弄得李鸿章一头雾水，他急令经手此事的驻英公使龚照瑗去查明毁约的原因，并设法补救。至于智利毁约的原因，当时有两种说法：一种是说由于当时智利和阿根廷的关系突然紧张，智利害怕出售军舰会削弱其海军实力；另一种说法是认为日本在从中作梗，特别是数月之后，日本购得其中的“埃斯美拉达”巡洋舰，更接近了部分真相。

李鸿章等人辛辛苦苦忙活了半天，最后竹篮打水一场空。对此，清廷不去反思多年不购舰的错误，反而把北洋水师失利的责任全推到李鸿章的头上。《国闻备乘》中有个笑话，说朝廷派翁同龢去责问李鸿章，李鸿章怒目而视，不予理会。过了好大一会儿，李鸿章才说：“翁师傅总理度支（管理户部），平时北洋水师请求拨款时，总是推三阻四，屡屡驳回，现在才想起军舰的事情，原先干什么去了？”翁同龢一愣：“原先我不也是为朝廷省钱嘛。既然中堂知道事情紧急，为何不多请求几次呢？”李鸿章哼了一声：“朝廷早就觉得我飞扬跋扈，那些清流们又每日参我贪婪，我要再为增拨北洋水师军费的事情喋喋不休的话，我李鸿章还能活到今天吗？”

李鸿章搞洋务运动搞了十几年，最后却因《马关条约》而几乎身败名裂。正如他自己所说，“十年以来，文娱武嬉，酿成此变。平日讲求武备，动辄以铺张靡费为疑，至以购械购船悬为厉禁。一旦有事，明知兵力不敌而淆于群哄，轻于一掷，遂至一发不可复收。知我罪我，付之千载”。在战场上失利的同时，清廷在世界军火市场上的努力也归于失败。由此，李鸿章回天无力，不得不嘲笑自己只是个“裱糊匠”了。

中日甲午战争战败后，北洋水师舰艇除“康济”号练习舰外全部丧失，广东水师也失去了仅有的3艘巡洋舰。至此，中国海军元气大伤，精华尽失。战争结束后，已无船可依的海军衙门及北洋水师315名军官编制全部被裁撤，原为人所艳羡的海军军官全部下岗。

一年后，直隶总督王文韶上奏清廷，称“海防之利钝，总视水师之强弱。水师任战，陆军任守，奇正互用，庶应变不穷”，由此拉开了恢复海军的序幕。说来可怜，当时海防除剩下的“建靖”“康济”两艘练习舰和刚从英国、德国购来的“飞霆”“飞鹰”驱逐舰外，别无他舰。

为此，清廷将原南洋舰队的“开济”“镜清”“寰泰”“南瑞”4艘巡洋舰及福建的“福靖”号巡洋舰调来北洋驻防。但这些巡洋舰的排水量只在1000—2000吨，而且大多为陈旧老舰，实际上也起不到什么作用，不过聊胜于无。直到1898年11月，向德国订购的3艘巡洋舰“海筹”“海容”“海琛”（排水量2950吨）来华，而次年向英国订购的2艘巡洋舰“海天”“海地”（排水量4300吨，“海地”舰后改名“海圻”舰）回国后，清末海军才稍具规模。

1899年4月，清廷重新起用原“靖远”舰管带叶祖珪为北洋水师统领，原“康济”舰管带萨镇冰为帮统，以重整北洋海军。不幸的是，在庚子年大沽口一战中，停泊在海口内的“海容”巡洋舰及刚从德国购回的4艘小型驱逐舰“海龙”“海青”“海华”“海犀”（排水量243吨）被八国联军掳去。战争结束后，“海容”舰经谈判后赎回，而4艘小型驱逐舰则被英、法、德、俄四国瓜分，清末海军的重整进程再遭重创。

清末新政后，在两江总督、南洋大臣周馥的建议下，清廷于1905年下令统一南北洋海军，由叶祖珪任提督（叶祖珪于同年去世，萨镇冰接任提督）。1908年溥仪即位后，清末海军建设开始加速。1909年，摄政王载沣之弟、贝勒载洵和萨镇冰被任命为筹办海军大臣，之前参差不齐、防区叠加的5支舰队（北洋、南洋、福建、广东、湖北）被统一改编为巡洋和长江两支舰队，其中以程壁光任巡洋舰队统领，沈寿堃任长江舰队统领，萨镇冰担任海军总司令。在清末财政极其困难的情况下，载沣仍要求度支部必须拿出700万两作为海军开办费，以后每年500万两的海军常备费由各省分认。

1910年12月，清廷正式成立海军部，载洵担任海军大臣，谭学衡任副大臣，萨镇冰任统制（海军总司令）。海军部虽然成立了（而且是中国首次），但当时巡洋舰队的主力阵容仅为“海圻”“海筹”“海容”“海琛” 4艘巡洋舰（“海天”号于1904年4月26日在鼎星岛海域触礁沉没），显得十分单薄寒酸。

身为海军大臣的“皇叔”载洵当然无法容忍这种状况。在此期间，海军筹办处制定了7年规划（1909—1915年），其中提出在7年内添置头等战舰8艘、各型巡洋舰20余艘、其他军舰10艘，另设水鱼雷艇3队等，此规划不可不谓之宏大。

为完成这一宏伟计划，载洵与萨镇冰等人于1909年10月前往欧洲考察，一行人先后访问了意大利、奥地利、德国、英国的海军学校和船厂，而此行最重要的，是向各国订购新式战舰，其中包括向意大利订购炮舰1艘，向奥地利订购驱逐舰1艘，向德国订购驱逐舰3艘、向英国订购巡洋舰2艘。次年8月，载洵与萨镇冰一行人前往美国、日本考察海军，并向美国订购巡洋舰1艘、向日本订购炮舰2艘。

载洵两度出访所订购的军舰，除美、奥、意三国因舰款纠纷而取消外，其余9艘均在民国初年交货。其中，德造驱逐舰被命名为“同安”“建康”“豫章”；英造巡洋舰被命名为“肇和”“应瑞”，日造炮舰被命名为“永丰”“永祥”（“永丰”舰即后来著名的中山舰）。

1911年“海圻”号的出访是清末海军最后的亮点。1910年，英王爱德华七世病逝，英国政府定于次年为乔治五世举办加冕仪式，而按英国传统，加冕仪式活动中还包括了规模庞大的国际海上观舰式（即国际海上阅兵式）。

清廷接到邀请后，即派出当时最像样的“海圻”号前去躬逢盛会。“海圻”号由英国阿姆斯特朗公司建造，1898年下水，排水量4300吨，舰长120米，航速24节，因其体型大、航速快，直至20世纪30年代，“海圻”号仍为中国海军的主要军舰（抗战爆发后，为拦阻日本海军前行，服役近40年的“海圻”号与其他11艘军舰在江苏江阴拦江自沉）。

辛亥革命爆发后，萨镇冰率海军前往汉口镇压，但“海容”“海琛”“海筹”等舰官兵大都同情革命并准备发动起义，萨镇冰无奈之下只得黯然离开舰队，海军随后易帜。自此，清末舰队画上了历史的句号。

十八 惊天密谋:“围园杀后”真相可循

光绪亲政以后，随着醇亲王奕譞及福晋的先后去世，慈禧太后与光绪的“母子失和”现象日益严重，戊戌变法那一年更是演化到极端，而其触发点则是康、梁等人的“围园之计”。

关于戊戌年的那场政变，时人苏继武在《戊戌朝变纪闻》中绘声绘色地描述了当时的场景：在光绪接见伊藤博文的第二天，慈禧太后突然御临便殿，设竹杖于座前，并召集了庆亲王及军机大臣、御前大臣等人跪于案右，光绪皇帝则跪于案左。慈禧太后疾声厉色地呵斥光绪并称“康有为叛逆，图谋于我”，接着，又厉声追问:“你知道还是不知道？或者你也是同谋？”威吓之下，光绪吓得魂飞齿震，不知所对，好半晌才挤出两个字:“知道。”慈禧太后喝道:“既知道，还不将康有为正法，反要放走？”

恽毓鼎也在《崇陵传信录》中称，慈禧太后曾当面怒骂光绪:“我养育你20余年，乃听小人之言谋我乎？”光绪战栗半天，说:“我无此意。”慈禧太后唾之曰:“痴儿，今日无我，明日安有汝乎？”

在处死谭嗣同等“戊戌六君子”之后，清廷曾发布了一道有关“康党罪状”的上谕，其中称“前日竟有纠约乱党谋围颐和园，劫制皇太后，陷害朕躬之事”，但由于清廷的倒行逆施，近代以来的历史书写多不采信或干脆忽略处理，康、梁等维新党人也从未承认有过围园密谋。民国后参与修撰《清史稿》的金梁曾当面问康有为，是否真有“兵劫颐和园事”？康有为怫然作色道:“乌得有此？我朝以孝治天下，小臣面对，谁敢妄言？此皆荣、袁辈不学无术，借危词以邀权势耳！”

康有为说的“荣、袁”，即荣禄与袁世凯，正因其告密而引发了一场流血的政变，清廷上谕极可能是以此为根据。近代史家描写戊戌变法多以梁启超的《戊戌政变记》为底稿，其中对“围园密谋”只字未提而多称颂变法志士的非凡事迹，但进入民国后，梁启超在《中国历史研究法》中又称："吾二十年前所著《戊戌政变记》，后之作清史者记戊戌事，谁不认为可贵之史料？然谓所记悉为信史，吾已不敢自承。何则？感情作用所支配，不免将真迹放大也！治史者明乎此义，处处打几分折头，庶无大过矣！"

康有为生前密不示人的《自编年谱》中透出了一丝非同寻常的信息：戊戌年八月初三日接到光绪"朕位几不保"的密诏后，康有为与梁启超、谭嗣同等人决定由谭嗣同去游说袁世凯勤王，尽管文中没有提及"兵围颐和园、捕杀慈禧太后"之密谋，但有要袁世凯"率死士数百扶上登午门而杀荣禄，除旧党"之语。当天晚上，杨深秀、宋伯鲁、王照等人前来探慰，康有为未向他们泄露密诏之事，"而以李提摩太交来《瓜分图》令诸公多觅人上折，令请调袁世凯入京勤王"。康有为的记载与梁启超在《戊戌政变记》中的描述有明显不同，即康有为所记明确为在北京搞政变，而梁启超却称要趁光绪皇帝 9 月去天津阅兵之时发动政变。

之后，康有为又在《自编年谱》中称，谭嗣同去游说袁世凯的当晚，梁启超在金顶庙容闳处等候消息，而他也于凌晨进城，与梁启超一起"候消息"，后"知袁不能举兵，扶上清君侧，无如何，乃决行"。由此可看出，梁启超之说有故意转移视线之嫌，如果等到 9 月在天津发动政变，何以等候消息的心情如此急切？

谭嗣同被捕后，在狱中题写下一首绝命诗："望门投宿思张俭，忍死须臾待杜根；我自横刀向天笑，去留肝胆两昆仑。"诗中说张俭与杜根都是不畏权贵、敢于直谏的大丈夫，此诗用典准确，读起来雄浑悲壮，豪迈激扬，可惜原文却是："望门投趾怜张俭，直谏陈书愧杜根。手掷欧刀仰天笑，留将公罪后人论。"这里面透出的一个细节差异是，原诗是"手掷欧刀仰天笑"，改作之后却成了"我自横刀向天笑"，一个主动，一个被动，性质完全不同。

改诗的人不是他人，正是谭嗣同好友梁启超。那么，梁启超为什么要篡改？是否如他所撰的《戊戌政变记》一样，为掩盖某些可能的历史真相呢？光绪与慈禧太后先后离世，康有为在《上摄政王书》中把"围园杀后"传闻指为守旧派及袁世凯等人对维新派的诬蔑，其在文中称："逆臣世凯无端造出谋围颐和园一语。阴行离间，遂使两宫之间常有介介，而后此事变遂日出而不穷，先帝所以备历艰险以迄今日，实唯此之故。”

20世纪80年代，历史学者杨天石在日本发现参与其事的维新党人毕永年所撰的《诡谋直纪》，之后在史学界引发了一场大讨论，其中不乏汤学均、房德邻、孔祥吉等名家参与。《诡谋直纪》中，作为谭嗣同的好友兼同乡的毕永年自称受命为“围园”的执行人，事前康有为曾告诉他准备以袁世凯兵力为后盾，并让他带领百名壮士“奉诏往执西后而废之可也”，而后又有人告诉他，康有为的真实用意是“俟往颐和园时，执而杀之可也”。

作为另一个辅证，当时的新政顾问、英国传教士李提摩太在其《留华四十五年记》中称：“(慈禧)下谕秋天要在天津阅兵，皇帝恐怕在检阅的借口之下，慈禧将要夺取所有权柄，而把他放在一边、维新党催着他要先发制人，把她监禁在颐和园，这样才可以制止反对派对于维新的一切障碍。皇帝即根据此点召见荣禄部下的将领袁世凯，计划在他的支持下，带兵至京看守她住的宫殿。”

得知谭嗣同游说袁世凯失败后，毕永年知事机已泄，随即远遁避祸。流亡日本期间，毕永年与康有为、梁启超等人发生矛盾，由此才有了这本揭露性的《诡谋直纪》。尽管各史家对史料所述内容的真实性有过激烈的争论，但因它与袁世凯在民国后公布的《戊戌日记》有颇多相印证之处，因而这本《诡谋直纪》虽有不少失实之处，但也不能完全认定为“伪作”。而康有为逃至香港后，负责营救其前往日本的宫崎滔天也回忆说，两人相见后，康有为曾告知他整个变法的过程与失败原因，其中即认为当务之急是除掉慈禧太后。当宫崎滔天问他如何做到时，康有为即列举了日本的诸多志士，似乎对东亚的刺杀历史耳熟能详。

如果说清廷的上谕是“欲加之罪”，袁世凯的《戊戌日记》可以因人废言的话，结合毕永年的《诡谋直纪》、康有为的《自编年谱》及诸多时人笔记，似乎可以推定，康有为等人在戊戌年确实有利用袁世凯“兵围颐和园”的计划。茅海建先生在《戊戌变法史事考》中认为，戊戌政变可分为两个阶段，在光绪接见伊藤博文后，慈禧太后只是限制了光绪的权力，过程相对和缓，但在袁世凯告密的消息传到京城后，政变立刻走向流血化，这似乎也是目前近代史家的共识。

如果“密谋说”与“阶段说”成立的话，历史学界外的两种大众观点或有必要更正：一是袁世凯告密导致戊戌变法失败（政变非因告密引起，但告密导致了严重的流血后果）；二是慈禧太后发动流血政变的原因不仅仅是因保守，还因她的生命安全受到了威胁。假如回到历史的现场，在一个号称“以仁孝治天下”的时代（即康有为所称的“我朝以孝治天下”），如果维新变法由此而遭受失败，康有为、梁启超等人的急切与毛躁或许也有可罪之处。

康有为、梁启超等人逃亡海外之后，事件中的另一个重要当事人光绪皇帝陷入了困境。苏继武与恽毓鼎对政变过程的描述有不一致的地方，即苏继武称光绪知道康有为、梁启超等人的“围园之计”，而恽毓鼎称光绪并无谋害慈禧太后之意。从记述人身份的角度看，时任起居注官的恽毓鼎所说似乎更可信一点（茅海建先生也认为光绪并不认可“围园劫后”之说）。

以光绪的性格，如果说他敢于对慈禧太后下手，似乎有点说不过去。作为一个 4 岁即脱离亲生父母而被强行抱入深宫的孩子，光绪虽然贵为皇帝，但其成长史却颇多辛酸之处。据说，光绪刚进宫时因身边没有亲人而日夜啼哭，慈禧太后无奈之下，只得赏与光绪的乳母四品官服并将之召进宫中（当时规定，入宫须四品以上），小皇帝这才破涕为笑。但第二天早上，小皇帝又放声大哭，慈禧太后不知所措，问光绪乳母才知道，原来小皇帝在醇王府时常与府中某位马夫的儿子一块嬉戏，慈禧太后听后只好再次破例，赏给马夫的儿子四品官服，并立刻接到宫中，承担陪小皇帝玩耍的重大政治任务。马夫的儿子来后，小皇帝这才嬉戏如常，慈禧太后也乐得轻松。

以上野史，当不得真。不过话说回来，慈禧太后对光绪的关系也未必像外间人所传的那样恶毒与刻薄。事实上，光绪进宫后，当时既是姨妈又是伯母的监护人慈禧太后须亲自过问小皇帝穿衣、吃饭、洗澡、睡觉等生活琐事，但在教育孩子这方面，虽然她很想做好，但由于其性格及耐性方面的缺陷，加上政务缠身，慈禧太后的表现实在不能算合格，其亲生儿子同治就是一个非常失败的案例。

应该说，慈禧太后对光绪还是抱有很大的期望，她为小皇帝精心挑选了师傅，其中包括书法及学问都闻名遐迩的翁同龢等人。但由于慈禧至高无上的权威，其对光绪的教育方法十分粗暴性急，光绪稍微不合己意，便是讥讽、呵斥甚至责打，这对后来光绪的性格影响极大。慈禧太后对光绪过分严厉或许是因为当年对同治过于纵容，但她忽视了一点：同治毕竟是她的亲生骨肉，即使遭到呵斥和惩罚，也不会感到过分害怕；光绪就不一样了，他在宫中非常无助与孤独，对于慈禧太后，他感到的不是亲情，而是恐惧。

太监寇连材在《宫中日记》中说，慈禧对光绪一贯疾声厉色，在光绪小时候，每天总是呵斥之声不绝，稍不如意，常加鞭挞，或罚光绪长跪。长此以往，光绪见了慈禧太后如同老鼠见猫，战战兢兢，胆为之破。孤身入宫的光绪本来就胆小，在慈禧的威严强压之下，以致长大之后都害怕听锣鼓吆喝之声，听到天上打雷也会吓得腿直哆嗦。

寇连材还说，光绪每次吃饭时，虽然有十几种菜肴馔品，罗列满案，但离得稍远的菜大多已臭腐，原因是菜几天都没有换过，而离得近的菜虽不臭腐，却大多久熟干冷，一点都不可口。光绪每次都吃不饱，又不敢说，有时想让御膳房换一馔品，御膳房就必须奏明慈禧太后，而慈禧太后往往要光绪从小养成勤俭之德，光绪也就不敢再提。信修明在《老太监的回忆》中也说，“光绪在十岁左右时，由于经常吃不饱，他每至太监房中，必先翻吃食，拿起就跑，等到太监追上，跪地哀求，小皇帝已将馍馍入肚一半矣。小皇帝如此饥饿，实为祖法的约束，真令人无法”。

心理学理论认为，儿童被父母讥笑或虐待时，往往会产生一种逆反心理，但在父母的权威下，这种逆反心理又诱发一种内疚感，从而否定自己的行为。长此以往，这种环境下长大的儿童往往患得患失，做事情犹豫不决，缺乏自信。光绪每次到慈禧那里去请安，只要慈禧不命他起来，光绪就只能跪在那里，动也不敢动一下。慈禧太后过分的责罚严重打击了光绪的自信心，以致其懦弱怕事，但不容忽视的是，这种性格在青少年时往往又会出现强烈的逆反，正如其在甲午战争和戊戌变法中的表现一样。

光绪亲政后逆反的表现，更加重了慈禧太后对光绪的不信任。在她眼里，光绪始终是个懦弱自卑、犹豫不决、依赖性强、难以独当大任的孩子。她在光绪亲政后对朝政的不断干涉和把持，很大原因就是出于这种心态（但她从不去想的是，光绪之所以成为一个人格心理存在严重缺陷的人，正是因为她的粗暴教育）。

光绪进宫后，小皇帝与醇王府的关系完全被切断，即使是他的亲生父母醇亲王夫妇，也不许有任何的联系。由此，深处宦海、远离父母的光绪从小就缺乏母爱，他成天生活在恐惧当中，这对其成长是极其不利的。翁同龢在日记中说，他第一次见到光绪时，发现小皇帝性情敏感，体弱多病，学习时经常哭闹不止或静坐不理，令他极为头疼。不过，在翁同龢的谆谆教导下，从小缺乏母爱和父爱的光绪却突然找到了久违的人间情感，后来逐渐接受了这个对他关心备至的师傅，并渐渐爱上了学习。

对师傅翁同龢的依恋是光绪发愤学习的一个重要因素。作为帝师，翁同龢不仅在学习上耐心教导，而且在生活上也给予小皇帝无微不至的照顾。时间久了，在从小就缺乏父爱的小皇帝心中，翁同龢在某种程度上扮演了父亲的角色。光绪 7 岁时，翁同龢因回原籍办事，小皇帝得知后整整一天情绪低落，彷徨不已。在翁同龢离开的两个月里，光绪无心学习，后来连读书声也没有了。翁同龢回京后，小皇帝拉着师傅的手，高兴得眼泪直流。这一天，小皇帝精神振奋，琅琅读书声连太监们都被吸引了过来。后来，书房里的太监偷偷地告诉翁同龢："自从师傅走后，皇上从来没有这样大声读过书！"翁同龢听后老泪横流——小皇帝在宫中真的是太孤单、太可怜了！

对于光绪的成长，太监寇连材在《宫中日记》中总结说："中国四百兆人中，境遇最苦者莫如我皇上（指光绪帝）。盖凡人当孩童时，无不有父母以亲爱之，顾复其人，料理其饮食，体慰其寒暖，虽在孤儿，亦必有亲友以抚之也。独皇上五岁（实为不足四岁）登基，登基后无人敢亲爱之，虽醇邸之福晋（即光绪的生母），亦不许亲近，盖限于名分也。名分可以亲爱皇上者，唯西后（慈禧）一人。然西后骄奢淫逸，绝不以为念。故皇上伶仃异常，醇邸福晋每言辄涕泣云。"

寇连材虽然是个太监，但对人情的认识却是深刻的。与他相比，慈禧太后在这方面就有些低能了。

十九　御弟载沣：不想当皇帝的富贵闲人

以载沣的性格，他或许不该生在王府，或者说他的不幸在于他生在乱世。如果是天下太平，载沣当然能够做个太平王爷，而且相信他会做得很好。但正如没有人能够选择自己的出身一样，慈禧太后选中了他，或者说历史的神秘之手选择了他，载沣原本应过着平平淡淡、快快乐乐的富贵日子，但事情的发展却偏出了他原有的轨道。这种东西没有太多解释，也不必解释，因为这就是命运——而命运本身就是一种不可抗拒的超自然的神秘力量。

皇帝是什么？他是天使，也是魔鬼；是圣君，也是阎王；是最幸福的人，也可能成为最悲哀的人。不过这一切都与载沣无缘，因为载沣虽然被推上了“事实皇帝”的位置，但他毕竟不是皇帝，何况他本就不是做皇帝的料。

对于载沣来说，“皇帝”或许只代表了堆积如山、烦琐沉重的政务，对一个对政治不感兴趣的人来说，这更多的是一种痛苦的煎熬。必须指明的是，载沣被慈禧太后选为百年后的权力接替者，绝不是因为他的才能，而实在是因为无人可选。因此，对于这样一个非常的际遇，载沣当时的惶恐是可想而知的，这种惶恐并没有因为慈禧太后对他进行了 8 年的刻意培养而有所减弱。

《异辞录》在“议立宣统”一节中称，慈禧太后病危之时召见庆亲王和军机大臣，问及光绪皇帝病况，庆亲王回奏“疾大渐”（意思是快要死了），请立皇子。慈禧太后沉吟了半晌后说：“先令载沣之子入宫读书。”一旁侍立的载沣赶紧推辞：“臣之子幼，载涛之子长，愿太后善为计。”慈禧太后听后捶床怒骂：“你可真是糊涂！如今都什么时候了，还说这种无用话！现在立你的儿子为穆宗毅皇帝（同治）的嗣子，你为摄政王。你虽然没什么才能，但择有才能者为佐，好歹把这江山坐住！”

《异辞录》虽系野史，但作者刘体智出身名门（同治、光绪年间，四川总督刘秉璋第四子，娶大学士孙家鼐之女），又曾任户部郎中、大清银行安徽总办等职，以其对朝政的亲身经历及对前朝掌故的熟悉程度，此传闻记载亦非空穴来风、凭空构撰。

载沣生于 1883 年，系醇亲王奕譞第五子。奕譞的福晋叶赫那拉氏系慈禧太后亲妹妹，但载沣并不是她的亲生子。叶赫那拉氏生养过 4 个孩子，但不幸的是，只有次子载湉（即光绪）长大成人。奕譞的侧福晋，即载沣的生母刘佳氏出身低微，但她为醇亲王生了 3 个儿子，即载沣、载洵、载涛，载洵和载涛在小的时候即先后过继给瑞郡王奕志（道光第八子）及钟郡王奕诒（道光第九子）为嗣，而同父异母的哥哥载湉已是光绪皇帝，因而载沣成为醇亲王府中唯一的男性继承人。1891 年，刚满 50 岁的老醇亲王奕譞去世后，未满 8 岁的载沣便成了新一代的醇亲王。

奕譞在世时，对载沣的教育尤其重视，当时来王府中任教的老师都是博学通儒，而载沣的性格与兄长光绪皇帝颇为相似，都好静不好动，学习固然认真刻苦，但对外界事物缺乏激情。当然，在那些普遍的不学无术的皇族子弟中，载沣算是好学有知。

载沣的父亲老醇亲王奕譞为人本分、性格随和，其才能远不及六哥恭亲王奕䜣，但他最大的优点在于懂得谦恭自抑，不像奕䜣那样张扬，因而颇得慈禧太后的欢心。据说在同治死后，慈禧太后选中其子载湉为皇位继承人，在天大的"喜讯"面前，奕譞竟然吓得当场昏厥在地（不知是否有夸张表演的成分在内）。载湉当了皇帝后，奕譞在慈禧太后面前更是恭顺有加，从不敢以皇帝的生父自居。在外面，奕譞也从不招摇，甚至连亲王的架子都不敢摆，生怕有人到慈禧太后那里告密，危及自己与儿子的安全。

为了让慈禧太后放心，奕譞有意将王府的厅堂命名为"退省斋""九思堂""恩波亭"等，以示自己忠心耿耿，绝无二心。在书房常用的象牙镇纸上，奕譞特意命人刻写了自撰的八字题词"闲可养心，退思补过"，以表明自己无干涉朝政之想法。醇王府的家训也是奕譞亲自撰写，以警示后人：

"财也大，产也大，后来儿孙祸也大。若问此理是若何？儿孙钱多胆也大，天样大事都不怕，不丧自家不肯罢。财也小，产也小，后来儿孙祸也小，些许财业知自保，俭使俭用也过了。"

也许是受家庭的影响，载沣的性格从小谦逊温和，做事多有退让，生活知足常乐，和父亲十分相似。但可惜的是，奕譞去世太早，载沣没有机会获得父亲那样丰富的政治阅历，因而也远没有像父亲那般精明。

奕譞去世后，醇亲王府主要由载沣的母亲刘佳氏掌管，或许因其出身的缘故，刘佳氏对政治不感兴趣，而宫中那位“老佛爷”屡屡干涉王府家事，譬如两次出继自己的亲生子，据传刘佳氏因此而略有疯疾。后来载沣的婚事也是一波三折，最开始时，载沣已与某满洲贵族之女订婚，不料庚子之变中遭遇不测，后来刘佳氏又给载沣定了一门亲事，不料慈禧太后横加干涉，非要将自己的宠臣荣禄之女指配给载沣不可，刘佳氏所定的亲事只能告吹。慑于慈禧太后的淫威，刘佳氏虽然在背后千百遍地咒骂皇宫里的这个老妖婆，但也只能让儿子按照慈禧太后的指配完婚。在溥仪被接进王宫继为皇帝的晚上，这位老祖母得知后非但未有惊喜，反而昏死过去，醒后居然对慈禧太后口出不逊：“抢了人家的儿子不算，还要抢人家的孙子！”

载沣的性格天生软弱，口才不佳，平时几乎无话，最要命的是，他做什么都没有热情。“蜗牛角上争何事，石火光中寄此身。随富随贫且随喜，不开口笑是痴人。”这首白居易的诗，载沣倒是把它录在团扇上，颇为自得。在他的书房，悬挂一联：“有书大富贵，无事小神仙。”载沣对读书是有兴趣的，但对政治则是避之唯恐不及。

倘若是山野人士，读书固然可以避祸，但载沣出身于最显赫的家庭，想要超脱政治，谈何容易。事实上，慈禧太后对载沣的培养早有安排，绝非一二日之计，特别是在与光绪闹翻之后，载沣更是直接进入了慈禧太后的夹袋。由于年龄的缘故，载沣尽管贵为亲王，但在大多数的时间里都默默无闻。载沣在世人面前的首次亮相，则是因为庚子年后那次对德国的出使。

1900 年庚子之役中，德国公使克林德被杀，《辛丑条约》中规定清廷须派遣亲王前往德国谢罪。如此，身兼亲王与“御弟”的载沣只能接受这一尴尬的出使，并于 1901 年前往德国。是年，载沣年方十八，“皇室成员不得出洋”的规定也由此被打破。载沣的这次欧洲之行并不顺利，德方挟战胜之威，要按清廷的跪拜礼来为死者谢罪，载沣听说后便托病不行，称“宁蹈西海而死，不甘向德皇跪拜”。几经外交斡旋后，德皇迫于舆论的压力，这才答应行鞠躬礼。

《异辞录》载，德国“胁取逾额赔款犹以为未足，必须皇帝母弟醇王亲赴彼都谢罪，可谓法外行凶。醇邸抵柏林，德主强其行一跪三叩之礼，醇邸以电请命，政府无如何，勖以善体上意而已。西俗以跪拜为背教，受人跪拜亦如之，德国舆论大不谓然。外部密戒吾国使臣，力拒不允，仍行三鞠躬之礼，幸未辱命”。

这次欧洲之行，给载沣带来了刻骨铭心的记忆。后来退位后，载沣偶然从旧书摊上购得一本小书《醇亲王使德始末恭纪》，书中详细记述了他当年这段并不算愉快的经历。载沣阅后感慨万千，他在书的扉页上写道：“予于光绪辛丑年，使出洋已成陈迹也。兹于越十四载……世事沧桑，时虞变化，而今回忆十四年前，竟如一梦焉！”

在之后的30年中，载沣多次阅读此书并分别写下批注，如1922年写道：“越二十一稔岁，逢壬戌，余已行年四十。再检出是册翻阅之，余弥增感谓，其世态沧桑，时生变化，自辛丑至今局势大改而特改，中外皆然，吁可叹甚矣！”1941年批注：“越四十年，庚辰正月，余已行年五十有八，检出此册一观，无限感慨焉！”1946年，载沣再次批注：“丙戌正月一观，尤觉珍贵，旧事重提也。余行年六十四矣。”

从德国回来后，载沣便奉旨成婚，其婚礼颇为引人注目，因为其规格远高于一般亲王的标准而接近了皇太子的水准。这里面究竟隐含了怎样的政治意义，恐怕只有慈禧太后心里最清楚。之后，载沣先后担任宫廷行走、阅兵大臣、随扈大臣等差使，23岁的时候便被任命为正红旗满洲都统，成为一品大员。1907年6月，24岁的载沣受命入军机处“学习行走”，从此进入了清廷最核心、最机密的部门接受锻炼。次年，载沣成为军机大臣，接班的迹象十分明显。也就在这年，光绪和慈禧太后先后去世，载沣的儿子溥仪继位，年号“宣统”，载沣则以摄政王监国，时年26岁。

不管载沣愿意也好，不愿意也罢，只要坐上了“摄政王”这个位置，就算不是为了天下黎民苍生，也得看在王朝、家族、儿子或是自身的分上，竭心尽力，不容退缩。可是，一个26岁的年轻人，他能做什么呢？如果是现在，他可能在读研究生或者刚刚参加工作没几年，即便出身显贵的载沣，也不过早几年参与朝政。当然，对于皇帝来说，26 岁也不算太年轻，古代皇帝一般在 16 岁亲政，如康熙 14 岁便亲政，未必那么合格的皇帝如同治、光绪都是在 18 岁亲政。18 岁的小孩子能做什么？做一国之君、权理天下大事，未免荒唐！

皇帝不仅仅是一个人，更直白地说，它是一个机构，而且是皇权专制体系中最核心的部件。任何一个皇帝的成长都是千锤百炼的，历史上的一些皇帝之所以年纪很轻便可以接管朝政并维持不坠，一来是他做太子时便接受了相当正规而长期的针对性教育，二来是官僚体系的完整可以令朝政按部就班。但据已有的材料来看，载沣显然是缺乏“监国”的系统性教育的，他在王府之时，岂敢有做天子的非分之想？

过于年轻，缺少政治经验，这些都可以通过一定时间的历练加以弥补，但一个人的性格却是极难改变的。性格决定命运，这句话是老生常谈，但未尝不能解释很多问题。正如前文所述，载沣最要命的问题是，他的性格和无所作为的人生态度。

载沣的老弟载涛曾这样评价他的那位老兄，“遇事优柔寡断，人都说他忠厚，实则忠厚即无用之别名”。但载沣真的“无用”否？

早在戊戌变法期间，有官员曾上书请求光绪皇帝出访国外，以增见识，但奏章上去后被慈禧太后严厉批驳，险些丢了性命。皇族不能出国，不能去那些无君无父的“蛮夷之邦”，这是老祖宗立下的规矩，载沣当年虽然去了一趟德国，但那完全是出于无奈。但值得一提的是，载沣的这次“德国之行”，收获远远大于折辱。

载沣到德国后，德皇威廉命胞弟亨利亲王专任招待。亨利亲王在陪同载沣参观了德国海陆军、军校及禁卫军之后，特向载沣面授机宜：德国皇室制度，无论皇子皇弟，均须入读军事学校并投入军队，从士兵到将军，逐级而上，确保军队掌握于皇室之手。正因为皇室对军队的极大重视，德国军队才最大可能地吸引了国内的优秀人才，并将最优质的资源优先分配给军事及军工企业，而这也是德国在统一后得以迅速崛起的奥妙。19 世纪是一个弱肉强食的时代，穷兵黩武的军国主义固然最终是要失败的，但在一定时期里却极其有效，譬如东邻日本、北居沙俄，均以此起家。反观此时期之中国，在一个妇人的统治下，得过且过，断无此等念想。

湖南才子杨度曾在日本留学时提出“金铁主义”：金者黄金，铁者黑铁；金者金钱，铁者铁炮；金者经济，铁者军事；“欲以中国为金国，为铁国，变言之即为经济国、军事国，合为经济战争国”。

从定义上来看，杨度的“金铁主义”较德国俾斯麦的“铁血主义”更胜一筹，因为杨度不但要提倡军国主义，还要搞“经济霸权主义”，这种称王称霸的策略，对当时内忧外困、积弱涣散的中国来说，无疑是一剂猛药。

载沣比杨度要更早地接触到德式的“军国主义”，这也是他在德国印象最深刻的。回国后，载沣即向慈禧太后奏请设立贵胄学堂，但慑于慈禧太后的威势，加上胞兄光绪皇帝被禁，载沣不敢对设立皇族武装有过分的要求。直到 1905 年，亨利亲王来华访问，载沣这才借机提议模仿德国军制，设立皇家禁卫军。等到慈禧太后归西后，载沣立刻按照亨利亲王的建议，先以北洋六镇的标准创建禁卫军，自任军统；随后复设海军部，以胞弟载洵为大臣；再次为改革军制，设立军谘府，以胞弟载涛为军谘大臣。

10 多年前，中国军队之所以在甲午战争中惨败，除武器、训练、将帅、后勤等落于人后之外，缺乏专业的参谋部门也是原因之一。而所谓“军谘府”，实质上是仿照德国、日本的“参谋本部”制度，行使军队建设与调度、军事教育与军官任免、战略与情报分析等职责。

从载沣的这个布局来看，不能说他毫无见识，假以时日，这三兄弟掌握全国兵符也未为可知。但可惜的是，载沣的这个战略在施展过程中“所用非人”，历史也没有给他足够的时间，但这并不是最致命的。载沣的问题，不在于他对大局的认识，而在于执行力的严重缺乏。

一个好的战略，不能得到坚决有效的执行，那结果仍等于零。由此，载沣的失败也就势在必然了。

二〇 使馆之围：宣战背后的难言之隐

1900年6月20日，在德国公使克林德被杀后，北京的各国公使们陷入了恐慌，他们更加坚定地认为，清廷要对他们进行有预谋的屠杀，于是立刻取消了撤出使馆的计划，并打算在北京使馆区固守待援，等待天津出发的各国军队。

由于距离英法等主要使馆较远，比利时、荷兰、奥地利三国使馆的外交人员随后离开了他们的使馆，来到防卫较好也比较宽敞的英国使馆。当时的英国使馆是使馆区中面积最大也是房子最多的，院子里有个很大的花园，还有五口淡水井和两口咸水井。随着局势地不断恶化，在京的外国人（近900人）也都纷纷躲进了英国使馆，很多传教士也带着他们的一些中国教民来到使馆区避难。

英国使馆原本只住60余人，这些人到来后让使馆完全变了样，就连马厩里都挤满了人。不过，避难者也带来了他们的私人物品，其中包括150匹马和骡子，一小群羊，还有一头奶牛。另外，英国使馆还囤积了大量的食品，200吨的白面和大米，成箱的葡萄酒，必要时还可以屠宰马和骡子。

就在6月20日这一天，清廷发布上谕，称"近日京城内外，拳民仇教，与洋人为敌，教堂教民连日焚杀，蔓延太甚，剿抚两难。洋兵麇聚津沽，中外衅端已成，将成如何收拾，殊难逆料"。随后，清廷又将上谕以600里加急的速度发给各省督抚，要求各省"通盘筹划于选将、练兵、筹饷三大端，如何保守疆土，不使外人逞志；如何接济京师，不使朝廷坐困"。

就在当天下午，清军向使馆区发动了进攻。长期以来，人们一直以为攻打使馆的主要力量是义和团，而清军则在暗中保护使馆，事实上，这是一种误解。李希圣在《庚子国变记》中说，6月20日（下午），"董福祥及武卫中军围攻东交民巷，荣禄自持檄督之，欲尽杀诸使臣。炮声日夜不绝，屋瓦自腾，城中皆哭，拳匪助之，巫步披发，升屋而号者数万人，击动天地”。由此可见，拳民们并没有亲临攻击第一线，他们虽然人数众多，却只能“升屋而号”，这说明他们是完全被隔离在战线之外。

事实上，从拳民们进入北京到使馆最终解围，除了极少数拳民的零星活动外，义和拳自始至终都没有直接地、大规模地进攻过使馆区，远未构成对使馆的真正威胁。义和拳并不是不想去焚烧或进攻使馆区，而是他们做不到。因为早在 6 月 16 日时，荣禄的武卫中军便奉命保卫使馆，义和拳根本就靠近不了使馆区。就这点而言，英国公使窦纳乐的报告、普特南·威尔所著的《庚子使馆被围记》和中国教民鹿完天所写的《庚子北京事变记略》中均反复讲到清军的进攻，而对义和拳的进攻行动却只字不提或匆匆带过。

6 月 20 日下午进攻开始后，首先遇到攻击的是被划在主要使馆之外的比利时使馆和奥地利使馆，由于这两个使馆的人员已基本撤退到英国使馆，因此留守的卫队士兵几乎未经抵抗便撤出。当天晚上，这两个使馆被大火烧毁。

使馆卫队紧接着放弃的是荷兰使馆和意大利使馆，因荷兰使馆在使馆区外，而意大利使馆处于使馆区防线的突出部位，兵力薄弱，难以防守，因此清军一进攻，使馆卫队便主动放弃。为此，意大利公使萨瓦戈事后还极为恼怒，称这是一个“误解造成的极大失误”——意大利人撤出后，使馆便被焚毁。

6 月 21 日，清廷正式发布“宣战诏书”，此诏书使用的是离骚体，曰：“我朝二百数十年，深仁厚泽，凡远人来中国者，列祖列宗，罔不待以怀柔……讵三十年来，恃我国仁厚，一意拊循，乃益肆枭张，欺凌我国家，侵犯我土地，蹂躏我人民，勒索我财物。朝廷稍加迁就，彼等负其凶横，日甚一日，无所不至……昨日复公然有杜士立照会，令我退出大沽口炮台，归彼看管，否则以力袭取。危词恫吓，意在肆其猖獗，震动畿辅……朕今涕泪以告先庙，慷慨以誓师徒，与其苟且图存，贻羞万口，孰若大张挞伐，一决雌雄……”

这份以光绪名义发布的诏书是耐人寻味的。首先，清廷以洋人强行索要大沽口炮台为由进行宣战，殊不知此时大沽口炮台早在 6 月 17 日便已失陷，只不过直隶总督隐瞒未报而已。换句话说，联军在 6 月 17 日攻占大沽口炮台的行为，其实是构成了事实意义上的侵略，而 6 月 21 日清廷的宣战反落在了后面，换句话说，庚子年的战争完全是列强一方挑起的。其次，诏书并没有具体的宣战对象，而只是使用了一个带有藐视的代称“彼等”，因此，这在国际公法上并不能算是对外宣战。事实上，后来没有任何国家宣布正式应战。而认为清廷不懂国际法上的宣战形式也说不过去，因为在甲午战争时，中日双方都发布过正式的宣战书。最后，这份诏书向国民解释了朝廷为何要作出如此决策并呼吁共同御敌，这更像是一个对内的战争动员令。由此，说清廷在庚子年对 11 国宣战在法理上是站不住脚的。

清廷在 21 日发布诏书后的一个重要举措便是将义和拳称为“义民”，并声称要将之编为民团，由端王、庄王和刚毅统率。表面上看，这似乎是清廷“由剿改抚”的根本转变，表明清廷已与义和拳合流，但吹开历史肥皂的泡泡，其背后的事实真相并非如此。

作为一个简单的事实，义和拳被招抚后并没有完全投靠到清廷门下（如前文所叙），他们仍旧保持了自己的独立性和无组织的特性，那种认为清廷试图依靠义和拳来保卫政权的观点显然是极为荒谬的，而且，清廷即使公开招抚义和拳，也并不代表对义和拳的能力加以信任。当然，颟顸而不识时务的刚毅和载漪等人是例外，在褒奖义和拳为“义民”的过程中，他们可能在其中起到了重要作用。

作为动机而言，刚毅可能因见识短浅的原因（或者说根本就是上当受骗）相信了义和拳，而载漪等人可能是抱有利用义和拳赶走洋人并制造混乱局面以趁机夺取皇位的私心。譬如在 6 月 25 日早晨，“端庄二王（载漪和载勋）与贝勒载廉、载滢，率领义勇六十余人，胆敢闯入大内，搜拿教民……大声鼓噪，云以我等颇愿见皇上，因有紧要之事等语。言毕口出不逊，竟敢詈上以二毛子”。所幸的是，慈禧太后及时赶到，这场试图弑君的政变才被制止。

由此看来，清廷此时对义和拳的招抚看来不过是权宜之计，目的是安抚拳民、防止拳民暴动，而其对外宣战则给了拳民一个怒气的宣泄口，同时也在失控的局面中维护了清廷的合法性地位。换句话说，在局势失控的情况下，清廷必须顺应义和拳扮演一个“爱国爱民”的角色，如果贸然“剿杀”义和拳的话，恐怕等不到外国干涉便已亡于拳民之手了。只有领悟到这点，才能体会到清廷“宣战诏书”的深刻含义，这也是这份所谓的“宣战诏书”对内而不对外的原因所在了。

事实上，有很多证据可以证明清廷的用意。就在 6 月 20 日发布的上谕中，清廷便提到“近日京城内外，拳匪仇教，与洋人为敌，教堂教民，连日焚杀，蔓延太甚”而导致的“剿抚两难”困境；6 月 28 日，清廷又向列强表示“此种乱民，设法相机自行惩办”。

6 月 30 日，朝廷向各省督抚解释“宣战”的原因：“此次义和团民之起，数月之间，京城蔓延已遍，其众不下十数万，自兵民以至王公府第，处处皆是，同声与洋教为仇，势不两立。剿之，则即刻祸起肘腋，生灵涂炭。只可因而用之，徐图挽救。奏称信其邪术以保国，亦不谅朝廷万不得已之苦衷矣。”“祸起肘腋”的含义，读者自当察之。

吴永在《庚子西狩丛谈》中记载了慈禧对当时失控局势的描述：拳民们“势头也大了，人数也多了，宫内宫外，纷纷扰扰，满眼看去，都是一起儿头上包着红布，进的进，出的出，也认不定谁是匪，谁不是匪，一些也没有考究”“因此更不敢轻说剿办”了。这大概就是所谓的“法不及众之忧，尾大不掉之势”，在面临危机考验时，决策只能暂时顺应民意所指，不然即会引火烧身。

太常寺卿袁昶曾奏称：“现禁城有拳团三万余人，来者穰穰不止，日久必生变，既不能部勒使受约束，不如导使随往津御洋兵，少两得之。”《石涛山人见闻志》也有这样一段记载：“闻各路兵及庄王、荣相、董军门、各统兵大臣，皆设密法收抚团众。有不受抚者，均遣至各处攻打前敌，少有退缩，迎以大炮，一炮休矣，升天矣。实露半抚半剿之法。”

袁昶后因载漪“抚拳”的政策而被杀，但他的说法是很值得玩味的。所谓的“两得之”和石涛山人说的“半抚半剿”正好是理论与实践的结合，其用意不过是在表面“招抚”的名义下将大批拳民引出京外，以减轻朝廷的危险和压力，又可以通过拳民们暂时抵挡一下洋人的军队，稍微延缓其进军北京的速度；同时又借洋人之手消灭义和拳，或者清军干脆直接上阵“剿杀”。很显然，慈禧太后这种“中外平衡、一石双鸟、多重功效”的阴险策略，绝非拳民的智商所能理解的。

这个策略在7月22日清廷给东北地区大吏的上谕中明显地透露了出来："我仍可作弹压不及之势，以明衅不自我开。各该省如有战事，仍应令拳民作为前驱，我则不必明张旗帜，方于后筹办机宜可无窒碍。"

在解决了这个内部问题后，再看庚子年中的这场"使馆之围"就没那么复杂了。很显然，清廷对于外国公使们绝无加害之意，而他们一再要求公使们离开北京前往天津的用意，不过是希望在局面失控中尽量减轻自己的压力或者试图甩掉这个包袱，而绝不是公使们认为的"有预谋的大屠杀"。这其实也证明了这些公使对中国的事务和中国人的思维方式实在是太不了解了。如果做一大胆推测的话，假定公使们真的在6月下旬在使馆卫队和清军的保护下离开北京前往天津，庚子年的灾难可能会小得多。当然，在义和拳蜂拥而起的局面下，公使们怀疑清军的保护能力甚至动机也不是没有道理的，因为历史本就是由太多的偶然性构成的。

在这个基本前提之下，使馆之围也就有了合理的解释。当时围攻使馆的主要是董福祥的甘军和荣禄直接指挥的武卫中军，另外还有少量由庆亲王奕劻指挥的军队。在整个进攻过程中，荣禄和奕劻很聪明，他们心里十分清楚攻击外交人员会在日后带来极大的危害，想必也能体会慈禧太后的良苦用心。至于董福祥的甘军，他们仇恨洋人是发自内心的，但他们的武器装备相对落后，正如当时一个笑话说的，李鸿章得知进攻使馆的军队是董福祥的甘军后，大笑着告诉外人："尽管放心，使馆无恙！"

董福祥当时和端王载漪等人走得很近，他在接到进攻使馆的命令后自然尽心尽力，但问题是慈禧太后在围攻使馆的决策中也相互矛盾，围攻使馆时断时续，并不是一个持续的过程。正如吴永在《庚子西狩丛谈》中记载的，慈禧太后曾说："我本来是执定不同洋人破脸的，中间一段时间，因洋人欺负得太狠了，也不免有些动气。但虽是没拦阻他们，始终没有叫他们十分尽意地胡闹。火气一过，我也就回转头来，处处都留着余地。我若是真正由他们尽意地闹，难道一个使馆有打不下来的道理？"

慈禧太后说的"他们"，显然指的是载漪等人。尽管中间可能会存在失控的情况，但慈禧太后对载漪、董福祥他们终究还是能掌控的。事实上，慈禧太后的做法也很阴险，她在事后把围攻使馆的责任推到了载漪等人身上，殊不知她才是最后的决策者。

也许有人要问，既然不想伤及公使，慈禧太后又何必要命令围攻使馆呢？这中间可能有两方面因素。一个原因是在诏告义和拳为义民后，在义和拳反洋情绪高涨时，清廷必须要有所表示，那围攻使馆就具有很好的象征意义——与其让义和拳去围攻使馆最后弄得不可开交，倒不如让可控的清军来完成这个表演。当然，还不能演得太假。

慈禧太后下令围攻使馆的另外一个原因恐怕是为给公使们制造一定的压力，类似于通常说的“以战促和”，或者干脆把公使们变成“人质”。这种策略在第二次鸦片战争时曾经用过，那就是将当时英法谈判代表巴夏礼等人拘捕，用以挟制英法并迫使其接受停战。

林华国先生在《庚子围攻使馆事件考》一文中详细阐述了这个观点：“庚子年对使馆的进攻，很像是故技重演。西太后的目的是想把租界内的洋人变成自己手中的人质。清廷的方针是：一方面想攻占肃王府使英使馆陷入‘无法防守’的险境，另一方面尽力避免对英使馆内的外国使节及其家属造成重大伤亡。除猛攻肃王府外，清军还力图攻占位于英使馆东南方的法使馆，这似乎也是为对外国使节加大心理上的压力。看来，清廷的目的并不是真要‘夷平使馆’，而是要通过攻打使馆使外国使节陷于‘准人质’的危险境地，以此作为向外国求和的一种辅助手段。既然如此，进攻必然兼有两方面的特点：一方面，为对外国使节形成较大的威胁，进攻必须有一定的猛烈程度；另一方面，为避免对使馆人员（特别是外交官员）造成重大伤亡，给议和造成新的障碍，进攻又必须留有余地而不能是摧毁性的。”

理解了这层含义后，使馆围而不克的道理便不言而喻。要不然，以使馆极度缺乏重武器且不到500人的卫队岂能抵抗得住？按慈禧太后的话来说，倘若真有心来攻，“难道一个使馆有打不下来的道理”？事实上，当时被围困的人在后来的回忆录中，都曾提到清军当时奇怪的进攻，譬如康格夫人在《北京信札》中就曾说，“中国人的射击角度总是过高”，他们甚至还“缴获了一些来复枪”（这似乎与荣禄暗中给使馆运送军火的传闻相关）。

当然，即使是流弹，也能对使馆区里的人员造成一定的伤亡，但外国人主要聚集的英国使馆却并没有受到太多攻击，各使馆中的主要人员大都安然无恙，除了那个胆小的荷兰公使诺贝尔，他在使馆被围攻的过程中一直躲在英国使馆的地窖里不肯出来，但在使馆解围的当天，他从地窖中出来察看联军是否到达时，被一颗流弹击中大腿——由此他也成为当年唯一受伤的公使。

使馆被包围的时间长达 40 多天，但真正受到攻击只有 20 多天（6 月 20 日至 7 月 13 日，8 月 11 日至 14 日），中间的局势大都以缓和为主。在最开始时，外围的战斗还是很激烈的，使馆防线一次次被突破，险情不断出现。到 7 月 13 日时，清军攻占肃王府和法使馆的意图已近乎实现。英国公使窦纳乐当时估计，如果清军继续这样进攻，最迟在 7 月 20 日即可将这两处地方完全占领。但在 7 月 14 日后，清军攻势突然减弱，16 日后更是基本中止了进攻。

导致清军发生如此变化的不外乎两个原因，一是逼迫公使们的目的已达到，二是天津战局的急剧恶化。与围攻使馆几乎同时进行的是，清军也一直在进攻天津的紫竹林租界，但 7 月 13 日后，增援的联军反攻天津并于 14 日晨攻破天津城。慈禧太后意识到洋人的军队难以抵抗，如果战争一直持续下去的话就更加难以收拾，于是便加紧进行求和活动。在这段时间，双方的信使往来不断，清廷还给使馆送去了西瓜、蔬菜、大米、面粉，等等。在此期间，“投掷石块代替了枪炮，双方都习惯了与敌人近距离对峙。随着号角之声发起的夜袭，实际上只是毫无意义的突然的枪声大作，然后又停下来，人们称之为‘起床号’”。

8 月 1 日后，清军又恢复了象征性的炮击，隆隆炮声虽然给了使馆人员以恐惧，但炮弹大都是在空中呼啸而过。直到 8 月 11 日，八国联军开始逼近北京，清军这才再度对使馆发动十分猛烈的进攻，但这种报复性的进攻只持续了 3 天，北京便宣告陷落。8 月 14 日下午 4 点左右，英属印度军团经西直门进入内城，在被围困的人们的欢呼声中进入公使馆。

颇具讽刺意味的是，那些联军部队原本以为“这些被围困的人应当是筋疲力尽、饥肠辘辘、衣衫褴褛，或者是受了伤甚至气息奄奄，或者根本就已死亡了”。但当他们进入使馆区时，“绅士们衣着得体地出现在眼前，许多人，如英国公使窦纳乐、意大利公使萨瓦戈和美国公使康格都新刮了胡子，虽然穿着便装，但都整整齐齐的；女士们则穿着优雅的夏装，戴着帽子、打着洋伞。联军中有人开玩笑地说，我们是不是意外地走进了一个宴会会场”？相比之下，那些“印度军”就寒酸多了，他们蓬头垢面，军装上沾满了泥土和汗水，皱巴巴地挂在身上。这或许部分地透露了庚子年那场奇特的“使馆之围”的真相。

值得注意的是，后《辛丑条约》的正式措辞并不是战败后所使用的 peace treaty，而用的是 Final Protocol for the Settlement of the Disturbances of 1900。Protocol 的意思是“议定书”，之所以用“议定书”，恐怕还是因清廷当时的“宣战诏书”并没有指明交战对象，而只是用了“彼等”这个含糊的用语，而列强也无一宣布迎战。

事实上，在清廷发布宣战诏书之前，列强军队已对大沽口炮台实施了军事行动，这在实际上构成了对中国的侵略，责任一方在列强。因此说慈禧太后对列强宣战不但在法理上说不过去，事实上也不成立。对于列强来说，他们认为自己的军事行动意在解救公使和在华的外国人，并未与清廷构成战争关系。正如他们自己所称的，其军事行动是帮助清廷“剿除拳匪，恢复秩序”，以掩盖他们侵犯中国内政、发动侵略战争的事实。

二一 小报涅槃:《苏报》案的"案中案"

1903年的"《苏报》案"曾经轰动一时，这一事件通常被视为革命党对清廷的一次大胜利，但革命的光环往往遮盖了一些不为人知的细节，而正是这些细节，才会让碎片化的历史更加接近真相。

《苏报》创刊于1896年6月，是创办者胡璋以日籍妻子生驹悦的名义注册，因而当时挂的是"日商"的牌子。这份诞生在上海公共租界的小报，最初格调颇为陈腐低下，登载的也大多是市井琐事，后因销路不佳而不惜刊登一些桃色新闻，以招徕无聊读者。但尽管如此，这份报纸最终还是因赚少亏多而不得不于1898年转手。

接手《苏报》的人姓陈名范，字梦坡，湖南衡山人（生于江苏常州），此前他曾是江西铅山知县，后因处理教案不当而被巡抚德馨弹劾落职。陈范的出身并不简单，其父陈怀庭曾为浙江巡抚杨昌濬的幕僚并担任浙江富阳等地知县30年，陈家子女13人，陈范排行第三，其长兄陈鼎曾中进士并入翰林院，后因戊戌政变牵连而遭清廷"永不叙用"处分；其弟陈韬举人出身（生女陈衡哲，后嫁任鸿隽），也曾为官一方。另外值得一提的是，陈范的两位堂兄陈嘉言（其长女陈玉凤生子夏明翰，即"砍头不要紧，只要主义真，杀了夏明翰，还有后来人"一诗的作者）与陈毓光曾是同榜进士，当时陈家一下出了三位进士、两位举人，一时传为美谈。

陈范也是举人出身，不过他的科考路并不顺利，他虽然很早中了秀才，但之后累试不第，不得已而捐资买了个知县的头衔候补，但当时候补官员多如牛毛，最终陈范还是通过科考得中举人，这才于1891年外放为江西铅山知县，但这个知县也仅仅做了4年而已。

被罢官后，陈范一度流寓上海，后因报刊业兴起，于是将《苏报》盘了过来，"思以清议救天下"。但话虽如此，办报毕竟是生意经，陈范接手几年，

《苏报》仍未见起色。据民国名记包天笑在《钏影楼回忆录》中的描述，1900年时的《苏报》，“说来真是寒伧得很，开设在英租界棋盘街一家楼下（今福州路），统共只有一大间，用玻璃窗分隔成前后两间。前半间两张大写字台，陈梦坡与他的公子对面而坐，他自己写写论说，他的公子则发新闻，有时他的女公子也来报馆，在这写字台打横而坐。她是一位女诗家，在报上编些诗词小品之类，所以他们是合家欢，不另请什么编辑、记者的”。

“再说那后半间呢，一边是排字房，排列几架乌黑的字架；一边是一部手摆的平板印报机。这排字房与机器房，同在一房，真有点挤了。前半间沿街是两扇玻璃门，玻璃门每扇上有‘苏报馆’三个红字。推门进去，有一小柜，柜上有一块小牌，写着‘广告处’。”

包天笑后来在《时报》任副刊主编，《时报》是大报，似乎有理由看不起像《苏报》这种小报，但其描述倒也大体不差。陈范接手《苏报》，很大程度上是因为妹夫汪文溥的怂恿（所以他当上了主笔），而陈范原非报界中人，一来经验不足；二来也算不得什么名流贤达，社会交际有限，因此也没有什么好的稿源。不得已，陈范与其子陈仲彝也编发新闻并兼写评论，其女陈撷芬也来帮忙，负责编写小品诗词之类的副刊。此时的《苏报》，确实有些夫妻店的形式。

搞媒体最重要的是影响力，没有好稿子就没有影响力，没有影响力就没有销量，报纸经营当然困难。事实上，在陈范接手后的数年间，《苏报》一直惨淡经营，勉强维持，这种状况直到与蔡元培、吴稚晖等人组织的“爱国学社”建立战略合作关系才有所改观。

1902年11月，南洋公学因“墨水瓶事件”而发生退学风潮，起因是某学生在师座上放置墨水瓶捉弄某守旧夫子，校方追查中与学生纠缠不清，校长汪凤藻一怒之下将该班学生全部开除，由此引发全校约200名学生集体抗议退学。身为教员的蔡元培翰林在力争无效后愤而辞职，之后即与吴稚晖、章太炎等人在“中国教育会”（1902年4月由蔡元培、黄宗仰、叶瀚等名流创办）的基础上创办“爱国学社”，以收容这些退学的学生。

陈范也是“中国教育会”成员，《苏报》当时苦于稿源匮乏，销路不畅，因而极愿意与“爱国学社”合作。双方后来约定，学社名流蔡元培、吴稚晖、章太炎等人轮流为《苏报》撰写评论文章，报馆则每月资助学社100元作为报酬，双方共赢互利，倒也不失为一个好的解决办法。

也就从那时开始，《苏报》由一份名不见经传的市井小报转型为政论性报刊。1902年底，《苏报》开辟“学界风潮”专栏，以鼓励学生运动为能事；1903年后，《苏报》更趋激进并公开倡言革命，如1913年5月13日即刊发《敬告守旧诸君》一文，其中声称：“居今日而欲救吾同胞，舍革命外无他术，非革命不足以破坏，非破坏不足以建设，故革命实救中国之不二法门也。”

1903年5月27日，陈范聘请章士钊任《苏报》主笔，此举在很大程度上改变了《苏报》及一批人的命运。章士钊，字行严，1881年生于湖南善化县（今长沙），后就读于武昌两湖书院并结识黄兴，思想转而激进。1902年3月，章士钊考入南京陆师学堂学习军事，一年后因“拒俄运动”而与同学30余人退学赴上海，之后加入“爱国学社”。

章士钊上任主笔不到一周，即对《苏报》进行大改革，其中最重要的措施是将“学界风潮”移到头版“论说”后的显著位置。由于当时上海大报如《申报》《新闻报》等成立已久，其办报理念成熟，销量也大，要动摇它们的地位并抢夺其市场份额相当困难。因此，章士钊的经营手段就是走激进道路，用他的话来说，就是扔出一颗手榴弹轰开局面，即便封馆亦在所不惜。如此，《苏报》才能在报林中杀出一条血路，并迅速提升影响力和销量。

作为一种商业的上位手段，鼓动“学潮”当然是成功的，《苏报》发行量的迅速飙升即为证明。但是，这种做法同样蕴含着巨大的政治风险，而这也是引爆“《苏报》案”的主要原因。

说起“《苏报》案”，得从邹容的《革命军》说起。邹容，四川巴县（今属重庆）人，1885年出生于富商家庭，曾于1901年入读上海广方言馆，一年后转赴日本东京留学，1903年留日学生闹“拒俄运动”时，其与张继、陈独秀等人将清廷所派的留学监督姚文甫强行剪辫（据说是张继抱腰，邹容捧头，陈独秀挥剪），由此一战成名。之后，邹容返回上海并于当年5月出版了小册子《革命军》。

6月9日，章士钊以“爱读革命军者”的笔名在《苏报》上发表《读〈革命军〉》一文，其中对该书大加吹捧，并称之为“今日国民教育之第一教科书”。次日，《苏报》又发表章太炎署名的《〈革命军〉序》，加强对该书的推介工作。

说起章太炎，也是个传奇人物，其原名绛，字枚叔，号太炎，浙江余杭县人，生于1867年。按说，他这个年纪本不该和章士钊、邹容这些小年轻厮混在一起，但章太炎偏偏是个怪人，据说还有些神经病（考秀才时突犯癔症而不得不放弃科考）。话虽如此，人还是相当有才的。早年时，章太炎从学于浙江省大儒“曲园主人”俞樾，学问功底相当深厚，但后来受甲午战败的刺激转而激进，变成了“革命理论大师”，也就与邹容等人走到了一起。据说，《革命军》一书也曾由其“润色”。

当时清廷的反对派势力有“两党”，一是革命党，二是康有为、梁启超的“保皇党”。戊戌变法失败后，康有为等人逃亡海外，仍以光绪皇帝为念，走的是反对革命、主张改良的道路，他们所办的报纸在留日学生中影响颇大，康有为写了一篇文章批评邹容的小册子，由此引发了章太炎的一篇雄文《驳康有为论革命书》，该文刊登于6月20日的《苏报》显要位置，而这也是引发“《苏报》案”的导火线。

6月23日，署理湖广总督端方致电两江总督魏光焘，其中称“上海《苏报》系衡山陈编修鼎胞兄所开，悍谬横肆，为患非小”，望江苏方面“设法收回自开”。端方的电文显然没有搞清陈鼎与陈范的关系（陈鼎为兄，陈范为弟），但陈范之兄陈鼎曾为朝廷的翰林编修，此事非同小可，魏光焘随后即派江苏候补道俞明震前往上海查办此事。

俞明震到上海后先到《苏报》馆找陈范，不巧的是，陈范外出；第二天，俞明震找到《苏报》的主要撰稿人之一吴稚晖，双方于是有了如下对话：

俞称：“苏报闹得太厉害了，梦坡我熟人……先生等劝其温和些，太炎先生似乎闹得亦太凶。”吴说：“二人脾气，恪士先生所知（俞明震字恪士），但朝政如此，亦难怪出言愤激。”俞称：“话如此说，太厉害，也叫当道受不了。”

说罢，俞明震抽出一公文给吴看，上面是魏光焘所发命令：“照得逆犯蔡元培、吴敬恒，倡言革命，煽乱谋逆，着俞道会同上海道密拿，即行审实正法。”吴稚晖读至此，俞明震即将公文抽回，两人对视，一笑而散。

吴稚晖，名敬恒，江苏武进人（今常州），生于1865年，举人出身，

1902年赴日本留学时，有数名来自江苏、浙江、江西的自费学生想进入成城学校（日本士官学校的预备学校，合格者一年后升入士官学校），但因当时进入此类军事学校须经国内公费保举，因而被驻日公使蔡钧所拒。学生向吴稚晖求援后，吴稚晖遂与一同赴日的举人孙揆均带着二十几名学生前去理论，但蔡钧见他二位不过是举人，接待冷淡并严词拒绝。

受辱之下，吴稚晖愤而率学生在使馆抗议，数日不去。恼羞成怒之下，蔡钧竟将日本警察招来将之强行带离，后吴稚晖、孙揆均被日方以“妨害治安”的罪名驱逐出境。吴稚晖气得要死，走到半路上投水自尽，幸好被日本警察救起，后由同在日本的蔡元培将之护送回国。事后，吴稚晖转而反清，并成为“爱国学社”的主要成员。

俞明震生于1860年，祖籍浙江山阴（今绍兴），其父那代已居官湖南，俞明震本人生于长沙。俞家历代官宦，时为湖南大族（与曾国藩家族、陈宝箴家族有联姻关系，其后代中更是名人辈出）。俞明震于光绪十六年（1890年）考中进士，后来在中日甲午战争时期协助唐景崧据守台湾，事败后回返大陆并担任过南京陆师水师学堂总办等职。

俞明震身为查办大员，但其亲访《苏报》馆、暗告吴稚晖的做法，看似暗通关节，实则为思想开通的表现。按当时的官场习气，蔡元培、吴稚晖、陈范等人都是士林中人，章太炎虽无功名，但其学问早已名声在外，而章士钊又曾为其赏识的学生，彼此都是士子一族、斯文一脉，如下手罗织，未免物伤其类。他的做法，无非大事化小，小事化了，有意放过《苏报》馆一干人等。

让俞明震感到郁闷的是，《苏报》馆接到警告后非但不予理睬，反而变本加厉地刊出文章《论江南陆师学堂指退学生为革命党事》，其中即指名斥责俞明震。6月27日起，《苏报》连续两天发表文章悼念留日学生陈海鲲（福建福州人，自号“仇满生”，常有“杀满之声”，一月前跳海自杀）；6月29日，章士钊更是在头版显著位置刊出章太炎的《康有为与觉罗君之关系》（节选自《驳康有为论革命书》），其中直呼光绪之名：“载湉小丑，未辨菽麦！”此文一出，清廷震怒。也就在这一天，《苏报》馆的厄运便来了。

当日，租界工部局在清廷地方当局的强烈抗议下发出对陈范、陈吉甫、陈叔畴、章太炎、邹容、龙积之、钱允生七人的拘票。奇怪的是，拘捕名单上没有主笔章士钊与吴稚晖的名字，而陈范与陈叔畴实为一人（陈范别号“叔畴”），陈吉甫为报馆司账员，无关轻重，钱允生、龙积之与《苏报》根本无关。如此名单，看似吊诡，实则意味深长。

巡捕们前往报馆抓捕时，陈吉甫率先被捕，陈范趁乱逃脱，之后让儿子去通知章太炎逃避。接报后，章太炎慢条斯理地说：“诸教员方整理学社未竟，不能去，坐待捕耳。”旁人劝他暂避一时，章太炎却“哂之以鼻”。次日，章太炎听说巡捕前来捉他，他一时疯劲上来，非但不躲避，反而迎上前去大喊：“章炳麟是我！”

进了巡捕房，大概是因为寂寞，章太炎写信给邹容，让他前来自行投案。邹容本在虹口某外国传教士处藏得好好的，他接信后，左思右想，不能负了这份义气，遂于7月1日前往租界四马路巡捕房投案，曰：“我是邹容。”

更令人叫绝的是，馆主陈范逃走后，《苏报》在章士钊主持下仍得以继续出版了一周，还在7月6日发表了章太炎的《狱中答新闻报记者书》。文中，章太炎坦然表示：“吾辈书生，未有寸刃尺匕足与抗衡，相延入狱，志在流血。”直到第二天下午，《苏报》才最终被查封。

有意思的是，在这场中外瞩目的“《苏报》案”庭审中，控辩双方均聘请外国律师，而主审方也是中外合办的会审公廨（由外方陪审官如领事等与上海道台委派的中方谳员会同审理租界内与华人有关的诉讼案件，系列强行使领事裁判权并侵犯中国司法主权的特殊司法机关）。清廷对“《苏报》案”态度明确，一是引渡，二是严惩，两江总督魏光焘为此致信驻上海的美国领事古纳，称“此为中国主权，他国不得侵夺”，要求租界当局将章太炎、邹容等交给中方。

“《苏报》案”开庭6次，其间中外各方反复争驳，清廷控告《苏报》馆、章太炎、邹容等人“大逆不道，煽惑乱党，谋为不轨”，而“主犯”章太炎与邹容则在律师点拨下为自己作无罪辩护。最令清廷恼火的是章太炎那句“载湉小丑，未辨菽麦”，其“诋毁圣上，呼为小丑，立心犯上，罪无可逭”。对此指控，章太炎半戏弄地回应“‘小丑’两字，本作‘类’字或‘小孩子’解，并不毁谤。至今上圣讳，以西律不避，故而直书”，其直言“不认野蛮政府”。至于邹容，除承认《革命军》是自己所作外，其他一概否认。

更可笑的是，第一次庭审完毕，章太炎半途作诗，并诵“风吹枷锁满城香，街市争看员外郎”而返。后与之闹矛盾的吴稚晖不无揶揄地说，“他以坐牢为荣，亦很好”“可谓求仁得仁矣”。

12 月 7 日，代表清廷参加会审的上海知县汪瑶庭单方面拟定判决：章太炎、邹容应予“永远监禁”，但英美领事对此很不满，因为他们不能开此先例，否则在之后的华人案件中，领事裁判权或将不保。与清廷僵持近半年后，双方最终妥协，会审公廨于 5 月 21 日作出判决：章太炎监禁三年、邹容监禁两年，罚做苦工，“期满驱逐出境，不准逗留租界”。

事实上，清廷注定要成为这场诉讼的失败者和被嘲讽对象，原因很简单，在传统专制年代，君主拥有无上神威，倘若被随意辱及乃至腾笑各方，即便将章太炎、邹容永远监禁也无可挽回。正如梁启超在袁世凯称帝时说的，神像一旦被打破，即不再具有神圣性，而对于那些正值叛逆期的年轻学生来说，这无疑是最刺激的。

章太炎与邹容的轻判与当时另一起案件有密切关系。1904 年 7 月 31 日，《天津日日新闻》职员沈荩因揭发中俄交涉秘密事项而遭逮捕（也有说沈荩系原唐才常“自立会”成员，因被通缉而死），因逢慈禧寿庆而不宜公开杀人，遂改判“立毙杖下”。行刑时，“特造一大木板，而行杖之法又素不诸习，故不至二百条下，血肉飞裂，犹未至死，后不得已始用绳紧系其颈，勒之而死”。

上海《字林西报》对沈荩被杖毙的细节做了绘声绘色的描写：“可怕的刑罚在 4 点钟开始执行，在此后的两个小时里，钝竹条像雨点一样落在可怜的犯人的四肢和背上，直至鲜血淋漓，但是犯人还没有死。他痛苦万分，请求行刑者速将其勒死，最终采取了类似的办法。直到夜幕降临，血肉模糊的身体才停止了颤动。”事件被披露后，舆论一片大哗，英国首相为此向驻华公使直接发出训令：“现在《苏报》馆之人，不能交与华官审判。”

“沈荩案”或许说明，在租界里尽管可以乱骂，但出了租界的地面，就恐怕死罪难逃了。从某种意义上说，租界是近代中国的自由滋生地，特别是对报刊舆论的培育更是作用匪浅。清末民初时，租界内的舆论堪称自由乃至放纵，多数报纸开了封，封了再开，换个名字即可，如章太炎等人被抓后，章士钊不仅没有逃离上海，反而在一个月后又创办了号称《苏报》第二的《国民日日报》。再如民初影响颇大的《民立报（于右任等人创办），其原名《民呼报》，被封后改名《民吁报》，再被封后才改名《民立报》。

“《苏报》案”得以如此结局，与租界特定的体制是分不开的。但是，这种历史的错位往往给著史者带来了莫大的困惑：一方面，主流著作一直在抨击列强的领事裁判权，其在租界的治外法权是对中国司法主权的破坏；另一方面，当“革命志士”们托庇于这种治外法权并得以逃生时，治外法权似乎又不再是一个问题。这种“批清廷则说治外法权丧权辱国，革命则不说治外法权侵犯主权”的做法，当然也是一种“双重标准”。

章士钊曾说，“租界革命万人，不如租界外一人”。近代以来，中国从来不缺“远距离革命家”和“口水民主派”，租界也确实为各派系的“革命活动”提供了便利而安全的保障，弄不好会掉脑袋的“革命”尚且如此，“口头革命”乃至恣意妄骂就更不在话下了。

为宣传革命，《苏报》甚至不惜造假造谣，譬如捏造无中生有的《严拿留学生密谕》，譬如虚构北京学生“结秘密社，与海内外志士联络，希图革命”的情节，并以此号召北京的学生们起来暴力革命。对此，当时出版的《苏报案纪事》一书也批评《苏报》中人“明知其无而鼓吹之”，这种背离新闻精神与良知的做法，实际上是将报刊当成了政治斗争的工具。

“《苏报》案”后，邹容虽被判两年，但在出狱前的一个月不幸瘐死狱中，终年 20 岁。从这个意义上说，章太炎与章士钊都是踩在邹容尸体上成名的。民国后，孙中山追赠邹容“大将军”称号。据《革命逸史》所说，邹容“所著《革命军》风行海内外，销售逾百十万册，占清季革命群书销场第一位”，但这一切都与他无关了。

章太炎于 1906 年 6 月 29 日刑满出狱，在“《苏报》案”的光环下，他随后凯歌东渡日本，但后也与孙中山等人闹翻，最终被视为“章疯子”（吴稚晖又骂其“装疯子”）而游离于革命阵营之外。至于“爱国学社”的几位要角，革命翰林蔡元培早在案发前半个月就去了青岛，而章太炎等人被捕后，吴稚晖也在亲友的劝说下很快离开上海，后转赴英国留学。

革命年代总是充满了激情。民国元年（1912年），戴季陶在主编上海租界内某小报时发表了一篇言辞激烈的短文，题目就叫“杀”：“熊希龄卖国，杀！唐绍仪愚民，杀！袁世凯专横，杀！章炳麟阿权，杀！……”这篇微博体文章，全文加题目不过170字，而其中竟然出现了7个“杀”字，可谓是杀气腾腾。但此时刚从英国留学回来的章士钊却摇身一变，开始训起戴季陶这样的小辈过于激进了——他大概忘记自己当年那些“杀人”的狂呼小叫了。

至于报馆主人陈范，他在侥幸逃脱后带着两妾两女东渡日本，但因失去经济来源，最终家破人亡，两女出走不知所踪，两妾随他流落日本后改侍他人。1905年夏，陈范从香港回到上海，后被两江总督端方的侦骑探得而投入狱中关押了一年多时间。1906年秋，陈范出狱之后孑然一身，并在各地过着漂泊不定的生活。此期间的陈范，居无定所，穷困潦倒，据说在香港时因酒瘾发作而无钱买酒，只得将陈少白的药酒一饮而尽。

民国成立后，陈范回到上海重操旧业，一度担任《太平洋报》笔政。1912年7月，应北京民主报社的邀请，陈范北上担任编辑，但不久又返回上海。1913年5月，这位昔日的《苏报》馆主在贫病交加中去世，终年54岁。据说其死时，两个女儿均不在身边，死后也无钱入殓，后来还是靠着亲友的捐赠才将其遗体装殓，置棺于上海西门斜桥外的湖南会馆。北伐战争胜利后，南京国民政府“特予明令褒扬”，但这已是陈范死后14年的事了。

二二 漂洋出海：五大臣西方取经

1905年9月24日，正阳门车站热闹非凡，一片喧嚣声中，载泽、徐世昌、绍英、戴鸿慈和端方五位大臣登上火车，他们此行的目的，是要出访欧美各国考察宪政。正当车辆准备驶离时，只听得“轰”的一声巨响，将尚未完全启动的火车震得左右乱摆，随后一团浓烟和烈焰从车厢中冲出——一颗炸弹爆炸了！

戴鸿慈在《出使九国日记》中说，炸弹爆炸后，载泽“眉际破损，余有小伤”，绍英“受伤五处，较重，幸非要害”，徐世昌“亦略受火灼，均幸安全”。后来查明，这是革命党人吴樾精心策划的一次暗杀，而“肇事者”当场被炸身亡。

事后，清廷一度推迟了考察事宜，但由于舆论的坚决要求，清廷最后决定再次派遣大臣出国考察。由于绍英受伤未愈、徐世昌另有任用，后由山东布政使尚其亨和顺天府丞李盛铎二人替换。为防止再次发生炸弹袭击事件，第二次大臣出洋考察决定分批出发，低调出行。

1905年12月7日，迎着凛冽的寒风，端方和戴鸿慈带领首批考察团（下称端戴团）进入正阳门火车站。鉴于上次的教训，“车站稽查严密，外人不得阑入”。按计划，考察团先到天津，之后由军舰“海圻”号护送至上海。12月19日下午2时，在众多国民的殷切期望中，端戴团登上美国太平洋邮船公司的巨型邮轮“西伯利亚”号。随着邮轮汽笛的拉响，“西伯利亚”号收锚起航，缓缓驶离上海，向日本驶去。

1906年1月14日，由载泽、李盛铎和尚其亨率领的第二批考察团（下称载泽团）也从北京低调出发，之后前往上海搭乘法国轮船公司的“克利刀连”号扬帆启程。由此，几经周折的出洋考察团终于离开国门，正式出发了。

由于分工不同，端戴团只是途经日本横滨，之后即直接去了美国。10天后（1月24日），载泽团来到日本神户，开始了对日本的考察。在日本方面的安排下，考察团分别拜见了日本总理大臣西园寺公望、外务大臣和陆军大臣等人。在日期间，载泽团重点考察了日本的上下议院、邮政、教育和地方行政机构等。日本方面对载泽团的来访非常热情，专门指派了著名的法学家惠积八束博士给考察团仔细讲解了日本的君主立宪体系。

在日本考察期间，正值中国的传统佳节——春节。这年的大年初一，日本天皇特意派出御用马车迎接载泽考察团入宫觐见与参观。觐见天皇后，考察团对日本前首相伊藤博文进行了一次访谈。伊藤博文对此非常重视，他在会见之前便派人向载泽团赠送了自己的两部著作——《皇室典范译解》和《宪法译解》，以帮助载泽考察团更好地理解日本宪政。讲解完后，伊藤博文又对载泽团提出的问题一一详答。

载泽问："我们实行立宪，以何国最为适宜？"

伊藤博文说："各国的宪政，无外乎两种：一种为君主立宪国，一种为民主立宪国。贵国数千年为君主国，主权在君，和本国的历史颇为类似，参用我国的制度颇为适宜。"

载泽又问："立宪后，对君主制度有无阻碍？"

伊藤博文说："对我国而言，并无阻碍。日本宪法规定，天皇神圣不可侵犯，天皇为国家之元首，总揽大权，并不旁落于臣民。"

载泽似有不解，便问："那君主立宪和君主专制有何区别？"

伊藤博文答道："最主要的区别，在于专制国的君主不经过法律，随意下诏，而君主立宪国的法律必须经过议会讨论通过后，由君主裁定公布。法律一经公布，任何人等均须遵循。这是关键问题所在。"

载泽听后，似有所悟。

随后，载泽团的成员又结合中国和日本的实际情况，与伊藤博文进行了深入的探讨。伊藤博文试图向载泽团表达的意思有两点：一是实行宪政，君权仍旧是国之权威，并不旁落，而增设议院等机构不过是辅佐君主；二是宪政的核心在法治，任何国民（包括天皇在内），都要受到已公布的法律之约束，法律一旦颁发，天皇也必须遵守，而不是像以往的专制君主可以口含天宪，肆意妄为。

载泽团在日本期间，先行出发的端戴团先后抵达了夏威夷与旧金山。从日本到美国的距离大约为4500英里，一路上都是茫茫大海，风浪险恶，很多考察团的成员都是第一次真正看到大洋，没多久便被海上的大风大浪折腾得上吐下泻，苦不堪言。好在随员温秉忠是20多年前留学美国的幼童，他不断安慰各位同行，以缓解海上的枯燥气氛。

几天后，海面恢复了平静，考察团也逐渐适应了海上的航行。碰到晴朗的天气，考察团的成员们还经常到船头看日出，看随船翱翔的海鸥，要是运气好，还可以看到出来换气的鲸鱼和它们喷射出的高大水柱。浩浩大洋，波涛滚滚，果然不同于一般风景。成员们看着落日西沉，天水一色时，不免有些思乡之情。

端戴团乘坐的“达柯达”号游轮可乘坐千人，加之横渡太平洋的时间很长，百无聊赖之下，外国游客们在船上组织了很多丰富多彩的活动。每到晚上，船上都要举行舞会，洋男洋女们在音乐伴奏下，成双结对地翩翩起舞，以打发时光。上船没几天，正好是西历的新年元旦，船上各国男女纷纷互致问候，庆祝新年。船长奥尼亚也向考察团赠送饮料和酒水，并为他们特意烤制了一个糕饼，以招待这群特殊的客人。

考察团到达旧金山后，美国总统派遣特使精琦前来迎接。精琦系耶鲁大学教授，也是考察团参赞施肇基（后任驻美国大使）的老师，他本人也曾在两年前应清廷邀请来到中国考察币制改革。因为这层关系，美国总统便让他来负责考察团在美国的整个行程安排。

当时的旧金山，俨然是一个现代化的大城市，一栋栋摩天大楼拔地而起，直入云霄，街道上也是车水马龙，人流如织，好一派繁荣景象。不过，和纽约比起来，旧金山又差了不少，考察团在纽约下榻的宾馆有28层之高，是当时世界上最高的建筑。从宾馆的高楼上俯览纽约街景，考察团的成员们大开眼界。纽约是美国蓬勃发展的一个缩影，在这个人口众多、日新月异的大都市，有许多考察团闻所未闻的新鲜事物，比如，电车、红绿灯、百货公司、报亭，都让他们啧啧称赞，他们后来还参观了纽约证券交易所。

在日本天皇接见载泽团的那一天（1906年1月24日，即中国的大年三十），美国总统罗斯福接见了端戴考察团。一个半月后，载泽团来到美国，也得到罗斯福总统的接见。令考察团觉得不可思议的是，在他们参观美国国父华盛顿的纪念馆和故居时，发现里面居然“设施简陋，无异平民”。戴鸿慈在日记中写道：“盖创造英雄，自以身为公仆，俾宫恶服不自暇逸，以有白宫之遗型，历代总统咸则之。诚哉，不以天下奉一人。”也许在这时，考察团成员才明白了皇帝和总统的区别。

端戴团在美国一个多月，先后访问了十几个城市，包括芝加哥、费城、波士顿和西雅图等。在有限的时间里，他们参观访问了美国很多知名的大学、工厂、图书馆和博物馆，并受到了美国方面的热情接待。考察团前往芝加哥考察时，芝加哥市政府甚至特意派出 100 多人前来迎接。就连罗斯福总统在接见考察团后，还在百忙之中特意给光绪皇帝写了一封信：“我非常乐意接待这些先生，我将精心安排他们去考察我国的一些地方和部门，以便让他们顺利完成考察任务。我将为您的考察团提供一个方便而有效的计划。”

结束了美国之旅后，端戴团于 1906 年 2 月 23 日抵达欧洲。按先前的考察计划，德国、俄国、奥匈帝国和意大利为重点考察国，英国、法国和比利时等国是顺路考察，丹麦、瑞典、挪威等北欧国家和瑞士及荷兰本无考察计划，后来这几个国家听说考察团来，纷纷邀请考察团前往访问。

考察团在欧洲期间的趣事不少。欧洲民众极少看到东方人，他们听说考察团来，纷纷争相欢迎，以至于人山人海，考察团几乎难以通行。有一次在德国，街上数千人围观考察团，无奈之下，考察团的成员们只好避进街边一家店铺，从后门脱身。不料那些洋人见中国人从后门出来，又纷纷聚拢，争相一睹中国人的模样，后几成围追堵截之势。在警察的帮助下，考察团才得以顺利脱身。

载泽考察团一度被英国政府所误会。原来，英国人因为经常和清廷打交道，以为考察团不过敷衍了事，所以多次派人询问考察内容，以便于英国方面安排行程。为此，考察团特意拟订详细计划，对英国多方考察，比如，英国的上下议院、大英博物馆等。

载泽团在考察英国宪政时，由法学家埃喜为他们讲解英国宪法。埃喜先向考察团介绍了英国的政治体制，特别是君主权限和三权鼎立之制。埃喜指出，君主是一国至尊，议会通过的法律，形式上都需要君主批准颁布，200 多年来，君主从未批驳过议会通过的法案，这在英国已形成了宪法惯例，并有法律的约束力。另外，英国的国家行政权由内阁掌控，君主不得干预。至于法院之权利，自有法院之体例，独立运行。

在英国期间，载泽还特意向英国议院提起禁止鸦片一事，要求英国通过禁止向中国输送鸦片的法案。除此之外，英国还安排考察团参观了两所著名的大学：剑桥大学和牛津大学。两所大学还特别为载泽授予法学博士学位。

当时的法国和英国有很大的区别，它是一个完全的民主共和国。法国是典型的大陆国家，它的历史倒和中国有几分相似之处。在巴黎期间，法国总统偕夫人及女儿还特意陪同考察团登上著名的埃菲尔铁塔，俯览巴黎这个魅力之都。

邻近法国的比利时，当时也是君主立宪国。当他们听说中国考察团来欧洲后，十分重视，给予了高规格的礼遇进行接待。为此，比利时国王还特地派出专轮前往迎接，考察团到达比利时港口后还鸣以 21 响礼炮。比利时国王已是 70 岁高龄，仍旧盛情接待了考察团一行，甚至还亲自到使馆回访一次。载泽颇为动情地说："人之重我者，或非无因，在我要当亟图自重之策；人之轻我者，何莫非忠告，我当益自警觉奋发，勿启自侮之端。"

最令考察团感到惊讶的是，各国国宴上不但有各国元首和各级官员，连企业主和商人等也可以共同出席。宴会后，这些企业主和商人甚至和本国高官、元首随意交谈，大家不分尊卑，站在一起谈论时事。这种事在大清简直不可想象。还有，考察团在游览奥地利皇宫时，发现里面"列树屏蔽，蔚然深绿，景色绝佳"。令他们大跌眼镜的是，园中"工人士女来游者甚众"，满是普通国民——皇家花园竟然是对外开放的！

考察团对欧洲大部分国家的考察都比较顺利，唯有俄国比较棘手。俄国和大清领土相接，幅员辽阔，本也是历史悠久的君主专制之国。这几年由于战争的缘故（刚被日本击败），政局很不稳定，颇有革命之象。正因如此，俄国才先行一步，实行宪政。由此，考察团也想去俄国看个究竟。遗憾的是，俄国当时虽然已宣布实行宪政，但似乎并没有取得预想中的效果。

对德国的考察颇为尴尬。众所周知，德国公使克林德曾于庚子年在北京被打死，引发一场轩然大波。时隔 6 年之后，考察团来到德国，心里也颇为忐忑，害怕德国人会记仇而对他们有意为难。但和他们想象中不同的是，由于德国一些大企业在中国有颇多投资与合作，考察团不但未受冷遇，反受到社会各方极为热情的接待。当时德国皇帝、皇太子和高官们都亲自宴请了考察团，并安排他们到各地考察。一些知名企业如克虏伯公司、西门子公司和拜尔公司等更是热情，他们也希望能借此扩大在中国的业务。

在欧美各国兜了一圈后，载泽团于 1906 年 5 月 19 日乘坐法国轮船先行打道回府。6 月 21 日，端戴团也随后踏上回程。经过近两个月的海上颠簸，载泽团于 1906 年 7 月 12 日回到上海，端戴团则于 7 月 21 日回国。

之后，载泽很快赶到北京复命。在慈禧太后和光绪皇帝接见时，载泽力陈各国之所以富强，主要因为各国均以宪法为国本，而中国搞了这么多年的洋务运动却没有成效，原因就在于不得要领。由此，载泽提出清廷立宪最好以日本模式为效仿对象。

当年 8 月，考察团又向朝廷上了一道密折，其中明确指出立宪有三个好处：一是君主神圣不可侵犯，君位万世不易，相位旦夕可迁，君主不负行政责任；二是外患渐轻，立宪是国际潮流，立宪后外国将尊重我国；三是内乱可平息，实行立宪后，革命党人也无话可说，即使想作乱也无人跟从。据说，慈禧见此折后大为动容，足足看了有三个时辰。

尽管有各种困难，但考察团大臣们还是大有收获，譬如戴鸿慈和端方署名编著的《列国政要》，还有戴鸿慈留下的《出使九国日记》，载泽的《考察政治日记》等。这些早已被束之高阁、满是灰尘的考察日记，在经过 100 年的喧嚣之后，仍具有相当的先进性。

考察团这次考察的首要目标是宪政，每到一国，必然要去议院参观并考察其议会制度。由此，考察团对各国宪政记载最详细，也引发了颇多值得借鉴的思考。比如，当戴鸿慈等人看到美国的议员们在国会中为议案而争得面红耳赤，“恒以正事抗论，裂眦抵掌，相持未下，及议毕出门，则执手欢然，无纤芥之嫌。盖由其于公私之界限甚明，故不此患也”。这种公私分明（公事和私人友谊）的议事方式，让考察团的成员们十分惊奇，大为叹服。

考察团在英国时发现，“议员分为政府党与非政府党两派。政府党与政府同意，非政府党则每事指驳，务使折中至当，而彼此不得争执。诚所谓争公理、不争意气者，亦法之可贵者也”。这里说的政府党，其实就是执政党；而非政府党，指的是在野党（反对党），这种良性的政治互动关系看似吵闹，其实更加稳定。

在意大利考察时，考察团甚至发现议会有权决定国王所任命的大臣的去留，“义国任命大臣之权，操诸国王之手。而大臣之不职者，得由下议院控诉之，而由上议院以裁判之。欧洲诸国，政制相维，其法至善，胥此道也”。这种议会和君主的关系，对于长期生活在专制社会下的中国官员来说，无疑是个极大的震动。

考察团在欧美各国不仅参观了议院和政府机关，也参观了大量的图书馆、博物馆和美术馆，还去戏院看过表演，并游览过一些公园和动物园。这些公共文化设施，是文明国家的标志，却大都是中国所没有的。这难免让考察团意识到，中国“数千年文明旧域，迄今乃不若人”。据《大公报》载，考察团从国外还买回了一批动物，包括 1 头大象、2 头狮子、3 只老虎、2 匹斑马、2 头花豹、2 头野牛、4 只熊、1 只羚羊、4 只袋鼠、4 只鸵鸟、6 只仙鹤、8 只鹿、14 只天鹅、38 只猴等，林林总总，装了 59 个笼子。

考察团回国后上奏朝廷：“各国导民善法，拟请次第举办，曰图书馆，曰博物馆，曰万牲园，曰公园。”随后，清廷责成学部承办，命各省兴办图书馆、博物馆、公园、动物园等。从外国带回的那些动物，后也被安放在北京新建的万牲园中，算是中国最早的动物园。随后，各省也积极筹建图书馆、公园等公共设施，而这些社会文化事业的进步，和五大臣出洋考察不无关系。

五大臣出洋考察是清朝末年难得的一抹亮色，曾给沉沦的中国人带来了无限的希望和遐想。这次出洋考察，清廷事实上承认了西方文明在政治制度上的优越性。1906 年 9 月 1 日，清廷正式宣布预备立宪，终于迈出了清廷乃至中国历史转型的第一步。但令人遗憾的是，清朝末年各种矛盾的纠葛和皇族亲贵的倒行逆施，使清廷这 10 年来新政和立宪的一切努力，最终付诸东流。这所有的一切，伴着宪政考察的曾经梦想，渐行渐远，终成挽歌。

二三 科举残梦：旧秀才与洋进士

庚子年后，张亨嘉以光禄寺卿充大学堂监督。有人问及中西学优劣，张亨嘉曰："中国积弱至此，安有学？即有学，安敢与外人较优劣？假而甲午争朝鲜，一战而胜日；戊戌援胶州，再战而胜德。诸夷伎足东望，谓中国之盛由人才，人才出科举，欧美各邦将有效吾楷折八股而立中华学堂者矣！"愤激之辞，以诙谐出之，闻者莫不倾倒。

戊戌变法期间，康有为等维新党人提出"废除八股，改试策论"，尚未触及科举存废本身，已激起了士人们最强烈的反抗。如唐德刚所言，科举考试乃涉及"数百翰林、数千进士、数万举人、数十万秀才和数以百万童生"的荣誉和进身之道，康有为考中进士不过数年，却企图将这一数以千万人已为之奋斗或正为之奋斗的制度废除，这意味着什么？这意味着这些人所做过的努力将付诸东流，如今说取消就取消，这笔账又如何算？

果不其然，消息一传出，天下的读书人一个个激愤异常，口诛笔伐不算，据说直隶的一些士子甚至打算对康有为行刺，从肉体上消灭这个"名教罪人"。这样的结果，恐怕是康有为等人始料未及的。

1904 年 7 月，清廷按常例举行甲辰科会试，由于次年宣布废除科举，因而此次科考成为中国历史上最后一次科举考试。值得一记的是，这次殿试的前三名为：状元刘春霖、榜眼朱汝珍、探花商衍鎏；最后一次的进士则有以下名人：谭延闿，三十五名；蒲殿俊，四十一名；陆光熙（陕西巡抚陆钟崎之子），六十二名；沈钧儒，七十五名；黄远庸，八十名；汤化龙，一〇八名；张其锽，一一二名。

就在同一年，日俄战争爆发，两个强盗在中国的大地上大打出手，主人却只能无奈又颇为无耻地高挂"免战牌"，宣布在这场令国人蒙受耻辱的战争里"严守中立"。无论谁是这场战争中的赢家，清廷这种夹起尾巴做人的"鸵鸟政策”都将令后人感到羞耻。

清末新政以后，各省普设新学堂，“时局多艰，储才为急”也成为朝中大员与各省疆吏们的共识。痛定思痛之下，旧科举的不合时宜及与新学堂的抵触显得格外鲜明，“东西各国富强之效，无不在于学堂”“设学堂必自废科目始”，科举制度也就此走到了终点。

1905 年，直隶总督袁世凯会同盛京将军赵尔巽、湖广总督张之洞、两江总督周馥、两广总督岑春煊、湖南巡抚端方联衔会奏，以科举“阻碍学堂，妨碍人才”为由，“请宸独断，雷厉风行，立沛纶音，停罢科举”。诏书一纸，乡试、会试、科考、岁考一律停止，行之千年的科举制终于寿终正寝。

屡试不第的山西老举人刘大鹏虽早已放弃功名仕进，但他在听说废除科举已成事实后，仍旧有一种天崩地裂、万念俱灰的痛感。在 10 月 17 日的日记中，刘大鹏写道：“甫晓起来心若死灰，看得眼前一切，均属空虚，无一可以垂之永久，唯所积之德庶可与天地相始终。但德不易积，非有实在功夫则不能也。日来凡出门，见人皆言科举停止，大不便于天下，而学堂成效未有验，则世道人心不知迁流何所，再阅数年又将变得何如，有可忧可惧之端。”

数日后，刘大鹏又写道：“昨日在县，人皆言科举一废，吾辈生路已绝，欲图他业以谋生，则又无业可托，将如之何？吾邑学堂业立三年，而诸生课业尚未曾废，乃于本月停止，而寒酸无生路矣。事已如此，无可挽回。”之后数月中，刘大鹏仍感慨万千，不能释怀：“科考一停，同人之失馆纷如，谋生无路，奈之何哉？”“顷闻同人失馆者多，家有恒产尚不至于冻馁，若籍舌耕度岁者，处此变法之时，其将何以谋生乎？”

精神的幻灭尚在其次，失业导致的生计之压力才是最痛楚入肤的。科举再无复活之可能，已入仕的上层士绅固然无碍，那些有势力或有金钱者也可以利用自己的资源抢占新学堂和留学带来的好处，唯独那些已从事举业而未成功、年龄偏大不易改行且家境困窘的童生、生员甚至举人，这些散居于农村的旧士绅，他们的利益受损又有谁来关心？

次年 3 月，刘大鹏听说昔日的旧友塾师因失业而陷入“仰屋而叹无米为炊”的窘境后，不免叹息：“嗟乎！士为四民之首，坐失其业，谋生无术，生当此时，将如之何？”半月后，刘大鹏愤愤然写道：“当时弊政莫甚于卖官鬻爵，乃新政既行于今五年，依旧捐纳实官未曾停止，令人莫解。维新之家动曰除弊，卖官之弊何以不除耶？”

历史的车轮滚滚向前，顺之者昌，逆之者亡，清末科举制度的废除把士子们推向了时代的洪流，不管你是惶恐，还是哀怨，或者愤懑，这终究是不可改变的历史定数。所幸的是，清末新政的决策者们比当年的维新派要老练成熟许多，在废除科举的同时，清廷也及时采取了逐步替代的补救措施，以解决读书人的出路问题。

1906 年，清廷颁布《举贡生员出路章程》六条，以广开门路，尽量安排原有的贡员、举人和生员，稳定上了年龄又难以接受新式学堂的那部分士人。另外，按《各学堂奖励章程》，朝廷对中学堂以上的各级毕业生分别奖与相应的科名，如通儒院毕业奖与翰林出身，大学堂毕业奖与进士出身，高等学堂毕业奖与举人出身，中学堂毕业奖与优拔等贡生。这些举措让那些士绅得到些许慰藉并机敏地停止了抵抗，转而积极投身于新学堂，以此来弥补他们在功名上的损失。

在张之洞、张百熙、荣庆等人的努力下，清廷于 1904 年制定近代第一个系统学制（因当年为癸卯年，亦称“癸卯学制”），在这个以日本模式为主的新教育体制中，全国学堂分为基础教育和职业教育，其中基础教育分为三等七级，即初等教育（包括蒙养院、初等小学堂和高等小学堂）、中等教育（中学堂）和高等教育（包括高等学堂、大学堂和通儒院）；职业教育则包括师范教育、实业教育和特别教育等。就内容层次而言，“癸卯学制”已非常接近现代社会的教育体系，这也是中国向近代转型的重要一步。

1905 年 12 月，作为中央教育行政机构的学部正式成立，在传统六部之一的礼部被削弱的同时，学部执掌教育并将其职能大为扩充。新教育铺开后，其成效不可不谓显著，据宣统元年（1909 年）《第三次教育统计图表》中的数据，1904 年全国学堂总数为 4222 所，学生总数为 92169 人，而 5 年之后，全国学堂已扩至 52348 所，学生增至 1560270 人，发展之速，可谓惊人。郭廷以在《近代中国史纲》中具体列出：1909 年全国高等学堂学生 4000 余人，专门学堂学生 2 万余人，普通中学堂学生 4 万余人，实业师范学堂学生 4 万余人。以此计算，则中学堂以下学生占了大多数。

初级学堂及学生数量的激增，既与教育新政铺开未久相关，也与清廷颁布的《议定强迫教育办法十款》有莫大关系。“强迫教育”类同于现代的义务教育，该办法从劝导入手，要求各省会至少设蒙学堂100处，每堂至少50人；各州府县至少设40处，学童至少2000人；幼童最迟到10岁必须入学，如一年后尚有未入学者，按荒学律惩其父兄。尽管该办法未必能得到百分之百的执行，但其强度可想而知。

1909年6月，山东巡抚袁树勋专折上奏，请求朝廷对“行乞三十年，兴学三州县”的“义丐武训”进行表彰；1911年5月，江苏川沙厅已故职商杨斯盛因“倾产兴学”而被清廷下令“付史馆立传，并赠盐运史衔”。清廷的鼓励与提倡，无非是要在民间树立“兴学育才”的风气。

新教育以西学为先，张之洞也在《劝学篇》中极力称赞留学外国效果好，说“出洋一年，胜于读西书十年；入外国学堂一年，胜于中国学堂三年”，而“留学之国，西洋不如东洋，以路近费省，文字易晓，西书多已删繁存要；中、日情势风俗相似，不难仿行”。在其影响下，时人出国留学的首选地便是日本，而当时的日本驻华公使矢野文雄也在其中大力推动，并称愿为每年接纳200名学生前往日本提供便利。

1903年4月的《游学译编》（第六册）曾发表一篇妙文，其中谆谆开示：“当今科举，作为三届裁完。已中式之进士，须入大学堂卒业，然后选官……出洋学成，量与出身，已见明谕。宦达之路，利禄之路，学问之路，名誉之路胥于是乎在。我父老试思：与其以家居求之也，较之航洋求学者之进取为如何？夫得一秀才，得一举人，得一进士翰林，无论今日已作为废物……今出洋求学可得富贵名誉，较之一秀才、举人、进士、翰林不能必得，得之亦为幸，而又与学问无关系者，相去远矣。”

为解西学人才之匮乏，清廷积极推动官费留学、鼓励自费留学，对学成回国的留学生，经考核合格分别赐给进士、举人、贡生等相应出身，并在用人时予以优先任用。一时间，海外留学掀起热潮，而其中又以留学日本的为最多。

古有遣唐使，今有留日生。庚子年前，留日学生极少，1896年不过10余人，庚子年后也不过数百人，但1905年日本战胜老牌帝国沙俄与废除科举后，留日人数陡然激增，1905 年及后两年均达到 8000 人，1906 年甚至接近 1 万人，因人数增加过快，当年有 3000 多人无法正常入学（均为自费生）。由于日本的教育机构无法接纳潮涌般的中国学生，而留日速成生的质量颇有欠缺，学生间又有革命风潮，日本文部省后来颁布《取缔中国学生规则》，严格本土留学机构的招生及教育，加之清廷停派速成生等因素，1908 年后留日学生锐减为 4000 人并渐趋下降，留学日本之热潮也就此降温。

日本的学问体系主要来自欧美，当时也有选择留学西洋的中国学生，但人数远不及日本。19 世纪 70 年代，中国曾从福州船政学堂中选派部分毕业生前往英国学习海军，也曾选派了数批幼童前往美国留学，后因各种原因撤回。同一期间，在华教会曾选派了一些中国青年前往欧美留学，但人数不多。19 世纪 80 年代后，李鸿章选派段祺瑞等 4 人前往德国学习陆军（荫昌比之更早），人数更为有限。直至清末新政，清廷和各省均选派了一些留学生前往英、法、德、俄、比等国学习，人数有所扩大。

特别值得一提的是，美国在 1908 年后将庚子退款用于资助中国选派的留美学生，平均每年 60 名。为此，在北京西郊清华园还设立了游学肄业馆（后改名清华学堂，即清华大学前身），专门负责选派赴美留学生。民国后，此制度并未因清朝覆亡而终止，庚款留学（留美、留英等）在二三十年后结出硕果，民国的很多大师如胡适等均出自于此。

实事求是地说，留学欧美的人数虽少，但质量却远高于留日学生。郭廷以在《近代中国史纲》中指出，留日学生中“已入学者半数为各省公费生，习师范、政治速成科者百分之六十，习普通科者百分之三十，入高等、专门学堂者百分之三四，入大学者百分之一”。比较而言，留学欧美的中国学生大都完成了大学教育，其中拿到博士学位的不乏其人（如施肇基、陈锦涛等），而留学日本的中国学生虽然人数众多，但博士却寥寥无几。

1905 年 6 月，学部举行首次游学毕业生考试，通过者分别授予进士和举人功名。据本次高中的曹汝霖回忆，学部尚书张百熙“以学者从政，罗致人才，尤重视留学生，特议考试留学生，以备任用。第一次应试者，只有十四人，西洋留学生，无一应试。第二次人即多了，西洋学生应试者亦多，颜惠庆等即是第二次应试者。考试留学生分两次，第一次在学务处，及格者再行保和殿试……此次学务处考试，即等于会试，由于晦若（式枚）、王书衡（式通）两先生监试，特别优待，中午备席（第二次即没有这样优待）。试题为一论一策，皆关于新政，惜不能记忆，试后一榜皆及第”。

曹汝霖忘记的题目分别为“楚庄王日训国人申军实论”及“两国交战，局外之国不得干预，谓之局外中立。局外中立国与交战国之间其权利义务若何？试据学理，并参各国成例评论之”。前者为传统题，后者为新学。

曹汝霖对考试过程记忆犹新：“越数日，即行殿试，悉循科举制，黎明应考者即集左角门，各携考试用具，并掮一可折的矮几。点名后入保和殿，殿铺藏毡，将矮几展开，席地而坐。有顷，监试大臣二人入场。少顷，钦派阅卷大臣三人，手捧钦命试题同试卷，分各生每人一份。分发毕，阅卷大臣即退，只留监试大臣……午膳各带点心。到申刻，监试大臣即说，快交卷了，不能继烛。有的早已交卷。越二日发黄榜，张于左角门外，一榜尽赐及第，唯分一等为进士，二等为举人。”

考试结束后，曹汝霖等人经引见后授职：“一等者授翰林检讨、主事、内阁中书，二等者授七品小京官、县知事。吏部定日引见，在颐和园仁寿殿，御案移近殿门，引见者站在陛下，上下都能看见，每人高声自背履历，慈禧太后坐中间，光绪皇帝坐于左侧。揣引见用意，要观其容，听其声，察其举止而已……那次引见，共十四人，由吏部员司引导列为一排，第一为金邦平，第二为唐宝锷，余排在第三，只听得金君朗背，金某年几岁，戛然而止，唐即接背广东香山人……余授职主事，归商部候补，主事六品奏任官。”

曹汝霖毕业于东京法学院，卒业于早稻田大学政经科的陆宗舆也参加了此次考试，被奖予举人出身，以内阁中书用。后来的同道中人撰有《日本游学指南》，影响颇大的章宗祥则先是留学于东京帝国大学，后获明治大学法学士学位，回国后虽未参加留学生考试，但被特赐进士出身。在科举制被废弃之后，新的进身之路却假借传统的功名重新复活，只是规模已远不能与之前的科考相比，像在清末官场崛起的曹汝霖、陆宗舆、章宗祥三人，无疑是其中的获益者。

被曹汝霖在回忆录中点名的颜惠庆参加了第二次的游学生考试。据其回忆，当时的主考官为唐绍仪，副考官为严复与詹天佑。严复为当年选派留英学习海军的福州船政生，而唐绍仪、詹天佑均为当年的留美幼童，后者系耶鲁大学毕业。

这次考试中，耶鲁大学博士陈锦涛名列第一，毕业于弗吉尼亚大学的颜惠庆列第二，其弟颜德庆（毕业于利哈伊大学）列第四，毕业于康奈尔大学的施肇基列第五，前十名均被授予进士出身，且大多为美国大学毕业。其余40多人，名列二等，均授予举人出身，其中多为留日学生。与曹汝霖这批活跃于官场的留日生相比，颜惠庆这批人大多活跃于外交界。

这次考试尚有一花絮，当时名列前十的有两位牙医，其中一位本职为内科医生，牙科只是其副业，而另一位则是单纯的牙医。总理大臣庆亲王奕劻认为，进士头衔只能授予读书人，像牙医这样的方术之士根本没有资格跻身此列。因此，前者获得进士出身尚可，后者只能屈居二等，授予举人头衔。

对此，旧士绅们大为不满。《国乘备闻》中记载了这么一段："王闿运晚年被荐，特旨授检讨，已七十余矣，时科举早废，游学生返国试高等，有牙科进士亦同时授馆职，王闿运因撰联自嘲云：'愧无齿录称前辈，幸有牙科步后尘！'"言谈之中，对此等新科考颇有鄙视。

蒋梦麟也曾说过这样一个"笑话"，有一次他与陈独秀谈天说到秀才，陈独秀是秀才，蒋梦麟也是个秀才。陈独秀问蒋梦麟："唉！你这个秀才是什么秀才？"蒋梦麟说："我这个秀才是'策论秀才'。"陈独秀说："那你这个秀才不值钱，我是考八股时进的'八股秀才'。"蒋梦麟听说后便向陈独秀作了一个揖，说："失敬，失敬。你是先辈老先生，你这个'八股秀才'的确比我这个'策论秀才'值钱。"

原来，鼎革之际的清末秀才也分两种：一种是考八股时进的秀才，称为"八股秀才"；另一种是庚子年后科举考试废除八股改考策论时进的秀才，称为"策论秀才"。后者因偏于洋务西学，古典根基不如前者，因而常被人认为学问不够，蒋梦麟所记载的虽系笑话，却也非凭空杜撰。

二四 不道德的收入：清末禁烟的悖论

1903年初夏，翰林学士恽毓鼎奉命前往开封充任癸卯科同考官。返京路上，他惊讶地看到，黄河沿岸竟然种植着绵延连片的罂粟。在色彩黯淡的豌豆或麦田的衬托下，那些罂粟花开得如此艳丽而惹人注目，让恽学士忍不住赋诗一首："晓渡黄河走转车，离家较近转思家。南风十里鸳鸯锦，开遍连畦罂粟花。"

7年后，美国社会学家罗斯也在陕西看到类似的情形，"成片的罂粟花长得如火如荼，异常耀眼。它们的主色调是雪白色，花冠则五颜六色，有紫色、粉色、深红色、猩红色、红宝石色，这些颜色点缀在白色罂粟花上，五彩缤纷，煞是好看……它们就像是技艺高超、美艳绝伦的美女蛇，引诱驱使着众多的追随者""罂粟花在阳光下摇曳生姿，鸦片种植的繁荣，让人丝毫不会觉察这个国家的暮气沉沉"。

罗斯还观察到，每到罂粟成熟的季节，农民总是先用小刀把球状的罂粟果划开一个口子，然后牛奶一般的汁液就会从小口子渗出；一两天后，汁液会变成棕黄色的胶状物，把这些东西刮下来，就是"原生"的鸦片——事实上，这种未经加工和提纯的鸦片本身就是一种毒药。与粮食作物相比，罂粟的产量十分有限，每英亩只能产几磅鸦片而已（一磅为453克，合不到一斤），但到鸦片出售时，每磅可以卖到2—10美元，是种植小麦收入的数倍。

鸦片属初级毒品，因产地不同而颜色或有差异（黑色或褐色），其外观与气味并不讨人喜欢，初提炼的生鸦片会有一种强烈的氨味（或可称之为陈旧尿味），往往令人作呕；但经烧煮与发酵后，被制成条块状或饼状的熟鸦片则呈棕色或金黄色，而且吸食时会产生一种香甜气味，令人醺醺欲醉。

道光时期，尚未等鸦片战争开战，全国各地早已是烟馆林立，上自王公大臣，下至普通百姓，吸食鸦片竟被视为富贵荣华的标志，就连道光皇帝，也一度沾染成瘾。道光在《赐香雪梨恭记》中说："新雪初晴，园林风日佳丽，日食微研朱读史，外无所事，倦则命仆炊烟管吸之再三，顿觉心神清朗，耳目怡然，昔人谓之酒有全德，我今称烟曰如意。嘻！"

后来，道光发现吸食鸦片费用甚大，而他又是"史上最吝啬的皇帝"，于是将烟膏毁弃，并处死了最早进烟的太监。戒除烟瘾后的道光不无担忧地说，此物如不禁绝而任由它流行于内地的话，不但亡家，实可亡国！

"禁烟"并非始于道光，早在林则徐虎门销烟之前，雍正朝即有规定，私开鸦片烟馆、引诱良家子弟者，比照邪教惑众惩处，最高可处绞监候。但荒唐的是，严刑峻法下的鸦片非但屡禁不止，反而随着两次鸦片战争的战败而泛滥成灾。据统计，1856 年从境外输入的鸦片价值 3500 万银圆，至最高峰的 1879 年达到 94835 箱，合 1312 万英镑（约 5200 万银圆），而上海滩的怡和洋行和沙逊洋行，当时都以贩卖鸦片而闻名。

"洋药"（进口鸦片）潮水般涌入的同时，作为货币使用的白银则不断外流，这对于一个"银本位"国家来说可不是什么好事。为此，清廷想出了一个"进口替代"的高招，那就是准许本国种植罂粟。这样的话，"内地之种日多"，"夷人之利日减""迨至无利可牟，外洋之来者自不禁而绝"。在此思维启发下，就连林则徐也在道光二十七年（1847 年）改变了之前的强硬主张，其认为，"内地栽种罂粟，于事无妨……若内地果有一种芙蓉胜于洋贩，则孰不愿买贱食"？

背离了保护国民身体素质的基本宗旨，清廷的"禁烟"政策也就变成了防止白银外流乃至于"与洋争利"的经济手段，开禁也就是迟早的事了。"烟禁"放开后，一些适合种植鸦片的地区为追逐丰厚利润而改种罂粟，很多肥沃的"生谷之土"被挤占，而在大量土烟涌入市场后，鸦片价格随之下降，这又导致吸食者成倍增加。

湘军大佬，曾任多省督抚的曾国荃对此极为痛心："以前力耕之农夫，决无吸食洋烟之事。今则业已种之，因而吸之，家家效尤，乡村反多于城市。昔之上农夫，浸假变而为惰农矣；又浸假而为乞丐、为盗贼矣。"

从鸦片战争结束到清末禁烟，鸦片在中国已弛禁半个多世纪。据《剑桥中国晚清史》的统计，鸦片贸易在鸦片战争前占到中英贸易的一半以上，而在整个 19 世纪，鸦片是世界贸易中交易金额最大的单宗商品。与此同时，国内鸦片种植也十分普遍，据 1906 年的统计，全国共播种罂粟近 1800 万亩，占当时全国总耕地的 1.5%，而在部分地区，如四川、云南、贵州三省，罂粟种植面积占到全部可耕地面积的 8% 以上。

以四川为例，当时“川东无处不种罂粟，自楚入蜀，沿江市集卖鸦片者，十室中不啻六七”；川土“行销湘、鄂、陕、黔等省，道途数千余里”，而在清廷宣布禁烟的前夕，四川“有四十余州县，除边厅者，向资罂粟为生计”。光绪年间，云、贵、川三省的土烟产量最高，其原因有二：一是当地罂粟种植的收益远高于粮食种植，二是西南地区多山地而少良田的自然条件。

鸦片经济的繁荣与众多的吸食者互为因果。据统计，1906 年全国鸦片产量约 5800 万斤，鸦片吸食者超过 2000 万人，而在部分罂粟种植区，由于鸦片十分便宜，以至吸食者众多，如四川、甘肃等地，近半甚至超过四分之三的男人都吸食鸦片，而女性也为数不少。有一些地方，人们讨论婚嫁时，最需要了解的细节竟然是这个家庭中拥有几杆烟枪！

清末新政后，国内对革除鸦片陋习的呼声日益高涨，经反复争论后，清廷最终于 1906 年 9 月 20 日颁发“禁烟上谕”，宣称在“十年以内，将洋、土药之害，一律革除净尽”。当年 11 月 30 日，会议政务处拟定《禁烟章程》十条，其中对禁吸、禁种、禁运等各项举措作了具体规定。1908 年 4 月，清廷委派恭亲王溥伟充任“禁烟大臣”，以示重视。

鸦片吸食者中，有很大一部分人是各级官员与随从者，鸦片战争之前即有人估计，京官中吸食鸦片者占十分之一，地方官中则有十分之二三，至于“刑名钱谷之幕友，则有十分之五六，长随、胥吏更不可胜计”。或许是出于表率作用或改善政府形象的考虑，清末禁烟的最大亮点即在于，禁烟从官员开始。

按《禁烟章程》第九条的规定，凡 60 岁以下的官员限 6 个月戒断（此条同样适用于学堂教习、军官、士兵、学生等），否则即要辞去公职。为此，各省先后设立禁烟局所 52 处，并令各级官员、有职人等分期调验。这种专门的检查场所，生活必需品一应俱全，唯独没有鸦片供应，受验人员必须在这里待满 3 天，才算通过。据报告，到 1911 年 4 月 20 日，京内各衙门已戒断者近 5400 人，因“戒烟不力”而被“革职休致”或自请开缺者达 290 人，更有 136 人“因戒吸而病故”。

清末禁烟的另一大突破是通过外交谈判与英国达成协议。自 1907 年开始，英国承诺每年自印度输入中国的鸦片数量减少 10%，如清廷在其后 3 年的禁烟成绩有重大进展，英国将继续减少进口（如无进展，中国需赔付英国此前损失的 3 倍）。1909 年 2 月，清廷在上海主办了世界上第一次国际禁毒会议——“万国禁烟会”，会议地点设在外滩最豪华的汇中饭店，当时有来自中、美、英、法、德、俄、日、意等 13 个国家的代表出席会议。作为会议的重要成果，本次“万国禁烟会”直接催生了首部国际禁毒公约——1912 年《海牙禁止鸦片公约》。

在 3 年试验期即将到期之时，清廷于 1910 年与英国重开谈判，但英国人对中国的禁烟成果将信将疑，迟迟不肯兑现之后 7 年内停止向中国输入鸦片的承诺。为调查清廷的实际禁烟情况，英国外交部委派资深外交官谢立山展开实地考察。从 1910 年 5 月到 1911 年 5 月，谢立山用一年的时间走访了山西、陕西、甘肃、四川、云南、贵州 6 个主要鸦片种植省份。在其后提交的评估报告中，谢立山认为，“山西实际上已完全停止了罂粟种植，陕西罂粟种植减少大约 30%，甘肃种植减少不到 25%”“云南全省自从采取禁烟措施后种植减少大约 75%”“贵州鸦片种植也减少 70%”。

随着国内禁除鸦片呼声的高涨，资政院在首次年会上通过决议，奏请清廷于 1911 年 1 月 29 日全面禁止鸦片种植，并全面禁止鸦片进口。该决议通过的次日，清廷外务部向英国驻华公使朱尔典提交备忘录，其中特别强调，如果中国彻底禁绝本土鸦片而英国仍向中国出口鸦片的话，这不但有违公平，而且是不道德的。在国内外舆论的压力下，英国最终同意继续减少鸦片出口，并于 1917 年全面停止对华鸦片贸易。

清末禁烟取得了一系列的成果，但其背后也不乏艰辛。鸦片祸国殃民，其危害人尽皆知，但半个多世纪的弛禁使一些地区已对鸦片种植产生了严重的经济依赖，禁烟的直接后果是地方财政收入锐减，鸦片产业中的许多人失去经济来源，其中尤以烟农最为突出。对烟农来说，如果“易烟而谷，其利入不十之一”“既不足以赡其身家，且农具牛种早已荡然”。

从长期说，禁烟对整个国家、整个民族都是有益的，但就短期而言，但凡禁烟严厉的地方，通常都伴有各种反抗，其中不乏激烈之举。据《东方杂志》报道，禁烟令下发之后，各地烟农纷纷起而抵制，如四川眉州，烟农“群起反对，竟将局署围攻打毁，地方匪徒，乘机起乱”；河南汝州、陕州一带，“因委员禁拔烟苗，大滋乡民之怒，当时委员敷衍了事，仅将道旁各处烟苗拔去销差，不意今年该处所种较去年又多数倍，地方官虽出示禁止，而该乡民以性命相拼，致死不拔”“省台委人前往禁止烟馆，拔去烟苗，委员甫到该处，即为乡民所知，聚众违抗”。

禁烟过程中，激起民变甚至打杀官员的事件屡见不鲜，如陕西凤翔府、眉县等地的知县下乡禁烟时，往往受到烟农的围攻乃至追打；甘肃皋兰县强迫烟农拔除烟苗时引发事变，兰州知府甚至因禁烟而导致全家被杀；陕西武功县的烟农们敲锣打鼓，拿着铁叉镰刀逼退了禁烟的官员和随从们；山西太原更是发生流血事件，禁烟官员被阻后，协助禁烟的清军士兵使用空心子弹进行恐吓，但此举遭到了农民们的嘲笑，结果士兵们用实弹打死了 50 多位受害者。悲剧发生后，一些带头抵抗或肇事的农民再次被杀。

在官方压力下，农民也有变通办法，他们往往会把罂粟苗转移到离道路较远的地方，以逃避官府的检查。事实上，很多地方官也不能和老百姓过于为难，因为一旦激起民变的话，自己头上的乌纱帽往往难保，而烟农也多苦苦哀求，希望地方官行行好，至少也要让他们把这一季种完。再者，禁令本身也可以权力寻租，其中即有一些官员被烟农或鸦片商买通，他们在睁一只眼闭一只眼的同时趁机中饱私囊。

不管怎么说，清末禁烟在短短的数年间还是取得了显著的成果。禁烟后，随着小麦稻谷种植面积大大增加，粮食供给变得充足，而被鸦片挤占的商业也在恢复。以甘肃为例，内地商人之前往往来此收购鸦片，而禁烟后则改为羊皮、猪鬃等。作为禁烟成效的另一个证明是，鸦片价格在此期间连翻数倍，据说四川奉节县（今属重庆）因远离总督府而禁烟松弛，大约有五分之四的耕田都种了鸦片，结果那些滑头的烟农狠狠发了一笔横财。

作为一项“善政”，清末禁烟却引发了另一个“恶果”，那就是大大加剧了清廷财政上的危机。庚子年后，由于推行新政和外加各项赔款，清末财政已是捉襟见肘，而禁烟更是令其雪上加霜。据统计，在禁烟政策实施前，清廷每年从洋土药所得收入高达1000万两（含进口鸦片的进口税、土药的厘金、烟亩捐等），占清廷财政收入的8%左右（而据何启、胡礼恒在《新政真诠》中的说法，很多土药的收入实际上被地方政府隐瞒，如果算上这笔收入的话，很可能是2600万两而不是1000万两，另外还有一些更高的说法）。

为弥补因禁烟而导致的财政损失，清廷想方设法另开税源，譬如推行印花税、盐斤加价等，但这些远远不能堵住由此带来的财政窟窿。为此，地方督抚们也是绞尽脑汁，掘鼠罗雀，如云贵总督沈秉坤开矿增收，广西巡抚张鸣歧请收宰牛之税，四川总督赵尔巽拟抽肉厘，江西巡抚冯如骙对出口之米征税，等等，不一而足。

清末新政中最重要的一项要务是练新军，而很大一部分军费是来自于鸦片税款。以张之洞创办的湖北枪炮厂为例，在1895—1905年，其经费有30%来自于鸦片税，而禁烟令后，来自鸦片税的经费下降为13%，结果导致原本可以生产出世界最新式枪炮的兵工厂最终难以为继，停滞不前。

在严重的财政困难下，各省不得不削减用于军队的开支，而这又招来了军界人士的极大不满。1910年10月，被派往江宁陆军中学学习的第九镇军官被宣布只发给七成薪俸时，学员们的情绪十分激愤。1910年底，湖北宣布削减新军开销，总数达56万两。军人对此表示抗议，有的甚至带着武器离开了军营（一条步枪可卖数十两银子）。1911年，清廷已无可能足额发放官兵们薪俸，于是在当年5月宣布各级军官的俸银削减40%，这无疑是新军军官们在辛亥年与清廷离心离德的一大原因。

正如历史学者田海林指出的，清末禁烟新政搞得越好，清王朝就覆亡得越快。作为悖论的是，清廷既要禁烟，又要依靠鸦片收入输血，其厉行禁烟，原本是想通过禁烟洗刷污垢的政治形象，但断绝鸦片税收，也就等于拔掉了其赖以苟延残喘的输血管。这种做法，无异于快速自尽。

更可悲的是，各项禁烟举措包括禁止鸦片进口在辛亥革命爆发后陷于停滞，革命政府威胁列强不得援助清廷，也不得在革命之后再与清廷签订任何协议，否则视为敌对革命。但革命党的警告没能阻止列强代表于 1912 年 1 月 23 日在海牙签订《万国禁烟公约》，清廷代表梁诚正式参加了签字仪式。当然，这主要是中国禁烟运动的胜利，而不仅仅是为了避免清王朝“不光荣的死亡”。

二五 钱是万能的：赤字财政逼倒清廷

历史学者王树槐在《清末民初江苏省的财政》中说，“财政为行政之母，财政不健全，行政则无从发挥其功能。近代政治革新，社会福利措施，经济发展，无不以财政之健全与否为成败之关键：一在办事非钱莫行，一在筹款必有良方。近代中国政治、经济之失败，原因固多，而财政尤为其重要原因，清末如此，民初亦然”。

自康熙朝以来，清廷即以“永不加赋”为国策，但在“不加赋”的前提下，清廷只能维持一个不作为或少作为的“小政府”，这在19世纪这样一个弱肉强食的国际社会中，显然不合时宜。大体上说，中国的传统政治是一种“小政府、大社会”的模式，而所谓“中央集权”也只在中央这一层面上才是真正的集权，地方上则是一种相对放任的半自治模式。

实事求是地说，这种政治模式的运作成本和资源需求都不高，因而不需要大量征收赋税，这对于传统的农业社会来说未尝不是一个合理的选择，但在鸦片战争之后的大变局及列强的重重压迫下，1901年后开始的清末新政以极快的速度演变成为一场全方位的改革，而各项新政举措的重大开支与传统的赋税状况产生了极大的冲突，由此对清末社会造成了深远的影响。

钱不是万能的，但搞新政、练军队、办实业、兴学堂，还有警政、地方自治，等等，不管主事者抱着什么样的美好愿望和善良动机，没有充足的资金保障，终究什么都办不成。所幸清末新政的“总规划师”——张之洞与刘坤一这两位老成之臣在《江楚变法三折》中即附有一篇专门论及办理新政如何筹集巨款，实属先见之明。

咸丰时期，为扑灭起事的太平军、捻军，国库告罄，国力凋敝，直至同治、光绪年间近30年的恢复，清廷的财政收入才勉强恢复到8000万两左右的规模，但除去各项开支后，每年所剩不过数百万两甚至不敷使用，有时甚至要靠短期借债方可度日。

据不完全统计，慈禧太后在庚子年前的主政时期，清廷的财税收入仅占全国 GDP 的 3%（不容忽视的是，因地方上的各种陋规及腐败，老百姓的实际负担又远远超过 3%），其中还有很大一部分是靠总税务司赫德主管的海关所缴纳。中央财政极其有限的财税收入，不免令洋务运动大打折扣，光打造一支北洋水师就历时 10 余年，其间资金腾转挪移的辛酸，恐怕只有李鸿章这样的主事者心里最清楚。

清末推行新政的时机并不算好，仅“庚子国变”所闹下的巨额赔款，已足以令清廷喘不过气来。但在“不变亦亡、亡国亡种”的压力下，清廷为推行新政，也只能以“赤字财政”作为代价。据周育民《晚清财政与社会变迁》一书中的统计，1903 年清廷的财政收入为 10492 万两，支出为 13492 万两，当年赤字 3000 万两；到了 1910 年，累计的赤字已达 8000 万两，而后一年（1911 年）的预算收入为 29696 万两，预计支出为 33865 万两，当年的预计赤字就高达 4000 万两，如果加上历年的累积赤字，几乎占到了当年预算收入的一半。从这些数字可以看出，清廷最后 10 年的财政收入有了极大幅度的增长，但支出的数额却更大，这显然是一个不容忽视的大问题。

自古以来，各朝代均奉行重农抑商、压抑私人资本的政策，商业发展水平缓慢迟滞，新政推行后，发展经济把蛋糕做大即成为当务之急。在晚清状元、实业论者张謇等有识之士的大声疾呼下，奖励实业、扶植工商的政策依次出台，1903 年更是新设立了商部。商部宗旨在于保护与开通工商实业，在朝中各部中的地位仅次于外交部，这也是中国历史上政府首次公开扮演倡导与奖励实业的角色。

为促进工商实业的发展，商部特意出台政策奖励有特殊贡献的工商业者，如能制造轮船、火车、铁路桥、发电机及对探矿、冶炼、水利、垦殖等有突出成绩者，还有创办农工商矿或经营公司确有成效者，“即各从优奖励”。清末的最后 10 年中，朝廷鼓励工商实业的政策取得了相当成效，自 1902—1911 年，中国自行创办了超过 330 家厂矿，资金量达 7000 多万两（军事工业除外）。

与 1901 年前的 20 多年（洋务运动时期）相比，这 10 年的厂矿增加数是过去的两倍，资金则增长了一倍多，进步可谓迅速。在这些厂矿中，民营厂矿约80家，为过去20年的8倍，其中涌现了一大批民族资本家，近代知名的企业如张謇的南通大生纱厂、孙氏兄弟（孙多松、孙多森）的上海阜丰面粉公司、荣氏兄弟（荣宗敬、荣德生）的无锡茂新面粉公司，均为当时创办。

据汪敬虞在《中国近代工业史资料》中的统计，清末实业投资的规模也有了大幅度的提高，如1895—1898年，投资万元以上的新设厂55家，而1904—1910年，投资万元以上的新设厂276家，其数量远高于此前。另外，清廷制定《矿务暂行章程》后，各地掀起了兴办矿业的热潮，在1904—1910年就新建矿48家，超过了以往的任何时期，而在交通、商业、金融等领域，民族资本也得到了明显的发展，由此也创造了各种各样的就业机会。杨诠在《五十年来中国之工业》中，将清末10年称为"中国政府奖励工业最力之时代""最热心奖励工业的时期"。1895—1913年，中国民族资本工业达到年均15%的增长速度，比第一次世界大战期间还略高一点，称之为"黄金十年"，也不为过。

实业的振兴对清廷财政收入的增长起到了相应的拉动作用，到1911年前后，全国财政收入接近3亿两（1885年为7700万两），其中农业税增至5000万两（1885年为3000万两），各种杂税约为4500万两，商税则超过2亿两，成为政府财政收入的主要组成部分。

财税的迅疾增长固然史无前例，但随着清末各项新政的逐次铺开，财政支出的日益扩大，整个帝国的财政情况仍不容乐观。清末10年中，中央财政赤字已是见怪不怪，各省财政状况也大多出大于入，譬如1909年，奉天岁入580万两，岁出940万两；吉林岁入180余万两，岁出450万两；黑龙江岁入90万两，岁出200万两；山东每年亏空150余万两等。在财政匮乏的各省中，支大于收在百万两以上的有贵州、江苏、安徽、福建、广西、湖南、云南、江西、湖北、四川10省。严重的财政赤字使各省督抚们在谈及财政问题时无不摇头叹息，"支绌"二字几乎成为他们的口头禅。

清廷及地方各省为推行新政而征敛无度，进而导致民生日困，清末山西举人刘大鹏在日记中对本省滥增税费大发感慨，"阅邸报及晋报，当时要政只以富强为尚，而大小臣工莫不讲求利权，向民间搜刮财利，修铁路，开矿务，加征加税，不一而足，民心离散，并不顾虑（1902年12月9日）”“现在捐款甚多，广东捐及妓院，谓之保良捐，广西捐及赌局（此为1902年12月13日记，后山西也开妓捐，分上、中、下三等，上等妓每月2500文，中等妓1500文，下等妓1000文。刘大鹏大叹息：‘捐至于妓，可谓极矣！’）”。1907年6月3日，刘大鹏对官方征税大发议论：“近年所行之新政，虽云自强，其实自弱也。凡举一政，必费巨款，而其款即从民间科派，一之不已，至于再三。无安民之政，悉系扰民之政，非自弱而何？”

新政是用银子铺出来的，清末10年中财税收入的剧增，与新增加的各种捐税有着直接的关系。据统计，清末各地征榷的名目，计有肉捐、车马捐、厘捐、酒捐、煤炭捐、房捐、铺捐、茶捐、船捐、猎捐、渔捐、剃发捐、糖捐、鸡鸭捐、国民捐、米捐、警捐、花捐、牌照捐、戏捐、户口捐、河捐、路捐等不下百种，这些历朝历代闻所未闻的税目几同于天罗地网，网住了黎民百姓，更网走了他们本就有限的钱财。

在新政考核目标的压迫下，各省自开捐税已无法度可言，如《国乘备闻》中所言：“予观近时筹款之法，灼然共见者盖有数端：一曰百货统捐，创自江西；一曰烟酒增税，一曰酌提州县盈余，一曰八省膏捐，皆创自北洋；一曰铜元余利，创自广东；一曰漕粮折价，一曰推广捐例，皆创自部臣；一曰房捐，一曰米捐，一曰亩捐，一曰报效，一曰彩票，一曰盐斤加价，一曰整顿契牙各税，皆东南各督抚私自筹划。取民之法愈巧，侵蚀之术愈工。”

中央无款可拨，地方便自行其是，对百姓的盘剥更是百般设法，无所不用其极。1910年5月，有读者向汉口《东方时报》投书批评，“现在什么东西都得上税，棉花、谷物、食油、燃料、牛，不管什么——并不光是一个田赋的问题。官吏们在征收这些税课时竭泽而渔，他们的下级僚属，以‘灯钱’‘证券勒索’‘检查税’和无计其数的、荒诞怪异的恐吓威胁，竞相效尤”；汉口的《公论新报》指责新政“仅仅是一个蒙蔽我们的弥天大谎，以此作为由头来经常榨取我们的财富而已”。《东方杂志》也发表文章称，对于农民们来说，“以前不办新政，百姓尚可安身，今办自治巡警学堂，无一不在百姓身上设法”。

同年，《国风报》在论及“莱阳民变”（因增税引起）时说：“十年以来，我国朝野上下莫不奋袂攘臂，嚣然举行新政。兴学堂也，办实业也，治警察也，行征兵也，兼营并举，目不暇给。然而多举一新政，即多增一乱端，事变益以纷奴手，国势益以抢攘。夫我国今日所谋之新政，固行之东西文明诸国，致治安而著大效者也；然移用于我国，则反以速亡而召乱。”

1904 年慈禧太后万寿节，湖广总督各衙署悬灯结彩，铺张扬厉，费资巨万，当时还邀请了各国领事大开筵席，并招军学界奏西乐，唱新编《爱国歌》。时为湖广总督张之洞幕僚的辜鸿铭在座陪宴，他与学堂监督梁某戏言：“满街都是唱《爱国歌》，未闻有人唱《爱民歌》者！”

大量搜刮民财后，各项新政的效果也未必见佳。民国知名遗老、清史撰者柯劭忞在述及清末新政时曾不无沉痛地说：“庚子以后，骤增各国赔款，财力已属不支，加以兴学、练兵及开办工艺、巡警各局，地方行一新政，即须筹一巨款，商捐民捐，从见迭出，几同竭泽而渔。然锱铢取之泥沙，用之薪水之滥，建筑之侈，购买之贵与夫管理之侵渔，开支之浮冒，固已耗之大半，其施之于实用者，不过十之三四。”

腐败是历朝历代难以克服的痼疾，特别在新政 10 年里，在大量钱财的收取与运用过程中，更容易找到营私舞弊、贪腐自肥的良机，正如民众所揭露的，“他们总是假借地方自治的名义征税，并把税款落入腰包”。各级官吏们贪污腐败所引发的民怨在各项举措的成效彰显之前，无疑是激起民众对新政反感、对清廷痛恨并诱发革命的导火线。

二六 猛虎中箭：岑春煊的肃贪与挨整

清末官场有“三屠”，即“士屠”张之洞、“民屠”袁世凯、“官屠”岑春煊。“三屠”来由，一则张之洞不谨细行，盛气凌人，士人深以为苦，遂有“士屠”之称（一说其主张废科举而获此名）；二则袁世凯练兵主政，心狠手辣，杀人无数（特别是庚子年中），人称“民屠”（袁世凯善于笼络人心，花钱如流水，又有“财屠”之称）；三则岑春煊性情刚烈，不畏权贵，任内弹劾了大批贪官、庸官，大小官员谈“岑”色变，一时有“官屠”“猛虎”之称。

岑春煊，字云阶，广西西林人，1861 年生于显宦之家，其父岑毓英曾位居云贵总督。岑毓英生七子，岑春煊排行第三，人称“岑三公子”，其年轻时放荡不羁，又与瑞澂、劳子乔并称“京城三少”。后来，其父为之代捐工部主事，后又报效海军经费而晋郎中。1892 年后，岑春煊任光禄寺少卿，旋升太仆寺少卿，署理大理寺正卿，于冷衙门中打发光阴。

戊戌变法期间，岑春煊上奏请将自己任职的衙门予以裁撤，这一惊人之举令人大跌眼镜，倘若朝廷准奏，自己官位不保固不待说，尚且累及同僚，岂非自讨苦吃，惹人非议。不过从结果上看，岑春煊之举更像是“苦肉计”，因冷衙门虽被裁撤，但此举大获光绪赏识并蒙召见，随后岑春煊被特旨超擢为广东布政使。

光绪对岑春煊的擢拔并不奇怪，因变法期间各方热议裁汰冗余衙门，但整个部门全体下岗的事情落在谁头上都不好受，而身为长官的岑春煊敢于拿自己开刀，这种牺牲精神堪称表率，极为难得，由此获取回报也属当然（也有人说是政治投机，牺牲同僚为上位台阶，可惜的是，所有被裁撤的衙门在变法失败后一律恢复，倒是岑春煊从这些短促的人事变动中获得了实实在在的好处）。

据岑春煊自述，光绪曾在其离京赴任前与之密语：“两广总督谭钟麟（谭钟麟即民国闻人谭延闿之父）老迈不能办事，去后须认真察看，据实奏闻。”有此“尚方宝剑”在手，岑春煊在广州果然闹出动静。到任后，岑春煊雷厉风行，随即查出总督亲信、厘金局总办兼督署文案王存善贪腐百万（有“王半城”之名），当他请谭钟麟将其撤职查办时，谭钟麟断然拒绝。一怒之下，岑春煊未经总督认可即将王存善拿下。谭钟麟得知后拍案大骂，气得连眼镜都给摔碎了，而岑春煊不甘示弱，“亦拍案曰：‘藩司乃朝廷大员，所言乃公事，即有不可，总督不应无礼至此。既不相容，奏参可也！’”说罢，岑春煊“掷冠案上，拂衣而去”。

大吏相争，轰动朝廷。岑春煊以一布政使而公然与总督相抗衡，即便有理也难免在官场上招引非议。胡思敬在《国闻备乘》中不以为然地说：“岑春煊性极粗莽，戊戌服阕入京，结交康党，入保国会，慷慨上书，急欲一试，遂由候补京卿外简广东布政使。莅任不数月，即与总督谭钟麟腾章相诋。太后恶之，荣禄为缓颊，乃调甘肃。”

岑春煊是否为“康党”（即康有为之维新派）姑且不论，但他至少是以维新派面目出现并得以提升的。“戊戌政变”后，岑春煊从广东布政使“平调”至甘肃布政使，级别尽管不变，但从富庶之所调至贫瘠之地，其间自有天壤之别。不过这还算好的，岑春煊毕竟没有被守旧派清算，而其冒犯的上司谭钟麟却最终因老迈昏庸而被罢官。

《国闻备乘》中说，岑春煊之所以安然过关，主要是慈禧太后的身边红人、时任军机大臣的荣禄为他说了好话。蛰伏边陲两年后，岑春煊再次抓住机会一跃龙门。庚子年中，八国联军围攻京城，各地勤王师迟迟其行，远在甘肃的岑春煊愤然请缨，后率一小队骑兵一路疾驰抵京，荣禄命其往察哈尔招募营勇，做预备队之用。京师陷落后，皇帝、皇后仓皇出逃，岑春煊正好就近接驾，由此深得慈禧宠信并迅速提拔为陕西巡抚。

同样接驾有功的吴永（曾国藩之孙女婿）则在《庚子西狩丛谈》中对其大加贬斥，他说岑春煊“本在甘藩任内，听说联军入都，自请带兵勤王。甘督知其人躁妄喜事，意不谓然，而以其名义正大，不便阻遏。因拨步兵三营，每营四百余人，骑兵三旗，每旗二百余人，合计不过二千余人，并给以饷银五万两。岑因先行就道，自草地经张家口驰骑入都。陛见时，太后问带兵若干？以如数对。太后觉事近儿戏，意殊不怿。问兵在何处？曰尚在途中。因有诏令其办理察哈尔防堵事宜……盖聊以藉此安顿也”。

如此说来，岑春煊的“勤王”之举更多是在精神层面，其本人也在《乐斋漫笔》中承认所带骑兵不过数十人，如此兵力，当然不堪大用。不过，来得早不如赶得巧，慈禧太后出逃的路线正好经过他驻扎之区，机缘凑巧而成大功。护驾过程中，岑春煊也确实有胆有识，做事很有魄力，他曾在太后舆前亲自手刃一乱兵，于是沿途安靖，无敢放肆者。某夜，太后梦中忽惊呼，庙外彻夜看护的岑春煊朗声应曰：“臣春煊在此保驾！”慈禧太后深感其恩，至西安后曾泣谓曰：“若得复国，必无敢忘德也。”

1902年，岑春煊署理四川总督，上任伊始，即计划一次性弹劾300余官员，后因幕僚苦劝而作罢，但仍有40多名官员因此去职，官场风气为之一新。1903年，岑春煊调任两广，随后又展开大规模的“肃贪”风暴，任内共劾罢不法污吏、贪渎官员1400多人，举国为之震动，一时有“官屠”之称。

岑春煊在广东办的两个标志性案件，一是南海知县裴景福的贪污案，二是粤海关书办周荣曜的侵蚀巨额税款案。骇人听闻的是，这两大案主所贪赃银均为上百万两之多，而周荣曜不过一介书办，竟以巨款买通庆亲王奕劻，进而摇身一变为出使比利时的钦差大臣，诚可谓官场奇闻。

清末官场腐败，买官卖官之风盛行不衰，在弹劾并罢斥了一大批买官而来的官员后，岑春煊也因此开罪了这些官员的后台——人称“庆记”权钱交易所的老板庆亲王奕劻。只是，岑春煊深获慈禧太后的宠信，奕劻一时也拿他没办法，只能暂时隐忍不发。

当然，岑春煊也不是一味地“屠官”，对于有功、有才的能员干吏，他同样不吝提拔，譬如后来的风云人物陆荣廷（民国后任广西督军）、龙济光（民国后的广东军头）等，而后任广西巡抚乃至两广总督的张鸣岐，也曾是岑春煊最为赏识的亲信幕僚，其出任封疆大吏时不过三十出头，若无岑春煊的保举，这在当时官场上是不可想象的。

清末新政中，岑春煊的表现极为抢眼，1905年他曾同袁世凯、张之洞等人上疏请求废止科举；1906年，他又支持张謇等人在上海组织预备立宪公会，并派幕僚郑孝胥出任会长，俨然以立宪派领袖自居。清末地方总督中，袁世凯和岑春煊被认为是最有希望的政坛之星，时称“南岑北袁”，一时无副。吊诡的是，此二人均为荣禄识拔，但最终成了权力场上的死对头，两人从清末缠斗到民国，至死方休。

清末官场中有一谈资，说张之洞“有学无术”，袁世凯“无学有术”，端方“有学有术”，至于岑春煊则“气”多于学，亦多于术，他与袁世凯最大的区别，也是他最大的弱点，就是意气用事，并一再开罪当时最有权势的庆亲王奕劻。庚子年后，奕劻不仅为世袭罔替的“铁帽子王”，而且是领班军机大臣，权倾一时。在岑春煊不断与之为难时，袁世凯却与奕劻结成了坚定的政治同盟，双方的争斗最终在1907年的“丁未政潮”中得以彻底了结。

1906年冬，云南片马交涉事起，奕劻趁机请调岑春煊任云贵总督，理由是，云南边患，非得干练知兵之大员不能胜任，慈禧太后顾念边防安全，不能不同意，而奕劻的真实用意却是将岑春煊贬到边陲僻远的贫瘠之地，一则假公义而报私怨，二则企图将之政坛边缘化，让他远离权力中心。

对于岑春煊的被贬，奕劻的朝中对手、军机大臣瞿鸿禨心知肚明。巧合的是，瞿鸿禨也是在庚子之役中护驾有功，由此得到了慈禧太后的重用（瞿鸿禨在庚子之难中代慈禧拟诏旨，从而成为军机重臣）。在与奕劻、袁世凯集团的争权过程中，自成清流一派的瞿鸿禨势单力薄，于是趁机联手岑春煊，意在放手一搏。

在瞿鸿禨的策划和帮助下，岑春煊决意要亲见慈禧太后，以求事有转机。初接调令时，岑春煊在上海称病不行，奕劻见其不肯就范，又请将之调补四川总督，而且“毋庸来京请训”，排挤之心，昭然若揭。岑春煊将计就计，他随后假装离开上海前往汉口，走到半路却突然来了个大转折，乘火车“迎折北上，坚请入对”。

岑春煊的突然到来，令奕劻、袁世凯等人颇有些措手不及，但也只能静观其变。在瞿鸿禨的帮助下，岑春煊不出意料地得到慈禧太后的召见。老太后谈起当年蒙难之事，君臣未免一阵唏嘘。想起岑春煊当年的护驾往事，慈禧太后也颇为动情，她指着光绪说：“我常和皇帝讲，庚子年要是没有你，我们母子何有今日？”岑春煊就坡下驴，乘机向太后表明自己“不胜犬马恋主之情”，请求开去四川总督之任而留在都中效力。慈禧太后当即表示：“你的事情我知道了，我总不会亏负于你！”

很快，岑春煊从四川总督任上开缺而获任邮传部尚书，这也标志着瞿鸿禨和岑春煊的正式结盟。尚未就任，岑春煊就来了个大动作，中招的不是别人，正是其第一下属、邮传部侍郎朱宝奎。朱宝奎系奕劻私党，平时声名狼藉，靠钱打点关系才获得这个副部级的位子，没想到屁股还没坐热，其上司便要将他罢官。在给慈禧太后谢恩时，岑春煊向太后力言朱宝奎的恶行劣迹，“不能与此辈共事”，并说要不将此人革职，就不到部里去就职。慈禧太后劝慰无效，只好卖一个面子给他，将朱宝奎革职——长官未到任而先将副手革职，这种事情在中国官场上可不多见。

首战告捷后，瞿鸿禨等人再度发起攻势。朱宝奎去职不到 3 天，御史赵启霖就上奏弹劾奕劻父子受贿卖官的劣行，要求查办。原来，当年 4 月发布东三省督抚人选，其中徐世昌为总督，唐绍仪、朱家宝和段芝贵分别为三省巡抚，这实际上是把东三省划到了奕劻、袁世凯集团的势力范围之下。对此，瞿鸿禨等人十分气愤，之后便伺机反击。

苍蝇不叮无缝的蛋，其他人没什么大问题，主要是段芝贵的把柄被人抓了。段芝贵是袁世凯之私党，有一次奕劻的公子载振（后任农工商部尚书）前来天津，袁世凯命段芝贵好生接待。段芝贵心领神会，他在设宴给载振接风时，将当时的名伶杨翠喜请来助兴。翠喜姑娘色艺俱佳，把载振迷得神魂颠倒。段芝贵也不是傻子，事后一掷千金，将翠喜买下并给了她一笔价值不菲的妆奁费，把她打扮得漂漂亮亮送给载振。载振高兴得合不拢嘴，回去后便在老爸面前大力夸赞小段能干懂事。于是，段芝贵连升三级，由候补道摇身一变，成了署理黑龙江巡抚。

这事被捅出之后，慈禧太后下令彻查，段芝贵最后鸡飞蛋打，巡抚位子还没坐热便被撵了下来。至于载振，不仅到手的美人离已而去，就连农工商部尚书的位子也最终不保。面对“瞿岑联盟”的步步紧逼，奕劻、袁世凯十分恼怒。不过，相对于瞿岑“激于义愤”式的书生手段，奕劻的反击可就老道许多。他首先指使亲信在军机处档案里精心查找，将当年瞿鸿禨保举康有为、梁启超的 3 份奏折和岑春煊保举立宪党人张謇（翁同龢的门生）的奏折翻出，随后奕劻带着这些证据去见慈禧太后。奕劻这招很阴险，因他深知慈禧太后最恨康、梁、翁三人，虽然此番搬弄没能将瞿鸿禨等人立刻扳倒，但足以让慈禧太后有所警觉。

后招还在后头。由于广西革命党人频频起义，袁世凯先是在慈禧太后面前大夸了岑春煊一番，然后推荐岑春煊调任两广总督，意在拆散“瞿岑联盟”。慈禧太后知道岑春煊不愿去外地任职，正犹豫间，袁世凯不紧不慢地说了一句：“君命犹天命，臣子宁敢自择地。春煊渥蒙宠遇，尤不当如此。”

“尤不当如此”的大帽子一盖，在京城刚待一个月的岑春煊只得回广州去了。这次，岑春煊故技重演，他到上海后称病不行，想静观事态能否好转。但令他万万没有想到的是，传来的消息却是瞿鸿禨被赶出了军机处——这又是怎么回事呢？

原来，岑春煊被逐出京城后，瞿鸿禨将奕劻贪得无厌的劣迹加以禀报，慈禧太后听后微露罢免之意。但不知何故，奕劻要被罢免的传闻竟然于次日被登载到英国的《泰晤士报》和都中《京报》，英国驻华公使的夫人在参加慈禧太后游园招待会时，无意中问起此事，慈禧太后大为惊讶，矢口否认。事后，慈禧太后十分生气，她怀疑瞿鸿禨口风不紧，泄露于外人。奕劻趁热打铁，随即买通翰林院侍读学士恽毓鼎写了一份弹劾奏折，其中列举了瞿鸿禨“暗通报馆、授意言官、阴结外援、分布党羽”等种种罪名，这下打得又准又狠，瞿鸿禨很快被开缺回原籍，从此一蹶不振。

听到这个消息后，岑春煊仰天长叹，只得打点行装，前往广州就任。但还没等他动身，朝廷一纸诏令飘来，岑春煊顿时傻了眼，只见诏令上写着：“岑春煊前因患病奏请开缺，迭经赏假。现假期已满，尚未奏报启程，自系该督病未痊愈。两广地方紧要，员缺未便久悬。着岑春煊开缺调理，以示体恤。”

杀人不见血。岑春煊头脑都没摸着，就被赶出了清末政坛。这事不用怀疑，当然是奕劻、袁世凯在背后搞的鬼。清人笔记《一士谭荟》中说，这事乃袁世凯委托他的儿女亲家、时任两江总督的端方给陷害的。端方是个新潮人物，酷爱摄影，后来这门手艺还真发挥了作用。他利用冲洗技术将岑春煊与梁启超的相片合在一起，PS 成了岑梁两人的并肩亲密交谈照。

袁世凯接到相片后，立刻将之呈递给慈禧太后过目。据说，慈禧太后看到相片后默然不语，十分伤感，最后说："春煊竟然也和乱党勾结，这天下的事情真是不可预料啊！虽然，彼负于我，我不负他！准他退休吧。"（另有一说是袁世凯指使上海道蔡乃煌伪造岑春煊与康有为的合照）

说来可笑，被伪造相片陷害的事情，岑春煊并非第一例。《异辞录》中说，"摄景之法极其浅近，两片相合尤轻而易举。光绪十年（1884年）间，招商局得旗昌洋行业产，浸以盛大。李文忠（即李鸿章）以马建忠总办局务，沈能虎为副。建忠嫉之，密以能虎与妓女合影献之。文忠雄才大略，本不以为罪，嗣见能虎，仅加斥责而已。能虎末秩微员，谒见上司，殊不敢对；文忠既未明言，尤难申诉。退而告人曰：'苟以傅相影加于其上，无不合也。'时传为笑柄。后二十年而有岑西林（即岑春煊）之事"。换句话说，早在光绪十年（1884年）时，马建忠就曾伪造相片陷害对手沈能虎，可惜上司李鸿章并未上当，而岑春煊这次却中招了。

短短几个月时间，瞿鸿禨、岑春煊及相关的数人（包括御史赵启霖和共同参与弹劾段芝贵的军机大臣林绍年等人，当时均为瞿鸿禨一派）相继被罢官，而奕劻、袁世凯集团在这场政治大对决中大获全胜。这一事件，史称"丁未政潮"。

其后，岑春煊寓居上海，直至1911年四川保路运动爆发。在"川路风潮"已无法收拾时，清廷命岑春煊前往四川，会同总督赵尔丰办理"剿抚"事宜，但岑春煊并不想去蹚这浑水，他最初称病，后至武汉而迟迟不行。武昌起义爆发后，岑春煊立刻返回上海，清廷任命他为四川总督，他也以"道路梗阻"为由拒不就任。在清廷大势已去的情况下，"世受国恩"的岑春煊竟领衔发出共和通电，要求清帝退位。由此可见，功臣之后也未必可靠，特别像岑春煊这种多变投机之人，但凡有风吹草动，君臣之义即可弃如敝屣矣。

民国后，袁世凯执掌大权，岑春煊当然是靠边站。1913年"二次革命"时，岑春煊被革命党人选举为全国讨袁军大元帅，但举事很快失败，岑春煊也因此被通缉而逃往南洋。1916年袁世凯复辟帝制时，广西督军陆荣廷电请岑春煊回国主持讨袁战争，据说岑春煊曾以个人名义向日本政府借得100万日元供应两师之枪械，岑春煊本人也被推为护国军都司令。此期间，有一事颇值得一提，那就是曾陷害岑春煊的蔡乃煌当时正在广东军头龙济光帐中，后龙济光在岑春煊的压力之下将蔡乃煌杀死，算是给岑春煊报了一箭之仇。

袁世凯死后，岑春煊被西南军阀举为名义领袖，直至1920年10月护法军政府取消。此后，岑春煊寓居上海，不再介入政事。1932年“一·二八”淞沪抗战时，岑春煊曾捐助3万元支持十九路军抗日。次年4月，岑春煊病逝于上海，终年73岁。

岑春煊初任两广总督时，广州的米商们给新任总督送上例行的“公礼”——在禀帖中夹带了一张40万两的银票。岑春煊收到后严加拒绝，米商们非常惊恐，以为岑春煊将要对他们不利，但没想到的是，没有收礼的岑春煊较那些尽情收受钱财的官员更加爱护商民，以至岑春煊离任时，商民们含泪相送，连称“知不收礼而肯为民任事者尚有人也”。

《国闻备乘》中说：“春煊每主一省，必大肆纠弹，上下皆股栗失色，股栗失色者如皆贪官，岑春煊所屠如皆污吏，则是人民之德，亦屠官者之德矣。”岑春煊以“屠官”而闻名，在百姓眼中他是个“好官”，其参劾的官吏也大多罪有应得，但不可否认的是，其行事过于操切，处置有失公允，则亦有可商榷之处。

岑春煊的一生复杂多变，若以“三屠”论，张之洞有识，袁世凯有能，岑春煊则是有气。他虽然有胆有识，但失之过粗，辜鸿铭也曾说他“绝对不知思想修养为何物”（后一句则为“正因他完全不知思想修养，他是光明磊落的”）。在官言官，官必有术，这或许是岑春煊在官场上走不远的原因吧。

二七 侠女竞雄：秋瑾的生前与身后

1907 年 7 月 15 日，也就是农历的六月初六，在天刚刚蒙蒙亮时，32 岁的秋瑾被押至绍兴山阴县轩亭口当街斩首，血溅三尺白练。据报载，遇难前的秋瑾“身穿白色汗衫，外穿原色生纱衫裤，脚穿皮鞋，钉有铁镣，两手反缚”“行至轩亭口，秋瑾不做一声，唯注视两旁诸人一周，即俯首就刑。观者如堵”。

轩亭口一向是处死强盗的地方，按大清律例，女子犯罪一般用绞刑而不用斩首，在社会各界要求废除残酷肉刑的呼声下，作为新学新女性代表的秋瑾被地方当局残忍处死，引起了社会舆论的强烈反响。

秋瑾，小名玉姑，别号竞雄，祖籍浙江绍兴，1875 年生人。秋瑾的童年在厦门度过，17 岁那年，父亲官调湖南，秋瑾随家人入湘。3 年后，秋瑾和湘潭富绅之子王廷钧成婚，次年生一子。1899 年，王廷钧捐了个户部主事的京官，随后秋瑾携子赴京，1900 年因闹义和团而回湖南暂避，次年再生一女。1903 年，王廷钧回北京复职，秋瑾随同至京。

如果没有与吴芝瑛做邻居的话，秋瑾的人生或许与其他传统妇女一样，在家相夫教子，于默默无闻中度过平凡的一生，但与吴芝瑛相遇后，秋瑾的命运被改变了。吴芝瑛的丈夫当时也在户部任职，他们同住在绳匠胡同，两位女子由此相遇，并成至交。

吴芝瑛比秋瑾大 10 岁，别号“万柳夫人”。她的出身背景与秋瑾极为相似，其父曾任宁阳、禹城、蒲台、武城等地知县，其伯父、晚清名士吴汝纶是曾国藩的入室弟子，是当时知名的诗文大家并被誉为最后一个“桐城派”。与秋瑾一样，生于诗书之家的吴芝瑛也是一位工诗文、善书法的女才子，与秋瑾相遇后，两人一见如故，无话不谈，并结为义姐妹。

尽管同在户部为官，但吴芝瑛之夫与秋瑾的丈夫却是迥然相异的两人。

吴芝瑛的丈夫廉泉善诗而有才名，其思想维新，曾在京开设文明书局，并与日人合办东文学社，颇有影响。秋瑾的丈夫王廷钧则不同了，虽然其出身富贵，亦不失为翩翩公子，但是个地道的纨绔子弟，与秋瑾成婚后，两人“琴瑟异趣，伉俪不甚相得”。

在吴家接触了许多新学书刊后，性格原本就豪爽的秋瑾眼界大开，胆识剧增。也就在这个时期，秋瑾的个人作风发生突变，她不愿再过这种饱食终日、碌碌无为的日子，而对妇女解放有着强烈的向往，正如其对吴芝瑛的剖白：“女子当有学问，求自立，不当事事仰给男子。今新少年动曰‘革命，革命’，吾谓革命当自家庭始，所谓男女平权事也。”

这期间，秋瑾改易男装，并在公开场合露面，由此引发了与丈夫的尖锐矛盾。王廷钧出去吃“花酒”应酬时，秋瑾也女扮男装出去看京戏，最终夫妻反目。1903 年中秋节，秋瑾从家中出走。半年后，她不顾众多家人的阻挠，靠变卖首饰等物凑足了学费和路费，最终踏上前往日本留学的道路。离国之日，吴芝瑛邀集众女友在陶然亭为秋瑾饯行，吴芝瑛于席间挥毫作联：“驹隙光阴，聚无一载；风流云散，天各一方”，以志别绪。

尽管已是两个孩子的母亲，但秋瑾最终选择了“娜拉式”的道路，这在当时无疑是惊世骇俗的。从这个意义上说，秋瑾在作出这个决定的同时，实际上也抛弃了过去那种传统女性的身份，甚至不乏母性的丢失。留日期间，秋瑾仅探视过一次子女，其目的还是向公公索款办学。当朋友问起她的家庭时，秋瑾只是淡淡地说：“如隔世矣。”

在日本期间的秋瑾似乎找到了自己的新生，1904—1905 年，秋瑾至少参加了天地会、三合会、光复会、同盟会等 6 个会党抑或革命组织，其热情和精力为大多数革命男党所不及。1905 年春，秋瑾一度回国并先后拜访了蔡元培、徐锡麟，由此走上革命的道路。1905 年 7 月，秋瑾再次来到日本并被推为同盟会浙江主盟人。

“休言女子非英物，夜夜龙泉壁上鸣。”此时的秋瑾无疑是特立独行的，她已完全褪去了女性的衣着而改穿日本和服、腰佩倭刀，并改名为“竞雄”。据日本女子教育家服部繁子的回忆，秋瑾与之初次相见时，“高高的个头，蓬松的黑发梳成西洋式发型，蓝色的鸭舌帽盖住了半只耳朵，蓝色的旧西服穿在身上很不合体，袖头长得几乎全部盖住了她那白嫩的手”。这个装扮，让服部繁子完全不辨雌雄，而秋瑾的话更是让她感到震撼：“我之所为，并非我个人之事，是为天下女子。我要让男子屈服。我要做男人也做不到的事情。”

1905 年，日本颁布《清国留学生取缔规则》，留日学生大哗，陈天华投海自尽。追悼会上，据说周树人、许寿裳等人主张继续留在日本读书，而秋瑾则力主回国，以示抗议。话到激动处，秋瑾竟从靴筒里拔出倭刀插在台上：“如有人回国，投降满虏，卖友求荣，欺压汉人，吃我一刀！”

之后，秋瑾践守诺言，返回国内。她开始到浙江吴兴浔溪女校任教（校长为其好友徐自华）。两个月后，秋瑾赴上海设“锐进学社”，作为光复会的联络点。1907 年 1 月，秋瑾创办《中国女报》，她在发刊词中将之形容为中国女性“脱身黑暗世界放大光明”的“一盏神灯”。

办报是秋瑾的夙愿，但此时有更重要的任务需要她去完成。1906 年冬，光复会领袖徐锡麟派王金发找到秋瑾，请她主持绍兴大通学堂事务，实则为举义准备力量。为掩人耳目，秋瑾主持大通学堂时以“新学”相号召，绍兴知府贵福也为之迷惑，并曾前来参观并送对联：“竞争世界，雄冠全球”，宾主双方还在校内摄影留念。

暗地里，大通学堂实为革命联络站，但徐锡麟于 1907 年 7 月 6 日仓促起事后，两人通信被官方发现，浙江巡抚张曾扬急电绍兴知府贵福派兵查封大通学堂并拘捕同党。7 月 13 日，贵福会同山阴县知县李钟岳、会稽县知县李瑞年（绍兴为府治所在地，同时又是山阴、会稽两县的县治所在地，大通学堂属山阴县管辖），并由常备军第一标第一营管带徐方诏督率一营之兵围搜大通学堂，当场抓获秋瑾、程毅等 13 人，另有 10 余人逃散。

秋瑾等“人犯”随后被押至府署，由知府贵福与李瑞年、李钟岳连夜“会审”，但当晚的审讯毫无结果，之后贵福又命山阴知县李钟岳继续审讯。李钟岳科举中人，为人宽厚，不忍心对一女子施用酷刑，而秋瑾只以“秋雨秋风愁煞人”七字相答。贵福闻之大怒，随后气势汹汹地责问李钟岳：“为何不用刑讯，反而待若上宾？”李以“均系读书人，且秋瑾又系一女子，证据不足，碍难用刑”回禀。

秋瑾因“徐锡麟案”牵连而起，但后者系在职道员刺杀省部级大员，案情极其重大，“秋瑾案”被波及也在所难免。或为邀功心切，或为洗脱与秋瑾曾经交往的嫌疑（或两者兼备，杀人灭口），贵福之后亲赴杭州面见浙江巡抚张曾扬并报告案情，因“造反”为“十恶”之罪，张曾扬即下手谕：“就地正法。”

当天深夜，贵福赶回绍兴府署并立即召见李钟岳，令其立即处死秋瑾。因案未结，李钟岳抗辩曰：“供证两无，安能杀人？”贵福出示张曾扬的手谕并厉声道：“此系抚宪之命，孰敢不遵？今日之事，杀，在君；宥，亦在君。请好自为之！”

受逼之下，李钟岳将秋瑾提至山阴县署大堂并宣布巡抚手谕。之后，他颇为无奈地说：“余位卑言轻，愧无力成全，然死汝非我意，幸谅之也。”对此结果，秋瑾表现还算镇定，她只提出了三个要求：“一、准写家书诀别；二、勿枭首；三、我系女子，勿剥我衣服。”

秋瑾遇难后，舆论一片大哗，当时各报刊都做了连篇累牍的报道，而其中最大的质疑在于，秋瑾不过是回国办报办学的新女性，此案没有确供即行杀戮，实为“冤狱”。如《神州女报》即发表《秋瑾有死法乎》一文，其中称：“浙吏之罪秋瑾也，实为不轨、为叛逆。试问其所谓口供者何若？所谓证据者何若？则不过一自卫之手枪也，一抒写情性之文字也。”

8 月 13 日，《申报》登出官方伪造的《绍狱供词汇录》，编者在后面加有按语：“按秋瑾之被杀，并无供词，越人莫不知悉。有之，则唯‘寄父是我同党’及‘秋风秋雨愁煞人’之句耳。而今忽有供词，其可疑者一，秋瑾之言语文辞，见诸报章者不一而足，其文辞何等雄厉，其言语何等痛快，而今读其供词，言语支离，情节怪异。其可疑者二，然死者已死，无人质证，一任官吏之矫揉造作而已；一任官吏之锻炼周纳而已。然而自有公论。”

在舆论的攻击下，绍兴知府贵福也有些慌了手脚，他命山阴县令李钟岳前去秋瑾家搜查军火，但一无所获。之后，贵福又对被捕的大通学堂学生及教员程毅等 6 人严刑拷打，令其“跪火链、火砖，惨状不忍睹”，但还是未能从他们口中获得秋瑾“通匪”的确证。

当时各报之所以否定“秋瑾案”，道理其实很简单，秋瑾虽然加入了光复会、同盟会等秘密组织，但其“革命”尚处于秘密状态而没有公开发动。在大众舆论的眼里，秋瑾是敢于打破旧传统的新女性代表，其公开身份是归国留学生，而且是从事新教育的知识女性，其“无端受戮”自然激起了舆论的强烈反抗。

就传播学的角度来说，各报对秋瑾及其案情的报道可谓是事无巨细，不遗余力。秋瑾被杀后，《神州日报》连续公布案情的有关通报、函电与文告，并转录外电、外报的相关消息；《时报》不仅对“秋瑾案”做了连篇累牍的报道，还刊发了《哀秋瑾案》《记秋女士遗事》等几十篇评论文章和诗词漫画；《申报》发表了各种体裁的报道评论30余篇，还刊登了秋瑾的男装照、遗诗、生前演说稿及其好友徐自华、吴芝瑛所写的纪念文章等。

对此，历史学者李细珠曾有如下评论：“历史曾经开了一个不大不小的玩笑。在秋瑾被浙江官府以谋乱或通匪罪处死时，当时的一般舆论并不认为秋瑾是革命党人，并为此与官府展开了激烈的抗争。”在其看来，历史人物研究有一种近似于“马太效应”的现象，因某些历史因素的机缘际会，某个历史人物被重点关注与研究，其形象也随之被放大，而秋瑾有幸成为其中的一个典型。

更为离奇的是秋瑾的身后“十葬”。秋瑾遇难后，其亲属害怕株连而不敢前去收尸，之后遗骨由绍兴同善局草草成殓，葬于绍兴府城外卧龙山西北麓；两个月后，秋瑾长兄秋誉章秘密雇人将秋瑾遗体挖出，放入棺木后暂安于绍兴常禧门外严家潭殡舍，殡舍主人得知这是“女匪”尸首而迫使其移至附近一荒地，仅以草扇覆盖。这是秋瑾的“二葬”。

秋瑾死后，其生前结拜姐妹吴芝瑛、徐自华为之哀伤不已，后按秋瑾遗愿，“卜地西湖西泠桥畔，筑石葬之”。1908年2月，秋瑾棺厝落葬于杭州西泠桥西侧，吴芝瑛亲书墓碑“鉴湖女侠秋瑾之墓”。吴芝瑛后来还作了挽联数副，其中之一为：“今日何年，共诸君几许头颅，来此一堂痛饮；万方多难，与四海同胞手足，竞雄廿纪新元。”此为“三葬”。

1908年10月，秋瑾葬于西湖之事被人告发，浙江当局强令秋瑾墓迁葬。当年12月，秋瑾家人将西湖畔的棺梓迁回绍兴城外严家潭暂放。翌年秋，其夫家出面将棺骨运至湖南湘潭昭山与秋瑾丈夫王廷钧合葬。这是秋瑾的“四葬”与“五葬”。

辛亥革命成功后，长沙岳麓山建烈士陵园，黄兴、蔡锷等相继落葬，秋瑾墓也随后迁葬于此，此为“六葬”。1913 年秋，在浙江革命党人与秋瑾结义姐妹徐自华的要求下，秋瑾棺骨仍还葬于西湖西泠桥原葬处，并在墓边修有风雨亭和秋瑾祠堂。此为“七葬”。

本以为秋瑾将会就此安息，但人算不如天算，50 多年后（1964 年），有人提出“不能再让死人占据美丽的西湖”，于是西湖边的那些“死人”墓便被迁到了西湖的“边陲”鸡笼山，秋瑾、徐锡麟墓均在此处。不知何故，有关部门在次年又悄悄把秋瑾墓恢复，但在随后的“文化大革命”中，秋瑾墓再次被踏平。20 世纪 80 年代，重建秋瑾墓的呼声再起，但鸡笼山脚下的辛亥革命烈士陵园已种了庄稼、树木，遗骨无存。后来，文管部门在一株柏树旁挖出一个陶罐，经有关部门鉴定，该遗骨属秋瑾。于是秋瑾墓再次被迁回西湖之畔，此为“十葬”。

100 多年后的绍兴，站在古轩亭口放眼望去，街上车水马龙，一片繁忙芜杂。秋瑾的纪念碑，正对着西边的古轩亭口牌楼，而它的东后侧，有一尊汉白玉雕像，背后是孙中山的题字——“巾帼英雄”。

二八 光绪之死：千古疑案下的合理逻辑

1908 年 7 月的一个傍晚，天色渐暗，一位名叫赵士敬的士人与朋友吃完饭后在一起谈天说地，突然窗外有大光亮，同时还伴有轰隆隆的响声，似雷非雷，似鸟飞鸟。赵士敬等人急忙出屋观看，只见一颗大流星从西北掠过，声如巨雷，尾长数十丈，光芒耀眼，速度很慢，在噼噼啪啪的爆裂声中，最后飞向东南方向陨落。目睹者议论纷纷，有人说这是紫微星坠落，恐怕这年要出大事了……

流星之事，记于时人笔记《十叶野乘》。果不其然，当年十月二十一日（1908 年 11 月 14 日）晚，年仅 38 岁的光绪皇帝在中南海瀛台涵元殿黯然离开人世。那天早晨，御医周景焘曾入内看脉，据他所说，当时看见“光绪仰卧在床上，瞪目指口，大概是想吃东西，而那时身边一个太监都没有。就连寝宫里的器皿，也都被太监们盗窃殆尽，只剩下一个玉鼎”。颇为凄惨的是，光绪临终前没有一名亲属或大臣在身旁，等被人发现时，早已死去多时了。

据《清光绪外传》中说，十月初十是慈禧太后的生日，身体虚弱的光绪前去贺寿，进门前，有值班的太监窥见光绪扶着近侍的肩膀做疏松筋骨的动作，大概担心给慈禧太后跪拜时爬不起来。但正要进去时，太监忽传太后的懿旨：“皇帝卧病在床，免率百官行礼，取消贺拜仪式。”

原来，慈禧太后当时患有痢疾，拉肚子已有一两个月，她毕竟年事已高，经这么一折腾，也已是日薄西山，奄奄一息，快不行了。听到这个消息后，光绪便返回自己的寝宫，心情似乎还不错。光绪的表情被监视的太监看到，随后跑去密告慈禧太后说，皇上听说太后病重，脸有喜色。慈禧太后听后勃然大怒：“我不能死在你前头！”

随后的几天里，慈禧太后和光绪的病情都无任何好转的迹象，太监和宫女们一个个脸色阴沉，整个皇宫一片悚然。七月十八日，庆亲王奕劻奉慈禧太后之命前往普陀峪的陵区视察寿宫，也不知道是慈禧估计自己不行了，还是觉得光绪不行了，或者觉得两个人都不行了。

七月十九日，皇宫禁门开始增加卫兵，凡是出入宫的人都要检查，当时传慈禧太后和光绪皇帝两人随时可能崩逝，宫中气氛非常紧张。二十一日，隆裕皇后去瀛台涵元殿时，光绪早已死去多时，当时竟然无人知道。隆裕皇后心里害怕，大哭而出，奔到慈禧太后那里告知光绪已死。慈禧太后听后，也只是长叹一声——这次她又比光绪稍胜一筹。

随后，光绪的遗体被早已准备好的吉祥轿抬到乾清宫，由于光绪死前没人在身边，当时也没有换寿衣，正当隆裕皇后指挥那些太监七手八脚地安顿光绪遗体时，一个太监急匆匆地赶来报告，说慈禧太后也不行了，隆裕皇后惊慌之下，又丢下光绪的遗体，带着太监们急急忙忙往慈禧太后那里赶。当时太监李莲英看见光绪的遗体放在殿中无人看管，心有不忍，便对身边的小太监说："我们先把皇上弄好吧。"最后在李莲英的指挥下，光绪的遗体才被草草料理好放进梓宫。

就在隆裕皇后为光绪遗体穿衣时，慈禧太后也撒手人寰，死在了中南海仪鸾殿内，终年 74 岁。慈禧的死亡时间在光绪死去的第二天下午，两者相差不到一天。

《清光绪外传》是清宫野史，不可全信，但也透露了部分真相。另一位重要的当事人、摄政王载沣则在日记中记载："二十日，上疾大渐……钦奉懿旨：醇亲王载沣著授为摄政王，钦此；又面承懿旨：醇亲王载沣之子溥仪著在宫内教养，并在上书房读书，钦此；叩辞至再，未邀俞允，即命携之入宫。万分无法，不敢再辞，钦遵于申刻由府携溥仪入宫。又蒙召见，告知已将溥仪交在隆裕皇后宫中教养，钦此……二十一日，癸酉酉刻，小臣载沣跪闻皇上崩于瀛台……面承懿旨：摄政王载沣之子溥仪著入承大统为嗣皇帝，钦此。"

从时间上看，两段记载有相互补充与重合之处，但宫中密闱，非外人所能探知，其中是否有隐情，只能说是千古之谜。作为历史事实，慈禧太后与光绪皇帝这两个大清帝国的权力象征者和实际掌握者在戊戌政变后一直是矛盾重重，虽然他们在血缘上为伯母侄子及娘姨外甥的血亲，但在政治上，他们又是竞争对手。在这场皇宫的权力斗争中，光绪从小就处于劣势，在最后的10年中更是郁郁寡欢，饱受打击。到最后，两人的竞争变成了身体和生命存续的竞争，体弱多病的光绪和年迈衰败的慈禧展开了一场时间上的持久战。

1908年，两人都意识到自己不行了，但都盼着对方先死。10月16日，慈禧太后与光绪在西苑勤政殿召见大臣（也是最后一次），据那天被召见的新任直隶提学使傅增湘说，“太后神态疲惫，据说几个月的痢疾腹泻不止。而皇上脸色晦暗，说话声音无力，靠座位中间垫了几个靠枕，才勉强支持”。看来，两人在这场马拉松式的争夺中都已是筋疲力尽，随时都有可能会倒下。

很可惜，先倒下的却是光绪。不可否认，光绪的一生是不幸的，正如恽毓鼎在《崇陵传信录》中说的，“缅怀先帝御宇不唯不久，幼而提携，长而禁制，终于损其天年。无母子之亲，无夫妇昆季之爱，无臣下侍从宴游之乐，平世齐民之福，且有胜于一人之尊者”。人生苦短，血色残阳，也许只有死去，光绪才能得到真正的解脱。

光绪始终生活在慈禧太后的阴影下，而死亡之日又恰好在慈禧咽气的前一天。对此，朝野人士议论纷纷，猜测里面的隐情。《清宫琐谈》（清宫太监的回忆录）中说：光绪在弥留之际，当时在瀛台侍疾者共6名，其中两人饿死，剩下几人食不果腹，“因饿失血者又凡三人”。光绪在死前曾在床上召唤医生周某，周某见光绪两眼瞪大，4次用手指口，知道光绪是饿急了，但环顾周围，实在是没有吃的。后来，光绪帝便渐无声息了。

启功也曾谈及其曾祖溥良的一件往事：当光绪帝和慈禧太后传出“快不行了”的消息后，时任礼部尚书的溥良和其他相当级别的官员也都昼夜守候在慈禧太后的寝宫之外，以防不测。大臣们惶惶不可终日，就等着屋里一哭，外边就举哀发丧。由于慈禧太后得的是痢疾，从病危到弥留之际的时间拉得比较长，守候的大臣们时间久了，都有些体力不支，便也顾不得大臣的礼仪，或坐在台阶上，或倚靠在廊柱边，大家一副疲惫不堪的狼狈相。就在宣布慈禧太后“驾崩”前，溥良见一太监端着一个盖碗从寝宫中出来，他便上前问这太监端的是什么，太监说：“这是老佛爷赏给万岁爷的塌喇（满语“酸奶”的意思）。”送后不久，就由隆裕皇后的太监小德张向太医院正堂宣布光绪帝驾崩了。而这边屋里的那位还挨了一段时间才算完，也不知道里面是真死了，还是密不发丧，非要等到宣布光绪死后才发丧。

溥仪在《我的前半生》一书中谈道，袁世凯在戊戌变法时辜负了光绪的信任，在关键时刻出卖了皇上。袁世凯担心一旦慈禧死去，光绪帝决不会轻饶了他，所以借送药的机会暗中下毒，将光绪帝毒死。这种说法虽貌似事出有因，但以袁世凯当时的势力毕竟难以接近宫廷，因而也没有什么可信度。

《花随人圣庵摭忆》中说光绪并非善终，但其怀疑的对象却指向了隆裕皇后和其宠信的太监小德张，而幕后的指使人可能是慈禧太后。隆裕皇后是慈禧的侄女，作为当时后宫中的主要人物，隆裕皇后要搞点阴谋当然不是没有可能，但要说隆裕皇后能像她的那个姑妈那样心狠手辣，也不可信。

据目前公布的医案看，光绪在临终前半年的病势十分严重，如江苏名医曹元恒在三月初九的医案中写道：皇上肝肾阴虚，脾阳不足，气血两损，在治疗上不论是寒凉药还是温燥药都不能用，已处于无药可对症的病状。最后，曹元恒也只开了一些“鳖心甲”“新会皮”之类的“平安药”。五月初十，上海名医陈秉钧也在医案中写有“调理多时，全无寸效”一语。

光绪本人对自己病情的恶化也极度焦虑，他对那些所谓的“名医”极其失望。五月二十六日，光绪斥责御医们，“病势迁延，服药总觉无效，且一症未平，一症又起”；七月十七，又说：“服药非但无功，而且转增，实系药与病两不相合，所以误事！”八月初七日，光绪更是大骂：“每次看脉，忽忽顷刻之间，岂能将病详细推敲？不过敷衍了事而已。素号称名医，何能如此草率！”光绪的焦躁和绝望，可见一斑。

为给光绪治病，宫廷打破先例，起用西医。当时天津知名的西医屈桂庭对光绪进行过诊治，他认为光绪的病症主要有：常患遗泄，头痛，发热，脊骨痛，无胃口，腰部显示有病；此外，肺部不佳，似有痨症；面色苍白无血色，脉搏弱，心房亦弱。

屈桂庭的判断是，光绪的体质本不强壮，容易神经过敏，或因早年房事过度，腰病之生，由来已久。其身体禁不住刺激，神经稍受震动，或听到锣鼓响声，或受衣裤摩擦，或偶有性的刺激即行遗精，还不能经常吃补药，越吃遗精就越频繁。由此看来，光绪的病情是综合征，兼有肾炎、高血压、胃炎、肺痨等症，诸病齐发，极难救治。

江苏名医杜仲骏在《德宗请脉记》中说，他在七月十六日第一次入诊后便对户部尚书陆润庠说："我此次进京，满以为能够治好皇上的病，博得微名。今天看来，徒劳无益。不求有功，只求不出差错。"十月中旬后，光绪除原有病症之外，又增加了咳嗽、气逆、发喘等症，并出现肺部炎症及心肺衰竭，已处于病危状态，杜仲骏私下对朝臣说："此病不出四日，必有危险。"

2008年5月，《近代史研究》刊登了一篇题为"光绪死亡原因探析"的文章，其中宣称通过最新的检验数据分析得出了"光绪死于急性砒霜中毒"的结论。该文作者包振远系北京市公安局多年从事刑侦工作的调研员，其在文中称，在2003—2006年，北京市公安局的侦查人员会同中国原子能科学院的科研人员，运用中子活化实验并结合从河北易县光绪崇陵提取的光绪头发、衣物等重要检材，对光绪死因进行了反复的检验和缜密的分析。

根据北京市公安局法医检验鉴定中心对"光绪头发含砷量中子活化分析"得出的数据，光绪枕部、颈后部和发梢出现砷含量高倍超过致死量的情况，作者提出这是由"死后呕吐"所造成的。所谓"死后呕吐"，在刑侦学中是指"由于腐败气体使腹腔内压增高、胃肠受压迫而使胃内食物溢出口腔之外，或者进入喉头、气管之内"，尸体腐败过程中均会出现类似情况。作者认为，光绪头发出现砷含量高峰段位证实了"光绪头发中所含致命砷（砒霜）是由于光绪尸体腐败时'死后呕吐'而形成的"。文章综合中子活化分析实验、法医病理毒化检测结果及运用侦查方式进行的分析，判断"光绪明显符合急性中毒死亡的特征"。

据西医屈桂庭的回忆，他在给光绪正常治病一个月后，某天，光绪突然连呼腹痛，汗如雨下，捂着肚子在床上乱滚，连喊："肚子痛得了不得！"屈桂庭当时也心里打鼓，感觉里面有问题，但也不敢多言，担心惹祸上身。当时他能做的，就是让光绪躺在床上，以毛巾施行热敷而已。等到光绪疼痛稍缓，屈桂庭便匆匆辞去。此后宫内情形和光绪病状，屈桂庭自称毫无所知，他自己曾说，光绪之死实是个难解之谜，以至烛影斧声，人言人殊，至于怎么回事，他也说不清楚。他说的这些东西，也只能为研究者提供佐证而已。

结合启功之前所称的"老佛爷赏给万岁爷的塌喇"、屈桂庭观察到的"忽然肚痛"及最新发现的"死后呕吐"后的高倍砒霜含量，似乎也不能排除光绪被人下毒的可能性。不过，在该文发表后，也有专家提出质疑并指出文中存在大量错误，而1980年清西陵文物管理处在清理崇陵地宫时，发现光绪的遗体完整，体长1.64米，无刃器伤痕，当时的刑侦学界也介入了光绪之死的调查，后通过化验颈椎和头发，并没有发现中毒现象。2003年，有关部门再次取样检测，依然没有得出确切的结论。

砒霜中毒在历史上极为常见，古代也积累了大量的丰富经验，应该说不难检验分析，何至于前几次都不能定论，而这次却言之凿凿。再者，光绪皇帝的崇陵曾于1938年被盗，后又经清理，其现场是否紊乱也是个问题。换句话说，也不能完全排除光绪正常死亡的可能。

从目前留下的医案来看，慈禧太后与光绪当时均身患重病，两人都可能挺不过这个月，但对于光绪为什么偏偏比慈禧早死一天的问题，诸多解释看似都有道理，但又无法定论。笔者认为，对这种历史的巧合或疑案，在没有十分确凿的证据及合理的推断之时，最好还是持存疑的态度而不必迷信权威，毕竟现代科学未必尽能解释历史上的所有事情。

当然，光绪被慈禧太后谋害的可能性非但不能排除，而且概率很大，但如果真是这样，这就引发了一个问题：她为什么要这样做呢？

如果简单地以两人矛盾来解释，未免失于简单草率。如果慈禧太后想要谋害光绪的话，在之前的10年即可实行，大可不必在两人都已危在旦夕之时才进行。如果慈禧太后与光绪的矛盾不足以制造谋杀事件的话，笔者大胆地推测，慈禧太后之所以要用砒霜加速光绪的死亡，很可能是为安排继位的方便（慈禧太后甚至有可能先死而秘不发丧）。

正如前面所说，慈禧太后对光绪没有生育能力心知肚明，而设立皇储又遭到国内外一致反对并引发“庚子国变”，由此也就无所作为。鉴于光绪即将不久于人世，而慈禧太后先行一步的话，如不对皇位问题早做安排，清廷朝政很可能陷入崩塌的境地。

正因如此，慈禧太后必须在自己死前做出皇位继承的重大安排，以便于朝政的正常过渡，而出于实用主义的考虑，一个垂死而丧失了行政能力的皇帝反成为这一过程中的重大障碍。为让新皇帝名正言顺地接替皇位及小皇帝的父亲载沣能够顺利地接管朝政，慈禧太后与光绪，这两个即将走向死亡的人，其同赴地府反而是一个合乎逻辑的选择。

人终究是要死的，作为近半个世纪的当政者，慈禧太后也意识到自己百年之后找好接班人的重要性，而当时唯一合适的人选，只能是光绪的弟弟载沣。如果这个逻辑成立的话，后人再透过历史的长镜头或许会恍然大悟，1908 年 11 月 14 日的那场无声无息的朝政更替，看似谜团，其实一切早在计划之中。

二九 罪多虚妄：李莲英的太监往事

晚清有几个知名的大太监，如安德海、崔玉贵、小德张，但其中名声最大的莫过于李莲英——当然，名声也不是什么好名声。李莲英生于道光二十八年（1848 年），本是直隶（今河北）河间府大城县李家村人，野史中常说他性本无赖，曾经私贩硝磺而差点被抓下狱，后侥幸逃脱，改行补鞋，因而有个绰号叫“皮硝李”。

制鞋补鞋离不开皮子与硝磺，不过“皮硝李”说的并非李莲英，而是其家族从事的行当，因为李莲英 8 岁净身，9 岁进宫，恐怕还来不及学习补鞋贩硝这门手艺。不过这也无妨，清朝时河间府盛产太监，经常有人阉割了进宫去做太监，运气好的还真的发了财，至于李莲英，则是因家中受人欺负而净身入宫，以此为自己和家人谋一条出路。

当时宫里有个太监叫沈兰玉的，是李莲英的老乡。他见李莲英刚进宫，又不认识人，颇为可怜，恰好这时他得到一个消息，说慈禧太后听说外边流行一种新发髻（发型），但宫里太监怎么也梳不好，慈禧太后为此很不高兴。后沈兰玉便把这个消息告诉了李莲英，让李莲英好好揣摩新发型的梳法，等到李莲英练得差不多了，沈兰玉便将他推荐给了慈禧太后，李莲英由此展露身手，而这就是李莲英得宠的开始。

慈禧太后对梳头极为重视，甚至有发癖之嫌。自从有了李莲英后，不管是绾髻还是簪花，慈禧太后都指定要李莲英亲自动手，不然她整天都会觉得不自在。野史《奴才小传》里说，慈禧太后对李莲英的宠信可谓无以复加，李莲英甚至可以和慈禧太后并坐听戏；宫里给慈禧太后做的点心，要是碰到李莲英喜欢吃的，慈禧太后往往会自己少吃或者让太监拿开留好，专门留给李莲英。

除梳头外，李莲英还有个专长，就是善于逢迎并揣测慈禧太后的心意。

李莲英性格诙谐，喜欢说笑话，虽然小时候读书少，但讲出来的笑话玲珑圆转，并不粗俗，倒也颇招人喜欢。慈禧太后没事时，经常让李莲英说几个笑话来给大家解解闷，每到这种时候，李莲英总有本事把大家逗乐，即使是说一些街面上讽刺官府的政治笑话，他也能说得委婉诙谐，让人听不出有讽刺抵触的意思。

作为宫中的大总管，李莲英也并非浪得虚名，他对于宫中的各项管理工作也是精通熟练得很。比如，宫中物品的陈设位置和礼仪程序，李莲英无不烂熟于心，太监们遇到难题往往都要向他请示。碰到宫里有喜庆等大事，李莲英最善于安排调拨，样样都完成得很出色，以至于其他王公大臣家有什么喜事，特别是慈禧太后要“临幸”的话，往往都要请李莲英先来指点一下礼仪和布置，以讨得慈禧太后的欢心。

清廷覆亡后，宫女散出宫外，后来有位宫女口述了一本《宫女谈往录》，书中将李莲英比作“佛见喜”。“佛见喜”是东陵马兰峪产的一种梨，皮发黑，外表也不漂亮，看起来并不招人喜欢，可是吃起来又甜又酥，又细又嫩，慈禧太后喜欢吃，因而宫里管这种梨叫“佛见喜”。李莲英之所以得了这个绰号，那是因为李莲英的外表长相难有印象分，但他当起差来，处处想得周到，“宫里的行话叫‘兜水不漏’，让老太后感到放心舒服，深得太后的喜欢”“这位‘佛见喜’披星戴月，起早贪黑，匆匆忙忙而又有条不紊……像游湖这样的事，安排得井井有条，严丝合缝，不经过他的深思熟虑是很难让老太后舒心如意的”。

然而，李莲英在宫中也不是一帆风顺的，与他同时进宫的安德海已是慈禧太后身边红人时，李莲英还位居下层，直到安德海被杀后，李莲英这才得以崭露头角。安德海曾在辛酉政变中立下大功，但其为人嚣张，凡事不知道给自己留余地，结果自取其咎。有一次，安德海想出宫去风光风光，慈禧太后便派他到南方去置办皇帝的龙衣，不料这安德海一路上招摇过市，向地方官员大肆索贿，结果被山东巡抚丁宝桢逮住并以清廷祖训“太监不得出宫”为由处死。就这点来说，李莲英远比安德海来得聪明而且低调得多。

1886 年，北洋水师初具规模，李鸿章奏请朝廷派员前来检视阅兵，慈禧太后拟派醇亲王奕譞——奕譞系光绪生父，奕譞生怕慈禧太后猜忌，于是主动要求让慈禧太后身边的红人李莲英陪同前去，以表示自己没有二心。慈禧太后也想趁着这个机会让李莲英出去见见世面，风光一下，于是醇亲王便作为朝廷的正使、李莲英作为副使，前去视察北洋海军。太监作为朝廷钦差大臣外出视察，这在其他朝代不奇怪，但在清代历史上则是第一次。要是换了安德海，那尾巴肯定翘到天上去了，李莲英则不然。为避免别人说闲话，李莲英出发前特别把慈禧太后破格赏赐给他的二品顶戴换成四品顶戴（按理太监最高只能获得四品顶戴），然后规规矩矩地跟在醇亲王身后出发了。一路上，李莲英丝毫没有钦差大臣的架子，而是一直跟在醇亲王身后，好生伺候，不知道的人还以为李莲英是专门派来伺候醇亲王的。就连晚上醇亲王洗脚，都是李莲英亲自给打热水，还说自己以前没机会伺候王爷，这次一定要尽点孝心，一下把醇亲王感动得连连拱手，回去后自然在慈禧太后的面前极力称赞李莲英的忠诚可嘉。

检阅时，按说李莲英也是检阅人员之一，但李莲英刻意和醇亲王、李鸿章保持距离。他拿着醇亲王的大烟袋，退后半步，低眉敛目，看起来就像是给醇亲王站班伺候的。而沿途当中，李莲英也不像安德海那样随意结交地方大员，他基本不出去，那些准备好了贵重礼品想要讨好李莲英的人，根本就进不了门。就这次出差来说，李莲英算是给慈禧太后挣了面子，也堵住了那些大臣的嘴，慈禧太后也喜滋滋地说，“总算我没白疼他”。

宫中政治云谲波诡，李莲英也不是一直受宠不衰，特别是在光绪成年之后，由于太后与皇帝之间摩擦不断，作为宫中大主管的李莲英就难免有些走钢丝了。一方面，他受慈禧太后的恩宠多年，应该效忠于太后，但另一方面，慈禧太后年事已高，光绪皇帝迟早要掌握大权，得罪任何一方，都可能给自己带来杀身之祸。李莲英的左右摇摆，后来也让慈禧太后瞧出来了，他在戊戌政变后也就逐渐失去了慈禧太后的信任，而另一名太监崔玉贵则趁机得势，譬如到瀛台监视光绪，甚至把珍妃扔进井里这样的脏活，也都是崔玉贵干的。《德宗遗事》中说，庚子年慈禧太后带着光绪西逃，一直到《辛丑条约》签订后才重返北京。在走到保定时，一行人停下休息，当时慈禧太后的卧室铺陈华美，供给周备，当李莲英伺候慈禧太后睡下后，各太监及内务府的人也纷纷散去，或饮酒赌博或休息。然后李莲英走到光绪的卧室，发现里面居然一个太监都没有，只有光绪一个人对着油灯枯坐，李莲英跪安后问：“主子为何这时还不睡？”光绪说：“你看看这屋里，叫我怎么睡？”李莲英一看，发现这隆冬季节，光绪屋里除了坐褥和椅子靠枕外，竟然连被子都没有。李莲英见后，当即跪下并抱着光绪的腿痛哭道：“奴才们真是罪该万死！”随后便赶紧把自己的被褥抱来，说：“今夜已深，不能再传他们，这是他们为奴才所设被褥，请主子将就用之，奴才罪上加罪，也没有办法了。”光绪回到北京后经常念叨此事，说：“若没有李俺答（满语，即师傅之意），我恐怕都活不到今日。”光绪的最后10年，经常被慈禧太后为难，李莲英也没有落井下石，有时还会在能力范围之内给光绪一点照顾，相比其他趋炎附势的太监来说，李莲英还算是厚道的。

1908年，光绪和慈禧太后相继去世，李莲英在给慈禧太后守孝100天后，在宣统元年（1909年）正月底向隆裕太后请求退休，隆裕太后准其“原品休致”（即享受原薪每月60两银子的退休待遇）。就这样，李莲英无比眷恋地离开了他生活了52年的皇宫。

中国自古以来就是“一朝天子一朝臣”，李莲英心里也清楚，慈禧太后死了，他的后台也就倒了，与其被人一脚踢开，倒不如识相点早些离开，免得到时遭遇不测。据说，李莲英在离宫前办了一件聪明事，那就是将历年慈禧太后所赏的珍宝（共7大捧盒）完全献给了隆裕皇后，并说：“这是皇家东西，不应该流入民间，奴才我小心谨慎地替皇家保存了几十年，现在年老体衰，乞求离开宫廷，所有这些宝物，奉还给主子。”这事让隆裕太后十分满意，所以李莲英死后，隆裕太后还按大臣的礼恤赏给丧葬费2000两。

李莲英掌管宫中实权多年，贪权纳贿在所难免，因而打他主意的人也为数不少。他当时这样做，恐怕之前早有准备，7捧盒的宝物就是要留作脱身之计。如此看来，李莲英的头脑十分清醒。

曾任户部主事的何刚德在《春明梦录》中说：“宫内四十八处总管，各管宫殿一处，形容枯槁，衣服褴褛，个个与穷寡妇无异。余进宫查勘工程，该总管等开门引导，毕恭毕敬。其伺候御前者，虽不能与此比例，然其数闻甚有限，且与廷臣势实隔绝，无从接洽。犹忆屡次召见时，在丹陛下板屋内小坐，太监端茶点火吹烟，备极恭顺，赏以京票四千，便似欢喜过望。余出京后，渐有招权纳贿之风说，而余终不深信。即如二次进京，事隔十二年，所见亦不过如是。吾岂屑为若辈讳哉，亦以疏逖小臣，无嫌可避，特纪其实耳。”

宫中太监虽多，但绝大多数无权无势，凄苦一生，“与穷寡妇无异”，也只有像李莲英这种能在慈禧太后面前说上话，并且掌管宫中实际管理权的太监，才有可能被人奉承乃至招权纳贿。不过，《宫女谈往录》中却这样评价，“李莲英厚道的地方，在于对待底下人从来不克扣，所以下边的人很少有人咬牙切齿恨李莲英的”。据其所述，李莲英处理家产也很恰当，他在戊戌以前就把自己的财产分成7股：地亩按弟兄5股均分，大约370多顷地；钱财按7股分，两个妹妹同样有份，数目不详。据坊间传闻，他的两个妹妹每人得17万两，另外首饰珠宝每人分了7捧盒。当然，这其中有以讹传讹的成分，但李莲英积下了一大笔财产应是事实。

李莲英出宫后行为谨慎，轻易不出头露面，也不与社会上的人交往，因为有传言说他家财万贯，怕有人绑他的票。隐居期间，李莲英一再告诫自己的侄子们，“财大祸也大”，要时时警惕，但他的那些侄子并没有把他的话放在心上，由此破家亡命，这是后话。

巧合的是，李莲英为清宫服务了一辈子，他死的那年也正好是清朝覆灭的1911年。据其家人所说，李莲英得的是“锁喉痢”，这种病非常厉害，李莲英是正月二十九发病，二月初四就死了，终年63岁。李莲英死后，隆裕太后赐茔地一块，在恩济庄大公地内安葬。恩济庄在阜成门外，从雍正朝开始，这里就是专门埋葬太监的墓地。

同样是墓地，各太监的身后待遇却大不相同，譬如南边墓地，其间荒丘累累，一片凄凉，那都是普通太监们的最后安身之所；北边就大不一样了，只见“矮树葱葱，青砖瓦舍，顿时使人有枯荣悬殊的感觉”。由于李莲英是二品太监，又是隆裕太后加恩礼葬，因而恩济庄里还修了一座石头牌坊，上边刻着“钦赐李大总管之墓”几个大字。

刘体智在《异辞录》中说，李莲英“在安得海之后，内监权势莫逾于彼，然孝钦太后家法綦严，唯内务府中司员在其宇下，不能不常与周旋。当时大僚，幸邀慈眷而交通宫禁，或知之有素。外廷诸臣，莫得晤其人。莲英从不轻出，识面尤稀。显后晏驾之四年正月，火神庙会移于香厂，忽于游人中，有人私语曰：‘此李莲英也。’视之，乃黑丑大汉，适成其为北方之强者而已”。

如此段记载属实的话，那么刘体智见到的正是当月发病前的李莲英，这个“黑丑大汉”的说法，颇为恰切。据《宫女谈往录》中说，恩济庄关帝庙的西偏殿里有一张李莲英的全身坐像，高二尺上下，“由头上往下看：二品的红顶子，身穿团龙护心的黄马褂，绛紫色的吉服，胸前挂着朝珠。粉底高筒靴子，两脚八字形踏在脚凳上，两手自然地垂放在两腿上……看面貌：一张赭黄脸，高高的颧骨，两颊略长，肿眼泡子，眼睛微合，大鼻子，厚嘴唇，长下巴。这确实是李莲英，只是眼睛画得差一些。他是胡椒粒眼，虽然小，但非常敏锐，这一点没有传神。看起来他是特意要把庄重朴厚的形态留给后人了”。

赭黄脸，高颧骨，长脸，肿眼泡子，小眼睛，大鼻子，厚嘴唇，长下巴，从历史图片来看，李莲英的相貌确实有些“佛见喜”。只是这位横跨晚清半个多世纪的历史见证人，何以在凶险狡诈的宫廷政治上取得成功？据说，李莲英曾用八个字总结了自己的一生，那就是“事上以敬，事下以宽”。此八字可谓处世箴言。

三〇 1910：一个美国社会学家的中国观察

100年前的中国究竟是什么样的？1910年，有位名叫E.A. 罗斯的美国社会学家（威斯康星大学教授）来到中国，他从华南到华北然后再到西南转了一圈，回国后写了一本观察集，对当时中国的社会生活状态做了颇为立体生动而不乏深刻的记载。

在6个月的行程中，罗斯一边游历一边思考。他看到了中国古老的城墙、坑坑洼洼的道路，人们在曲折不平的土路上赶着骡车或推着嘎嘎吱吱的独轮车；在各地的城里，仅6英尺宽（不足2米）的街道上摆满了各种用篮子、竹篓组成的货摊，人与马、驴等牲畜相拥挤，几乎不能通行。中国的人口之多，让罗斯见识了一个地大物博的中国，虽然未必是尽善尽美的。

让罗斯感到不能适应的是，每当黑夜来临时，街道上便一片漆黑，少有行人，只有在北京、上海等装备有煤气灯的极少数大城市，才有真正的“夜生活”。在途经太原时，罗斯欣喜地发现，“家家户户用上了电灯，铺着碎石的十字街道干净整洁，带有小湖的公园清爽宜人，音乐厅、剧院、广场等公共文化设施齐全，明显带有西方文化影响的痕迹”。罗斯的这段记载，虽然未必完全属实（譬如“家家户户用上了电灯”即颇可疑），但至少也在一定程度上反映了效仿西方取得的实效（由于原巡抚毓贤曾在庚子年顽固排外，山西在清末新政后或有相当反弹，譬如对公园、广场等公用设施的建设）。

罗斯也明确指出，他所看到这一切，仅仅限于“新兴城市”太原，从太原往南再走两天，仿佛又回到了中世纪的社会。罗斯的印象是，在使用煤油灯之前，人们常常用蜡烛或油碗里的棉花条灯芯照明，正因如此，当时的中国人大多过着“日出而作，日落而息”的生活。在城市里，因为燃料极其缺乏，每天都有许多成捆的木材被摆放出来作为商品出售，但烧柴会导致一个问题，就是房屋经常会被烟熏得黑乎乎的，而中国人似乎对此习以为常，他们唯一的补救办法就是在窗户上按时糊上新的白纸，以保证室内的亮度。

在罗斯看来，当时的中国可以说是一片“蓝色的海洋”。在多数地方，人们都穿着质地粗糙的深蓝色粗布衣服，这种衣服不易磨损而且厚实，只有在节日里，中国人才会换上色彩鲜艳的丝质服装或浅蓝色的精致衣服，它们的开口也通常是留向侧边而不是中间。与外国人所不同的是，中国人很少穿着毛料服装（譬如当时时髦的西服），因为中国没有大规模养羊，而要生产出自给自足的羊毛，则需要相当长的时间。

近代以降，中国积贫积弱，屡战屡败，列强蔑之为“东亚病夫”，罗斯对此提出了完全不同的看法。他认为，中国人的身体素质其实比西方人强得多，但这种现象的根源在于残酷的生存考验，即弱者总是被彻底无情地淘汰，当时中国婴儿的成活率只有20%，但他们生命中某些异常坚强而优越的基因由此被遗传下来，并依次传给了他们的子孙。举例而言，白种人如果染上血毒症往往必死无疑，但中国人却大多能奇迹般地痊愈；另外，中国人对高烧有很强的耐受力。通过对在华西医的访问，罗斯证明了以下判断：在相同的医疗条件下，中国人康复的可能性往往比白种人更大，而且痊愈所需要的时间也更短。

罗斯曾听广州的斯文医生说，他曾遇到过这样一件事：有一次，他请一位撑舢板的怀孕女船主将他摆渡到对岸去，但她很抱歉地让他等一刻钟到半小时，而在如此短的时间里，她居然已在船上将怀胎十月的孩子生下，然后将他送到了河对岸！外国人通常认为，中国人有很强的忍耐力，但在罗斯看来，这种对痛苦感觉迟钝的原因并不是某个种族的个性，而是其困苦生活所造成的结果，这完全是“没有办法的办法”。

最令罗斯感到吃惊的是中国劳动力价格的低廉。据其观察，一个在上海缫丝厂每天工作11小时的女工，月收入大概在8—11美元，而当时拥有5000工人的汉阳铁厂，一个普通工人的月薪只有3美元，仅为芝加哥钢铁公司最初级工人薪酬的十分之一。按蒋梦麟在其回忆录《西潮》中的记载，他在1908年赴美留学时，1美元可以兑换2块墨西哥银圆，大概相当于1.5两白银。以此换算，汉阳铁厂的工人月收入为4.5两，而上海女工每月10两以上的收入可以算是高工资了，因为一个山西长工的年收入也不超过10两银子。

当时的西方经济学界盛行一种“黄祸论”的论调，他们认为，“中国人既聪明又勤劳，一旦他们把西方先进的科学技术和文化知识用于本国的经济建设和人力开发，中国的迅速发展可想而知，其影响力也是无法消除的。到那时，西方人仍想继续维持高工资的现状并使经济不断增值将是不可能的，由此西方社会也将不可能再继续拥有像今天这样多的悠闲人士”；有人甚至预测，“中国将变成一个工业制造大国，将通过大量质优价廉的产品把西方国家的产品从中立国家的商品市场上赶走”。因此，西方国家应该联合起来，以制定统一的政策维护自己的利益。

对此论调，罗斯很不以为然。他认为，尽管“沉睡中的中国巨人正在醒来，中国正处于工业发展的前夜”，但工业化的基本规律是不可逾越的，中国工业的真正崛起，至少还需要好几代人不懈的共同努力。就当时的现状而言，中国必须创建更多、更有效的民族工业，以满足国内消费市场对廉价的纺织品、服装、粮食制品、钟表刀具等生活用品的需求，然后才可能逐步进入东亚市场并进入西方商品市场，而在中国实际消费水平还不到美国七分之一的前提下，中国人把西方人从南美或非洲等国际市场上挤出去的日子仍将是非常遥远且没有现实意义的。

在观察中，罗斯发现一个奇特的现象，那就是中国的劳动力价格越低，商品的价格反而越高，这与劳动者的基本素质、技术水平及整体的科技水平低下是紧密相关的。罗斯举了一个例子，当时华北某铁路公司从比利时进口建筑桥梁的材料以节省成本，但最后的结算却出人意料，经中国工人组装以后的桥梁造价比直接从比利时进口的整桥进口所花的费用多得多。罗斯的分析是，尽管中国工人的工资只有比利时工人的五分之一，但一个比利时工人所创造的价值却远高于5个中国工人。

罗斯认为，随着工业的发展，中国需要引进先进的科学技术，但中国的劳动力则需要经过一个不断接受先进教育、技术培训和适应工厂生产环境的漫长过程，要想达到西方发达国家工人相同的技术水平并创造相应的生产价值，恐怕还需要几代人的努力。

对于当时盛行的“保路运动”，罗斯的观察更接近于问题的本质。在他看来，中国现有的13条铁路中，基本存在一个共同的特点，那就是：这些铁路打着强调民族自尊的“完全由中国人自己建造”的旗帜，但工程的全部耗费却远远超过实际应该花的。当时的粤汉铁路，用股东们的话来说，“工程进展的速度几乎像蜗牛爬行一般”，而工地上露天堆放的铁轨、枕木，堆积如山，日晒雨淋，任其生锈腐烂；安徽铁路公司为工程支付了500万两白银，但一英里的铁轨都不曾铺就，而更让人痛心的是，公司的工程资金和工程信誉完全没有了，工程也几乎处于一种停止的状态。类似的事例，在当时国内的铁路公司中比比皆是。

更令罗斯感到心惊的是，很多企业或工程的负责人都是一些标准的官僚，他们既无专业知识也无实际经验，却认为经营工作是“具体而又粗俗的”。官方公司的内部则裙带关系盛行，很多人每天只抱着水烟袋吸烟，却领着数目可观的薪水；某家官方工厂的主管曾对其下属的一个经营不善的部门进行调查，结果发现该部门55个员工中，其中竟然有33名是该部门负责人的亲属。当时国内有家铁路公司，整个铁路工程还没有铺设一节铁轨，但公司里已有了十几个无所事事的部门负责人，而且各工程段的段长也都已委任并发放了薪酬。更吊诡的是，这些薪酬的很大一部分又被作为回报而重新回到了那些有权委任的“恩人”或“后台人物”的手中。

罗斯认为，当时中国发展民族工业最大的障碍在于，一些毫无责任感和羞耻心的地方官员“丝毫不顾及私人企业的死活”，其所作所为就是勒索与要求上贡。据其观察，当时福建沿海有很多移民东南亚的华侨，当他们已是当地成功的商人、种植园主、矿主、承包商和工厂主时，他们却不愿意回国投资家乡的工业建设。事实上，并不是他们不想把资金、技术和经验带回国内，而是官员们的“巧取豪夺和官僚作风”令他们望而却步。当时有一位高级官员就公然不讳地对罗斯说，这些人投资的企业，都不得不借助地方旧势力的保护，否则的话，任何事情都无法做成。罗斯由此感慨，私人财产得不到有效的保障，这才是中国政治的最大缺陷之一。

另外，一些不道德的陋习（譬如收取回扣）几乎盛行于社会的每一个角落，当时一家德国公司参加国内某铁路公司的枕木竞标并以最低价获得了合同，但当他们准备提供更多的枕木时，这家铁路公司却没有举行新的招标而是发了一份电报给他们，称一家日本公司打算以低于他们公司的价格提供枕木，这极有诱惑力，但贵公司如果愿意提供一笔适当的酬金的话，那么可以考虑让他们继续供货。

这种收取佣金、回扣的陋习，就连家中的女佣都不能免俗。一位供职于海关的外国人对罗斯说，30 年前他到中国时，几乎完全看不惯中国用人对他的肆意剥夺，但他向他的汉语老师讲述此事时，那位老师却很坦然地说，这种事情并非只针对外国人，譬如他给自己的女用人 5 个铜钱去买些食品时，她会悄悄地收起一个铜钱；如果他只给她一个铜钱去买醋的话，尽管她无法掰下半个铜钱藏入自己的腰包，那她很可能会在回来的路上故意洒掉一点，这样的话，才能让她感觉舒服一些！

基于种种因素，罗斯认为中国的工业化不太可能在短期内取得巨大的成就，因为“外国人的嫉妒、资金的匮乏、劳动者的无知、官僚的腐败无能和勒索贪污、裙带关系、缺乏专家、经营管理效率低下”等不利因素将长期阻碍着中国工业的发展，在这种态势下，即使有着大量的廉价劳动力也无济于事。与很多观察者一样，罗斯的结论是：“我们这一代，我们的下一代都不必为中国工业的发展会对西方造成威胁而担心，这将是我们的子孙们应该考虑的问题。可以预测的是，如果中国终于能克服限制其发展的种种不利因素，那么在 20 世纪后半叶，中国的现代经济观念将有望逐渐形成，并进而影响整个世界的政治经济走势。”

在罗斯看来，中国的贫困未必是官方剥削所造成的，因为在整体经济尚好的情况下，清廷的财政要求也不属于那种压榨式的，对比而言，中国的人口是美国的 4 倍，而预算却只有美国的五分之一（这个观察在数字上有较大的出入，而且清廷所公布的税率及收入未必能反映出地方各级官吏们对民众的隐性剥削，如各种陋规，而后者很可能是前者的数倍之多）。

对于中国当时推行的新政，罗斯也有自己的独到看法，譬如清廷全力打造的新军。在罗斯看来，中国人并不好战，因为从新军的各级指挥官脸上看不出多少要征服他人的愿望，而从士兵们所流露出的温和表情和毫无挑衅之意的举动上，可以毫不费力地看出这些穿着黄色卡其布军装的农村青年是极其淳朴和善良的，这与西方军队咄咄逼人的姿态形成了鲜明的反差。罗斯认为，中国人比西方人看问题更加全面，其视野和心胸也要广阔得多，因为他们认为，使用武力不是解决问题的唯一方法，而与中国相比，日本人就要好战得多。

再如废除科举，罗斯认为，尽管科举制度及其填鸭式的教育耗尽了中国人的智慧并泯灭了人们的创造力，但传统儒学所倡导的信条与观念使中国这个人口众多的国家保持了一种相对稳定的社会秩序、人身安全和一定程度上的幸福。更令人敬服的是，罗斯从中看出了中国将因此面临一场传统与道德的巨大危机。

西方的旅行者通常发现，在中国几乎没有绿地、没有草坪、没有鲜花，也没有点缀生活的树木、公园和乘凉的地方，人们找不到被留下来用作娱乐场所的空地——除了寺庙周围的树木之外。罗斯也认为，“在中国，国家是贡品的征收者，而不是大众福利的保护者”，一般人也没有形成那种保护公共利益的意识。举例而言，在渭河沿岸，庄稼地里散种着大量茂密的树木并影响了庄稼的生长，但在二三英里外的山上却是光秃秃的。在罗斯看来，人们宁愿在自己的庄稼地里种树，而不肯在不适合种庄稼的山上种草种树，其原因在于：公共管理的山地不属于任何人，那里的所有东西都可能遇到毁损和抢夺。

在书的最后，罗斯忧心忡忡地告诫说，尽管中国时刻都在变化与进步，但他们忽视了一个很重要的因素，那就是科学技术背后的道德支撑。在放弃了旧式教育后（指废除科举和儒学教育），中国如果发展出一种自私的物质主义而不再重视社会公共道德的基础性建设的话，那么即使中国富裕了，也不是真正的富裕，而是灾难。一百年过去了，掩卷沉思，我们不得不为他的种种预见而折服。

三一　抢米：抚衙门口的革命总预演

1909 年，湖南发生水旱两灾，先是洞庭湖区大水，接着衡阳、长沙一带又遇旱灾，以致粮食减收过半，等到次年春夏之交，长沙粮价飙升，老百姓深受其害。

4 月 11 日，长沙南门外有一户挑水为生的黄姓人家，男人辛辛苦苦赚了 80 文钱，让妻子去买一升米回来做饭。妻子走到社坛街某粮店，店家说她的钱里有几文不通行的制钱，要她换了再来，但等到她再次来到这家粮店时，米价已涨到 85 文一升。由于家中已无余钱，孩子又嗷嗷待哺，其妻在羞辱愤恨之下竟走到老龙潭投水自尽了，身边两个小孩尚不懂事，还站在潭边哀哀哭泣。黄某闻讯赶到后，自觉心灰意懒，悲痛之余也带着两个孩子跳入水潭自溺而亡。

悲剧很快传遍全城，人心极为激愤，黄某的邻居们按传统的抗议方式将这 4 位死者的遗体抬到粮店门口，要求店家备办棺材，安葬受害者。正当此事纷纷扰扰未了之际，一名妇女与另一家米店的老板又因米价的突然上调而发生争吵，而附近空地上正因天灾进行迎神赛会，两人激烈的争吵声很快引起了众人的围观。在这种形势下，争论本身的是非对错已不重要，米店老板很自然地遭到了愤怒的指责，他的店面也被围观民众一并捣毁，为此还波及了周边的其他粮店。

事件发生后，巡警们赶来弹压，当他们试图将一名带头的木匠带走时，结果反被街上的民众包围。事态的扩大化使善化知县（当时长沙同城分治，城北属长沙县，城南为善化县）不得不亲自出面前来平息这场纠纷，但他也很快陷入了民众的汪洋大海之中。在愤怒的抗议声中，知县大人得知此事件系粮价高昂所引起，遂在慌乱中答应次日开仓平粜，这才使自己摆脱了困境。

当晚，知县大人因自己的轻率许诺被湖南巡抚岑春煊狠狠训斥了一番，因而次日并没有平粜的举动。米商们提前得到了消息，他们预知了可能的后果，于是，这一天都纷纷关店歇业。次日，饥民们怀抱着希望来到义仓时，那里却异常宁静，毫无开仓平粜的征兆。在等待了一段时间后，这些人乱糟糟地回到了昨日闹事的地点，受到欺骗的不满情绪很快传染给了在场的每一个人，不久便有人高声叫骂并引起了众人的共鸣，民众高肺活量的怒骂声不久传到了巡抚大人的耳中，使他不得不采取些措施，以防止自己的威信受到损害。

巡抚大人派出了巡警道台赖承裕前去弹压，但后来的事实证明，这是一个极其错误的选择。赖道台祖籍福建，他的功名是花钱买来的，因而民众对他并不尊敬。为弥补自己的不足，赖道台在多名弁兵的护卫下，乘坐一顶绿呢大轿威风凛凛地来到事发现场。鉴于老百姓给他添了麻烦，道台大人不免恶声恶气地训斥周围的饥民："我们福建人在茶馆里喝一壶茶就要100文，你们长沙人进茶馆喝的也是一样，为什么不嫌贵？米是大家都要吃的，每升制钱80文，哪里贵了？你们在这里闹事，就是造反！造反是要杀头的！"

自古以来，因饥荒铤而走险的灾民比比皆是，所以赖道台的恐吓并没有起到应有的作用。相反，愤怒的民众蜂拥而上，将赖道台的翎顶官帽掀翻，官服扯烂，赖大人见势不妙，拼命逃出人群，躲进了附近的一个巡警岗亭，但很快又被狂怒的饥民拖出，最后发辫被吊在树上，被人狠狠地揍了一顿。众怒难犯之下，赖道台的护卫弁兵们大都悄无声息地逃走了，只有一个聪明人，他脱下制服后佯装站在群众的一边，然后建议大家去向巡抚请愿，这才使他那个倒霉的上司摆脱了险境。

在走向巡抚衙门的路上，请愿的人数急剧增加，据参与者回忆，至少有上万人穿过城门，走过大街，来到了巡抚辕门外。饥民们将巡抚衙门围了个水泄不通，他们一面要求巡抚接见，一面高呼："抚台给我们饭吃！"至此，事态已到了爆发性的阶段。

实事求是地说，此等事件在历史上并不罕见。按通常的经验，巡抚大人应走出衙门，温言抚慰那些愤怒的子民，并给他们一个确定性的答复。但这一次，巡抚大人却不屑于见那些暴民，他只命令衙役挂出牌示，说5日后开仓平粜，米价定在60文一升。

巡抚的态度大大激怒了饥民们，他们将这个牌示撕个粉碎。这时，巡抚大人又犯了一个错误，他命人将60文改为50文。很显然，民众并不喜欢这种讨价还价的方式，因为在他们的心目中，官府应该是一言九鼎，这样既小又迟的让步，只能让巡抚大人的威信大打折扣。于是，在地动山摇般的呼号声中，愤懑的饥民们冲破辕门，捣毁照壁，所幸巡抚卫队忠心耿耿，将民众给打了回去。

巡抚辕门前的骚乱虽然被平息了，但这种愤怒的浪潮随后席卷了长沙城，到了这一天的晚上，很多粮店遭到袭击和劫掠，就连一些外国的教堂也被波及。到了14日，局势仍旧没有要安静的迹象，民众再次聚集并要求释放前一天因闹事而被拘押的木匠刘永福。在人潮汹涌之下，巡抚衙门前的秩序再次失控。这一次，不幸的事件发生了，巡抚卫队开枪打死打伤民众数十人，受到惊吓的人群如潮水般地暂时后退，但之后，一些勇敢的造反者再次向前发起反击，在熊熊大火中，巡抚衙门的号房、大堂、二堂、文武巡厅等均被焚毁。由此，一场因米价飙升而引起的请愿，终于被颟顸的官吏们导演成了一幕官逼民反的经典史剧。

但凡天灾的背后，都有人祸的影子。粮食歉收，粮价上涨，原本都是可以理解的，但米价涨得过于离谱，其中必有其他原因。事实上，灾荒并不是这场风潮的唯一祸首，因滥铸铜圆而引发的通货膨胀也在其中起到了推波助澜的作用。

清末新政后，百业待兴，中央与地方在财政上都十分困难。为增加财政收入，大量铸造铜圆以支付新政费用也就成为清末10年来各省的通常做法。新铜圆俗称“铜板”，面值一般为10文，相比传统的铜钱，新铸的铜币既标准又美观，投放之初很受民众的欢迎。由于一枚铜圆的用铜量和铸造成本远在10枚铜钱之下，因而用机器大批量地制造铜圆便成为各省的生财之道，而这一利润丰厚的行当事实上也只能被政府垄断（实为收取铸币税）。

使用机器铸造铜币始于光绪二十八年（1902年）袁世凯任直隶总督之时，当时天津因银根收紧而致钱荒，铜圆开铸由此而起。在之后的3个月内，直隶当局共铸造了上千万枚新铜圆，获利丰厚，于是各省竞相效仿。3年后，共有12省设立铜元局，铸钱机器超过800台。倘若这些机器全数开工，每年可制铜圆 160 亿枚，以当时人口 4 亿计，每人可分得 40 枚。据不完全统计，各省在 1904—1908 年实际铸造了 124 亿枚铜圆，人均可分得 31 枚。

尽管不能与滥印纸币相提并论，但过多地铸造铜币同样会带来相应的通货膨胀。1905 年 12 月，在各地商会及各国公使团的交涉下，清廷曾于次年 5 月命各省铜元局停止铸造，但禁令仅维持了两个月，之后各省铜元局再次开铸，而清廷也在一定程度上分得一部分的铸币之利。铸造新币的好处是显而易见的，譬如湖北造币厂仅在 1908 年就取得了 72 万两的纯收益，而据日本东亚同文会的报告，湖南当局在 1902—1911 年 10 年间从湖南造币厂提取了 400 万两用以维持新军，1911 年的湖南财政说明书更是隐晦地证明了本省所有的新政措施和新军经费均来自铸造新币。

1910 年，梁启超写了一篇题为“各省滥铸铜圆小史”的文章，文中抨击了清廷各级政府过度鼓铸铜币而导致国内货币价值贬跌，进而导致“物价腾贵，民生凋敝，实为全国人民切肤之痛”的严重后果。文章用数据证明，铜圆开铸之初，1 银圆可换取 80 铜圆，到 1909 年底，已跌到 180 铜圆换 1 银圆。据驻宜昌的英国领事立特观察，以铜币作为支付手段的话，芝麻油、皮棉、小麦、酒类、食盐、猪肉的价格在 1908 年之前的 10 年内几乎翻倍，而米价的上涨更为突出。1909 年后，两湖地区的米价一路高升，长沙 85 文一升时，汉口已突破 90 文一升。这次抢米风潮后，英国使馆代办马克思·穆勒也认为，“由铜币贬值引起的物价上涨”是骚乱的首要原因。

传统社会中，如果地方绅士在意自己名望的话，饥荒之时往往要带头赈灾，这既是慈善义举，也可以认为是他们的道义责任，否则将不容于士林。但这一次，长沙绅士们的表现令人失望。他们非但没有开仓平粜，反而在持续收购与囤积粮食，目的是想在粮价高时卖个好价钱。当时长沙的“四大名绅”——王先谦、叶德辉、孔宪教、杨巩，4 人均参与了粮食投机并囤积了大量的存粮。事后传闻，叶德辉共囤积了约一万石的存谷，杨巩家也有七八千石。

尽管不经常露面，但王先谦被公认为湖南保守势力的代言人，因为他做过国子监祭酒和岳麓书院的山长，学问很好，著述很多；叶德辉进士出身，后辞官回故里，他精于经学，也是近代知名的藏书家；孔宪教既是进士，又是翰林院编修，为人极端保守与固执，当时任长沙书院的学长；四人中，杨巩名声最坏，因其特别残忍与邪恶，人又称其“杨三豹子”。

巡抚辕门被焚事件发生后，长沙的绅士们秘密召集会议，随后给湖广总督瑞澂发电报，要求以布政使庄赓良接替岑春煊的巡抚职位。尽管王先谦并没有参与其事，但他在电报上仍被列为首名。

湖广总督瑞澂同时接到岑春煊的电报，请求辞去巡抚之职。尽管岑春煊绝没有与长沙绅士们沟通过，但两份电报在目的上是契合的。这两份电报令瑞澂感到震怒，他没有答复其中的任何一份而是一味地致电北京，要求将岑春煊从速革职。岑春煊治事无方，地方劣绅干涉用人，这为之后的惩处与清算埋下了伏笔。

岑春煊逃出巡抚衙门后，庄赓良在顽固绅士们的支持下以布政使的名义代理巡抚，但城内局势仍处于失控之中，一些学堂、商店甚至巡警局被焚烧，其中也少不了类似活动中惯有的抢掠行为。为尽快平息风潮，庄赓良亲自坐着绿呢大轿上街巡视，他派出衙役们扛着高脚牌打头阵，牌上写着 16 个大字：“众绅公议，平价申冤，藩台担任，诸君请退。”为达到更好的效果，也有手下扮成群众演员沿路高呼“庄青天”，庄赓良则顺势下令平粜，做出恰当的亲民状。

但在 14 日晚，一些教堂、洋行与外国人住宅遭到袭击，在夜色的掩护下，外国人并没有受到生命威胁，但其中的一些建筑被无情地焚毁。尽管当晚的行动看起来离奇地克制，但还是引发了新当权者的极大惊恐，因为这样的排外行为很容易让人想起 10 年前的拳民运动及由此带来的巨额赔偿和严厉的政治惩处。次日，街上再次出现巡街的牌示，不过这一次不再是文绉绉的 16 个字，而改成了恶狠狠的“放火捣乱者，就地立杀无赦”，扛牌的人也换成了全副武装的巡防营士兵。

据目击者称，当天上午长沙某兵备道带着大批的兵警上街，走在最前面的刽子手，左手拿着滴血的大刀，右手拎着一颗血淋淋的人头，据说是因滋事而被当场拿获枭首的。这样的杀戮在之后的几天里发生了好几起，事态也渐由此转为安静，一场风波被这样平息了下去。

正当庄赓良和绅士们长出一口气时，朝廷的一纸电谕令他们瞠目结舌：

岑春煊被革职系意料之中，但庄赓良非但未能如愿以偿地接替巡抚之职，反而与其他一些稍低级的官吏一同被革职；“四大名绅”王先谦、叶德辉、孔宪教、杨巩被革除功名和候补官职，罪名是“囤积谷米、教唆风潮与妄图指定私人担任公职”，他们同时被禁止在嗣后干涉地方事务。

湖广总督瑞澂将本次事件归咎于湖南的民风和当地的“劣绅”，其中特别指责王先谦最初阻挠官府“义粜”，后又公开发电要求撤换巡抚，“殊属不知大体”；叶德辉被指为“积谷万余石，不肯减价出售，实属为富不仁”。事后，王先谦和叶德辉都有自辩，叶德辉称其“兄弟四房，收租仅及千石，此有粮册可稽”，因此是否出售并非他一人可以做主。处分案发布后，叶德辉还不无自嘲地称“愧居王后，耻在杨前”，因为王先谦的地位很高，而杨巩不但吝啬自私，而且几乎就是个流氓。

饥民是点燃“抢米风潮”的最初发动者，但他们并不是这一事件的主导力量。在汹涌的人群背后，不乏一些对政府不满并有意要颠覆清王朝的会党分子，譬如那位飞身上房将巡抚衙门点着的好汉，显然是个中人物。作为这次活动的主力，有必要特别提到长沙城内建筑业的那些匠人们（包括木匠、石匠、漆匠等），他们因技艺陈旧的原因而未能参与官府的新政工程，如学堂等，这也是那些新式建筑被有意识地焚毁的一个重要原因。

参与风潮的人群并不局限于饥民、会党分子和匠人们，一些被西方工业冲击而生计日艰的手工业者，还有与义和团同样思维的狭隘仇外的民众，这些人都是积极参与者。另外，一些对现状不满的无直接利益者也在从众心理的驱策下进行了一次痛快淋漓的宣泄，这也是本次风潮原因多样化的一个体现。从某种角度来说，长沙抢米风潮是清末各阶层各种不满情绪的一次大展示，也是冥冥之中清王朝即将崩塌的一次预演。

三二 皇帝的香案：假保路干掉了真铁路

2010 年 8 月 18 日，湖北宜昌至重庆万州 I 级电气化干线铁路在恩施铺下最后一段铁轨，据铁四院副总工程师苗德海披露，宜万铁路在 101 年前即已开建，其前身为 1909 年由詹天佑主持开建的川汉铁路。因为众所周知的原因，宜万铁路从宜昌往秭归修了 20 多公里即无限期停工。如今，宜万线已通车，但这条在中国铁路史上修建时间最长并引发革命的铁路，其延宕百年的命运，又何尝不是近代中国的一个缩影。

大体上说，清末的铁路政策始为“官商合办”，继以“商办为主”，最后推行铁路“国有化”，而正是这个“国进民退”的政策异动诱发了“保路运动”，并为清朝覆亡埋下祸根。当然，就清末铁路状况而言，盛宣怀在 1911 年初上任邮传部所提出的“国有化”政策尚称得上对症下药，因为铁路建设周期长，投资大，商办铁路公司“一无资金，二无经验，三无技术”，结果“奏办多年，多无起色”。与之形成鲜明对比的是，借助外资修建的铁路大都资金充足，建设速度有保证，如京汉铁路、沪宁铁路和汴洛铁路三条长线均顺利竣工，反倒是那些商办铁路“后路未修，前路已坏”，相继陷入困境。

资金不足是商办铁路的最大问题，譬如粤汉铁路广东段需投资近 3000 万两，实际募集一半不到；湖南段需投资 2500 万两，实际只筹集五分之一；四川筹集的资金最多，但也只相当于川汉铁路西段（成都至宜昌）投资的六分之一。另外，这几个省为集股，又设立米捐、房捐，甚至抽收租股（按亩收租股）、盐股、茶股、土药（鸦片）股，小户贫农也在所难免，徒增负担。值得一提的是，各铁路公司的内部管理极为混乱，职员的侵蚀挪用司空见惯，如 1903 年成立的川汉铁路公司，数年下来，尚未修一寸铁路，账目却已是堆积如山。如此商办，粤汉、川汉铁路通车不知要等到何年何月。

1911 年 5 月 5 日，都监察院给事中石长信上了一道关于“铁路国有化”

方案的奏折，其中将全国铁路分为干路、支路，这与盛宣怀的主张不谋而合（或为盛宣怀的授意）；5 月 9 日，即“皇族内阁”成立次日，清廷以上谕的形式宣布了“铁路国有化”政策；5 月 20 日，盛宣怀与德、法、英、美四国银行团签订 600 万英镑（合白银约 4800 万两）的借款协议；5 月 22 日，清廷任命端方为粤汉、川汉铁路督办大臣，并令湘川两省停止征收“租股”。

平心而论，这次的借款协议还算合理，因为当时中国也确实无法筹集到如此大数目的资金，而根据 1910 年的一份日方报告，中国钱庄的平均利率在 12%—15%，因而本次借款 5% 的利率并不算高。当然，外国资本家并不是来中国搞慈善事业的，只不过当时国际资本充足，其国内存款利率比 5% 还要低，因而对中国借款仍旧有利可图。按协议，本次借款 40 年内归还，以湘川两省的百货厘金、盐厘金等合计 520 万两作为抵押，这尚属正常的商业行为。另外，借款协议中还约定，铁路建造与管理权归中方所有，中方自行选派三名洋人总工程师，其委任、辞退有关人员须经中方总办同意，铁轨须使用汉阳铁厂的产品，其他原料也应优先购买中国原料或产品。

抛却历史的有色眼镜，这次的铁路建造借款协议大体上是一种互惠的商业行为，这与过去列强动辄攫取铁路的经营管理权、铁路周边的矿产开采权等严重损害中国主权的前例有所不同（如中东铁路、胶济铁路等）。更重要的是，这次的借款协议没有其他的政治性附加条件，盛宣怀自称在谈判中竭尽全力，亦非虚言。

盛宣怀是个精明的商人，但他不能算是一个合格的大员，因其上任邮传部尚书后仍惯用商人的思维而不是从公共政治的角度去处理问题，譬如这次推行铁路“国有化”政策，他不是一开始就亮出自己的底牌以示诚信，而是讨价还价，有意给各省督抚设套。

盛宣怀抛出的第一套方案是，将川、粤、湘、鄂四省铁路公司的资金冻结，原有股票全转成国家股票。遭到反对后，他又拿出第二套方案，愿意领取国家股票的按 6 厘支息；不愿意转为国家股票的可按入股价格退还现银，但要在 5 年之后才开始退款，15 年内返还完毕。这个方案，自然又遭到了股东们的抵制。最后，盛宣怀提出对各省区别对待的第三套方案，广东铁路公司的股东先返还原投资现银的 60%，剩下的 40% 转成国家无息债券，日后择期还清；湖南及湖北铁路公司的商股按原值返还现银，另外少量的米捐、租股、赈粜捐款转为国家保利股票，年息6厘。

从实际情况来看，广东铁路公司的亏损很大，因而股东们拿回六成的现银已感满意，剩下的四成虽无利息，但日后也会返还；湖南、湖北的铁路公司亏损不多，商股数额也不大，全部退还，待遇最优，至于米捐、租股、赈粜捐这些公股性质的股票，收取人与利益代表实际上都是当地政府，因而反对者寥寥。一位外国研究者评价说，“鉴于情况的复杂以及每一个铁路公司实际上已破产的事实，政府的建议看来不仅是合理的，而且是宽宏大量的”，湖南、湖北、广东三省的股东们没有从投资中赚到钱，但毕竟要回了自己的本钱，由此也未掀起大的波澜。

四川就不一样了，因川汉铁路公司的情况远较他省特殊而复杂。按1906年的勘测，川汉铁路全线（成都到宜昌）约长2400里，需投资白银7200万两，而川汉铁路公司成立后，其募集的股资又分四种：

一为商股，即士绅们直接出钱认购的股份；二为官股，即政府公款入股；三为租股，凡年收租十石（约1200斤）粮食以上者，均按其当年实际收入的3%抽取“股金”，实则是“以税代股”；四为公利之股，即铁路公司经营其他项目获得的收入转为资本金。

租股的问题比较麻烦，这实为对农民的摊派所得。表面上看，被抽租的农户都是川汉铁路公司的股东，但实际情况又并非如此，因为公司股票每股面额50两，而绝大多数农户一年不可能交出50两银子，因而股票不能发给而只能以收据记账，等交个七八十年，到了儿孙这辈，或许能换一张股票回来（前提是川汉铁路公司还在）。由此，租股的产权名义上属于被抽租的农户，但收取者和实际控制者都是当地政府。对农户来说，这个所谓的投资，表面上是为修铁路而“被租股”，实则是硬性摊派的一种负担，至于传说中的投资收益，对农户们来说，看不见、摸不着，遥遥无期。

1911年后，川汉铁路公司共募集约1400万两的股款，按盛宣怀的第三套方案，其中的一半换取国有股票，而另一半中的400万两，只发给不分红的国家保利股票。有人会问，剩下的300万两哪里去了？该如何处理？

盛宣怀不予承认的300万两与“倒账案”密切相关，当时川汉铁路公司的资金有很大一部分放在上海的钱庄，由上海分公司经理施典章进行投资管理，但在1910年的“橡胶股票危机”中，因投机失败加上存款的钱庄倒闭而亏空近300万两。盛宣怀由此认为，亏空是川汉铁路自己造成的，国家没有义务补偿。

从骨子里说，盛宣怀是个十足的商人，其对于经济利益的斤斤计较远胜于对政治的考量。正如张謇批评的，盛宣怀不懂得国家对于人民应怀有一种“涵复之义”，在事关大局时，他仍带着经商时的“算盘思维”，这种聪明劲，似智实愚。盛宣怀敢这样做的另一个原因是，他认为川汉铁路公司的股份有四分之三都是由税转来的“租股”，换句话说，都是“国有资产”（地方政府掌握），如今把地方“国有资产”转为邮传部的“国有资产”，在他看来并不过分。

精明的商业算计激起的是无边的政治风潮。当年5月16日，川汉铁路公司紧急召开第一次股东大会，会后决定去督署请愿。当时四川总督处于缺位状态，署理总督赵尔丰正以筹边大臣的身份在川藏一带处理边乱，实际主持工作的是“护理总督”、布政使王人文，他请求将川民商股发还、铁路暂缓接收，但被清廷驳以川路公司“亏倒巨款，殃民误国”。

屡遭申饬之后，王人文将盛宣怀的来往电报透露给了川汉铁路公司及四川省谘议局的负责人等，试图以民意为后盾，为四川人争取权益。王人文这一举措所引发的后果是他自己都没有预料到的，四川士绅立马被激怒了。6月17日，四川保路同志会成立，谘议局议长蒲殿俊被推为会长，副议长罗纶为副会长。不到20天，会员发展到20多万人，全川上下，无处不保路，遍地是会员，民众的热情一旦被点燃，多年的积怨迅速被释放，亢奋的情绪蔓延全川。在每一场保路演说中，都不乏声泪俱下的痛诉场面，而部分会员写血书、断指刺股的激烈方式更是将抗议活动推到了无法挽回的失控局面。

8月初，王人文被免职，署理四川总督赵尔丰返回成都，而在此期间，盛宣怀又搞了一个小动作，他说服川汉铁路公司宜昌分公司经理李稷勋将现款上缴，交换条件是李稷勋被任命为新的国有铁路公司宜昌分公司经理。消息传开后，川民怒不可遏，在保路同志会的组织下，成都开始罢课罢市，百业停闭，交易全无。为保证斗争的合法性，街头出现一道奇景，市民、商人和士绅们顶着光绪皇帝的牌位，旁边则用大字写着光绪皇帝曾经颁布的上谕，

“川路仍归商办”“庶政公诸舆论”。在满街的香案中，川民走上街头，奋起相争。8 月 28 日后，成都的罢课罢市之风传到四川各地，进而发展成全省规模的抗粮抗捐，部分地区甚至发生捣毁巡警局的事件，局势已一步步地走向了失控。

李寻在《四川保路运动再梳理》一文中指出，保路运动中夹杂着三股政治力量，除了台面上的谘议局议员（或者说上层士绅）外，另外两股力量为革命党与民间会党。革命党以搅动天下为己任，路好路坏、国有商办并不是他们关注的焦点，他们要做的是抓住时机，颠覆他们所仇视的政权。各地保路同志会成立后，四川革命党人分别在 7 月中旬与 8 月初召开“新津会议”与“资州罗泉井会议”，准备发动起义。

会党是革命党所要争取的重要力量，而且是这次保路运动中的利益攸关者。川汉铁路筹组期间，当地政府为征集租股而在各地设立征股局，其中多为会党成员染指（催逼索要是会党们的强项）。四川保路运动的冲天波澜与会党的介入有很大关系，因一旦停收“租股”，势必断了他们维系了五六年的财路，这是他们万万不肯答应的。

面对朝廷“严厉弹压，毋任嚣张”的朝旨和先帝亡灵的木牌，赵尔丰也是左右为难，进退失据。一片茫然失措中，四川局势并无丝毫的好转，朝廷也对此失去了耐心。9 月 2 日，督办川汉铁路大臣端方被命率 2000 湖北新军入川弹压。

3 天后，一份名为《四川人自保商榷书》的传单被大肆传播，其中提出“编练国民军，制造军械，实现川人自保”的倡议。赵尔丰看到传单后，意识到这已超越了保路的界限而向着造反的道路前进了，于是他在 9 月 7 日将保路同志会的领袖蒲殿俊、罗纶及川汉铁路股东会的领袖颜楷、张澜等人骗到总督府扣押了起来，企图用“擒贼先擒王”的办法控制局势。

这一次，赵尔丰判断错了。事实上，《四川人自保商榷书》并不是蒲殿俊等人所写，而是出自同盟会员朱国琛的手笔。蒲殿俊等上层士绅虽然被各地会党及革命党夹裹的保路同志会推为领袖，但他们并没有节制下层会员的能力，譬如上层士绅认为运动的最高手段只限于罢市，但革命党与会党却主张暴动，这完全不是蒲殿俊等人所能控制的。因此，赵尔丰扣押蒲殿俊等人非但毫无效果，反而给保路同志会起事提供了绝佳的借口。

诱捕了蒲殿俊等人后，赵尔丰贴出告示，令“即速开市，守分营生，如若聚众入署，格杀勿论”。群情汹涌之下，“格杀勿论”的恐吓并没有奏效，当天即有上千人手捧光绪皇帝的灵牌将总督衙门团团围住，要求释放蒲殿俊等人。正在后堂的赵尔丰掂量了许久之后，断然下令：开枪！

一时间，督署门口枪声大作，请愿人群一片惊慌尖叫，瞬间陷入混乱与血泊之中。在这场震惊中外的“成都血案”中，共有 50 多人被枪杀或者践踏而死，其中年纪最大的 73 岁，最小的只有 15 岁。

血案发生后，同盟会员龙鸣剑等人裁取木板上百块，上书“赵尔丰先捕蒲、罗诸公，后剿四川各地，同志速起自救”等字后包上油纸分投江中，消息传遍四川，人称“水电报”。各地保路同志会闻讯后纷纷展开行动，成都附近的同志军甚至次日即进攻成都，将省城围了个水泄不通。由此，赵尔丰困守城内，顾此失彼，陷入了人民战争的汪洋大海之中。

9 月 25 日，也就是荣县宣布独立之日，盛宣怀终于意识到了事态的严重性，他上奏清廷，请求按王人文之前提出的方案，即将 700 多万两现银退还四川，其余已用的路款转成国家保利股票。但是为时已晚，辛亥革命的脚步已是清晰可闻。

失策的还不仅仅是盛宣怀与清廷。令人无语的是，当年强烈反对“铁路国有”的川民们，在民国可以自修自办铁路后，在之后的近半个世纪中却未曾在省内享受过哪怕是一里的铁路便利。相反，川民们迎来的是无穷尽的各路军阀，四川的内战既是军阀混战的典型代表，也是为祸最烈的。如果时光可以倒流的话，那些群情激奋的保路士绅们该作何感想呢？

民国后的铁路政策与清末如出一辙，在短短两年内，民国政府相继与湘、苏、豫、晋、皖、浙、鄂等各省 8 家商办铁路公司签订收路协议并偿付金额连本带息共计 6500 万元。但这些款项从未真正兑付过，民国政府只是开了一些无法兑现的空头支票，后来干脆就不了了之……真是天大的讽刺！

历史往往就是这样的吊诡，“保路运动”风起云涌，乱哄哄闹到最后，人也杀了，命也革了，钱也没了，众声鼎沸之下……那条誓死力“保”的铁路却没了！读史至此，又怎能不让人唏嘘再三。

三三 宋教仁：一介书生要革命

上海闸北公园的一个偏僻角落里，有一个人的雕像多少显得有点落寞和孤寂，这个人的名字叫宋教仁。在1913年那起举国震惊的暗杀事件中，宋教仁究竟死于何人之手，至今仍是一个难解的谜团。岁月匆匆，白驹过隙，100年的时间很快过去，原处乡间的宋氏墓园早已栖身闹市，在这个被人遗忘的角落里，宋教仁和他的事迹早已湮灭在历史的尘烟之中，正如他和他那寂寞的墓园，如今已是少有人知。

宋教仁，字遁初，号渔父，湖南桃源人，家中上有一兄，下有两妹，家境最初还算殷实，直到10岁那年，父亲因病去世，家道开始衰落。宋教仁从小天资聪颖，入读桃源漳江书院时，很得山长黄彝寿的重视。1903年，宋教仁在山长的推荐下报考武昌文普通学堂并以第一名的成绩入学。

宋教仁入学未及一年，黄兴的出现改变了他的人生轨迹。黄兴生于1874年，比宋教仁大8岁，他22岁中秀才，后被选送到武昌两湖书院深造。1902年春，黄兴被选派日本留学，入读东京弘文学院师范科。次年，黄兴与留日学生百余人自发组织“拒俄义勇队”，以抗议沙俄对东北的侵占（庚子年侵入后以各种借口拒不撤兵）。但是，这些年轻人的爱国活动遭到清廷猜忌并被诬为“乱党分子”，这使其中一部分人愤而投入革命阵营，黄兴即为其中之一。

黄兴在1903年底回国并曾以学长的身份在武昌的学堂中进行过演讲，当说到沙俄强横、清廷无所作为并打压学生爱国活动时，年轻的学子们如炸了锅一样沸腾了，在这群愤怒的年轻人中间，宋教仁也列身其中。

此后，宋教仁跟随黄兴走上了革命的道路。1904年2月，湖南的一群热血青年，其中包括宋教仁、陈天华、刘揆一、章士钊等人，他们在庆祝黄兴30岁生日的聚会上倡议成立一个革命组织，这就是辛亥革命史上的“华兴会”。

华兴会以黄兴为会长，宋教仁、刘揆一任副会长。当年7月，宋教仁与胡瑛、吕大森、张难先、曹亚伯等人在武昌成立科学补习所，宣传革命。两个月后，黄兴等人成立“华兴矿业公司”，看似要办实业，实则是图谋革命的“皮包公司”。它的主要业务不是探矿采矿，而是发行“股票”，为革命筹集经费。华兴公司的股票很阔气，长5寸、宽3寸，票面1000文，背面注明“革命成功，加倍偿还”的字样。庚子年唐才常自立军起义时也曾发行过“富有票”，孙中山也以兴中会的名义在美国发行过类似的革命债券，华兴会的筹款模式不算稀奇。

按计划，华兴会将在当年11月16日也就是慈禧太后万寿节（七十大寿，农历十月初十）那天举义，因为省里的文武百官届时将在万寿宫举行庆祝活动，趁此机会，黄兴等人用预先埋好的炸药将他们一块送上西天，然后省内四路起兵，从常德、衡州、宝庆、岳州分别攻入长沙，宣布独立。

宋教仁负责常德路，准备情况并不理想。尽管他赢得了当地会党的支持并被推为“龙头”老大，但这些人更看重经济利益，起义将近时，某会党首领游得胜因兜售“华兴公司”股票而被人告发，当地政府查明这起“非法集资案”的背后隐藏着巨大的造反密谋后即刻上报，湖南巡抚陆元鼎收报后立刻触发了当年“富有票”案的警觉，于是下令缉拿革命党。

游得胜被杀前供出常德一“姓宋的”学生主谋，好在他把名字记错了。当桃源县令将湖南巡抚的电文转到漳江书院时，山长黄彝寿看到里面有捉拿乱党“宋敏仁”等语，便知道是自己的得意弟子宋教仁惹的祸。他一边回电称“查无此人”，一边通知宋教仁赶快离开湖南，免遭毒手。

宋教仁得报后，赶忙乘坐一艘炭船逃往武昌。说来也巧，宋教仁到达武昌那天，正值慈禧太后万寿节，督抚衙门张灯结彩，街道商铺龙旗高悬，市集上人来人往，车马之声如鼎方沸，大有歌舞升平之气象。武昌的喜庆色彩与宋教仁的落寞心情形成了巨大的反差。失落之下，他跑进一家书店买了本《施公案》和《七侠五义》回客店聊以解闷。

不日后，湖南革命党“图谋不轨”的消息传到武昌，宋教仁等人所办的科学补习所也被关闭，华兴会成员人人自危。事无可为的情况下，宋教仁逃亡上海，之后于1904年底东渡日本，开辟海外革命的新天地。

到日本后，首先要解决的是语言问题，好在宋教仁的学习能力超强，他先在顺天中学学习日语、英语，半年后进入日本法政大学，再半年后考入知名的早稻田大学（两校均为私立学校），成为留学生部的预科学生。

在日本求学期间，宋教仁的兴趣主要在法政方面。他第一次进书店，买的就是法律书，一本是《婚姻进化》，另一本是《法律上之结婚》。另外，他对心理学与哲学也有相当的兴趣，曾写下大段的学习心得。在黄兴等人的影响下，宋教仁初到日本时对军事也颇感兴趣，他在日本体育会接受过徒手操和兵式操的训练，还曾尝试过价格不菲的骑马练习。不过，宋教仁在体育方面并不出色，在骑马练习中受伤后，也就不再尝试。

宋教仁在语言方面很有天赋，他曾对日语及汉语的发音做了相当独到的比较研究，并将心得记在日记中。1906—1907 年，宋教仁翻译了一些宪政书籍，包括《日本宪法》《英国制度概要》《美国制度要览》等，这些活动虽谈不上研究精深，但基本奠定了他在宪政和法律认识方面的基础。

宋教仁利用课外时间做翻译，主要通过同船来日的杨笃生的介绍。当时杨笃生等人创办了一本名为《游学译编》的杂志，因为立宪运动的开展，国内对法政方面的书籍有较为迫切的需求，宋教仁所翻译的这些书大体上属于法政丛编方面的约稿，稿费能拿到每千字一元三角（后涨为一元五角），由此获得了一笔相对稳定的收入。

尽管杨笃生经常给宋教仁送来四五十日元的稿费，但从日记中看，宋教仁在日本的生活并不是那么的惬意。1906 年 9 月 27 日，他在日记中写道：接到家信，哥哥说家里生活很困难，衣物都拿出去典当得差不多了，家里刚长出青苗的田地也卖了，老母亲很想念自己，希望自己回家，并希望自己能寄钱回家或自己带回家，缓解家里的经济困难。宋教仁读完后，愁苦不堪，一筹莫展，他恨不能长出翅膀飞回家去看望母亲，又想从哪里想办法弄一笔钱寄回去，可他左想右想，最后还是一点办法也没有！

异国生活的艰辛，使宋教仁希望赚取更多的稿费，他一度因翻译太勤而导致精神衰弱，住进了医院。这种状况直到 1907 年后才有所缓解。翻译之余，宋教仁还做过汉语教习等兼职。但这段时间里，宋教仁也逐渐荒废学业，早稻田的课也不大去了。

按传统习俗，宋教仁结婚很早，他16岁时即与方氏完婚并育有一子。在流亡异国的岁月里，年轻的宋教仁也不是没有动情的时刻，至少在日记里能找到两个女子的蛛丝马迹：一个是处过一段时间的女友永井德子，另一个名叫西村千代子。特别是后者，更是让宋教仁为之着迷，他曾在日记中称自己想到千代子就久久不能入眠，心中总是浮现出她的一笑一颦，而与千代子的相处中，她的每一个动作都让他回味无穷。但限于各方面的原因，宋教仁与千代子最后无果而终（从日记上看，是意志战胜了情感）。

革命是宋教仁在日本期间要做的另一件重要事情。到日本后不久，宋教仁即与革命同志在东京创办《二十世纪之支那》，他不但担任经理人，还承担了主要的写作任务。杂志草创时期遇到很多困扰，如经费问题、人员退出等，但宋教仁仍极力维持并出版了两期。正当杂志难以为继之时，一位神秘的日本友人找到宋教仁，他就是跟随孙中山多年的宫崎滔天。

宫崎滔天早在19世纪末就开始关心并参与中国革命，在他的撮合下，几个流亡在日的革命小团体如华兴会、光复会和兴中会等于1905年7月30日在东京赤坂区桧町三号黑龙会本部（内田良平宅）召开同盟会筹备会议，其中包括孙中山、黄兴、宋教仁、陈天华、刘道一、张继等10省代表，加上宫崎滔天、内田良平与末永节3位“日本志士”，到会人数合计79人，革命阵容可谓强悍。

同盟会虽然成立，但有两件事对宋教仁刺激颇大，一是他辛苦创立的《二十世纪之支那》被日本地方警局强制停刊，经多方斡旋仍得不到解决，最后只好将杂志改名为《民报》，并作为同盟会的机关报发行。民报社成立后，很快成为同盟会的主要据点，宋教仁虽然还负责社内事务，但已非昔日可比。

据常在同盟会本部（即民报社）碰面的邓家彦回忆，宋教仁“颇具才识，亦通辞令，喜作高谈阔论，因‘间岛问题’而崭露头角，他在东京主张对于‘间岛问题’应如何处理而颇为引动彼邦朝野人士之注意”。老同盟会员杨熙绩也曾说，孙中山善于演讲，黄兴是个实干家，而宋教仁深沉稳健，又精通计谋，是智囊。孙中山、黄兴、宋教仁是同盟会的主要领导，但3人由于个性差异也曾惹出风波。

1907年2月，孙中山与黄兴因采取何种旗帜而发生激烈争执。孙中山主张沿用当年兴中会的青天白日旗，以纪念那些牺牲的革命党人；黄兴则主张用华兴会的井字旗，并认为青天白日旗有效仿日本国旗之嫌疑，应予毁弃。孙中山听后勃然大怒："我当年在南洋闹革命时，几万人托命于此旗下，你要想毁弃的话，就先把我给毁弃了！"黄兴也被激怒得跳了起来，当场发誓要"脱同盟会籍"。

表面上看，这仅是会旗之争，但其背后隐藏的实为同盟会的领导权之争。作为原华兴会主要成员，宋教仁当然站在黄兴一边。他在当天的日记中写道，黄兴不快的原因，"盖孙文素日不能开诚布公，虚怀坦诚以待人，做事近乎专横跋扈，有令人难堪处故也。今既如是，则两者感情万难调和，且无益也，遂不劝止之……将来之不能有所为，或亦意中事。不如另外早自为计，以免'烧炭党人'之讥"。

宋教仁之后有些心灰意懒，他在民报社向黄兴提出辞去同盟会职务及《民报》职务，黄兴开始不应，过了一会儿，突然也提出要退会，当时《民报》的诸革命党人俱在。第二天，宋教仁果然如日记中说的那样向孙中山当面辞职并转交文件，孙中山一直挽留，宫崎滔天也仍想撮合他们的关系，但宋教仁的去意已决。

眼看事情越闹越大，为大局考虑的黄兴只好退让一步。他事后向胡汉民写信表示愿意服从孙中山的决定。尽管如此，他本人仍"意颇怏怏"。"争旗"事件对同盟会的发展影响颇大，黄兴这一退，以后便一直服从大局，但宋教仁等人就未免与孙中山及他的广东人马心存芥蒂了（所谓"烧炭党人"，即太平军"粤匪"之讥也）。

宋教仁在 1907 年初就对"间岛问题"感兴趣，这次事件后更是下定决心去东北。当年 3 月，宋教仁化名桃源宗介，在与另一个革命党白逾恒渡过鸭绿江后，于 4 月 1 日到达安东（今丹东市）与当地同盟会员吴昆接头。宋教仁此行目的有二：一是调查"间岛问题"，二是联络当地反清武装力量，以"统筹辽海东西、黑水南北之义军，共举大事"。在与东北新军中的吴禄贞、蓝天蔚及同盟会员张榕等人秘密会面后，由于吴禄贞、张榕等人的反对，宋教仁联络"马匪"的计划未能成功。

但在"间岛问题"上，宋教仁凭着自己的智谋取得了突破性的进展。所谓“间岛”，原本指吉林延边图们江北岸的一块滩地，在19世纪六七十年代，一些朝鲜农民越过图们江来到这里进行垦殖，由此形成领土与管辖的争议。甲午战争后，日本为取悦朝鲜人而大造舆论，硬说“间岛”系“朝鲜的属地”，甚至越俎代庖，向该地派遣警察对垦民进行管理，其目的是利用“间岛”作为跳板，借机入侵东北。而此时日本在东北地区活跃着两个由浪人与军人相勾结的间谍组织，一个是为人所熟知的“黑龙会”，另一个则是“长白山会”。当时的“长白山会”专门制造假证据，以证明“间岛”不属于中国领土。

宋教仁得知了日本人的阴谋，随后易名“贞村”，并在日本革命党人片山潜的帮助下秘密打入“长白山会”。他在实地考察了间岛地区并收集了大量的第一手资料后，又冒险将“长白山会”所制造的伪证拍照携回。而后，宋教仁又分赴汉城图书馆、东京帝国大学图书馆查阅相关资料并于1908年8月出版《间岛问题》一书，书中对日本阴谋做了淋漓尽致的深刻揭露，这也为后吴禄贞筹办边务时与日本谈判提供了有力证据。

日本方面得知此事后，曾派人质问他身为“革命党”却为何帮助“他所痛恨的清廷”，宋教仁不为所动；此计不售，日本人又出价5000元索购书稿，但仍遭到拒绝。在此事件中，宋教仁以民族大义为重，他所提供的宝贵资料令日方制造的谎言与伪证被一一揭穿，最后只得放弃侵吞间岛的阴谋。为此，时任外务部尚书的袁世凯还亲自下令让驻日公使奖励宋教仁1000银圆（一说为2000日元），但被宋教仁婉拒。

事后，宋教仁曾说“吾著此书为中国一块土，非为个人之赚几文钱也”，但此事也给他带来了被动，一是同盟会的同志怀疑他投靠清廷，二是日本政府将他看作清廷奸细并对他进行监视。或许是巧合，在《间岛问题》出版后的第二个月（准确地说是在光绪与慈禧太后崩逝的第四天），日本政府下令禁止《民报》出版，宋教仁也就此结束了他在日本的办报生涯。1910年12月，宋教仁结束了近6年的流亡生涯返回上海，而此时，已是辛亥革命的前夕了。

三四 革命浪人：宫崎滔天的英雄梦

位于南京的中国近代史遗址博物馆里，其内院有一组以孙中山为中心的小型铜像，孙中山的两侧跟随着两个国际友人，一个是美国军事顾问、曾帮助孙中山练兵的荷马·李，另一个则是脸色沉毅、行走于孙中山背后的宫崎滔天。铜像底座镌刻着四个字："赤诚友谊。"

宫崎滔天，日本熊本县荒尾村人，本名宫崎寅藏，号"白浪庵滔天"，其出身于一个没落的日本武士家庭，家中兄弟姐妹 11 人，他是老幺。作为昔日的武士，宫崎滔天的父亲经常教导他，"要做英雄，要当大将"，每当他的手触及金钱，其父便严厉地斥责，"这是乞丐的行为"。宫崎滔天的母亲也常对宫崎兄弟说："死于枕席之上，是男儿的莫大耻辱。"她要他们以长兄八郎（1877 年参与西乡隆盛起事而战死疆场）为榜样，去建功立业。

在此影响下，宫崎滔天从小就怀揣一个"英雄梦"。1886 年，15 岁的宫崎滔天离开家乡到东京求学，在此期间，他受二兄宫崎弥藏的影响而对"中国革命主义"发生兴趣。当时日本有一种"亚细亚主义"的思潮（或称"兴亚论"），即在西方列强的压迫下，日本联合亚洲各国力量以抵抗白种人入侵（"黄祸论"与"白祸论"），"中国革命主义"即为其中一分支，其大意是，拯救日本和亚洲，关键在于帮助地大物博的中国进行革命和改造。

为实现这个主义，宫崎滔天"决意亲自深入中国，遍访英雄，游说他们共图大事。如果找到治世豪杰，愿效犬马之劳，否则将挺身自任"。1891 年 5 月，宫崎滔天只身前往上海，但滑稽的是，他的盘缠在启程前被一个名叫白米伯的前辈借走多半，原本答应到上海后汇给他，但之后音信全无。白米伯有封信让他带给在上海开办"日清贸易研究所"（实为培养间谍的学校）的宗方小太郎，当宫崎滔天的盘缠用尽之时，宗方小太郎让他加入这所学校，白米伯在信中也是这个意思。

这事说来有些吊诡，似乎有一只看不见的手在故意设下圈套让宫崎滔天加入这个间谍集团，但不愿受人摆布的宫崎滔天在两个月后即返回日本。也有人说，宫崎滔天急于回国是因为他要成亲，因其长男龙介在当年 11 月即告出生，似有未婚先孕之实。

1893 年 7 月，宫崎滔天结交了流亡日本的朝鲜“开化党人”金玉均，但后者于次年 3 月 28 日在上海被刺死。由于金玉均的缘故，宫崎滔天得以结识后来成为日本首相的犬养毅，犬养毅也由此成了宫崎滔天的主要资助人，并对他的一生影响至大。中日甲午战争爆发后，日本军方同时征召宫崎兄弟出任随军翻译，但宫崎滔天拒绝了这一征召，他认为自己的中文尚不足以承担这一职务，而从内心来说，他也不认同这场战争（“日清贸易研究所”的学员们则多数派上了用场）。

战争结束后，宫崎滔天一度办起了向泰国移民的事务，但这项事业没有什么前途。让他备受打击的是，他的“革命引路人”——二哥宫崎弥藏于 1896 年 7 月病死。临死前，宫崎弥藏给弟弟预留了一个重要关系人，即参与广州起义并与孙中山一并逃亡日本的陈少白。

1897 年，宫崎滔天和平山周等人在犬养毅的引介下拜见日本外务大臣大隈重信，并约定由外务省提供机密费资助他们前往中国调查秘密结社等活动。正是在这次行动中，宫崎滔天得知了孙中山的大名，并随后前往陈少白的横滨寓所拜见。

宫崎滔天这样描述初见孙中山的情形：只听门吱嘎一声，一个穿睡衣的男子出来，用英语说了一声“请进”，此时他刚起来，口也未漱，脸也未洗，宫崎滔天“觉得他有点轻率，不够稳重”，不禁产生疑问：“这个人能够肩负起四百余州（中国）的命运吗？他能够身居四万万群众之上掌握政权吗？我帮助这个人究竟能否完成一生的志愿呢？”待孙中山洗完脸并换上西服后，宫崎滔天仍觉得不很满意，因为孙中山看起来有些像绅士了，但依然没有他想象的那种豪杰之风。

接谈之后，宫崎滔天的失望一扫而空，因为演说是孙中山的长项，不开口静如处子的他，一开口则“一言重于一言，一语热于一语”，话如脱兔之势，进而渐如虎吼深山，句句到位，切中要点，令宫崎滔天听得如痴如醉，五体投地。事后，宫崎滔天大加推赞，“如孙逸仙者，实已近天然纯其境界之人也。彼之思想何其高尚，彼之识见何其卓越，彼之抱负何其远大，而彼之情感又何其诚挚！我国人士中如彼者究竟能有几人？是诚东亚之珍宝也”！

宫崎滔天将会谈情况详细汇报给犬养毅。犬养毅大为高兴地说：“这是一份大礼物，怎能不会他一面？”随后，犬养毅携他前往外务省谒见某次长，次长让他们写份报告交上来，心直口快的宫崎滔天脱口而出：“我们已把秘密结社的实物带来，请径直接见面谈。”外务部官员一看他是外行，便哈哈笑道：“你们这样搞可……”

不管怎么说，宫崎滔天的任务完成得很到位，犬养毅于是又交给他一笔数千金的巨款，让他再次去中国游历一番。这次，他的任务是考察中国政情特别是拜会康有为、梁启超等维新派人士。1898 年 8 月 24 日，宫崎滔天再次来到上海，之后又南下广州、香港。让他感到有些得意的是，这时期他周旋于革命党和改良派之间，“发挥了交际家的手腕”“窃以为自己的表现，即使是欧美的职业外交家，亦不能相比”。

未及一月，戊戌政变爆发。所幸的是，康有为在英国人的保护下侥幸脱险，而宫崎滔天也与搭档田野橘次分工配合，将康有为在广州万木草堂的几十名学生设法带到香港。康有为来港后，对宫崎滔天的义举表示感谢，但他发现后者同时与革命党来往密切而有所戒备。其间，宫崎滔天劝说康有为与革命党、秘密会党合作，他认为中国的变法难度太大，没有出路，只能通过革命才能达到目的。

一番努力下，宫崎滔天最终说服康有为前往日本避难，并亲自陪同他登上轮船。这段时期可能是宫崎滔天最风光的时期，因为陪同的康有为备受各方关注，一向手头困窘的他也因各种资助而阔绰了起来。据其自传中记载，这段时期他到处吃喝，眠花宿柳，好生享受了一番荣华富贵。不过，让他有些失望的是，他的恩主犬养毅等人希望康、梁维新派与孙中山等革命党人联合起来反清的目的，却最终没有结果。

宫崎滔天认为康有为实在算不得什么英雄人物，“见识既不丰富，经验也不足”“度量似乎亦狭隘”，只不过是“受到皇上知遇”的“一介草莽书生”，而他身边的那些浪人也作如是观。之后，宫崎滔天、内田良平、平山周、清藤幸七郎等人开始积极追随孙中山赴南洋、中国台湾等地，伺机发动起义。

庚子年，当八国联军肆虐北方时，日本方面在南方先后策划了李鸿章华南独立、唐才常自立军起义，企图把水搅浑、分裂中国，但图谋都先后落空。之后，孙中山等革命党人又在日本浪人的帮助下策划惠州起义，宫崎滔天负责军械供应，但令他感到极度颓丧的是，他在这一事件中竟然扮演了一个被人愚弄、代人受过的角色。

事情的原委是这样，革命党人交给他 65000 元购买军械，但实际经办人中村弥留在与小仓交易时相互勾结，所购 200 万发枪弹实为废品（多为中日甲午战争淘汰下来的废枪废弹），而中村弥留从中拿取回扣 15000 元。得知真相后，孙中山命宫崎滔天要求小仓退款，但小仓只答应退款 12500 元。后在犬养毅、头山满等人的斡旋下，小仓答应退款 15000 元，而中村弥留中饱私囊的 15000 元也被迫吐出。

交涉中，惠州起义已发动，最初进展也算顺利，但因筹款、军械等均不到位，加上日方答应的援助因伊藤博文再度出任总理大臣而骤然中止，失去日援的惠州起义最终一败涂地，知名浪人山田良政也死于此役，是日本志士中为中国革命献身的第一人。

事后，抛头颅、洒热血的日本浪人们大为激愤，当时又谣传宫崎滔天在本次事件中贪污了 10000 元，在一次争吵中，黑龙会浪人内田良平甚至与宫崎滔天大打出手，两人从房中厮打到走廊，宫崎滔天的前额也由此多了一块永久性的新月形疤痕。

这一事件中的种种狡诈、愚弄与误解，让宫崎滔天对世道人心感慨万千，备受打击。经此挫折，他感到自己“做大将、当英雄”的梦破裂了，“回顾半生，只是一梦，而且完全是失败的梦。追怀梦迹，痛恨难堪”，一度还想“遁入空门”。1901 年，心灰意懒的宫崎滔天投入演艺界人士桃中轩的门下。犬养毅得知后，将他召来大骂：“太没有出息！我宁愿把酒泼在地上，也不能跟你这种人喝！”酒力激动之下，宫崎滔天也愤而回击：“谁愿意向你这样的庸俗政治家敬酒！”

随后，宫崎滔天开始连载《三十三年之梦》，向世人解读自己的“英雄梦”。因为中国的冒险经历在日本浪人界是一个极有意思的话题，这本书竟误打误撞地成为畅销书并一度发行10版，这种超乎寻常的关注让宫崎滔天暴得大名，他的革命经历也成了他演出的最好广告，据说班子每到一地，“贴出的海报足有一铺席大，上面写着：‘一颗头颅悬赏十万两，为清国政府追捕的白浪滔天——宫崎滔天在此！’”

客观地说，宫崎滔天是社会平等与自由民权的坚定信奉者，他希望的世界是一个“车夫马夫有车坐，穷苦农民亦富有，四海兄弟皆自由，万国和平自由乡”。在他看来，日本的变革少不了中国的革命与现代化，由此才能阻止欧美的侵略并进而推动整个世界的变革。从这个意义上说，宫崎滔天是一个世界革命主义的先行者，只是他把这个目标寄托在了中国革命的先行者孙中山身上。

“但闻头领一声令，扶危济困不问程；名扬江户人钦慕，长兵卫者乃我名。”现实中的宫崎滔天身材魁梧，长须飘飘，性喜声歌，有豪杰之风，孙中山在《三十三年之梦》的序言中说他为“今之侠客也”“识见高远，抱负不凡，具怀仁慕义之心，发拯危扶倾之志，日忧黄种陵夷，悯支那削弱，数游汉土，以访英贤，欲共建不世之奇勋，襄成兴亚之大业”。

有一次，日本浪人首领头山满送琵琶给宫崎滔天，陈少白在上面题诗，不料竟成谶语：“英雄漂泊红颜老，同抱琵琶委秋草。赠尔琵琶做伴游，一拔十年长潦倒。”自传中，宫崎滔天也自嘲说：“半生梦觉思落花，对镜自照，不禁笑道：你的相貌颇不凡，而志气为何这样颓唐。风度似亦英俊，而才能为何这样鲁钝。你的身躯徒然高大，而胸襟狭小如豆，行为虽似磊落不羁，奈何感情却如妇人。你终非什么天下的英雄！”

宫崎滔天的弱点，在于他为人太善良，所以成不了大事。中村弥留事件对他来说堪称奇耻大辱，事后他写了一封信向孙中山极力解释，其中洋洋万言，内责不已，但他对“革命理想”与“人心狡诈”之间的关系似乎终未认清。所以，宫崎滔天的“英雄梦”实际上也只是一个梦，正如他在《落花之歌》中唱的：“如今一切计划破，此梦遗留浪花节。弃刀废剑执手扇，一敲即响黄昏时，与钟同谢是樱花。”

清末新政后，大量中国留学生涌进日本，革命形势再度高涨，据说黄兴看到《三十三年之梦》后找到宫崎滔天，而孙中山与黄兴、宋教仁的相识也是因为他的牵线搭桥。1905 年 8 月 20 日，中国同盟会在东京成立，事前的筹备会议在赤坂桧町三号黑龙会本部（内田良平宅），宫崎滔天的家则为同盟会机关报《民报》的最早发行所。

作为武士的后代，宫崎滔天为人豪爽，广交朋友，但另一面是放浪形骸，行为不羁。《三十三年之梦》中，他即描写了不下 3 个红颜知己的故事（或许这是该书大卖的原因之一）。宫崎滔天一生视钱财如粪土，有钱时任意挥霍，无钱时则四处求助于人。1911 年武昌起义后，日本志士个个疾奔中国，作为前辈的宫崎滔天本应立即动身，但因家里贫困到了极点而不能成行，后来还是靠别人资助才得以赶赴上海。后来，他又到香港迎接孙中山，并躬逢了当年之盛事。“二次革命”失败后，可能是因为年岁渐大，也可能是因为日本方面不再支持孙中山等革命党人，宫崎滔天此后也日渐失去了革命热情。

清末时，一些日本浪人对中国革命抱有浓厚的兴趣，他们尽其所能为革命党人提供各种便利包括住所、金钱甚至武器。如果说这是一种天真善良的利他主义的话，那日本黑龙会乃至日本军部中那些同样支持革命的军方半军方人士就是一种赤裸裸的利己主义了。一个最简单的事实是，这些人在辛亥革命后迅速转而支持“满蒙独立”，其中的动机无非是企图令中国陷于分裂以火中取栗，至少也要在满蒙问题上取得实际利益。

对于昔日的门下宫崎滔天，犬养毅说了这样一段意味深长的话：“滔天实在是一个微妙有趣的男儿。外务省本来是派他去调查中国革命的秘密结社的，他却变成了中国革命党的同路人，忘记了自己本来的任务，与孙文意气相投，结为一伙。”很显然，犬养毅支持革命党人的动机乃利己主义，其目的无非“将彼辈掌握住，以备他日之用”。

1921 年，孙中山在广东组织军政府，曾给宫崎滔天拍过 3 次电报要求他去广东，但此时宫崎滔天的身体已经不行了，他去了不到半年便回国，即于 1922 年 12 月 6 日病逝。

三五 梅屋庄吉：千金一诺为革命

东京某僻静的街巷里，有一别具特色的家族历史陈列室曰“梅屋庄吉资料室”，其中尤其引人注意的是一件被支架撑起来的黑色布织短袖衫。据主人小坂主和子（梅屋庄吉的外孙女）的介绍，这是梅屋庄吉平时所穿的日本式短外衣，也是梅屋家传的至宝，这件衣服的白色衬里上写着两个遒劲的黑色大字——“贤母”，落款为“孙文”。

梅屋庄吉生于1868年，因其远亲梅屋吉五郎没有子嗣而被抱养。梅屋吉五郎是个成功的商人，他在长崎专门从事贸易与碾米厂。据梅屋庄吉的女儿千世子回忆，“祖父（即梅屋吉五郎）是长崎与上海之间贸易往来的创始者”。或因于此，梅屋庄吉从小即对中国感兴趣。

1882年，年仅14岁的梅屋庄吉悄悄藏在自家货轮“鹤江”号上，待轮船出港后，船员们发现主人家的“公子”也在船上，由于无法返航，船长只好把梅屋庄吉当作月薪3日元的临时水手，将他带到了上海。

“鹤江”号即将返航时，梅屋庄吉却没有回去的打算，他不顾船员们的一再劝阻留在了上海，并打算在此闯出一番名堂。不幸的是，他携带的钱款后来被小偷窃走。走投无路之下，梅屋庄吉只好为那些在上海操皮肉生意的日本娼妓做一些体力活糊口，这一年他才15岁。

也许是由于父辈经商的缘故，梅屋庄吉身上也充满了冒险精神。1886年，18岁的梅屋庄吉又有一个惊人之举，即前往美国留学。这一次，他乘坐的是美国帆船“比尼”号，航线是沿着中国海岸南下，经中国香港、菲律宾后穿过太平洋抵达旧金山。当时的“比尼”号上有很多亚洲人，其中包括很多前往美国新大陆淘金的中国劳工，令梅屋庄吉感到愤怒的是，美国船长及船员对黄种人极其蛮横无理。途经吕宋岛时，因怀疑其中3名中国劳工患有霍乱，船长竟然命令将他们扔进大海。后来，“比尼”号突然后舱失火，船上人大多命丧大海，仅有的两个幸存者，其中之一即为梅屋庄吉。

经此劫难后，梅屋庄吉放弃了去美国的念头而回国从事家族的大米生意，但由于梅屋庄吉过于投机冒险，某次生意惨败并被人告上法庭，父亲梅屋吉五郎不得不倾其家产为儿子还债。在此打击下，梅屋庄吉再次逃离日本，并在中国厦门、中国香港、新加坡等地谋生。在新加坡时，梅屋庄吉遇上了一位名叫中村留子的女子并与之相恋，两人开了一家照相馆，后又移到中国香港。

照相是新兴事物，为拓展业务，梅屋庄吉推出了一项堪称首创的服务，即提供“上门摄影”。在当时的婚庆或宴会活动中，梅屋照相馆的这项服务特别受欢迎，梅屋庄吉也就此在香港站稳了阵脚。在此期间，梅屋庄吉奉父亲之命回日本与德子成婚，但他在婚后很快又返回了香港。

1895 年 3 月，照相馆来了两个人，一个是英国人康德黎博士，另一个则是位素未谋面的年轻人。康德黎博士酷爱摄影。他常来梅屋照相馆。梅屋庄吉与他很熟悉。在他的介绍下，梅屋庄吉与孙中山首次相见。

孙中山是康德黎的学生，在这次见面后，他于数日后再次拜访梅屋庄吉并就此结交。梅屋庄吉后来回忆说：“于香港敝屋始迎先生，兴酣，谈天下事，中日之亲善，东洋之兴隆，以及人类之平等，所见全同……先生雄图与热诚，甚激我之壮心，一午之谊，遂固将来之契。”

孙中山当时 29 岁，比梅屋庄吉仅大两岁，但他的一番谈吐让梅屋庄吉大为折服。在听说孙中山打算在广州举行起义后，梅屋庄吉当即表示：“君举兵，我以财政相助。”之后，梅屋照相馆成了革命的秘密基地，用梅屋庄吉的话来说就是，“照相馆只是表面的招牌，总之这里成了革命志士云集、安营扎寨的梁山”。

在梅屋庄吉的支持下，广州起义开始秘密筹备，梅屋庄吉为之筹集了 600 支手枪。可惜的是，这些枪在运往广州时被查获。起义失败后，孙中山先后赴日本、美国避难。梅屋庄吉曾在途中汇给他 1300 美元。此后，梅屋庄吉先后参与 1899 年的“菲律宾独立军”起义（孙中山等革命党人也都参与其中）及 1900 年的惠州起义，在起义人士的联络、武器供给及钱款的输入方面，梅屋庄吉起到了重要作用。

同一时期，梅屋庄吉开始涉足方兴未艾的电影业（早期的默片与照相有很大关联）。他大胆购进了法国当时最先进的放映设备，并获得了法国霸亭公司影片的代理权。这一次，梅屋庄吉的冒险投资获得了巨大的成功（当时除了军火产业，据说电影业是最赚钱的）。1903 年，他回到日本时，“口袋里揣着 50 万日元的巨款”（大概相当于 2011 年的 14 亿日元）。回国后，梅屋庄吉每天背着钱袋子到之前因米市投机失败而受连累的债权人家中还钱谢罪，这次他总算打了一个漂亮的翻身仗。

之后，梅屋庄吉创办了一个名为“M. 霸亭商会”的电影公司，经过近 10 年的精心经营与奋力打拼，梅屋庄吉成为日本电影界的风云人物，其创办的“M. 霸亭商会”（日本“日活”电影公司的前身）与东映、松竹等著名日本电影公司不相上下。

在商业上获得丰厚的收益后，梅屋庄吉除继续支持各国的革命事业外，还私人赞助了白濑矗的南极科考，其电影公司也派出摄影师进行纪录片拍摄，这也是亚洲人的首次南极科考。在资助白濑矗对南极进行第二次考察时，辛亥革命爆发了。

梅屋庄吉随后收到一封来自上海的电报：“武装起义成功，请求资金援助。请求派遣萱野先生。”落款人是成功发动上海革命的陈其美。收报后，梅屋庄吉立刻为萱野长知支付了 7 万日元，而在他本人所写的《永代日记》中记载，截至 1912 年，梅屋庄吉总共为革命军方面支付了 45.6 万日元（相当于 2011 年的 11 亿日元，约合 8500 万人民币）。

不仅如此，梅屋庄吉还为陈其美印刷了 250 万元“军票”以充当革命军的临时货币，日本黑龙会首领头山满等人前往上海时，其费用也全是梅屋庄吉一手承担。另外，当北一辉、末永节等人组织日本“敢死队”准备奔赴武汉参战时，梅屋庄吉还在出发前亲手发给他们每人一枚金戒指，因为在战乱中，金戒指可以换钱活命。

最值得一提的是，梅屋庄吉还派出摄影师荻屋坚藏前往中国拍摄关于革命的纪录片，在孙中山就任临时大总统时，荻屋坚藏在场拍摄了相关影像。100 年后，这些反映辛亥革命的影像资料不但极为稀缺，而且极其珍贵（这盘胶片现存于中央电视台新闻影视制作中心）。

辛亥革命昙花一现，政权很快被袁世凯夺走，1913年“二次革命”失败后，孙中山再次流亡日本。由于日本政府支持袁世凯政权，孙中山秘密入境后只能隐藏身份，而其住所正是梅屋庄吉所提供的位于大久保百人町的私宅，这个地方非常秘密，除梅屋庄吉外，只有犬养毅、头山满、宫崎滔天等少数几个人知道，孙中山在这里一住就是3年。

由于革命遭受重挫，加上很多革命同志对新成立的“中华革命党”不予理解，此时的孙中山过得非常苦闷。梅屋庄吉在此期间成就了一段佳话，这就是孙中山与宋庆龄的结合。1914年9月，原任孙中山秘书的宋霭龄回国与孔祥熙结婚，宋庆龄代替了姐姐的工作，孙中山、宋庆龄两人由此发生感情。但是，这段婚姻因年龄差异等方面因素而遭到了宋氏家族及革命同志的一致反对，在此情况下，梅屋庄吉及夫人德子的帮助起到了关键作用。

1915年10月25日，在日本律师和田瑞德的见证下，孙中山和宋庆龄在写有“将来永远保持夫妻关系”的结婚誓约书上签名，这份誓约书系日语书写。那一年，孙中山49岁，宋庆龄22岁。当年11月10日，梅屋庄吉夫妇为二人举行了隆重的婚礼。据千世子回忆，新人坐着她家的两辆新汽车来到“M.霸亭商会”摄影棚边的豪华宅邸，婚礼由头山满主持、犬养毅致祝词，在喝过交杯酒后，孙中山还与梅屋庄吉结为义兄弟，宋庆龄则与梅屋夫人德子结为义姐妹。

1916年“护国战争”开始后，梅屋庄吉在滋贺县八日市建立革命军飞行学校，为反袁军培养飞行员。由于预约的华侨飞行员因故未来，梅屋庄吉专门聘请了著名的日本飞行家坂本寿一作为教练。当他得知学员们需要自行车协助平衡训练时，他又拿出一笔不菲的资金为每个学员购买了一辆崭新的自行车。1915年7月，飞行队在坂本寿一的亲自带领下参加了反袁军在山东潍坊的作战，这或许是中国历史上的第一次空战。

与此同时，反袁军还请梅屋庄吉为他们采办武器，“梅屋庄吉资料室”即保存了这样一份委任状，上面写着：“委任梅屋庄吉为中华革命军东北军武器进口委员。此状。中华革命军东北军总司令官居正。中华民国五年四月二十八日。”与委任状同时到达的还有一份武器订单，其中包括三十年式步枪7000支、机关枪7挺及山炮5门。

袁世凯称帝败亡后，孙中山在南方建立“护法军政权”，与北洋政府相抗衡，但在西南军阀的排挤下，孙中山屡起屡伏，最终于1925年3月12日在北京病逝。得此消息后，梅屋庄吉致电宋庆龄及孙科，称孙中山“乃中国革命之大恩人、世界之伟人”；孙中山的去世“不仅是贵国的不幸，也是整个亚洲的不幸”。据千世子回忆，梅屋庄吉曾叹息说：“孙中山之后，没有人能够替代他。我不会再遇见那样伟大的人了。”

北伐战争胜利后，蒋介石一度访日并在殷汝耕的陪同下亲自拜访梅屋庄吉一家，5人曾在一起合影留念。1929年6月1日，南京国民政府在中山陵为孙中山举行国葬，当时日方除犬养毅为政府特派代表外，孙中山生前的日本友人头山满、萱野长知、平山周、山田纯三郎、古岛一雄、秋山定辅、菊池良一等80余人也都在受邀之列，其中即包括了梅屋庄吉一家及宫崎滔天的遗孀。

来中国之前，梅屋庄吉集资铸造了4尊孙中山铜像，作为一种特殊的纪念。由于铸像的开支巨大（铸造和运输费约合2011年的1.5亿日元），而梅屋庄吉的电影事业已开始走下坡路，梅屋庄吉甚至挪用了女儿千世子准备结婚的款项。后来，这4尊铜像分别赠予南京中央军官学校、广州黄埔军校、广州中山大学、中山县孙中山故居，如今中山陵藏经楼前的孙中山铜像，即为其中之一。

1929年2月20日，梅屋庄吉与夫人德子、女儿千世子及随员乘船护送第一尊孙中山铜像从神户启程赴上海。之后，梅屋庄吉前往北平参加移陵仪式。作为特别的殊荣，梅屋庄吉是与宋庆龄、孙科等人一道扶着孙中山灵柩从北京返回南京的唯一的日本人。

在之后的两年里，梅屋庄吉一家在蒋介石等人的关照下定居上海（住地为上海法租界金神父路一四四号，今瑞金宾馆），直到1931年，一家人才返回日本。回国后，梅屋庄吉一度计划拍摄一部名为“大孙文”的影片，但很快因1931年“九一八”事变爆发而流产。

此后，中日关系急剧恶化，而作为主张“中日友好”的人士梅屋庄吉遭到日本军方的监视，东京宪兵队甚至两次传讯并辱骂其为“卖国贼”。但梅屋庄吉并未屈服，他在一次新闻访谈中公开表示：“一部分人想凭借武力征服中国，但这是不可取的。因为动用武力的话，迟早必定会遭到武力的还击。我面对中国人时，就如同面对日本人一样，是同样的心情。了解我的中国人也把我当作同胞来对待，没有任何戒备隔阂。也因此无论任何问题都会顺利地迎刃而解，不会发生不愉快。我认为解决中国问题的根本在于，丢掉过往的感情问题，从内心能够真诚相待。日本应该主动设法这样去做。”

对于日本军方的咄咄逼人与不自量力，梅屋庄吉百思不得其解，他曾写信给日本外相广田弘毅：“实现中日亲善，是我多年的夙愿，也是故友孙中山的遗嘱，终日苦思其实现。”广田弘毅收到信后，同意梅屋庄吉前往中国作友好访问，以斡旋当时的中日关系。但不幸的是，正当梅屋庄吉积极准备行程时却突然病倒，并很快于 1934 年 11 月 23 日去世，终年 66 岁。在其葬礼上，蒋介石赠送了花圈，中国驻日公使蒋作宾送去“青天白日旗”，并与日章旗共同覆盖在他的灵柩上。

梅屋庄吉一生的箴言是“富贵在心”“无论富贵贫贱，相互扶助为做人之道”。其曾外孙女小坂文乃认为，梅屋庄吉是一位国际主义者，他在《永代日记》中曾说，“我坚信，当人世间达到了世界皆兄弟的文化境地之日，也就是没有偏见的日子到来之时”。事实上，除孙中山外，梅屋庄吉与其他革命党人也保持了良好的关系，譬如戴季陶与日本护士重松金子所生的孩子（即被蒋介石收为养子的蒋纬国），最初也是由梅屋庄吉代为抚养的。

在生命的最后时刻，梅屋庄吉曾留下遗言，嘱咐子孙保守援助中国革命的秘密：“我基于与孙中山的盟约，决意参与中国革命。与此相关的日记、信件等概不对外泄露。”由此，梅屋庄吉究竟援助了孙中山等革命党人多少钱，目前尚是不解之谜。不过可以肯定的是，这一定是个大数字。若以事实论，梅屋庄吉确实兑现了自己许下的诺言。

三六 王金发：山大王的革命春秋

浙江革命时，绍兴旧官僚们上演了一出“咸与维新”的好戏，前知府程赞清与“几个旧乡绅”（如曾在浙江巡抚衙门当过师爷的章介眉）临时拼凑了一个“貌似革命”却“骨子里依旧”的“绍兴军政府”。这事传开后，本土本乡的“真革命党”王金发被惹怒了，后者立刻率领300名革命军浩浩荡荡地杀回老家搞“真光复”，都督随即易人。

鲁迅作品《范爱农》中的王金发是历史上的真实人物，这位在革命队伍中闻名遐迩的好汉，其原名王逸（字季高），“金发”只是他的乳名（原名被人遗忘而乳名流芳后世者，历史上还真找不出几个，王金发即为其中的一朵奇葩）。

王金发，浙江嵊县人，家道小康，早年丧父后，其母为之延师教读，虽天资颇高，但其自幼天性顽梗，长得又孔武有力，平日里喜欢舞枪弄棒，据说能“只手推倒墙壁”。在与小朋友玩游戏时，王金发一向霸占“领导”之位，于是他又有了个“大王”的绰号。

简单地说，王金发少年时实为一浮浪子弟，成年后更是投身江湖，当上了会党首领。举人徐锡麟在浙东开展运动时，发现了王金发这个人才。后来王金发就跟在徐大哥的后面，并参与了大通学堂的创办工作。大通学堂的全名为“大通师范学堂”，表面上以新式学校做掩护，实则一革命运动机关，譬如校中“体操专修科”，招收的第一批学员即多为会党成员，而作为射击能手的王金发，即兼有学生与教师的身份。

没多久，徐锡麟可能觉得大通学堂的教学过于乡土化，后来带着王金发等人前往日本留学。《范爱农》一文中，鲁迅曾提及横滨接送同乡之事，其中重点描绘了范爱农而对王金发只字未提，实则后者亦在其中。到日本后，王金发入大森体育学校，据说以第一名的成绩毕业，只是大森体育学校并非官方认定的正规院校，其原名“大森体育会”，以体育、军事学为特色，实为同盟会参与创办的“野鸡学校”，只需一年或一年半即可速成毕业。话虽如此，但是当年入读该校的中国人不在少数，王金发能以第一名毕业，当然也不能说是侥幸。

1906年夏秋之际，王金发学成回国，虽然他与很多留日生一样，也许一句日本话都不会说，但好歹也镀过金、见过世面。而在这时，徐锡麟也回到国内并花了2万两银子（一说是5万银圆）买了个道台，后被委任为安徽巡警学堂会办兼巡警处会办，一时间风光无限。按说，古代买官为发财，但徐锡麟骨子里却还是个革命党，他来回奔走于浙江、上海、安徽三地，为革命积蓄力量。

王金发回国后在大通学堂协助秋瑾培育革命人才，但仅一年之后，徐锡麟和秋瑾相继被杀，清廷缇骑四出，到处捉拿革命党人，王金发侥幸逃脱，失去生计后只好转回老本行，跑进山中做起了“山大王”。鲁迅先生说他“绿林大学出身”，却也不算污蔑。

尽管只做了半年的“强盗”，但王金发却在浙东留下了不少传奇故事。据说，王金发曾在路上遇到了一位“饥饿垂毙者”，仗义的他把身上仅有的600文钱统统掏出来给了那位可怜人，而自己却与同伴整整饿了一天（这600文钱还是靠抢来的衣服所卖之钱）。再如，某乡中恶霸强逼一节妇改嫁，王金发大为愤慨，随后在途中将轿子拦下并痛打了那恶霸一顿，之后又率人将节妇送回老家。王金发这些类似于“罗宾汉”的故事在浙东广为流传，以至于绍兴人后来把他称为“强盗都督”（当时国人尚不知有“罗宾汉”这一好词）。

1908年后，王金发与另一位著名的革命党人陈其美接上头，随后脱身去了上海。在之后的数年中，王金发扮演了一个“革命侠客”的角色，譬如在关于革命党人张恭的事件中，王金发就有一出极为精彩的表演。张恭也是留日学生，他在回到上海不久即被拘捕，后经革命党人的调查，出卖张恭的是一个名叫刘师培的人。

刘师培原是个读书种子，其天赋甚高，年纪不大但经学研究已有相当的造诣。在清末的那波“留日潮”中，刘师培也凑热闹东渡扶桑，后被卷入革命风潮，做了一个有学问的革命党人，堪与章太炎齐名。也正是在章太炎的循循善诱下，刘师培一度走上了革命道路，并自改其名为“刘光汉”——“光汉”者，光复汉族是也（徐锡麟死前也自称“光汉子”）。

1907年，刘师培携妻何震、姻弟汪公权来到日本，并担任了同盟会机关报《民报》的编辑。但是，刘师培毕竟是学问深厚的读书人，即便身处革命核心，他最终也没能成为一个坚定的革命家。《民报》任职不久，刘师培即退出同盟会圈子，改而鼓吹无政府主义和社会主义。1908年，回国不久的刘师培被两江总督端方看中，为报知遇之恩，刘师培立即投至端方门下，成为立宪改良派的坚定一员。

作为一名高层的“前革命者”，刘师培深知革命党人内幕，他由此成为端方的一名密探，并与汪公权等人四处打探，据说向端方出卖过陈其美等人的革命计划。此计未售，刘师培又将张恭出卖，试图从中套出光复会领袖陶成章的下落，但未等到张恭交代，王金发已摸到了他的上海寓所，刘师培被吓得四脚朝天，连连哀求。

在保证为张恭说情并担保张恭性命无忧后，王金发这才收回短枪，放了他一马（所幸王金发没有动手，否则中国近代史上只多了一个“革命叛徒”而少了一位国学大师）。之后，王金发将汪公权刺死，以儆效尤。另外，出卖秋瑾的绍兴劣绅胡道南后来被人暗杀，据说也是倒在王金发精准的枪法之下。

上海举义时，王金发在陈其美的召唤下率敢死队“一行三十余人奔杀制造局”，为上海光复出了大力气；之后，王金发又马不停蹄地奔赴杭州，并与蒋介石各率一路敢死队分攻抚署和军械局。杭州革命胜利的功劳簿上，也少不了王金发的一笔。只是，胜利的果实被汤寿潜等立宪党人夺去，而这也是王金发杀回绍兴的主要原因（如鲁迅所说，“几个少年一嚷，王金发带兵从杭州进来了，即使不嚷或者也会来”）。

王金发这次回绍兴，那真是衣锦还乡，出尽了风头。为迎接新都督的到来，绍兴民众排着队在西门外等了一天——结果没来；直到第二天傍晚，王金发一行人才乘白篷船而来。来后，王金发的手下便像扔爆竹一样朝天乱放数枪，算是给民众们答礼。接着，王金发慢腾腾下船，慢腾腾上马，在左右的前呼后拥中，进城转了一圈。最令人印象深刻的是，王金发剃着锃亮的光头，在绍兴的辫子世界中独具一格，就算是黑夜也无法夺去其光彩。

王金发回来后，老朋友范爱农与鲁迅当然要去都督府拜访他。据说，范爱农看着王金发的光头，忍不住上前摸了摸，赞道：“金发哥哥，侬做都督哉！”被摸之后，王金发想必有些尴尬，但大家都是熟人，也不好发作。

王金发当了绍兴都督，昔日的江湖兄弟们蜂拥而至，他的部队也很快由300人扩充到一个旅，之后便是一个师。如此建军，兵员素质自不消说了，军纪也成了大问题。但王金发也不便对昔日的兄弟过分约束，其所部勒索敲诈、滋扰民间之事，也多有发生，屡禁不止。

事情搞大了，王金发就拿出绿林规矩，亲自捉人，不经审讯就杀人，正如后人在关于他的《行述》中记载的：“一日王微服查缉，见有兵士在店强买，立命捉之出，举枪疾击死之。又一日，查得有屡在途调笑妇女之兵士一名，暗记其营哨号数，归召其排长及该兵至，将该兵士缚大树上，先以军棍击排长十百下，数其纵兵殃民之罪，然后起身自举枪，毙此士兵……”

在杀人方面，王金发毫不手软，被杀的也不止那些匪兵。之前反对革命、鱼肉百姓的地主恶霸们这下倒血霉了，据说先后被镇压了50多个，其中还有不少是王金发亲自动手的。难能可贵的是，王金发当了都督后仍保留了很多“山大王”的做派，譬如开仓放赈，开监放囚，据说狱囚们还拿到了丰厚的遣散费，“少者三十元，多者一百元”，皆大欢喜。

有恩报恩，有仇报仇，当然是绿林做派的一部分，在徐锡麟及秋瑾等革命先烈被隆重公祭并厚恤其家属之后，当年参与谋害秋瑾的劣绅们吓得四处鼠窜，而那个负有直接责任的章介眉未及逃脱便被王金发抓住。按说，这老小子不杀不足以平民愤，不严惩就对不起革命先烈，但结果却出人意料。王金发最后竟然用非常戏剧性的方式释放了章介眉，他派出16名卫兵用轿子抬着，将之浩浩荡荡地送回家——原来，章介眉将自己财产的一半，即田产3000余亩外加现洋5万元，痛痛快快地捐献给绍兴军政分府。

王金发这样做也是无奈之举，因为他的队伍扩张太快，小小绍兴一府八县，不过半年多时间就招了一个师，这么多人要枪、要饷、要吃饭，一个个如狼似虎的，得不到满足就要搞出事来，而王金发又生不出金子银子，他也只有向绍兴的父老乡亲们伸手。如《让子弹飞》中编演的，鹅城的赋税收到了90年后，王金发当然没有那么过分，他减免了当年的田赋，但之后却搞起了提前开征。

绍兴的盐、茶两税一向是大头，王金发自然不会放过，他来了个加重征收；清末的富人们大多有抽鸦片的传统，王金发对症下药，在严禁鸦片的借口下，指使手下对地主乡绅们大肆勒索乃至没收田产。王金发的“倒行逆施”遭到绍兴人民的强烈反对，以至于在50年后的乡土史调查中，民间老百姓仍清楚地记得这样一句顺口溜：“吃的油，穿的绸，迟早要杀头”——骂的不是别人，正是王金发一伙人。

权力没有监督，想不腐败都不行。正如鲁迅说的，有些人进城时还穿着布袍子，不多久就换成了皮袍子，“而天气还并不冷”。王金发闹革命时，家里倾家荡产还欠下一屁股债，最惨时，王金发的老母寄食庙堂，形同讨饭。等做了都督，那情况就完全两样了，王金发派兵挑着洋油桶，桶里盛满银圆，回老家加倍还钱，这个信誉“杠杠的”。还有，金发哥一人得道，亲戚们也就鸡犬升天，不管是之前来往还是不来往的，只要肯来都督府，王金发一律赏钱，弄得这些天里，王家的亲戚相望于道——都往绍兴走亲戚来了。

清末一向买官卖官，这是革命党人最痛恨的，王金发没这么干，但他禁不住别人阿谀奉承，也缠不过自己的亲戚故旧，因而肥缺大多给了这些人，譬如他舅舅当上了盐税局长，他的姨表兄弟们也捞了个酒捐局长、禁烟局长之类的干干。至于之前对他有恩的人，这回就像是买了个绩优股，回报大大的，那是要钱给钱，要官给官，反正金发哥现在有的是权，有的是钱，摆摆阔也不过分。

说到摆阔，王金发基本无师自通，绝不干那“锦衣夜行”的傻事。平日里，王金发都要骑着高头大马，排着队伍，吹着鼓乐，在绍兴的大街小巷乃至田间村坊招摇过市，大抖威风，唯恐别人看不见。另外，王金发是个孝顺孩子，之前老母因自己革命而吃了不少苦，这回得好好补偿一下，王老太太也就住上了洋房，用上了抽水马桶，王金发还专门为她布置了一栋佛楼，老太太拜佛念经，都有雇来的尼姑陪着。王金发的外公也被接到都督府，但事出意外，进门时其随从鸣炮欢迎，差点没把老人家给吓晕过去，之后说什么也不在绍兴待了，回家没多久就死了。

个人生活作风方面，王金发也让人颇有微词。正所谓“英雄好美女”，王金发是英雄不假，“寡人好色”，一个也不能少。当时有人送他一个美婢侍寝，王金发笑纳后，成天抱美妇，挎洋枪，“各乘骏马，驰骤郊外，以为笑乐”，如此放浪形骸，还以为大丈夫当如是也。王金发平时就喜欢讲排场，都督府里一向警卫森严，外出则左右前呼后拥，就连小老婆回娘家，也要带着卫队，一路吹吹打打，热闹非凡。

潜意识里，王金发恐怕认为，今天的风光，乃是他出生入死换来的，享受一点，天经地义，无可厚非。但如此一来，王金发的革命性质完全变了，“造福百姓”变成了“鱼肉乡亲”，“为民请命”更不要提了——简直就是要了老百姓的命。

好在王金发只做了 8 个月的都督，在全国统一政令、撤销各地军政分府及舆论的压力下，王金发终于在老百姓的口诛笔伐声中灰溜溜地离开了绍兴。尽管如此，他在这 8 个月里还是大有收获，那就是手握几十万的大洋，之后在上海滩上花天酒地，豪饮豪赌，还买了座小洋楼，收了名妓花宝宝，成天醇酒妇人，安享温柔富贵。

“二次革命”后，王金发意志消沉，与革命党人日行渐远，据说还入京投靠袁世凯，后因“一匪未缉，空有自首之虚名”而被浙江督军朱瑞诱捕，最终于 1915 年 6 月 2 日被枪杀于杭州军人监狱。

三七 乱世伍廷芳：七十老翁何所求

伍廷芳字文爵，号秩庸，1842年生于南洋，其父伍荣彰在当地经商。3岁时，伍廷芳随父从新加坡回广州，后就读于香港圣保罗书院，毕业后担任港中高等审判厅翻译员，尽管他当时年仅20岁，但其月薪已拿到200英镑，这在香港华人圈中非常难得。

尽管译员的收入相当丰厚，但对于志存高远的伍廷芳来说，他并不甘心从事这种辅助性的工作。数年后，他转赴英伦自费留学，后进入伦敦林肯法律学院攻读西方法律。华人入校攻读西方法律者，有之则从伍廷芳始。两年后（1877年），伍廷芳获得法学博士学位并经专门考试取得大律师资格，由此成为中国近代史上获得法学博士的第一人，同时也是整个亚洲获得大律师资格的第一人。

1876年郭嵩焘出使英国时，伍廷芳曾主动求见，两人相谈甚欢。事后，郭嵩焘两度派人盛请伍廷芳，希望他能留在伦敦协助处理外交事务。但伍廷芳并不愿意只做翻译随员之类的低级职务，而且当时驻英使馆随员的工资只有200两白银，参赞也不过300两，伍廷芳要是回香港做大律师的话，一个月收入可达上千两，待遇方面也让他不甚满意。

尽管背后认为伍廷芳"所欲过奢"，但郭嵩焘毕竟是爱才之人，随后即为之专折力争，称交涉事宜非得熟悉英国律法之专才，伍廷芳在英学习律法数年，为急缺的难得之才，但因经费的问题不敢多有支销，希望朝廷能派其充为三等参赞之职，以留在英国效力。清廷接奏后予以批准。

在获知伍廷芳已离开英国后，郭嵩焘心急如焚，随即给驻美公使陈兰彬打电报，称要是见到伍廷芳的话，一定请他立刻回英国，参赞一席已虚位以待。数日后，陈兰彬的副使容闳回电，称伍廷芳并未赴美，无处可寻。郭嵩焘大怒，回电坚称伍廷芳就在旧金山，陈兰彬纯属有意贻误。原来，伍廷芳在伦敦时曾提及陈兰彬邀请他赴美任参赞，因而郭嵩焘怀疑其在背后夺人所爱。

郭嵩焘之后打电报给李鸿章，请他出面劝说陈兰彬忍痛割爱，“出让”伍廷芳。在李鸿章不肯伸出援手的情况下，郭嵩焘干脆向朝廷上折，称陈兰彬在美多年，熟悉洋务的人才都已被其搜罗殆尽，这次务必请其“让贤”。由于当时的信息通信并不发达，郭嵩焘这次其实错怪了陈兰彬，因为伍廷芳此时并未赴美，而是先回香港探望家人去了。

郭嵩焘满世界找人的异常举动引起了李鸿章的极大兴趣，而两江总督刘坤一等大员也加入争抢人才的行列，李鸿章急忙致函总理衙门，其中称“近来各口交涉事件日繁一日……泰西各国欺我不谙西律，遇事狡赖，无理取闹……思有以折服之，非得一熟谙西律之人不可，顾物色数年，未得其人”，伍廷芳“虽住香港及外国多年，尚恂恂有儒士风，绝无外洋习气，尤为难得”“唯闻伍廷芳在香港作大状师，岁可得万余金，若欲留之，亦必厚其薪水”。

李鸿章通过间接渠道了解到，伍廷芳希望年薪能拿到6000两。为将之招揽门下，李鸿章慨然表示：“如承允许，其薪水一切，当会商南洋筹款给发。”总理衙门批复同意后，李鸿章随即与南洋大臣、两江总督商定：“请津、沪两关岁各筹给三千两。南北各口有事，皆可前往襄助。”

为防止中途有人横刀夺爱，李鸿章干脆先下手为强，他派出津海关道黎兆棠亲往香港迎接伍廷芳。李鸿章当时权势煊赫，开出的薪水也令伍廷芳感到满意，加上黎兆棠本是旧友，一番游说下，伍廷芳最终于1877年10月入幕李鸿章门下担任法律顾问一职。

不巧的是，伍廷芳的父亲突然去世，伍廷芳遂按清朝律制丁忧。迟至1882年11月，伍廷芳才北上天津，由此踏上了新的人生旅程。作为北洋通商衙门最通达外情的幕僚，伍廷芳受到了李鸿章的极大重视，但凡洋务与交涉事宜，都少不了伍廷芳的参与。在之后的14年中，伍廷芳参与创办了津沽铁路、北洋大学、北洋武备学堂、电报局等一系列洋务。其中，中国有史以来第一条客运、货运两用的唐胥铁路即由其主持修建。

中日甲午战争的惨败使李鸿章跌入了人生的低谷，伍廷芳在国内的事业也随之戛然而止。由于在长崎水兵斗殴事件及中日议和谈判中表现出色，伍廷芳于1896年被外放为驻美公使，由此开始其外交生涯。伍廷芳抵达华盛顿时，美国杂志描述说："当他从轮船甲板下来时，他立即答应接受访问，证明他自己是更高于最奸狡的记者的对手……这位中国公使是一位新的东方外交家。他是第一位向美国公众致辞的中国公使……"3年后，伍廷芳代表清廷与墨西哥签订了中国近代史上第一个平等条约——《中墨通商条约》。

清末新政后，伍廷芳于1902年11月奉调回国任外务部右侍郎、会办商务大臣，之后出任修订法律大臣，与沈家本共同主持清末法律改革，成效颇大。中华法系一向是"诸法合体、民刑不分、以刑代罚"，其刑罚体系与施罚手段极为残酷，这也成为列强攫取领事裁判权的借口之一。在沈家本、伍廷芳两人的努力下，凌迟、枭首、戮尸等酷刑被永久删除，中国的法律体系开始逐渐向近代转型。

1907年底，伍廷芳再次出任驻美公使。据随同伍廷芳赴美任参赞的颜惠庆回忆，伍廷芳在美国重点阐述了两点：一是中国在学习民主国家的进程中，取得了显著进步；二是对富裕的工业国家来说，中国是其工业品的最大潜在市场。伍廷芳二度赴美前夕，某外报曾评论说："伍廷芳阁下正准备以中国驻美公使身份前往华盛顿，伍廷芳可以说是受美国欢迎的人物，他对外交有很高的技巧，对国际事务亦有深刻的了解，他亦很善于掌理事务，使他成为这个古中国的一个最佳代表。他亦很受美国市民的欢迎，他态度和蔼，贵族的举止，随机应变及嘹亮的声线，令他在美国十分出名。他受到热烈的欢迎。"

伍廷芳的讲演会给在美留学的顾维钧留下了深刻印象，他记得伍廷芳每次出来，都穿着华丽的中国长袍，罩上一件同样华丽的坎肩，头戴一顶瓜皮小帽，前面缀着大宝石，仪表堂堂，令人难忘。顾维钧称伍廷芳在美国很受欢迎，每次他应邀到美国各地讲演总会受到观众的热烈欢迎，有些讲话甚至被载入世界最佳演说集。

1910年初，已近古稀之年的伍廷芳卸任回国，之后寓居上海。但仅过了一年时间，辛亥革命的浪潮再次打破了伍廷芳宁静的生活。上海独立后，新任都督陈其美力请伍廷芳出掌外交。据惜阴堂主人赵凤昌之子赵尊岳回忆，为请伍廷芳出任南方谈和代表，"陈竟长跪以求，伍感其诚，始允就任"。这段史料的真假尚且不论，但曾为清廷二品大员并长期出使海外的伍廷芳投入革命阵营，对革命士气无疑起到了极大的鼓舞作用。

伍廷芳与革命党并无深交，1909年他还曾向清廷外务部发电：“访闻近有逆党由南洋电美华侨筹办款项，及有美人代购炸药乘美国丸飞赴香港，转运京师各省，希图举事。除密饬各领切谕商工勿为所惑，乞密饬严防。”伍廷芳此时正在驻美公使任上，此乃职责所在，毋庸多言。至于此次投入革命阵营，如果仅仅是“感于陈其美的诚意”恐怕失于简单，更大的可能是，伍廷芳对颟顸无能的清廷彻底失去了信心，特别是臭名昭著的“皇族内阁”出台后，其长期郁结的怨气终于令他做出了此等非常之举。

据当时在上海都督府工作的余芷江回忆，“沪军都督府成立后，领事团不承认，也不否认。都督府送照会去，领事团只是收下而已”，领事在公事上对沪军都督府的称呼起先总是用“乱党”，后经伍廷芳的交涉，上海领事团才改用“革命党”。从各种记载来看，列强外交官对伍廷芳的“倒戈”颇多非议，日本驻上海总领事有吉明在报告中称伍廷芳“喋喋不休”“态度颇为傲慢”，其“态度已使各国领事产生不少恶感”。英国驻华公使朱尔典称“伍廷芳秉性难移，喜出风头”，并说他是个“在香港当过律师的饶舌的老家伙”；英使馆武官柏来乐则说伍廷芳不过“是一个闲扯淡的家伙，不是一个倡导革命的人”。

伍廷芳的转变并非没有原因。与其他有识之士一样，伍廷芳清楚地认识到，在这样一个危机四伏的“千年大变局”时代，帝制已走到了历史的尽头，唯有民主共和才能带领中国走出困境，并最终走向富强。之后，伍廷芳与张謇等人向摄政王载沣联名发电：“……为皇上殿下计，正宜以尧舜自待，为天下得人。倘荷幡然悔悟，共赞共和，以世界文明公恕之道待国民，国民必能以安富尊荣之礼报皇室，不特为安全满旗而已。”

南北议和中，伍廷芳明确表示，清廷“据君位已二百余年，使中国败坏至于如此……为今之计，中国必须民主，由百姓公举大总统，重新缔造……今日尔我所争者，一国之事，非一民族一省一县之事”，北方代表唐绍仪听后深以为然：“共和立宪，我等由北京来者无反对之意向。”由此，南北和谈最终促成了清帝退位。

南京临时政府成立后，伍廷芳被任命为司法总长，这引起了一些人的非议，广肇公所潮州会馆就致电孙中山与参议院，称“武汉起义，各省以伍、温（宗尧）二公中外信仰，举为外交长并议和全权代表。今就政府甫成，忽遽易人，中外疑惑。闻王君宠惠为辞外交，可否仍归伍、温二公担任，以释群疑，而维大局，民国幸甚”。美国华侨创办的英文报纸《大陆报》记者也向孙中山提出质疑，孙中山称此举“并非失察”，并说：“唯吾华人以伍君法律胜于外交。伍君上年曾编辑新法律，故于法律上大有心得，吾人拟仿照伍君所定之法律，施行于共和民国。”

王宠惠于1905年获得耶鲁大学法学博士，也曾像伍廷芳那样考取英国律师资格并被选为比较法学会国际会员，但此时他年仅31岁，也没有任何的外交经验，论资历远不如伍廷芳。受命后，王宠惠自己也没有底气，后向孙中山请辞，孙中山却给他打气：“吾人正当破除所谓官僚资格，外交问题吾自决之，勿怯也。”这段话，似乎可以理解成孙中山本人要直接掌管外交而不希望由一位年事高者来染指。

伍廷芳的反应还算豁达：“予视两者（指外交与司法总长职位）无甚差异，无所好亦无所恶。”在舆论仍议论纷纷时，伍廷芳特意致函粤籍人士，希望他们以革命大局为重，不必萦怀于地位官职而损坏革命事业。当然，若论外交经验与阅历，已是北方议和代表的伍廷芳出任外务总长自具优势，而且工作上也更有连续性。数年后，伍廷芳曾隐约表达了自己的积怨，称孙中山任用留学生“不加甄别”“委以总次长之要津，或专成之重寄”。

在清帝退位谈判的关键时刻，伍廷芳曾与孙中山发生激烈冲突。原来，1912年1月18日，孙中山突然提出五条“要约”命伍廷芳转达袁世凯，其中要求清帝退位后，一切政权同时消灭，不得私授其臣；北京不得更设临时政府；清帝退位后须取得各国承认之回章。如此，他才向临时参议院请辞并公举袁世凯为大总统。

之后的数日内，孙中山连发五电，对五条“要约”反复修改，尽管伍廷芳等人一再劝导与反对，但孙中山仍于1月22日将其“要约”以通电的形式公诸报端，此举无异于将革命党人与袁世凯所做的幕后交易全部曝光，势同“最后之通牒”，这不但令袁世凯陷入了极端尴尬的境遇，也令伍廷芳等谈判人员颜面全失。事后，伍廷芳愤而电辞议和代表之职，后经人转圜才继续承担议和重任。

伍廷芳出任司法总长的时间很短。孙中山辞去临时大总统后，他不曾参与袁世凯的北洋政府，与革命党的关系也并未亲近。鼎革之初，被誉为“民国缔造者”的同盟会改组为国民党后，声势浩大，不少人以此为从政的终南捷径，但伍廷芳却对此并不热心。相反，他介入了几个与国民党相对立的党派，在后来的“二次革命”中，他对革命党的行动也绝不赞成。袁世凯死后，伍廷芳才积极参加了孙中山领导的“护法运动”，直到 1922 年 6 月陈炯明叛乱时受惊而逝，终年 80 岁。

三八 难为张謇：状元反水为哪般

1911 年 10 月 4 日，为庆祝大生集团扩展到了长江中游地区，张謇前往武昌出席湖北大维纱厂的开工典礼。在抵达江城后的一周里，张謇遍访鄂中大员，又与立宪派的同道中人畅谈国事，心情很是愉悦。10 月 9 日中午，张謇应湖北谘议局的邀请赴宴，晚上又受到湖广总督瑞澂的宴请，当晚 9 点才回寓所休息。

就在这一天，张謇还忙里偷闲买了一对孔雀，又向友人要了一对锦鸡，打算拿回去充实南通博物苑。但到第二天，武昌突然全城戒备并一度关闭了所有城门。直到上午 10 点，张謇才得以出城前往汉口（革命党人刘复基、彭楚藩、杨宏胜 3 人于当天凌晨被杀，枭首辕门）。

来到汉口租界后，张謇再次看到了歌舞升平的景象，而这一天他又受到了汉口士绅商人们的热情款待，一直应酬到晚上 8 点，张謇才被送上“襄阳”号轮船，准备返程。阴错阳差的是，“襄阳”号耽搁到晚上 10 点才开船。很多年后，张謇仍清楚地记得“舟行二十余里，犹见火光熊熊烛天也”。张謇所看到的，不是其他，正是武昌起义的熊熊大火。

张謇生于咸丰三年（1853 年），江苏通州（今南通）人，在其兄弟中，张謇明显聪慧过人，他 4 岁启蒙，5 岁即能背诵《千字文》而一字不差。15 岁时，张謇首次参加科考，因其祖上三代无人获得功名（即所谓“冷籍”），为免受学官歧视，张父与如皋县某张姓人家交易，“酬以钱两百千”（即两百吊）而冒张家子弟名应试（张家三代内有功名）。殊不知，这给张謇带来了无尽的麻烦。

张謇初上考场，县试、州试均顺利通过（秀才考试须经县试、州试、院试 3 场），但州试成绩取在百名开外。回去后，其师大骂，“若千人应试，定额九百九十九，那不中的人就是你”。张謇羞惭至极，到家即在窗户和帐顶上

“并书九百九十九为志”，读书累困之时，每见所书则泪流不止。经数月的发愤苦读，张謇最终以第二十九名顺利通过院试，考中秀才。

按说这是件开心的事，但如皋那户张姓人家性本狡黠，他们见张謇中了秀才，于是借“冒名”一事大做文章，并向张父反复要挟勒索，如不遂愿即要告上公堂。之后5年中，张家饱受其苦，竟为之负债上千两银子，几乎倾家荡产。闹到最后，还是通州知州孙云锦出面调解，并将此事上报江苏学政，继而由礼部将此案了结，张謇这才得以重填履历，恢复原籍。

孙云锦对张謇的才华颇为赏识，之后将他推荐给了淮军“庆字营”统领吴长庆，张謇由此入幕军营。1880年，吴长庆移防山东登州，次年袁世凯来投（袁之嗣父袁保庆与吴长庆系至交），吴长庆觉得小袁学识粗浅，遂命其拜在张謇门下学习。袁世凯在营中时，处理军务如鱼得水、井井有条，但其“文字芜秽，不能成篇”，令张謇无从删改，深以为苦。

从个人禀赋来看，袁世凯是个做实事的人，他之前曾参加过两次科考，深知自己不是科场中人，于是果断地弃文就武，另谋出路。与袁世凯相比，张謇在科场中的运气也好不到哪去，他曾于18岁、21岁、23岁、24岁、27岁5次赴江宁府应江南乡试，结果五试不中。直到33岁那年（1885年），张謇转赴顺天府乡试，这才取中第二名举人。

在接下来的会试中，张謇再遭磨难，他于34岁、37岁、38岁、40岁4次应考，均告落榜。最为好笑的是，当时翁同龢、潘祖荫等号称“清流”的考官们都有意把张謇录到自己门下，但每次都是误认他人，张謇反而一再落第。直到1894年，年届四十的张謇第五次进京应试，这才被取中为第六十名贡士。殿试时，翁同龢已是迫不及待，他命收卷官坐等张謇交卷，并力劝其他阅卷大臣将其考卷荐为第一。利用帝师的特殊身份，翁同龢还特地向光绪介绍说：“张謇，江南名士，且孝子也。”由此，张謇终于在41岁时得中状元。

不过，张謇的仕运也不咋样。他好不容易中了状元，偏偏又遇上中日甲午战败的沮丧之年。这还不算，其父又在当年去世。按清制，他必须回乡守制三年，这似乎也预示了他与仕途了无缘分。1898年守制期满后，张謇到北京销假，当时维新运动如火如荼，正当他想有一番作为时，其恩师翁同龢又被慈禧太后罢官。此事对张謇刺激极大，他在目睹了官场之险恶后决意远离，

“三十年科举之幻梦，于此了结”。

张謇曾说：“愿为小民尽稍有知见之心，不愿厕贵人更不值计较之气；愿成一分一毫有用之事，不愿居八命九命可耻之官。”事实上，他也不是个适合做官的人。放弃仕途后，张謇投身实业，准备在“经济救国”中实现自己的抱负。

以状元身份投身商海，史上并不多见，不过状元身份还是给张謇带来了一些方便。1895 年，两江总督张之洞委派张謇、陆润庠和丁立瀛分别在通州、苏州和镇江兴办企业，张謇一生的事业由此起步。颇为值得一提的是，陆润庠也是状元出身，而且比张謇早 20 年，当时他因母亲患病而回乡，但两年后他仍重归官场并累升至侍郎、尚书、大学士，这与张謇截然不同。

江苏是中国的主要棉产区，张謇给筹办中的纱厂起名“大生纱厂”（取自《易经》中“天地之大德曰生”一语），但从筹办到投产，“首尾五载，阅月四十有四”。问题主要在资金上，张謇最初将纱厂定位为“商办”，但民间集资招股说来容易做来难。无奈之下，张謇只能向官方求助。

之后，新任两江总督刘坤一将张之洞（已调湖广总督）用官款购买的 4 万多锭官机折价 50 万两入股，大生纱厂由此改为“官商合办”。由于商股股金迟迟不能到位，盛宣怀借机从大生纱厂分走一半机器，官股下降为 25 万两，但与之对应的 25 万两商股最终还是未能募足（只有 15 万两）。张謇四下奔走，到处告贷，但许诺者少，碰壁者多，最无奈时，张謇甚至在报纸上刊登卖字广告，以赚取来回旅费。

状元经商，狼狈如斯。不过，张謇的努力最后还是得到了回报，大生纱厂最终于 1899 年投产。幸运的是，之后棉纱行情看好，大生纱厂次年即获利。到 1908 年，纱厂纯利累计近 200 万两。

1906 年清廷宣布预备立宪后，张謇一度活跃起来。1907 年春，张謇北上入京，慈禧太后希望从这位“在野状元”那里得到一些真实有效的反馈信息和有益建言。据其回忆，慈禧太后“语及时局之非，不觉泪下”，而张謇直言当前官制混乱、行政效率低下，特别是推行新政后，税收加重，官吏盘剥，民间怨声载道等世情。之后，张謇又提及年轻学生对国内官员腐败和宪政进程不满，民心涣散，革命潮起，慈禧太后听后不禁失声痛哭。

在张謇面前，年事已高的慈禧太后也难掩心力交瘁："我久不闻汝言，政事败坏如此。你可以问问皇上，现在召对臣工，不论大小，甚至连县官也时常召见，哪一次我不是用言语以求激发天良，要求他们认真办事？万不料全无感动！"

次年，光绪皇帝与慈禧太后先后崩逝，摄政王载沣执掌国权。但是，年轻的载沣既无才干，也无政治经验，由此亲贵擅权，国事日非。1909 年，江苏谘议局成立，张謇当选为议长。由于清廷将预备立宪期定为 9 年（从 1909 年开始），这引起了国内立宪派的极大不满。作为立宪派的中坚，张謇随后发起了 3 次规模浩大的国会请愿运动。

在民众的压力下，摄政王载沣将预备期提前 3 年作为妥协，但拒绝了立宪派立即召开国会的要求。之后，清廷对请愿运动进行打压，并严厉警告请愿代表"毋得再行渎请"。1911 年后，载沣更是迭出昏招，其中就包括了当年 5 月的"皇族内阁"和"铁路国有"政策。

面对大厦将倾的局势，张謇决定赴京直谏摄政王。进京路上，张謇于 6 月 7 日在彰德下车，去拜访一位 28 年未曾谋面的"学生"。原来，袁世凯在吴长庆死后又投靠了李鸿章，当吴长庆之老部属写信给张謇诉说袁世凯窃取庆军大权并专横跋扈时，作为庆军老人的张謇遂致信袁世凯，怒斥其背信弃义，实为机巧小人，两人由此断交。但历史的吊诡就在于，之后的袁世凯一路鸿运，步步高升，在张謇为功名、为实业而奔波时，袁世凯"轻舟已过万重山"，并在庚子年后做上了直隶总督兼北洋大臣。与之相比，身为状元的张謇就未免有些寒酸了。

袁世凯也有好运到头时。1909 年初，摄政王载沣借口其"足疾"将之一脚踢回了老家，而作为立宪派领袖的张謇此时正风生水起，他这一次拜访袁世凯，虽说有些"烧冷灶"的味道（提前搞好关系），但其心里也确实佩服袁世凯的才干，两人恢复关系，也是为袁世凯将来复出并调和彼此立场考虑。

据当事人回忆，张謇、袁世凯会面从下午 5 时持续到深夜 12 时，谈话主题是立宪问题。张謇说："公但执牛耳一呼，各省殆无不响应者。安上全下，不朽盛业，公独无意乎？及时不图，他日他人，构此伟业，公不自惜乎？"袁世凯的回答也很巧妙："各国立宪之初，必有英绝领袖者作为学说，倡导国民。公夙学高才，义无多让。鄙人不敏，愿为前驱。”午夜时，张謇笑容满面地回到车上，说：“慰廷（袁世凯的字）毕竟不错，不枉老夫此行也。”

张謇入京后，受到载泽、端方等立宪派的热烈欢迎，宴请数日不绝。之后，摄政王载沣召见张謇，但对这次会见，张謇却是大失所望。据其记载，张謇在会见中对内政外交提出了一系列的建议，但言者谆谆，听者藐藐，摄政王载沣或许是听不太懂，只是说了些“在外办事辛苦，名誉甚好，深为嘉慰”的客套话。张謇一片赤诚，结果全喷到了墙上。

机缘巧合，让张謇见证了武昌起义的爆发，但此时的他仍想挽救清廷。10月13日，张謇赶到南京并拜会两江总督张人骏及江宁将军铁良，力劝他们发兵援鄂，但他不知道的是，江苏新军同样不可靠，铁良、张人骏自顾不暇，无以为应。之后，张謇又赶到苏州，并为江苏巡抚程德全连夜起草《改组内阁宣布立宪疏》，其中力劝载沣立即解散“皇族内阁”并严惩“酿乱首祸之人”（指盛宣怀），“然后定期告庙誓民，提前宣布宪法，与天下更始”。

但是，在革命迅猛发展的形势下，张謇动摇了。11月10日，张謇在日记中算了一笔账：“计自八月十九日至今三十二日，独立之省已十有四，何其速耶！”在此情况下，张謇认为清廷气数已尽，只能另寻出路。7日后，清廷请其为“东南宣慰使”，但张謇在日记中却毫不客气地记了这样一笔：“何宣何慰耶？”12月14日，张謇剪去发辫，并称“此亦一生之大纪念日也”。

各省纷纷独立之时，张謇与程德全等江浙立宪派也都在暗地里较劲儿。他们的目的，是要在上海成立一个“全国会议团”，以图将筹建“临时中央政府”的主动权抓到自己手中。但是，独立各省特别是沪军都督陈其美对此并不买账，一番交锋后，各方终于达成妥协，并成立“各省都督府代表联合会”，以共同对付清廷。

此时袁世凯也已出山并督率北洋军攻打首义地武汉，但之后清廷与革命阵营均为财政问题所困，最终在列强斡旋下展开南北和谈。会谈最大的成果，是确定以“国民会议”的形式解决“国体”问题。在张謇等人的策划下，这实际上是利用此等会议逼迫清廷退位，由袁世凯收拾局面。

但是，孙中山的归来打乱了他们的计划。作为立宪派，张謇对革命派不甚赞同，他与孙中山首次会面后，即在日记中记了“与孙中山谈政策，未知涯畔”一语，其意颇存讥评。之后，孙中山等革命党人否定和谈结果并于1912年1月1日抢先成立南京临时政府，南北和谈陷入困境，张謇对此颇有微词并拒绝出任实业总长。相反，他在暗地里不断为袁世凯出谋划策，并最终促成了清帝退位与孙中山同时退职，而由袁世凯接任中华民国临时大总统。

2月12日，清帝宣布退位，其退位诏即出于张謇之手笔。据说，张謇最初不愿意写，后来赵凤昌（人称“民国产婆”，其住所“惜阴堂”系当时各方谋划及南北和谈的主要秘密场所）劝说，“朝廷养士三百年，君以文士，策名状头，固不当善为之词，以酬特达之知耶”。耐人寻味的是，张謇日记中并未记载这件名垂千古之事，而在事后自订的年谱中也不承认退位诏是自己所写（或自认为不忠为污点）。直到后来赵凤昌之子赵尊岳拿出原稿影印（曾刊于某年《申报》所出的国庆特刊）及其子张孝若在《南通张季直先生传记》（1929年）和刘厚生《张謇传记》中的记载，此事才得以披露。

遗老们对张謇的反水痛加诋斥，在他们眼里，张謇身为人臣，不但弃君国于不顾，反而参与和领导“反叛”运动，他们深感不齿。如郑孝胥即认为张謇、汤寿潜二人在武昌事件后转向革命，实“不知廉耻为何物”！朱祖谋、刘廷琛也直指张謇、汤寿潜乱天下之罪不可恕。陈三立在辛亥后追论国变之源，称国家的兴废存亡非一朝夕之故，“节钺重臣号为负时望预国闻者”昧于天下之势，放弃了他们的责任，致使人纪狂堕、人心狂逞。

作为前朝状元，遗老们对张謇的批评或许有几分道理，但对张謇来说，清朝实无可留恋，事实上他也几乎未在清朝为官。在他看来，当一个旧体制愿意更新并处于更新阶段时，他会与其保持最大诚意与最大程度的合作，如立宪时期甚至武昌起义爆发初期，但清朝已无可挽救之时，国家的利益比起国君就显得更为重要，愚忠已是无济于事。

三九 被错杀的高官：端方的不归路

辛亥年即将结束时，两颗浸在煤油桶里的头颅在一路传示之后，被送到了武昌。死者并非他人，乃督办粤汉、川汉铁路大臣端方及其弟端锦。

端方死于 1911 年 11 月 28 日，名义上说，当时他还是署理四川总督，尽管他一天都没有真正上任过。四川“保路运动”爆发后，端方受命带兵入川，但行至资州时，被自己所带的湖北新军士兵割下头颅，弟弟端锦也连带做了无头之鬼。端锦早年曾留学日本研究铁路，回国后本已是候补知府，后被兄长召至幕中协理粤汉、川汉路政，不意遭此厄运，实在是天要绝他，命该如此。

端方（1861—1911），字午桥，号匋斋，满洲正白旗人，其曾祖父为郑亲王九门提督乌尔棍布，祖父文雅为嘉庆二十四年（1819 年）进士，辛酉政变中被慈禧太后镇压的端华、肃顺亦为其家族中人。端方幼年时被过继给伯父桂清为嗣子，桂清曾是同治帝师，并做过内务府大臣、内阁学士、工部侍郎等职，名声颇佳。尽管出身于显贵家庭，但端方本人却是科举正途出身，他在 21 岁那年中举，这在满人中可算是聪敏好学。

正当端方准备出仕之时，其生父母相继去世（嗣父桂清去世更早），按例只能在家居丧守制。直到 1889 年，28 岁的端方才正式受命做官，因其工作勤勉，仕途也算顺利。1898 年 3 月，在翁同龢与刚毅的保荐之下，端方被光绪召见，由此获得了年轻皇帝的青睐。

在随后的戊戌变法中，朝廷下诏筹办农工商总局，端方被任命为督办。对当时“志大心切”的端方来说，这既是一个重大机遇，也是一个厄运的开始。变法期间，端方全身心地投入到新筹办部门中，他曾一天连上三折，其工作热情与效率，可见一斑。但是，戊戌变法很快被慈禧太后推翻，除京师大学堂予以保留之外，其他新政措施包括农工商总局一律撤销，端方本人也被革职。

被顽固派视为变法中坚的端方在革职后处境险恶。时人苏继祖在《清廷戊戌朝变纪》中说，端方靠向大学士刚毅行贿并诉称自己参与新政是为探听康有为等乱党的消息，这才获得慈禧太后的宽免。蒙获召见时，慈禧太后问端方:“外面情况如何？”端方忙奏道:“自太后训政以来，人心大定！”慈禧太后听后面有喜色，掉头斥责光绪:“你听听！看人家怎么说的！”端方见慈禧太后高兴，急忙将早就缮写好的《劝善歌》献上，慈禧看后大悦，命各地张贴，广为宣传。后来，端方的这篇《劝善歌》也就被人称为《升官保命歌》。

清人笔记中的故事是否属实暂且不论，细查端方的《劝善歌》，里面大都是劝人为善的警句，只在中间夹杂了这么四句:“太后佛爷真圣人，垂帘听政爱黎民”“圣心犹为天下计，忧国忧民常不眠。”说实话，当时这种吹捧文章比比皆是，端方这篇《劝善歌》，肉麻程度还不算高。事实上，端方之所以幸免于难，主要原因恐怕不是《劝善歌》，而是他不属于康有为那个激进的小集团，关键时刻又肯于服软，因而革职只是一时，日后仍有重用。

端方官运的真正转机在庚子年，八国联军占领北京后，慈禧等人逃到西安，而端方当时正好护理陕西巡抚，护驾有功，由此仕途大进。从后来的表现来看，尽管端方一度向顽固派低头，但他依旧是个顽固的“维新派”。1901年，端方升任湖北巡抚，随即办起了60余所新式学堂并派出大批留学生（其子也赴美国留学）；3年后，端方调任江苏巡抚，办起了江苏师范学堂、江苏高等学堂、实业学堂等学校；1905年，端方任湖南巡抚，半年内建起小学堂80多所。据说，端方在调任江苏巡抚时，上任伊始便革除了各州县例送红包给新任巡抚大人的陋习，并用红包里的钱选派两名学生出国留学，一时传为美谈。

推进新式教育是端方出任地方的最大亮点，其他新政措施如办理警政、编练新军等也可圈可点。其中，“端方新政”还创下了十几项国内第一：最早设立现代幼儿园（湖北幼稚园），最早建立省立图书馆（湖北图书馆、湖南图书馆），最早提倡全民植树，最早引进肉类卫生检疫，最早建立市民公园，筹办中国历史上第一次工商博览会，等等。最为惊世骇俗的是，端方派出了

20 多名女生赴日本学习师范教育，首开女子公费留学之先例，这在当时女子“大门不出，二门不迈”的时代，无疑是革命性的。

清朝覆灭后，有一种思维似乎成为定式：“满人做的好事，一定是不安好心甚至是包藏祸心，其目的不过是为继续维持满族亲贵的腐朽统治。”由此，满族官员乃至整个清廷所推进的改革，包括清末新政和预备立宪，都是用于欺骗民众的虚伪谎言，是不足信的。这种思维在很长一段时间里占据主流，但不可否认的是，这也是一种无视真实历史的偏执。

端方在湖北、江苏、湖南任上的出色表现赢得了朝野上下的一致认同，1905 年清廷决定选派五大臣出洋考察各国宪政时，端方也名列其中。出发之前，慈禧太后特意召见了端方，并赏赐了一些宫廷御用点心以示鼓励。慈禧太后问端方：“新政已实行了几年，你看还有什么该办，但还没有办的？”端方回奏：“尚未立宪。”慈禧太后问：“立宪有什么好处？”端方说：“立宪后，皇位可以世袭罔替。”慈禧太后听后，若有所思。

考察宪政回国后，端方等五大臣连上数道奏折请求立宪。据说，端方为更好地说服慈禧太后，特意从德国带回了一个最新的电影机，不料中间却发生了一件意外之事。据《中外时报》报道，端方怕这新玩意儿在老佛爷面前运转不灵，到时出洋相，所以特意让随同考察的随员姚某先试放一下。谁知因操作不当，电影机里的乙肽灯泡突然爆炸，姚某竟然当场被炸死，所幸端方当时正在隔壁会客，逃过一劫。

清廷宣布实行“预备立宪”后，端方圆满完成了宪政考察任务，随后官升一级，出任两江总督（地位仅次于直隶总督）。1908 年底，光绪皇帝与慈禧太后相继去世，摄政王载沣上台执政，其新任伊始便以“足疾”为名将袁世凯开缺，而端方则在两江总督任上干了 3 年后，即接任为直隶总督（原直隶总督杨士骧突然暴卒），一举登上了个人仕途的最高峰。

以袁世凯的才干，其在清末政局中所扮演的角色固然是他人难以替代的，但如果载沣打算让端方来取代袁世凯地位的话，倒也不失为一个次优的选择。可惜的是，载沣并不是一个识才善用的主政者，在罢黜袁世凯不到一年之后，当时声望仅次于袁世凯的端方也被赶下台，而其下台之原因，比袁世凯的案例更令人啼笑皆非。

1909年10月，曾多次承办过皇室婚丧庆典及陵墓工程的端方被命筹办慈禧太后梓宫移陵及相关事宜。按说，这种事情对端方来说本该驾轻就熟，但在这次移陵的过程中，却出现了一个“小意外”，而这个“小意外”却是致命的。

事情的原委是这样的，端方安排了两名摄影师对慈禧太后的下葬过程进行拍摄，以为后来研究者留下宝贵的影像资料，但葬礼一结束，即被某御史参劾，称“梓宫奉安之时，为臣子者抢地呼天，攀号莫及，而乃沿途拍照，毫无忌惮，岂唯不敬，实系全无心肝”；另外，陵区内肆意架设电线，破坏风水，实为“有悖人臣之道”云云。

令人咋舌的是，这位“大义凛然”“义正词严”的御史，竟是李鸿章的孙子李国杰。平心而论，即便李鸿章在世，恐怕也不会如此不开明，而作为摄影爱好者的端方，也是深知慈禧太后生前是颇为喜欢照相的，亵渎之罪，实属借机生事；至于陵区内架设电线（电话线），主要为通信方便考虑，“大不敬”的帽子，恐怕也太大了点。

问题的根源并不在此，这次弹劾的目的，本质上是守旧派对改革派的一次政治斗争，而李国杰的出马，很大程度上挟夹私怨，因为他曾向两江总督任上的端方求官但未能如愿。如果仅仅是李国杰等人兴风作浪的话，问题还不至于那般严重，但摄政王载沣对此“很以为然”，结果正值年富力强的端方便从直隶总督的位置上被赶下去了。

载沣固然少不更事，但未必会顽固守旧到这种地步。端方之所以不招摄政王的待见，恐怕是因为他刚上任直隶总督便屡屡上折，为中枢出谋划策，而这种“过分的积极”在某些人的眼中却成了“指手画脚”“摆老资格”。因此，在罢黜了袁世凯之后，再罢免一个端方，杀鸡给猴看，恐怕也不是什么不可以的事，这不过是载沣所出的昏招之一罢了。

一年半后，端方的低调生活被席卷鄂、湘、粤、川四省的铁路风潮所打断，清廷命其以侍郎衔出任川汉、粤汉铁路督办大臣，由此被卷入了这场夺命的运动。南下路过彰德时，端方特意下车拜访已赋闲近3年的袁世凯。早在清末新政与立宪时期，两人一直是坚定的盟友，志趣颇为相投。这一次，端方不但与袁世凯交流了当前时局的看法，还说定了两门亲事，一是端方之女嫁给袁世凯五子袁克权，二是袁世凯次女许给端方之侄。

对于端方的复出，袁世凯祝贺之余，也不乏旁观者的清醒。他在写给端方的一封信中告诫说“近闻湘人颇有风潮，大节似宜先驻汉阳，分投委员勘察，步步经营”，意在提醒端方稳扎稳打，切不可操切行事。端方原本反对“铁路国有”政策，而且他曾任过湖北、湖南两省巡抚，因而两湖的保路风潮在其调和之下未见大患，但四川就完全不同了，端方在那里毫无人脉，事事均得倚仗川省总督，而四川的前后两任总督，王人文处事过软而赵尔丰手段太硬，最终酿发巨祸，端方亦是徒呼奈何。

“成都血案”发生后，清廷命端方带兵入川，平息风潮，而端方随后参劾前后两任川督王人文、赵尔丰“既不能裁制于前，复不能弭变于后”，导致两人均交内阁议处。赵尔丰并不欢迎端方这位钦差大臣，他为尽快平息风潮以求自保，随后便放出了蒲殿俊、罗纶等人，但事态非但未能好转，反而进一步走向失控。

在朝廷的严令之下，端方带领湖北新军第八镇一部从汉阳前往宜昌，随后从宜昌坐兵轮驰往重庆，最后沿旱路前往成都。入川后，端方为平息民愤，以钦差大臣的名义发布告示：“蒲罗九人释放，王周四人参办；尔等哀命请求，天恩各如尔愿；良民各自回家，匪徒从速解散；非持枪刀抗拒，官军绝不剿办。”

端方的和平姿态最初颇具效果，但当他率兵前往成都的途中，武昌起义爆发，形势迅即变化。在各省独立的消息相继传来后，前方目的地成都此时已被“保路同志军”包围，而后方重庆也被革命党所占据，端方一行人进退失据，四顾茫然，最后彷徨于资州十余日，欲静观其变而不可得。

据一位名叫陈文彬的士兵回忆说，他在随同端方进军成都时，端方为稳定军心，极力笼络部下：士兵生病了，端方派弟弟到军营问候；有的士兵不幸亡故了，端方修书哀悼；沿途官民送吃送喝来劳军时，端方做出先尝毒的姿态；更有甚者，个别士兵受不了长途跋涉之苦，端方竟然下令雇轿抬着。

但在“种族革命”的风潮之下，悲剧还是发生了。随同端方入川的湖北新军听说武昌起义后，思乡心切，军心动摇，在军中少数革命党的鼓动之下，端方及其弟端锦最终被杀。端方被杀的原因及具体情形有多个版本，但大体上来说，主要是因军中“排满”之说所引发。据各版本的归纳，端方被杀的当天，所带新军士兵拒绝站岗，军中的高级军官在无力约束士兵的情况下，与旗兵、幕僚等纷纷逃亡，最后行馆中只剩下端方两兄弟。

下午，一小队士兵在革命党的率领下，来向端方寻杀。端方说，我待你们不薄，何以如此？革命党说，待我等不薄纯属私情，今日排满乃是公谊，不杀你端方便不是炎黄子孙。端方说，我本是汉人，投旗才四代，现回归汉姓如何？革命党说，晚了！最后，端方兄弟被乱刀砍死，首级被割下来放在煤油桶里，一路传示后送往武昌。

学者张海林在《端方与清末新政》中认为，端方被杀除因排满风潮外，还可能与士兵索饷未得有关。另外，端方企图在资州静观其变，军中革命党担心自己失去做“反正英雄”的政治资本，而只想回鄂的官兵担心回去后无法洗脱入川镇压的干系，于是在“争功”及“自明心迹”的心态下聚合起来，最终以“种族革命”为号召，用小队突袭的方式杀死端方兄弟，其将受害者首领送往武昌的做法正是向新政府“邀功求官”及“亟求自明”的心理外露。

端方兄弟的首级被送到武昌后，黎元洪念及旧情，将人头暂存于武昌宝通寺。亲家袁世凯当了大总统后，派人从四川取回端氏兄弟尸身，随后又将端方兄弟的头颅从洪山禅寺取出，与尸身连接起来，最后葬在洪山。

杀死两个满人，而且是两个高官，在当时的革命语境中自然是值得喝彩的“正义之举”，但揭开革命暴力的华丽外衣，此等残杀事件背后的动机却很难经得起正当性与合理性的考验。英国《泰晤士报》驻中国的著名记者莫理逊即颇为不平，他在写给报社的报告中称：“……被叛兵杀害的端方和他兄弟的首级装在煤油桶中已送到宜昌示众。革命党负责的领袖们并不同情这种残酷的暴行。端方在中国享有广泛的威信，他是满人，但属于满人中的佼佼者……野蛮杀害端方，引起人们普遍的谴责。”

德国《历史学报》在1906年提名清王朝最有影响力的“四大人物”时，其中除了慈禧太后与光绪皇帝之外，剩下的两个名额给了袁世凯与端方。作为清末满汉能臣的两大代表，袁世凯与端方的入选固然当之无愧，但冥冥间人各有命，袁世凯后来做上了民国大总统，而端方却死于革命的乱刀之下。清室后来追赠端方为“太子太保”并谥号“忠愍”，但死后哀荣，于人于国，不过挽歌。

一年后，曾为端方门下幕僚的左全孝写了一篇祭文为之鸣不平，文中不乏愤激地说："瑞澂以压制亡国，赵尔丰以嗜杀毒川，公力反二竖之所为，而福寿大不及瑞澂，受祸且烈于尔丰。新旧满汉之心不同，君民上下之情不通，危亡之势，岌岌内讧，公盛意调和，苦心化融，案无留牍，门无留宾，网罗才俊，教普儿童，而旧家疑其仁，新进疑其忠，雷鸣瓦釜，毁弃黄钟！呜呼哀哉，有知无知，吾愿问之化工！"

左全孝写这篇祭文时，清廷已垮，所撰之文，既无功利可言，倒也能看出左氏之真实心声。同为门下幕僚的刘师培，这位被革命抛弃的"叛徒"，其在端方入川途中不离不弃，直至端方被杀后才避祸远遁，倘若端方无此人格魅力，似难想象。

刘师培后来成为一代国学大师，而另一位大师王国维也在同年写了一首悼亡诗《蜀道难》。他要纪念的人，也是端方。诗中，王国维描述了端方的死难经过："提兵苦少贼苦多，纵使兵多且奈何。戏下自翻汉家帜，帐中骤听楚人歌。楚人三千公旧部，数月巴渝共辛苦。朝趋武帐呼元戎，暮叩辕门诟索虏。"端方曾任湖北巡抚，其所带的湖北新军也可算是他的"旧部"，这些人早上还到端方帐前拜问"元戎"，但晚上时端方就变成了他们所诟骂的"索虏"。王国维仅在端方所设立的江苏师范学堂中任过职，他与这位前两江总督并无直接关系，但其字里行间，却透露出极大的同情和无限的感慨。

才堪大用，奈何命丧黄泉路。刘师培与王国维都是传统时代下文化的坚守者，他们纪念端方并不奇怪，但他们所留恋的传统及时代，已一去不复返了。

四〇 买官者的革命：吴禄贞的非常之死

1911年11月7日凌晨一时许，石家庄车站内突然枪声四起，一位身着高级将官服的年轻将领被杀，首级也被割了下来，不知去向。在这个寒意袭人的北方秋夜，受害者并非他人，正是第六镇统制、刚被任命为山西巡抚的吴禄贞。当晚同时遇害的，还有其副官周维桢与参谋官张世膺。让人捉摸不透的是，凶手竟是跟随吴禄贞多年的亲信、骑兵营管带马步周。

据时人追忆，吴禄贞三人当晚借住在站长办公室。夜深人静之时，吴禄贞仍在批阅文件，突然骑兵营管带马步周叩门而入，并高呼："报告大人，听说统制升任山西巡抚，特来向大帅贺喜！"话音未落，凶手屈膝下拜，顺势从靴子里拔出手枪，向吴禄贞连连射击。猝不及防之下，吴禄贞已是连连中弹，但他仍强忍剧痛夺门而出，孰料门外已埋伏多名杀手，吴禄贞再遭重击，命赴黄泉。

凄厉的枪声划破夜空，与吴禄贞仅一墙之隔的车站司令谢良翰被惊醒后，发现"该凶手等即在车站前面向空鸣枪"。住在不远的晋阳旅社的孔庚等人也回忆说，"外边枪声很紧张""炮声如连珠"，而住在距车站不远的英美烟草公司楼上的张厚琬则称"一夜枪声不息，天明始停"。很显然，这场离奇的刺杀事件已演变成了一场兵变。

吴禄贞，字绶卿，生于1880年，湖北省云梦县人。吴父为私塾先生，家有薄田十余亩，家境一般。吴禄贞少时读书勤奋，后考入湖北武备学堂。1898年，他与陈其采、张绍曾等40人被清廷选送到日本留学。这批军事留学生先入成城学校（日本士官学校的预备学校）学习两年，之后按各自科目进入日本陆军各联队实习。经半年的入伍锻炼后，吴禄贞等人进入日本士官学校。1902年，吴禄贞等人毕业回国，之后受到了清廷的极大重用。

在日期间，很多留日士官生接触了革命思想，一些人甚至加入了革命组织。以吴禄贞为例，他曾在留日学生中发起组织“励志会”，据说还加入兴中会。1902 年回国后，吴禄贞先后担任武昌武普通学堂教习、会办，其间与革命党人黄兴、宋教仁、陈天华等人多有接触。1906 年，吴禄贞受命前往新疆伊犁考察新军，途中因“失仪”而险遭不测。原来，吴禄贞在路过兰州时，竟以便服谒见陕甘总督升允，升允认为他有意轻慢而将其扣押，并致电军机处称吴禄贞“冒充钦差，沿途欺诈勒索，无所不为”，之后又密谋将其“就地正法”。后来在陆军部的协调下，吴禄贞才得以释放，但监督之职被撤。

1907 年，吴禄贞随东三省总督徐世昌赴奉天任军事参议，不久又任延吉边务帮办。两年后，吴禄贞升任延吉边务督办并任陆军协都统。这一年，吴禄贞 30 岁，他曾在寿宴上赋诗一首：“乘槎直达沧溟东，家在潇湘云梦中。锦瑟年华同逝水，筹边事业等雕虫。剑横玉塞昆仑月，马渡阴山瀚海风。三十功名尘土耳，一江冰雪笑渔翁。”从性格上说，吴禄贞为人专断，不为人下，生活上则不拘小节，曾纳娼为妾并热捧戏子（传有断袖之癖且与马步周关系暧昧），平时花钱如水，破费良多。

民国后，冯国璋曾指责吴禄贞的第六镇统制之位系“花钱买来”，并暗讽军谘府大臣载涛少不更事，为其蒙骗。此事说来诡异，吴禄贞既然是革命志士，何以会去买官（1907 年刺杀安徽巡抚恩铭的徐锡麟亦有买官行为）？倒是有这么个说法，吴禄贞在京期间，其左右李书诚、黄恺元等为之出谋献策，并由黄恺元为之筹措白银 2 万两，贿于庆亲王奕劻，这才于 1910 年 12 月底得任为陆军第六镇统制——可买官的人为什么会革命呢？

武昌起义后，各省局势风云变幻，不到 3 周的时间内，湖南、陕西、山西相继宣布独立。就在山西爆发革命的当天（10 月 29 日），清廷后院起火，原本被打算调往武汉前线镇压起义的滦州新军爆发“兵谏”，第二十镇统制张绍曾及第二混成协统领蓝天蔚等倾向革命的青年将领电奏清廷，提出“速开国会、改定宪法、组织责任内阁、皇族永远不得充任内阁总理大臣和国务大臣、国事犯之党人一律特赦擢用”等 12 条要求。滦州新军朝发夕至，祸起肘腋，清廷焉得不慌？

在日本士官学校就读时，吴禄贞、张绍曾、蓝天蔚曾被称为中国“士官三杰”。“兵谏”当晚，清廷即委派吴禄贞亲赴滦州，“劝导”张绍曾、蓝天蔚二人不得轻举妄动；而朝廷这边，摄政王载沣在以溥仪名义下“罪己诏”的同时，又以人类立宪史上最快的速度颁布了《十九信条》（宪法草案）并赦免了戊戌以来的一切国事犯，以此作为对“滦州兵谏”的回应。

清廷派吴禄贞去安抚滦州新军，颇有些吊诡。据说，吴禄贞在武昌起义之前即打算利用“永平秋操”的机会，与“诸革命同志秘密决议，乘此秋操，新军实弹射击，先将禁卫军扫清，再整军入京”，但事与愿违的是，清廷在武昌起义爆发后叫停了这次军事演习，此议无疾而终。

据清廷密探的报告，吴禄贞到滦州后曾在军中演说革命大义，士兵一片欢腾，但在随后的电报中，吴禄贞又向清廷报告称“诸军悉安堵，以驰其备”。在其背后，吴禄贞与张绍曾等人制订了一个联合北方新军直捣北京的计划，其中以滦州张绍曾部为第一军，奉天蓝天蔚部为第二军，新民屯卢永祥部为第三军，三军会师丰台，逼迫清廷逊位。

山西学者景占魁在《阎锡山传》中称，在吴禄贞离开滦州前往石家庄时，军谘府第三厅厅长陈其采将吴禄贞、张绍曾等人的计划密告清廷（一说是二十镇协统潘矩楹告的密），清廷闻讯后急调滦东各路大军集中京外，随后又将滦州的火车车皮全部调回，以阻联军北上。

由于清廷的《十九信条》满足了“滦州兵谏”的大部分要求，滦州新军陷入“出师无名”的境地，而“兵谏”的主使人张绍曾游移不定，最终在压力下弃职而走。最不可解的是，在吴禄贞已被怀疑为革命党人的情况下，随后仍被清廷任命为山西巡抚（原巡抚陆钟琦在革命中被杀），并奉命前往绥靖民军。

吴禄贞从滦州出发之前，清廷已派出第六镇第十二协（旅）和京旗一标（由旗兵组成的一个团）前往石家庄，以防民军进攻北京。在吴禄贞抵达石家庄后，山西民军已进驻娘子关，此地离石家庄 70 里，中间有正太铁路相连。

11 月 4 日，吴禄贞下令拦下一趟途经石家庄的军列，车上的粮饷弹药均被扣留，此举令清廷大为震惊，坐镇武昌前线督师的袁世凯也为此感到坐立难安。原来，武昌起义爆发后，袁世凯被授予前线军队的一切指挥大权，而在“滦州兵谏”后，袁世凯又被任命为内阁总理大臣。两天前（11 月 2 日），北洋军攻下汉口，袁世凯本想就此入京赴任，但军列被截的事件发生后，袁世凯立刻顿足不前，在他看来，吴禄贞既然敢截取南下军列，那他北上路过石家庄时，未必不会成为吴禄贞的瓮中之鳖。

袁世凯的担忧并非杞人忧天。两天后（11 月 6 日），吴禄贞率参谋官张世膺及革命党人何遂、孔庚等人与阎锡山等人会晤于娘子关。据阎锡山的回忆，吴禄贞对山西革命大为称颂，并称“大局所关，尤在娘子关外，革命之主要障碍为袁世凯，欲完成革命，必须阻止袁入京。若袁入京，无论忠清与自谋，均不利于革命，望公以麾下晋军开石家庄，共组燕晋联军，合力阻袁北上”。会后，吴禄贞被推为“燕晋联军”大都督兼总司令，阎锡山、张绍曾为副都督兼副总司令，然后两军“宣布反正，南断黄河桥，以杜清军第一军后路，东与第二十镇联合，两军直捣北京”。

吴禄贞的计划仍是“永平秋操”时密谋的翻版，只不过又加入了山西民军的有生力量。于此非常之时，在此非常要地，如果“燕晋联军”计划得以实现的话，清廷的垮台势必在指日之间，由此也不会有后来的南北议和及袁世凯逼革篡清之事，但在此局势微妙之时，吴禄贞却被离奇地刺杀于石家庄车站。

那么，刺杀吴禄贞的主使人是谁呢？是清廷，是袁世凯，还是另有其人？历史学者李惠民曾总结了“吴禄贞被刺”的五种说法：

1. 负有监视之责的第一镇旗兵发现吴禄贞联合山西民军准备进攻京城后起兵杀吴禄贞。

2. 清廷得知吴禄贞的起义计划后，派人前往刺杀。

3. 吴禄贞的行动构成了对袁世凯的重大威胁，后者指使心腹前往杀之。

4. 袁世凯与清廷共同策划并派人到石家庄将吴禄贞杀死。

5. 吴禄贞被人报私恨所杀。

“袁世凯主使说”通常把路径指向原第六镇协统周符麟，系周符麟指使骑兵营管带马步周实施了具体的刺杀行动。周符麟原是袁世凯的老部下，吴禄贞在上任第六镇统制后将其撤职，两人结下怨仇。从动机上看，袁世凯指使周符麟去刺杀吴禄贞似在情理之中，而吴禄贞死后，周符麟立刻官复原职（重任第六镇第十二协统）更令人怀疑其中必有幕后交易。不过，从事变的时间地点来看，周符麟似乎并不符合。

目前能够证明的是，周符麟并不像某些回忆录中说的那样亲自指挥了刺杀行动，因为当时他根本就不在石家庄。据时任陆军部秘书科科长并随清军南下的恽宝惠说，吴禄贞被杀时周符麟在汉口第一军司令部，而陆军部档案中收录的周符麟所发电报也可以证明他本人当时并不在石家庄。事变后，阎锡山也认为，“与一般所传刺吴将军者为周旅长符麟微有出入”。

如果周符麟并不在现场，那“袁世凯指使周符麟刺杀吴禄贞”或“清廷指使周符麟刺杀吴禄贞”的两种说法就有些站不住脚，按当时的通信条件（电报均有据可查）和事变的瞬息万变，远在汉口的袁世凯或周符麟都无法预知吴禄贞与阎锡山“燕晋联军”的密谋，更无从指挥这一重大行刺事件。毕竟，动机和事实并不能完全画等号。

陆军部档案收录了周符麟于 11 月 9 日所发的另一封电报，电文是“麟于本日下午到石家庄”，这份电报可以证明，周符麟在吴禄贞被刺后的第三天才到达石家庄。如果周符麟当时真在石家庄，那在吴禄贞被刺死后，他势必会出来控制局势而绝不会任由第十二协退往栾城，而正是在这两天里，山西民军三度出入石家庄，并将吴禄贞所截军火轻松运走。

民国后，原军谘府大臣、贝勒载涛提出“报私仇说”，其中是否有隐讳不得而知，而事后革命党人于右任所办的《民立报》直指吴禄贞被刺系良弼之阴谋。据说，良弼在武昌起义后即对吴禄贞有所怀疑，并派人侦察其左右，而在吴禄贞被刺后的当天清晨，良弼即至军谘府询问石家庄有电来否；电报来后，良弼入室亲自翻译，不假以示人，此举颇为诡异。可惜的是，良弼在 1912 年清帝退位前即被革命党人彭家珍炸死，死人是不会说话的，其中吊诡，多因此而起。

至于杀手马步周，说来也颇为出人意料。马步周毕业于北洋武备速成学堂，后隶于吴的部下，吴禄贞对他信任有加，屡加提擢，当时以骑兵营管带兼领卫队。吴禄贞怎么也不会想到，杀害自己的人竟然是他。马步周为人风流倜傥，但极好赌，经常负债累累，正因如此，他才可能被人收买。据说，马步周事后立刻为其相好的某妓赎身，其赎金何来，可想而知。

马步周干这一票到底拿到了多少钱，目前也是众说纷纭，有说 2 万元，也有说 3 万元，还有说 5 万元的。段祺瑞的谋士曾毓隽在《忆语随笔》中记载，段祺瑞率兵到达石家庄后，有人挖出吴禄贞的首级向官复原职的周符麟请赏，周符麟向段祺瑞汇报，段祺瑞称“此案中央作如何处理，尚不可知，汝与之五千元，告其速去”。段祺瑞说这话时，曾毓隽就在旁边，系亲耳所闻。民国后，北洋政府并未追查此事，但马步周自此无人敢用，最终瘫痪潦倒而死。

据事变亲历者何遂后的回忆，事发时他正在酣睡，忽然被一阵枪声惊醒，窗外有人高喊：“兵变，兵变！”惊诧之余，他冲出门外，这才发现时值午夜，但站台上却一个卫兵都没有。等到他冲进站长室，吴禄贞早已身首异处，而当他跑到附近的守军处求援时，竟然遭到对方的枪击。大事不妙之下，他急忙奔向郊外的晋军宿地，但等到那里一看，完了！晋军的营帐虽在，却早已空无一人。

在吴禄贞与阎锡山等人达成联合之后，晋军（即山西民军）一小部（200余人）即随吴禄贞前往石家庄，以便吴禄贞作为“招抚”的成绩上报清廷。但京旗一标及第六镇军官和山西民军十分对立，因而晋军在车站西面7里处扎营。在当晚的事变中，由于事起仓促，形势不明，晋军闻变即连夜退回娘子关，京旗一标也在当晚退走正定，以防对方攻击。至于第六镇官兵，当时也是逃亡过半，秩序大乱。次日，晋军出人意料地再次出关，并将吴禄贞的尸身及其截下的军火、粮食运回娘子关，而原先预备犒赏三军的数千斤馒头及上千斤猪肉均被乱兵乡民抢掠一空。

表面上看，吴禄贞被杀是马步周率小队突袭的结果，但其背后却有更深层的原因。北洋第六镇系袁世凯一手练成，前三任统制（王士珍、段祺瑞、赵国贤）均为袁之心腹，镇内的中上级军官也大多是“小站练兵”出身，标准的北洋系。吴禄贞上任第六镇统制后，镇内军官大多不服，原因有二：一是吴禄贞年纪轻轻即身居高位，其来路不正，据说该职位系花2万两银子买来；二是在载涛任军谘府大臣后，为排挤北洋系军官而重用留日士官生，吴禄贞实际上是亲贵派向北洋军“掺沙子”的产物。由此，吴禄贞遭到第六镇军官的反感也就毫不奇怪了。

第六镇是老部队，多年积累形成的关系盘根错节，不易控制。吴禄贞上任后，发现第六镇如铁桶一般，于是想用人事调整的办法来打破原有体系，以便自己逐步控制第六镇。镇中的两位协统李纯与周符麟都是袁世凯时期的小站旧人。李纯科班出身，年富力强，在镇中威望很高，吴禄贞不敢动，于是他就拿暮气已深的旧式军人周符麟（当时已 56 岁）开刀，说他“烟瘾甚重，行同盗贼”，要求将之撤换。请求被否后，吴禄贞写信给陆军部大臣荫昌，指责其“只知做官，不尽职守，有负国家委任”，后来又到陆军部大吵大闹，这才将周符麟免职。之后，周符麟被调往第一军，据说曾在磨刀石上：“他日必宰了这小子！”

周符麟虽然被免，但陆军部并未批准吴禄贞所提名的人选，而是暂由二十四标统带吴鸿昌升署周符麟的协统位置，吴禄贞为此大失所望，力争而未果。吴禄贞的做法实则又得罪了一个人，这就是升任协统的吴鸿昌，这也为后来的石家庄事变埋下了伏笔。当晚的事变，如果没有吴鸿昌的默许，似难想象。

“协统撤换”事件后，第六镇的各级军官不免人人自危，各怀去志，由此与吴禄贞积怨匪浅。吴禄贞这边则因计划不能实现而惘然若失，他在镇内虽然“贵为统制”，但实际上是个“光杆司令”，对部队毫无控制力。由此，吴禄贞心灰意懒，他更多是待在北京“与朋侪饮酒赋诗，借以清除胸中的积闷”，而很少到保定去过问第六镇的事，与属下官兵的关系也日渐疏远。在被刺杀的前夜，吴禄贞还对人说过，“第六镇是靠不住的”。

盛名之下，其实难副，吴禄贞与下属的对立关系无疑是当晚事变的重要原因。但从各种因素来看，吴禄贞的被刺绝不仅仅是“个人怨仇”或“凶手被收买”这样简单。据说，吴禄贞在 11 月 6 日回到石家庄后，即召开第六镇中级以上军官开会，其中微露“革命之意”。按吴禄贞的计划，他打算在次日犒赏三军时召开大会，届时向士兵演讲“革命大义”，以逼迫各级军官服从革命。但吴禄贞的意图很快被第六镇中上层军官识破，这大概是吴禄贞当晚即被刺死的原因。

吴禄贞被刺死后，“燕晋联军”的计划在无形中宣告瓦解，清廷解除了一个近在咫尺的威胁，而袁世凯也得以扫除障碍，顺利进京掌控大局。段祺瑞的儿子段宏业在 1924 年与人谈起马步周时说：“马蕙田（马步周，字蕙田）是英雄，够朋友，他的行动省了不少的事。”此话大意，似应作以上解。

许多年后，孔庚在悼忆吴禄贞时说：“（吴禄贞）是个雄才大略、辩才无碍的人，尤其是识见过人，热心爱国。假使他这次（燕晋联军）的事能成功，袁世凯当时决不能存在；北洋派也不至于祸国十余年；民国成立，必另有一番气象。”

吴禄贞的尸身被晋军抢回后，由于其头颅不知去向，阎锡山后来请一位高明的木工做了一个木人头，安放在其尸身的颈腔上。1912年初，南京临时政府成立后，吴禄贞与革命宣传家、瘐死租界监狱中的文弱书生邹容一起被追认为“大将军”。

四一 年少英豪：尹昌衡铁血立威

辛亥革命的先声起于四川保路运动，但蹊跷的是，在各省纷纷独立后，四川迟至1911年11月27日才宣布独立，是南方各省中最晚的；而在南北停战议和、各地渐已安静后，四川仍旧扰乱纷纷，12月8日再次发生兵变，成都商民被抢掠一空，损失惨重。乱世自有枭雄出，在此过程中，一位果敢剽悍的年少英豪横空出世，这就是年仅27岁的四川都督尹昌衡。

尹昌衡1884年生于四川彭县，原名尹昌仪，后因为溥仪登基避其讳而改此名。1902年，16岁的尹昌衡考入四川武备学堂，因为在校中表现优异，1904年被选派到日本留学。到日本后，尹昌衡先入振武学校（日本士官学校为留日士官生特设的预备学校，之前的成城学校不再接受中国学生）学习3年，后入读日本士官学校第六期，当时的同学少年中，不乏李烈钧、程潜、阎锡山、孔庚、孙传芳、罗佩金、刘存厚等民国闻人。

1909年，尹昌衡毕业回国，因为各省都有编练新军的重大任务，学成归来的士官生在当时相当抢手。这时，被视为开明人士的广西巡抚张鸣歧为推行新政而积极招揽人才，尹昌衡随后到广西并担任了督练公所编译科长，之后又兼任了广西陆军小学的教习。但尹昌衡对此安排并不满意，因为职位不是带兵官，不能发挥他的专长。郁郁不得志之下，尹昌衡常借酒醉骂人闹事，令领导颇为头疼。比较著名的有两次，一次是喝醉了酒，尹昌衡借酒劲骑马冲入巡抚衙门并与卫兵打斗，张鸣岐得知后勃然大怒，险些以“面辱大吏”的罪名参奏他；另一次则是在某次宴会后，差点与广西提督龙济光相斗殴。

时在广西陆小读书的李宗仁回忆，“张鸣岐抚桂初期，革命党人的活动可说是肆无忌惮，有时简直可以说是嚣张。……某次张氏宴客，尹昌衡酒醉之后，竟宣称清廷不能存在。同时王勇公闹酒，竟以张氏所佩手枪，自室内向外射击，致击碎窗上玻璃。由此可见当时青年革命志士的气焰。后张氏深恐同盟会势大不可收拾，乃设法压抑”。不久，张鸣岐即将这些难以管束的士官生陆续礼送出境，尹昌衡也是其中之一。在“欢送”宴会上，张鸣歧曾告诫尹昌衡：“不傲不狂不嗜饮，则为长城！”尹昌衡则不以为然地回答说：“亦文亦武亦仁明，终必大用！”

在广西期间，尹昌衡结识了同乡翰林、广西法政学堂任督办颜楷，两人相交甚欢，后者以其妹相许。颜楷出身官宦世家，时为张鸣岐所重用，尹昌衡“醉闯巡抚衙门”之事即得益于这位“大舅子”的调解。回成都后，尹昌衡又在岳父的推荐下被四川总督赵尔巽任命为督练公所军事编译科长，但这次的职位和广西大同小异，自认为“大材小用”的尹昌衡心生不平，之后又闹出了不少事端。

1910 年，四川编练的新军第十七镇成立，统制朱庆澜安插了不少自己人，如参谋官程潜，协统施承德、陈德邻，标统周骏、叶荃、王铸仁等，十几个管带中只有宋学皋、彭光烈、龙光、彭鹄举 4 人为川籍（清末新军的统制、协统、标统、管带，即相当于现代军制的师长、旅长、团长、营长）。由于当时的高级军官多为外省人，中下级的川籍军官大为不满，尹昌衡就是其中最激烈的一个。

在十七镇的成立庆祝会上，四川总督赵尔巽亲临现场并作了简短讲话，大意是：“十七镇成立了，我为川人庆、为川人贺，从此国防省防更有保障了。”话音刚落，尹昌衡跳出来大声说：“大帅刚才所言，昌衡以为大谬不然。”此话一出，全场皆惊。赵尔巽听了这句刺耳的话，心里老大不舒服，但还是和颜悦色地说：“那你以为如何？”尹昌衡抓住机会当众指斥军中“武器陈旧、用人不当，械不可用、将不知兵”，等等。赵尔巽听后沉着脸一言不发，好在有同事出来打圆场，称尹昌衡喝多了乱讲话，随后将之强行拖出会场了事。

事后，赵尔巽对这个“刺儿头”倒注意上了，在随后的十七镇军事演习中，尹昌衡被任命为东军裁判官（演习分东、西军对抗），以观成效。演习结束讲评时，尹昌衡对那些外省军官大加批驳，以显示自己的军事才能，由此获取了“胆气粗豪，敢于说话”的名声。

日本留学期间，尹昌衡曾与同盟会有过接触，但回到四川后，革命党的“排满主义”在他这里却变成了私利性的“排外省主义”。每次宴会，尹昌衡总是有意喝醉并乘着酒意大骂非川籍军官。在川籍与外省军官的对立情绪下，尹昌衡的肆意辱骂反而赢得了本省军人的好感。

1911 年 3 月，赵尔巽调任东三省总督，行前特向继任总督赵尔丰（赵尔巽之弟，时任川滇边务大臣）推荐，尹昌衡由此改任教练处会办。时隔不久，四川掀起了保路风潮，尹昌衡曾向赵尔丰提议，由自己组织一支军队去镇压“保路同志军”，并称“成则公功，败则衡罪”，但赵尔丰的幕僚称尹昌衡与革命党相勾结，决不可用，此事不了了之。

“保路运动”期间，四川陆军小学也闹起了风潮，总办姜登选（外省人，朱庆澜派）听说学生要罢课，于是召集训话，孰料话还未说完，竟有学生自行退出。姜登选大怒，命令宪兵维护军纪，闹事的学生们竟然蜂拥而上，当场撕破姜登选的军衣，后者在宪兵保护下才得以狼狈脱身。

姜登选之所以会被学员们打跑，很大程度上是因为当时盛行的“排外省主义”，在此形势下，本来就被“保路运动”搞得焦头烂额的赵尔丰只得改派尹昌衡接任。尹昌衡倒颇有手段，他到校后的第一件事是改善校内伙食（因为学员已走掉一半，省下来的钱可以吃好一点），并亲自向学员们敬酒，以笼络人心，将学员们收为己用。

1911 年 9 月，在诱捕了“保路运动”领导人蒲殿俊、罗伦等人后，赵尔丰又下令对请愿民众开枪，制造了震惊中外的“成都血案”。事后，数十万“保路同志军”将成都重重包围，赵尔丰陷入了人民战争的汪洋大海之中。

一个多月后，武昌起义爆发，随后各省纷纷独立，四川周围的省份，陕西、湖北、云南、贵州都已爆发革命，脱离清廷。11 月上旬，成都城内突然谣传北洋军已哗变、摄政王载沣带着小皇帝逃出了关外，一时间人心惶惶，原本打算苦撑待变的赵尔丰也方寸尽乱。11 月 14 日，赵尔丰释放了被扣押的蒲殿俊等人并同意将政权和平移交。经过一番策划与协商后，赵尔丰于 11 月 26 日将四川总督印移交给原谘议局议长蒲殿俊，后者于次日成立“大汉四川军政府”，宣布独立。

赵尔丰虽然从总督的位置上退了下来，但他仍旧担任了原来的“川滇边务大臣”，并掌握着 3000 名边防军。事实上，四川军政府的成立也是赵尔丰幕后一手策划的，他原本并不想让蒲殿俊担任都督，但他选定的邵从恩（清末进士，四川法政学堂监督）不肯就任，这才退而求其次。蒲殿俊文人出身，本身并没有什么实力，关键人物是副都督朱庆澜。朱庆澜是赵氏兄弟一手提拔的亲信，他还是当时的十七镇统制，手握兵权，赵尔丰也可借以自保。

四川军政府成立后，由于实权仍握在朱庆澜派的外省人手中，川籍军官大为不满，他们到陆军小学找尹昌衡商议后，向军政府提出了三条要求：一是由尹昌衡出任军政部长，二是参谋部要安置一个川人，三是要扩编一镇新军。蒲殿俊、朱庆澜商议后，满足了前两个要求，但扩军经费一时无法筹集，因而第三个要求被婉拒。如此一来，很多川籍军官趁机升官的愿望落空，这也构成了后来兵变的重要原因。

四川宣布独立后，“保路同志军”、民团乃至鱼龙混杂的哥老会武装都进入了成都，城内秩序大乱。为显示军政府的权威，蒲殿俊、朱庆澜决定于12月8日在成都东校场举行阅兵，以整肃军纪，维护治安。但他们没有想到的是，“阅兵”竟然引发了一场“浩劫”式的兵变。

当天上午，都督蒲殿俊身穿将军服，雄赳赳气昂昂地走上阅兵台发表讲话，但还没等他说完，下面就有士兵大声喧哗吵闹，说答应发3个月的饷，为什么只发了一个月？接着就有人鼓噪起来并朝天放枪，队伍前的放饷委员被当场打死。枪声一响，校场内立刻乱作一团，蒲殿俊是个书生，他哪里见过这等架势，当场就被吓得两腿战栗，连路都走不动了，后来还是靠两个马弁背着才出了校场，之后他赶紧脱下将军服，换上蓝布大褂逃之夭夭。而身为统制的朱庆澜也无力控制军队，最后只能趁乱逃走。

兵变实际上就是一场大抢掠、大破坏，当时的成都到处是冲天的火光和狂暴的喊叫声，藩库、银号、票号几乎无一幸免，成都东大街、劝业街等数十条繁华街道的商号也被乱兵们洗劫一空。更有甚者，乱兵们抢完后，警察差役、哥老会众、地痞流氓又进行“二次抢劫”乃至“三次、四次抢劫”。兵变后的惨状，据说自张献忠屠川以来未曾有过，昔日的“温柔富贵之乡”被蹂躏殆尽，据粗略统计，整个城内的损失高达2000万银圆。

事实上，在阅兵之前即有兵变传闻，但蒲殿俊仍旧坚持己见，结果局面一发而不可收拾。蒲殿俊读书人出身，他本人并没有受过什么磨炼，也没有多少从政的经验，尽管他在保路风潮中表现抢眼，但从某种意义上来说，他只是个好出风头的“学生干部”，与当局打打口水仗或许还行，但碰到兵变这种杀人放火的大场面，他立马傻眼了。

据说，这位新都督在上任之后，还以为自己和前清的总督大人一样威风。他所忙的是带着太太终日宴请庆贺，而对于暗流涌动的危险局势浑然不觉。实际上，那些动刀动枪的江湖草莽及野心勃勃的军人们根本不把他这个都督放在眼里。最为荒唐的是，蒲殿俊在上任后居然下令军队放假 10 天，并答应加发 3 个月的薪水，而这 10 天正是军纪迅速溃败之时。放假后，蒲殿俊又坚持要举行阅兵，这实际上是给兵变提供了一个绝佳的机会。兵变后，无力控制局势的蒲殿俊辞去了都督职位，这离他上任仅 12 天而已。

关于这场兵变有两种说法：一是说赵尔丰部将王棪等指使巡防军作乱，以促使赵尔丰复位；二是说尹昌衡唆使新军士兵有意扰乱局势以便夺权。究竟是谁指使，目前很难判断，但尹昌衡在兵变后的表现确实令人刮目相看。在正副都督狼狈逃窜后，担任军政部长的尹昌衡飞马而出，急赴陆军小学召集学员平叛。

最初，同盟会中川籍军官彭光烈、龙光等 20 余人推协统周道刚出来平乱，但周道刚不敢承担责任而改推尹昌衡。尹昌衡本就有英雄气概，他不假推辞，随后在陆军小学召集学员百余人，又赶到凤凰山军营征募到数百名军人，之后率领这些全副武装的军人进城平乱。一时间，成都城内血雨腥风，乱兵及土匪们因为没有组织，很快被杀得落花流水、人头滚滚。这才使这场可怖的变乱平息下去。

成都危乱之际，士绅们又想起了“退位总督”赵尔丰，“商民纷纷诣尔丰环跪，吁请维持治安”，赵尔丰最初以“不便干预”推托，后在绅民的“固请”之下发布了一张布告，令所有乱兵立即回营，而布告的落款则是“卸任四川总督、现在川滇边务大臣”，但没有盖印而只用朱笔画了一个“印”字。

赵尔丰在危机时刻所发的布告，为他带来了极大的麻烦，以至于后来的研究者多认为是他在幕后策动了这次兵变，目的是复辟回任。对此，赵尔丰曾写《辩诬问》为自己辩解：“鄙人当大权在手之时，何事不可为？与其破坏于后，曷若不让与先？”事与愿违的是，事态的发展已逐渐脱离了他的控制。

控制局势后，尹昌衡在川籍军官的拥护下当上了新的四川都督，副都督则由原四川谘议局副议长、哥老会龙头老大罗伦出任，同盟会革命党人董修武出任总政处总理兼财政部长。此时的成都，实际上是四股势力，最强的是以尹昌衡为代表的川籍军人，其次为以罗伦为代表的哥老会“同志军”势力，再次为同盟会革命党人势力，最后为赵尔丰的边防军。

对于赵尔丰和3000名边防军的存在，尹昌衡颇为忌惮，但他开始并不想杀赵尔丰，而是劝他赴川边，但赵尔丰在收到袁世凯要求他“暂留成都，静以观变”的电报后不肯离开，尹昌衡迫于形势，这才动了杀赵尔丰的念头。同时，另外一些人也逼迫尹昌衡对赵尔丰下手，譬如对赵尔丰恨之入骨的哥老会成员。这不仅仅是因为赵尔丰曾制造“成都血案”、屠杀过请愿民众，还因为如果不杀赵尔丰的话，他们的“造反”就没有成就，正所谓“覆清我首也，伐赵我初志也，首功不赏，初志为酬，奈何即罢”？

曾被赵尔丰诱捕的保路人士也认为必须除去赵尔丰，才能安定人心。其中张澜就说，赵尔丰对交出权力并不甘心，此次兵变中他仍以清朝封疆大臣自居，若不除去，军政府万难稳定，一旦去之，民众必心安悦服。而据秘密消息，赵尔丰在兵变后已下令手下亲信、川边汉军统领傅华封带兵赶往成都平乱，一旦这支部队与城内的边防军会合，局势将对新的军政府更加不利。

尹昌衡年纪不大，手段却极其老辣。12月21日，尹昌衡单独面见赵尔丰，说：“我现在虽然做了都督，但未来之事尚属未定之天，究竟清朝是不是倒得下去，民国是不是建得起来，都还是很大的问题。我想同大帅秘密约定：将来如果清朝彻底倒下了，我负责保全大帅；如果民国没有成功，就由大帅负责保全我。这样于大帅和我，无论谁成谁败，彼此都可保全。我可向天起誓，海枯石烂，此志不渝。”

赵尔丰听后未置可否，尹昌衡又说：“现在大帅身边有3000名边防军，引起川民和士绅的疑虑不安。昌衡为大帅计，请将这3000人名义上交由军政府接管，实际上由昌衡下令这3000人马仍驻督署南苑保护大帅，我与大帅既结同心，应付一切事情，‘面子’是‘面子’，‘里子’是‘里子’，这样就可以对付四川的绅民了。”

赵尔丰见尹昌衡说得诚恳，道理上也说得过去，而且边防军是他一手训练的部队，尹昌衡所说无非是走个形式，于是写下手令，将边防军交由军政府接管。尹昌衡拿到手令后，立即来到边防军驻地宣布接管这支部队，并命令继续驻扎南苑"保护大帅安全"，同时还加发恩饷一个月，当晚又设宴款待官兵们，让他们饮酒狂欢。

而在暗中，尹昌衡秘密调集新军将边防军包围，用火炮形成压制，如有异动，即行解决。深夜时分，尹昌衡委派死党陶泽锟为敢死队队长，后者带兵冲进赵尔丰家中将其抓获，在此过程中，赵尔丰的一名贴身丫鬟持枪抵抗，被陶泽锟亲手击毙。得手后，尹昌衡从正门入，并宣布为了"老帅的安全"，决定将之转移到军政府。

被抓后，赵尔丰曾谓尹昌衡曰："余何罪于公？"尹昌衡答道："公得罪于四万万人之一乎！"赵问："能相活乎？"尹昌衡说："既此非我意，当语众绅。"毫无疑问，此时众人的意见一致认为："尔丰屠川人，川人死于兵者数十万，死于乱者百万，是夫之肉其足食乎？"

次日（11 月 22 日），尹昌衡在成都明远楼广场召开群众大会，问台下众人："衡代诸君擒贼，所以不先告者，恐泄机，事不济耳！今以生杀付诸君决之。"台下大呼"该杀"，声震屋瓦，尹昌衡即令陶泽锟当众将赵尔丰斩首，并将其头颅挂在树上，示众 3 天。

无可否认，乱世中能震慑局面的，往往是能掌控中下级军官而又心狠手辣的人物，尹昌衡就是一例。平定兵变并杀掉赵尔丰后，尹昌衡声名大噪，群情慑服。事实上，赵尔丰的被杀，与其说是对"反动旧官僚"的清算，倒不如说是革命的"投名状"，赵尔丰的人头，实则是新政权树威的道具，意在警示一切可能觊觎权力的竞争者。

尹昌衡平素放荡不羁，在广西期间即诡称"酒不丧行，色不害德"。当上都督之后，年不过 27 岁的尹昌衡更是骄纵十足，犯了好酒贪色的老毛病。当然，尹昌衡自幼个子高大，按现在的标准，可算是个英气逼人的大帅哥，加上年纪轻轻即身居高位，难免把持不住。他在任都督期间，曾将某年轻美貌的老板娘收为妾室而毫不顾忌舆论的指摘。更滑稽的是，尹昌衡还好色地编出一条三段论，曰"自古英雄皆好色，昌衡是英雄，故昌衡好色也"，以此证明他的好色是合理的。

1912 年 6 月，袁世凯命尹昌衡为西征军总司令，率川军入藏平叛；不久，又将之调入京城。入京后的尹昌衡如无根之萍，险些遭杀身之祸。原来，赵尔丰之女嫁给了袁世凯之子，难免要为父报仇；而赵尔丰的哥哥赵尔巽是老袁的好友，一直在为其弟申冤。在这些人的活动下，袁世凯于 1914 年 3 月下令议恤前四川总督赵尔丰；同年 8 月，又下令褫夺尹昌衡的军职荣典。

所幸的是，当时的陆军总长段祺瑞与尹昌衡有师生之谊，在其保护下，北洋政府才以“亏空公款”的罪名轻判尹昌衡有期徒刑 9 年结案。1916 年袁世凯死后，尹昌衡被特赦出狱，从此退出政坛，当年的叱咤往事也就渐成烟云，后于 1953 年病死重庆。

四二 投名状：张宗昌的“革命变身记”

上海光复后，督军陈其美曾派人到数千里之外的海参崴招兵买马，结果招来了民国军阀史上最著名的混世魔王，人称“狗肉将军”的张宗昌。

张宗昌生于1882年，山东掖县人（今莱州），其父生而穷困，家中数亩薄田，不足以养家糊口，农闲时节他便兼职吹鼓手以补贴家用。旧时农村，音乐稀缺，碰到婚庆丧仪，唢呐手总是不可缺少的，张宗昌的父亲在这个行当做久了，后升级为“大抬杆”（乡村乐队的召集人兼首席乐手）。在张宗昌7岁时，家里总算挤出点钱来送他入私塾念书，这对于世代贫穷、大字不识的老张家来说，可是件了不得的大事。

张宗昌的蒙师姓祝名修德，他做的第一件事就是把张宗昌的乳名“灯官”改成了“宗昌”，意思是张家今后繁荣昌盛，张老爹听后十分满意。张宗昌的教育生涯只有一年多，因为张老爹后来大病一场，家中无力再供他读书。

由于家贫无计，失学后的张宗昌不得不加入了谋生的行列，他先是给某地主老财家放牛，但因他年纪小，玩性重，结果有一次跟其他放牛娃斗蛐蛐而忘记了照看牛，结果东家的牛不见了。这事可不得了，张宗昌漫山遍野地找啊找，但找到夜幕降临，也不见牛的踪影。东家是出了名的小气鬼，他听说牛给放丢了，气得暴跳如雷，当晚就叫人把张宗昌绑在院里的一棵枣树上，亲自拿皮鞭狠狠地抽了他一顿。

说来也怪，张宗昌年纪不大，意志却很坚强，他任凭东家使劲抽打，愣是咬紧牙关，一声不吭。张宗昌越是这样，地主老财就越生气，但地主婆是个心地善良的念佛之人，她听到前院的动静后急忙劝阻了丈夫，而地主老财也怕打出人命，最终只能自认倒霉，把张宗昌松绑后推出门外了事。

对于这件事，张宗昌这辈子都不会忘记。20多年后，已做到山东督办的张宗昌衣锦还乡，他专程探访了当年的东家，并将那头牛的赔款全额奉还。

面对这位手握数十万大军的直鲁联军总司令，老地主既惊又恐，但他的担心其实是多余的，张宗昌在还钱后寒暄几句即飘然而去，再未找过他的麻烦。

发迹后的张宗昌常与人说，他从小就不知道什么叫枕头，因为他长年枕着砖头睡觉，当时家中四人（还有一妹）只有一床破被，冬天全靠火炕过夜，上面冷，下面热。张宗昌的童年是不幸的，少年时代的他，吃不饱，穿不暖，饱尝挨饿受冻之苦。据其回忆，每逢初一、十五或过年过节，有人去村里土地庙烧香上供，他便趁黄昏去偷食供品，一边吃还一边发誓：有朝一日，我张宗昌要是发了财，一定给您老人家修缮庙宇，重塑金身，加倍报偿。

丢了放牛的工作后，张宗昌经人介绍进了本村的小酒馆当起了学徒，尽管没有固定工资（旧社会学徒一般只发点零花钱），但他一干就是 3 年。当时的村级酒馆，前头是店面，后面是酒作坊，因为张宗昌的个头高，老板安排他去跑堂，但做了没几天，顾客们反映该跑堂传菜喊菜声如炸雷，令人大倒胃口，于是张宗昌便从前台消失，转入了后面的酒作坊。

酒作坊里做事无须抛头露面，但环境差，工作辛苦，加上掌柜待人苛刻，很多学徒吃不了这份苦，做了几个月就纷纷离开，唯有张宗昌坚持了下来。张宗昌之所以不走，主要因为这儿虽苦点累点，但总算有口饱饭吃，因而他在学徒期间任劳任怨，干活从不偷奸耍滑，深得掌柜的欢心。看着张宗昌勤奋的样子，曾有人打趣说：“三个伙计也比不上一个张宗昌！”老板娘听了则不紧不慢地回道：“他饭量也抵三个人！”

尽管张宗昌是个标标准准、根红苗正的苦出身，但外表看上去却是相貌堂堂，高大英武，由于童年和少年时期的种种磨难，成年后的张宗昌难免性格粗野，对社会多有不满，在闲居乡里之时，打架斗殴便成了他的家常便饭。

男大当婚，女大当嫁。张老爹看着儿子成天无所事事，惹是生非，心里不免犯嘀咕，于是给他说了一门亲事，想收拢收拢他的野性。但媳妇虽然说下了，前途却依旧渺茫，而胶东又连遭大旱，举目望去，赤地千里，颗粒无收。走投无路之下，张家父子及一些同乡开始了他们人生的第一次壮举——闯关东。

张宗昌等人风尘仆仆、一路步行到烟台后，因搭不上船而在当地打了 3 个多月的零工，最后才经海运到了营口，之后便辗转到吉林给人帮工。一年半后，张宗昌的父亲因受不了关外严寒而随几位祝家村的老乡返回山东，行前张父让他一起回去，但张宗昌拒绝了：“我一向不惧怕艰难困苦，出来了，就往下干吧！”这时，正值沙俄攫取了中东铁路的修筑权，一位同在庄园里扛活的伙伴得知俄国人在大量招收筑路工人后，便把张宗昌一块叫上，两人就此从第一产业中脱身，摇身一变成了修路民工。

关外乃苦寒之地，但张宗昌的潜能却在这里得到充分的挖掘，他那种吃苦耐劳、不惧脏活累活的担当精神在赢得工友们信任的同时，也获得了俄国人的青睐。不久，张宗昌便被提升为工头，手下有了一帮人马，并且与俄国人打得火热。在这个过程中，张宗昌学得一口流利的俄语。

1904年日俄战争爆发后，两大强邻在东北大地上大打出手，双方都派出了几十万大军互相厮杀。开战不久，日军大量收买东北胡子（马匪）用以刺探情报并袭扰俄军的后勤补给，俄国人在屡屡吃亏后来了个依葫芦画瓢，他们也组织了一些别动队去破坏日军后方。正在俄军中充当翻译的张宗昌此时被委以重任，他受命收编了一支胡子队伍，由俄国人出钱出枪，负责到日军侧背去打游击。

几经折腾后，张宗昌的队伍在配合俄军作战中还发挥了不小的作用，俄军见张宗昌颇具潜质，后派出多名军官前来指导训练，张宗昌也由此获得了宝贵的军事经验。在俄军的支持下，张宗昌的队伍一度扩充到上千人，张宗昌也荣升为“张统领”。值得一提的是，当时还有另一位“张统领”，那就是张宗昌的本家张作霖，他当时正在为日军服务。张宗昌或许不会想到，两个人在日俄战争中各为其主，而20年后自己居然投到了张作霖的门下。

日俄战争的结果以俄军战败而告终，各临时部队也相继遣散。据说，俄国人给每位遣散者发了3个月饷并路费若干，但身为“统领”的张宗昌却只发了饷银而将路费暗中扣下，在这兵荒马乱中，俄国人及胡子们都被蒙在鼓里，张宗昌由此收获了人生中的第一桶金。

之后，张宗昌招募了一批人前往鄂霍次克海一带开采金矿，但进展并不顺利，后来就到了海参崴。清朝末年，海参崴人口接近20万人，华人占到五分之三，而其中又有一大半是来自张宗昌的老家山东。在同乡的介绍下，张宗昌在当地华商总会中担任了一个小头目。不过别小看了这个角色，因为华商经常被马匪或当地恶棍绑架勒索，商会为保护商界安全而拥有了一定的武装，张宗昌有着魁梧的身材、精湛的枪法及之前的军事经验，正是商会所需要的人才。

张宗昌在海参崴的角色类似于后来上海滩的黄金荣，他俄语流利，与商会上层乃至俄国军警关系极为融洽；又曾收编过胡子队伍，对马匪习性及作案手法极其熟悉，特别是在侦破了几个大案后，张宗昌很快便崭露头角，不论黑道白道，他都吃得开。据说，某次他去外地办事，在中东铁路上遭到胡子抢劫，当搜到他时，一名马匪见后惊叫道："这不是张大哥吗？"原来此人曾在张宗昌手下混过，因而整个车厢的人都托了他的福，被劫财物全部返还。

在海参崴混了几年后，张宗昌渐成势力，一般商人都知道张宗昌的威名，行商途中无不托庇于他的名下，而张宗昌少不了收取保护费。有了钱做支撑，张宗昌的手下也就有了一批马仔，在这些马仔的簇拥下，30 岁出头的张宗昌暗地里走私军火鸦片，涉黄涉赌，竟成为当地黑社会中炙手可热的人物。

与张宗昌做过朋友的革命党人张西曼回忆说："张宗昌当时在海参崴包捐、包赌，包庇戏园、烟馆，似乎可以使他们免除一切外来的突然威胁和迫害。但日久弊生，他竟擅自作威作福起来，戏园中的好座要酌量留给他，新到的妓女要让他享受初夜权，一切走私和非法生利的小本生意，他可以抽头分红。他的俄国朋友们当然也在这些途径上朋比为奸，平分秋色。"张西曼是张宗昌人生道路中重要的引见人，说起他与"张大哥"的交往，也颇有些意思。一次闲谈中，张宗昌听说他常去海参崴外的山林中打猎，就好意提醒他，近来常有胡匪绑票之事，外出一定要注意安全。张西曼听后觉得有理，于是托张宗昌替他代买一把手枪做防身之用。

几天后，张宗昌的一个手下请张西曼到华商总会看货，对方拿出一把勃朗宁式的小手枪，颇为玲珑可爱。张西曼把玩了一下，觉得枪是把好枪，但美中不足的是没有保险机，容易走火，不安全。那人见张西曼不满意，只好将枪插入裤袋快快下楼。不到 10 秒钟，门外突然砰的一声枪响，众人打开门一看，只见那人倒在楼梯口痛苦呻吟，原来是他自己不小心，手指触碰扳机而被打伤了脚趾。张宗昌闻声赶来，大骂手下办事不力，还不如人家一个小娃娃。因为这个戏剧性的事件，张西曼与张宗昌反而熟络了起来。

张宗昌说张西曼是个“小娃娃”，那可是小看他了。事实上，张西曼年纪虽然不大，但早跟着哥哥张仲钧入了同盟会，乃“革命老前辈”。武昌起义爆发后，张仲钧从东北赶到海参崴并指示弟弟说：“黄兴、宋教仁、陈其美等同志在号召全国各地大兴义师，南方即将成立革命政府并准备北伐。但北伐一事，骑兵不能偏废，应设法由东三省秘密招募马贼南下，以便编练劲旅。现已提请南方迅速派员来此，与你一同招募……”

宋教仁在1907年曾策划过招募东北马匪之事，但因吴禄贞等人的反对而未果。张西曼得到指示后，他听说海参崴北面一二百里之外的大山里有一支千余人的胡子队伍，匪首人称“刘弹子”，一向剽悍无畏，倒是符合革命军的要求，可自己从未与之打过交道，正为难间，他想起了神通广大的张宗昌——何不通过他去联络联络？

张宗昌听了张西曼的想法后，半试探半逗趣地说：“哟！这可不是好玩的！你不会是想闹革命吧？”张西曼见他似有心动，干脆趁热打铁，左一句“张大哥如何如何”，右一句“张大哥英明英明”，高帽儿把张宗昌弄得飘飘然，于是答应“试试看”。

在张宗昌的牵线搭桥下，张西曼亲自到刘弹子的老巢去探访了一番，并回报兄长称那里的绿林好汉们人才可用，请速派人来接洽。12月初，青帮大佬李征五等人在黄兴、陈其美的委派下到了海参崴，而接头地点就设在了华商总会斜对面的金角旅馆。对于革命党频频伸出的橄榄枝，刘弹子还有所疑惧，因为他们的绑票生意难免触犯地方，而介绍人张宗昌与俄国军警关系密切，这万一是他设下的圈套，那就是肉包子打狗——有去无回了。但接触了几次后，刘弹子被革命党的诚意所打动，他作出了一个人生中最艰难的决定：下山！

在革命气氛的鼓舞下，张宗昌也迅速“赤化”，摇身一变成了追求革命的急先锋。在华商总会张会长的支持下，张宗昌也在自己的旧友、部属及当地华侨子弟中招募了近400人的队伍准备随同南下，华商总会还特意赠送了一部分枪支以壮其行色。据其部下李藻麟说，张宗昌的这支“华侨子弟兵”阵容齐整，每人自备战马一匹，大枪一条，小枪一支，均为俄式武器，装备比上海光复军还要超标一点儿。

经过简单的整训后，李征五带着刘弹子及张宗昌的队伍乘俄国邮船南下，一路上“革命准将士们”可谓是神清气爽，意气风发。刘弹子的队伍，原本就做土匪做惯了，在船上闲着无事，这些人在一起酗酒猜拳耍酒疯倒也罢了，有时候还匪性大发，买烟买茶不给钱，还动不动称“老子是革命军”如何如何，而“准团长”刘弹子也不管。邮船员工对这些人大为不满，说：“靠这样的革命军去革命，中国没救了！”

张宗昌的人马比刘弹子一帮人就强多了，他们大多是良民出身，而且张宗昌本人也颇具威望。有一次，张宗昌对手下人训话：“我们初到江南，人情风俗一概生疏，又系去参加革命活动，成败并无一定，但我们只许成功，不许失败。俄国邮船把我们送了来，绝不能再把我们送回去。我们应认清方向，始终团结在一起，更要有破釜沉舟的坚决和勇敢，方可以打出一条出路来。我们是代表着海参崴所有华侨的爱国立场的，他们天天在盼望我们早日打出名堂，我们决不能做缩头乌龟……”

张宗昌的一席话既悲壮又实在，众人听后深受感动，而旁边围观的船员也都竖起大拇指：“这才是真正的革命军！”

张、刘两支队伍的不同表现，李征五也是看在眼里，心中有数。更重要的是，张宗昌多年行走江湖，早已摸爬滚打出一套察言观色的伶俐功夫，加上又能说会道，李征五与他言谈甚欢，关系也就比刘弹子密切了许多。更绝的是，张宗昌深知帮会规矩，他在南下途中就拜在了李征五的门下，按了手印，入了青帮，按“大通悟学”排下来为“通”字辈（李征五是“大”字辈）。

到沪后，张、刘的人马受到革命军的热烈欢迎并大造舆论说是“东北革命军”开抵上海，一时间风光无限，为各界所注目。但奇怪的是，在队伍驻扎闸北并换装后，发下来的任命书却是张宗昌任骑兵团团长，而人马更多的刘弹子屈居营长一职。这又是怎么回事呢？

原来，陈其美听了李征五的意见并见过张宗昌后，觉得张宗昌的气质、潜质各方面条件都在刘弹子之上，而且陈其美也是青帮大佬，无亲无故的原“团长”刘弹子只好靠边站了。受此侮弄后，刘弹子十分恼火，他派专人送了一封信给张西曼，其中严厉谴责革命党背信弃义，将他哄骗下山。

末了，送信人还威胁说：“咱们老总受此屈辱，万不甘心。张先生，请你想想，张宗昌那小子是何等样人！莫说老总，连众弟兄也愤愤不平，现正准备分组北上，重返老家。什么革命不革命的，都是你们这些读书人给咱老粗们下的毒饵！张先生，再见，请等着来日算总账吧！”张西曼听后大惊，赶忙复信问明情况，但时过境迁，木已成舟，他远在海参崴，能有什么办法！

此后，这位刘弹子老兄也不知道是为革命献身了还是回到了关外老巢，总之是默默无闻、未见记载（据张西曼的说法，刘兄“如失水蛟龙，困于沙滩，郁郁以终”），倒是张宗昌投机成功，由此顺风顺水，屡遇贵人，最终成就了民国的一段传奇。

四三 我本善良：七品报人汪康年

1901年，章太炎与一群朋友们酒足饭饱后纵论天下，议及时人时，章太炎以《红楼梦》中人物作喻：慈禧太后，“贾母”也；光绪皇帝，“贾宝玉”也；康有为，“林黛玉”是也，张之洞，乃“王熙凤”也……至于书中的“刘姥姥”，则封给了在座的汪康年。

戊戌变法前，国内有一份报纸风靡一时，影响极大，这就是汪康年曾参与创办并担任总理（经理）的《时务报》。章太炎也曾在《时务报》中任职，以他对汪康年的了解，这个比喻不算离谱。在朋友眼中，汪康年外貌憨厚而世事洞明，性情平和犹见辱不怒，为人中庸却仗义扶危，这位以办报为终身职业的改良主义者，他的中间路线虽被革命派与保皇派所攻讦，但仍不失为一谦谦良善君子。

汪康年，浙江钱塘（今杭州）人，1860年出生于盐商家庭。明清时期，盐商是个好职业，经营者富甲一方，汪家也不例外。积累了多年的财富后，汪家祖上也有意附庸风雅并鼓励子弟读书应试。为此，家中建有“振绮堂”藏书楼并名扬江南。乾隆年间，汪家在《古今图书集成》修撰时即上贡善本书百余本，并受到朝廷的嘉奖。

汪康年后来的职业选择与其祖上藏书有莫大关系，可惜他生不逢时。至其祖父辈时，汪家已然没落，太平军横扫江南更是给了他们沉重的一击。1860年初，其父汪曾本在太平军合围杭州之前将身怀六甲的妻子、老母与一子二女护送出城，汪康年于当年1月25日（正月初三）诞生于外祖父家。两个月后，未逃出杭州的汪家人及亲戚大多在这场战乱中遇难。

汪康年的父亲汪曾本曾被视为家族复兴的希望，因为他在20岁时即中举。由于家族财产在兵荒马乱下早已荡然无存，两次会试不中后，汪曾本不得不在沉重的家庭负担下为生计而奔波。因功名路上未得圆满，他在之后20

年所获得的都是微职（八品官）或不稳定的差使，尽管一生颠沛流离，但始终未能翻身。1882 年，汪曾本黯然去世，给刚刚成年的汪康年留下 5000 两银子的债务及多病的老母，另外还有尚未结婚的两弟一妹。

汪曾本去世前给汪康年留下遗言，“不可废书不读”，他用自己一生的教训告诉儿子，既然选择了读书这条路，就不能半途而废，否则难有出头之日。汪康年未必比其父更有才华，他在 19 岁时考中秀才，但在乡试一关上却四试不中。

俗话说得好，人各有命，科考亦如是。汪康年 10 年内四试不中，比他大两岁的康有为也同样困于场屋二十载，六试不中。而康有为的弟子，也是汪康年的同门师弟梁启超（同修举业于石德芬）却是年少成名，16 岁中举人；汪康年的座师瞿鸿禨 21 岁中进士，瞿鸿禨的座师王文韶 22 岁中进士，张之洞 26 岁中探花，这些都是科考路上的幸运儿。

汪康年就没那么走运了，瞿鸿禨任浙江学政时，他虽然在岁试与科试中均考得第一并由此获得朝考的机会（按清制，生员经学政的岁试、科试成为优贡后可参加朝考，如通过可以派为知县或县教谕），但乘兴而去，败兴而归，不过名列朝考第三等而已。

不过，幸运之神还是降临了汪家，第二年也就是光绪十五年（1889 年）的浙江乡试中，30 岁的汪康年与堂兄汪大燮、堂弟汪鹏年同榜中举，这也是汪曾本在 37 年前获得举人之后，汪家子弟再次获得举人功名，而且一下就是 3 个。当年同榜中试的，还有蔡元培、张元济等人，这都是后来的文化名流。

中举后，汪康年拿着伯父汪守正（御医，为慈禧所信任）及老师李文田的荐书于次年投奔两江总督张之洞。或因性格方面的缺陷，汪康年并没有受到张之洞的重视而只是让他负责文化、教育方面的事务并充任家庭教师。据其堂兄汪大燮所言，汪康年的性格直率少心机，书生气太足而不知权变，张之洞也说他“不甚明白，亦有不定处”，因此他在湖北政治圈只能算外围人物。

1892 年，汪康年赴京会试，初试时很顺利地考中贡士，但不走运的是，他因病未参加殿试。两年后（1894 年），汪康年入京补殿试，以三甲第五十九名的成绩中得进士，功名路上功德圆满。不巧的是，汪康年在朝考前再次患病而未能应考，按例不能授予官职。直至 1904 年，汪康年补应朝考，这才被授予内阁中书，不过此时的他对做官已毫无兴趣了。

与同时代的很多士人一样，甲午战争的惨败也深深刺痛了汪康年。这一年，他给自己起号“毅伯”，并决心以办报为事业。汪康年所处的年代是中国近代报业的萌芽时期，19 世纪末的中国有近百家报刊，其中大半为教会所办，外国商人所办占五分之一，中国人自办报刊为个位数，其中数家还有洋人入股。甲午战争期间，上海报刊屡屡错误报道战事，竟有称清军获胜、日军大败的各种假消息，被愚弄的民众竟为之庆贺不已。这一系列的荒唐事，更刺激了汪康年为中国人办报的决心。

1895 年 7 月，康有为在京创办《万国公报》(后因与上海广学会所办报纸重名而改称《中外纪闻》)，以梁启超、汪大燮为主笔。该报为双日刊，主要登载阁抄、西报或外电的译文及中外知识的介绍，当时也没有什么发行渠道，只是随《邸报》(又称《邸抄》或《宫门抄》，主要刊登重要谕旨、奏折、人事任免等信息，以在京官员为发行对象）免费赠送，发行量在两三千份。半年后（1896 年元月)，朝中有人告发康有为、文廷式等人利用报纸结党营私并组织会社对抗朝廷，强学会和《中外纪闻》被查封。

中日甲午战争后，汪康年积极加入了维新的浪潮，后应康有为之邀赴上海加入强学会。强学会初期声势浩大，张之洞也主动捐款 5000 两白银以示支持。北京的强学会被查禁后，汪康年在张之洞的授意下利用所余款项与黄遵宪等人于 1896 年 8 月在上海创办《时务报》，由汪康年自任经理并聘梁启超为主笔。

作为维新时期影响最为深远的报纸，《时务报》的创办及运作与汪康年的经营管理和全盘调度是分不开的，他不仅负责报社的财务、人事与发行，偶尔也兼任评论与编撰。作为背后的“大股东”，湖广总督张之洞也对《时务报》提供了大力支持，并称“该报识见正大，议论切要，足以增广见闻，激发志气，凡所采录，皆系宏纲，无取琐闻，实中国创始第一种有益之报”。在其命令下，两湖大小文武衙门、各官办理学院学堂等均按期订阅《时务报》，费用由善后局支付。

《时务报》的影响力也与主笔梁启超的才华密切相关。作为百年不世出的大才子，梁启超以其犀利活泼、纵横捭阖的文笔迅速在官绅阶层中掀起了一场舆论大风暴，当时竟出现人人争读《时务报》的盛况（这也从侧面折射了中国报业极不发达的现状）。但在康有为的有意主导下，《时务报》于1897年后由变成法、改科举、选才讲学、兴业练兵等议题转到敏感的“开宪政，尊民权”主题，这引起了张之洞的极大警惕。

之后，张之洞命人致书汪康年，要求《时务报》在“宪政”“民权”等议题上谨言慎行，免得为人指摘而重蹈北京强学会的覆辙。接到张之洞的指令后，汪康年随即阻止梁启超继续发表他认为“过激”的议论，这引起了梁启超的极大不快。得知这是张之洞在暗中指使后，年轻气盛的梁启超愤而求去，之后应谭嗣同所邀赴湖南长沙参与创建时务学堂及《湘学报》《湘报》等。

此时的汪康年大概是最活跃的。1897年，他与叶瀚等名流在上海创建蒙学会并发行《蒙学报》；同年，又帮助罗振玉创立了务农会并发行《农学报》。对汪康年来说，这两份报刊只是牛刀小试。1898年5月，汪康年和曾广铨、汪大钧等集资创办了《时务日报》（作为《时务报》的姊妹报），社务由其一人主持，这份报寄托了汪康年的很多希望。

1898年变法开始后，梁启超在康有为的召唤下赴京与事，对于之前争夺《时务报》的失败，梁大才子颇有不甘，他趁机请老师向光绪皇帝建议，将《时务报》改为《官报》，由其自往上海督办，此议于1898年7月获准。

对康有为、梁启超假《官报》名义强收《时务报》并借以报复私怨的行径，汪康年等人极为愤怒，之后即将《时务报》易名《昌言报》予以抵制。《昌言报》仍延续了之前《时务报》的做法，并由张之洞指定梁鼎芬为总董。随着局势的急剧变化，康有为甫离北京，政变随后而起，接收一事也就不了了之。

变法失败后，《昌言报》仍得以继续生存，但汪康年的主要关注对象是另一份报纸，即之前创办的《时务日报》。为避免牵连迫害，《时务日报》于当年8月改名为《中外日报》，以英人杜德勒为发行人、以日本人安藤虎雄为总董，此举实为改挂“洋旗”，以便于继续出版。

《中外日报》4开4版一张，白报纸双面印刷，后扩为对开大张，纵向分层编排，这些在当时都属独创。汪康年最大的一个创新是，改变当时各报普遍通行的四字标题而代之以分类标题，将每版分为上下四栏；又将新闻分为电报、各国、外埠、本埠四类，再按地域分别排列，力求版面有创新，以与《申报》竞争。在办理这份报纸的过程中，其弟汪诒年也助力不小，该报实为汪家兄弟所主导。

由于竞争激烈，《中外日报》仍与地方政府有着千丝万缕的关系乃至接收官方的资助。1905年，各地因美国“排华法案”而发生反美浪潮，《中外日报》受命“疏导”，结果引发读者不满而相约退订，“不幸”成为中国新闻史上第一家被读者抵制的华文报纸。1905年后，因汪康年赴京任职，该报影响日微，后于1911年2月停刊。

1904年，汪康年赴京应朝考，后被授为内阁中书。内阁中书不过七品官（从七品），以汪康年的年纪实在看不出有什么前途，在此期间，他的兴趣也仍旧在办报上。1907年3月，汪康年在京创办《京报》，正当他想大干一场时，半年后又因“杨翠喜案”而被查封。

直到1910年11月2日，汪康年再度来京并创办《刍言报》，这既是他生平所办的最后一份报纸，也可以说是他一个人的报纸，该报每月出6期，每期8页，所有撰写、编辑、校对和发行工作均由他一人负责。《刍言报》分内、外两编，内编设《谘告》《评论》《研究》等栏目，外编设《调查》《事案》《掌故》等栏目。与其他报刊相比，《刍言报》有两大特点：一是“以评论及记载旧闻供人研究为主，不以登载新闻为职责”；二是“独资经营，不对外筹款，不招揽广告”。

此时的汪康年已年过半百，年龄不算很大，但其身体因多年的奔波与劳累而日渐羸弱。对其如此卖力地办这样一份报纸，一些亲友也劝他：“何必自苦到如此地步？”汪康年则笑答：“吾即以是为疗疾之药耳。”但没过多久，汪康年患上了严重的肺痨，时时“咳喘不已”，最终于1911年11月14日在天津“悲呛而逝”。作为他一个人的报纸，《刍言报》也随之停刊（共出82期）。

清末新政后，汪康年以改良派思想而著称，其主张走温和的中间道路而反对激进的革命思潮。尽管如此，他与章太炎等人仍旧保持了良好的关系，“《苏报》案”后的烂摊子及邹容的安葬等都是其在背后操持。而在1910年后的“国会请愿运动”及保路风潮中，汪康年均持反对意见，其认为“民智太低”而舆论从中煽动，社会将因此而动荡不安，这与新闻事业所追求的目标是背道而驰的。

汪康年活了51岁，他至少有一半的时间是在报馆中度过的，但可惜的是，这位办了半辈子的报人，他所办之报却没有一家能够善终。汪康年死后，留有《汪穰卿遗著》《汪穰卿笔记》（汪康年字穰卿）等著作，其弟汪诒年在其传记中说：“百年后，人若知先生所值之时事如何，所处之环境如何，则于先生何以有此怀抱，何以发此言论，可洞如观火矣。”

话虽如此，汪康年至今仍少有人知——或许是改良派两头不讨好，不招人待见吧。

四四 女界先锋：吕碧城风华绝代

清末民初有一位女性拥有众多的头衔，她被称为“近三百年来最后一位女词人”、中国第一位女性撰稿人、中国新闻史上第一个女编辑、中国女权运动及女子教育先驱、中国第一位动物保护主义者，她就是吕碧城。

吕碧城祖籍安徽，其家族累代经商，不过父亲吕凤岐却是正宗的科举出身，他在中进士后入翰林院，后被外放为山西学政，吕碧城遂于1883年出生于山西太原。吕凤岐生有二子四女，二子为元配蒋氏所生，后四女为续弦严氏所生，吕碧城在其中排行第三。

吕碧城3岁时，父亲辞官还乡，定居于安徽六安。10年后，吕凤岐的意外病逝令整个家庭陷入了极大的困境。原来，吕家的两个男孩均先于父亲去世，而按当时的宗法制度，女子是没有继承权的，因而族人找上门来，企图霸取吕家的财产。在族人的威逼下，孤苦无依的严氏母女最后只能放弃家产，离开曾经的家园。

在此之前，吕碧城本已许配，但经此家变后，对方竟提出退婚的要求。这对女方来说，当时是一件极不光彩的事情。接连的剧变，让13岁的吕碧城备受打击的同时也对世态的炎凉与人心的险恶有了深刻的认识，而其后倔强自立的性格或因此而起。

无奈之下，严氏只能带着女儿投奔自己的兄弟严凤笙（天津塘沽任盐课司大使，八品官）。对于一个敏感而多才的少女来说，寄人篱下的生活想必是难熬的，而且这样的日子过了9年。1904年春，舅父官署中某方姓秘书的太太要回天津，吕碧城听说天津已开办新学，于是央求她带自己一同前往。脑筋陈旧的舅父得知后，对她劈头盖脸一顿训斥，说她不守妇道，并不许吕碧城离开塘沽半步。

一时的激愤下，吕碧城逃出家门，只身踏上了前往天津的火车。上车后，她发现自己两手空空，身无分文，连买车票的钱都没有，好在天无绝人之路，吕碧城在车上遇到了自己的第一个贵人——天津佛照楼旅馆的老板娘，这位好心的女人听说了吕碧城的遭遇后十分同情，她不仅为她补了票，还将无处可去的吕碧城暂时安置了下来。

吕碧城的这一跑，竟然跑出了一个奇异的人生。经打听后，吕碧城得知那位方太太住在天津《大公报》报馆中，于是写信向她求援。机缘巧合的是，这封信被《大公报》总经理英敛之看到，他对吕小姐的文才与胆识大为激赏，随后亲自前来拜访。两人相见后，言谈甚欢，英敛之得知吕碧城的困境后当即拍板，聘请她担任《大公报》见习编辑，而这也是中国新闻史上的第一位女编辑。

英敛之出身正红旗下，1902 年创办《大公报》后一直致力于介绍新知，倡导改革，可谓旗人中的开明人士。在其鼓励下，吕碧城随后在《大公报》上发表了大量诗词及政论文章，由此在京津文化圈中迅速走红。

吕碧城素有家学渊源，其诗词格律谨严，文采斐然。据说她 5 岁时，有一次，父亲见风拂杨柳，于是随口吟了一句上联“春风吹杨柳”，话音刚落，吕碧城即脱口而对道：“秋雨打梧桐。”反应之迅速，对仗之工整，令周围人大为惊讶。还有一次，诗词名家樊增祥无意中读到吕碧城的一首词：

绿蚁浮春，玉龙回雪，谁识隐娘微旨？夜雨谈兵，春风说剑，冲天美人虹起。把无限时恨，都消樽里。君知未？是天生粉荆脂聂，试凌波微步寒生易水。漫把木兰花，错认作等闲红紫。辽海功名，恨不到青闺儿女，剩一腔豪兴，写入丹青闲寄。

樊增祥与吕父系同年进士，当他得知这首好词竟然出自 12 岁的吕碧城之手时，忍不住拍案叫绝，惊讶得半天说不出话来。为此，他写诗称赞：“侠骨柔肠只自怜，春寒写遍衍波笺。十三娘与无双女，知是诗仙与剑仙？”

清末时期，随着各项新政的次第铺开，各种思潮也由此鼓荡而来，其中就包含了女权主义。在《大公报》任职的初期，吕碧城的诗词多注重女权的抒发，如盛传一时的《满江红·晦暗神州》，开篇即唱：“晦暗神州，欣曙光一线遥射。问何人，女权高唱，若安达克？雪浪千寻悲业海，风潮廿纪看东亚。”全词紧扣词眼“女权”，充分宣泄了清末新女性追求解放的强烈愿望。

《大公报》是当时“华北第一报”，在这种新兴媒体的助力下，吕碧城发表的系列作品很快引起了众多的关注，名流们也都纷纷唱和，一时间，“吕碧城”成了一个新闻人物和热点话题。

清末女界有一段“南北两碧城”的佳话。原来，吕碧城在天津成名之时，秋瑾正与丈夫王子芳寓居在京，之前她也有诗文署名“碧城”流传。在《大公报》的“碧城”佳作迭出时，秋瑾曾慕名前往大公报馆拜访这位“北碧城”。据吕碧城所忆，秋瑾会面后“慨然取消其号”，两人相谈甚欢。

秋瑾赴日留学后，曾写信劝她加入革命，但被吕碧城婉拒。1907 年秋瑾遇难后，诸报噤声，吕碧城用英文写了《革命女侠秋瑾传》发表在美国的报纸上，后来还作诗追怀好友，其末尾两句为“尘劫未锁渐后死，俊游愁过墓门前”，以寄托哀思。

1908 年，光绪皇帝与慈禧太后相继崩逝，正当全国举行“国丧”之时，一首名为《百字令》的词却在私下悄悄流传：“排云深处，写婵娟一幅，翠衣轻羽，禁得兴亡千古恨，剑样英英眉。屏蔽边疆，京垓金弊，纤手轻输去，游魂地下，羞逢汉雉唐鹅。”这首词，实际上是说慈禧太后主宰朝政近半个世纪，却把大好的中国搞得一团糟，如今到了阴曹地府，一定羞于与吕后、武则天相见。此词正出于吕碧城之手。

吕碧城虽然对清廷不满，但她并不是革命党。吕碧城主张女权，但从思想上来说，她并不激进，正如英敛之所评价的，吕碧城“能辟新理想，思破旧锢蔽，欲拯二万万女同胞出之幽闭羁绊黑暗地狱，复其完全独立自由人格，与男子相竞争于天演界中”。

《大公报》上，吕碧城对积淀千年的“女子无才便是德”的陈腐观念痛加批驳。她在文章中反复提倡妇女通过教育改变命运，正如《论提倡女学之宗旨》一文中说的，“欲使平等自由，得与男子同趋于文明教化之途，同习有用之学，同具强毅之气”。在她看来，男女平权不仅解放了妇女，更重要的是“使四百兆人合为一大群，合力以争于列强，合力保全我二万里之疆土”。在其文章中，吕碧城已将“兴女学”提到关系国家兴亡的高度。

1844年，英国东方教育促进会在宁波创办了一所女子小学，这也是中国女学的创办之始。但是，当时的女子学校大多与教会有关，学生主要来自贫困家庭，人数也很有限。1904年，旗人女子惠兴创办杭州贞文女校，第二年，学校因资金困难而面临关闭，杭州八旗官员却拒绝提供援助，惠兴在绝望之下，为抗议同胞的冷漠而自杀身亡。惠兴的死引起了极大的反响，女子教育问题也成为社会的热点问题。

1907年，清廷颁定女学章程，承认了女子教育的合法地位。“开女智，兴女权”，最主要的途径是兴办女学，让更多的妇女走出家门接受现代教育，吕碧城是这样想也是这样做的。幸运的是，直隶总督兼北洋大臣袁世凯当时正积极推行新政，尽管学部的“癸卯学制”未将女子教育列入正规学校体系，但袁世凯对女子教育仍是颇为重视。

在英敛之的帮助下，吕碧城在筹办女学过程中结识了严复、严修、傅增湘等津门名流，进而获得了天津道尹唐绍仪乃至袁世凯的鼎力支持。1904年11月，北洋女子公学正式开学，吕碧城出任总教习（教务长），傅增湘为监督（校长）。两年后，北洋女子公学更名为“北洋女子师范学堂”，年仅23岁的吕碧城升任监督，这在当时尚属首例。

“为一个文明社会的将来尽各自的力量，”尽管北洋女子师范学堂第一届毕业生只有10余人，但吕碧城提出的教育理念影响了民国后的诸多女杰，如邓颖超、刘清扬、许广平、郭隆真等，她们都曾亲聆过吕碧城的授课。最有意思的是，当年责骂她的舅父严凤笙后来“因事被劾去职”，袁世凯指定他协助外甥女吕碧城参与筹备女学事宜，严凤笙虽无地自容，但也只好“忍气权从”。

作为清末“女界闻人”，吕碧城不仅热衷于提倡女权、兴办女学，也同样热心于公益。1911年奉天发洪灾，吕碧城与上海诸女发起女子赈灾会，并亲撰通告。辛亥革命胜利后，令吕碧城等女权主义者感到失望的是，1912年《临时约法》对女权问题未置一词。为此，女界代表唐群英等人跑到南京临时参议院上书请愿并强闯议事厅，在遭到警卫的阻拦后，这群愤怒而勇敢的女志士将其门窗玻璃砸了个稀烂。

数日后，60多名女界代表再次来到临时参议院并闯入了议事厅，闹到最后，议长林森不得不向军队求救，事件才得以平息。同年 8 月，同盟会在京举行改组大会时，因新党章中将“男女平权”一条取消，原同盟会员沈佩贞等人一怒之下竟冲上主席台，当场奉送了主持会议的宋教仁几个大耳光，会场为之骇然。

或许是出于失望，也或许是出于报答知遇之恩，1912 年清帝退位后，吕碧城在袁世凯的邀请下离开教育界改任总统府机要秘书。但是，失望之后还有更多的失望，在袁世凯称帝前夕，吕碧城辞职迁居上海，而在“洪宪帝制”失败后，她也不免为世人所非议。回沪期间，吕碧城行陶朱之学，获利颇丰。1920 年，吕碧城飘然出国，后漫游，欧美各国并定居于瑞士的日内瓦湖畔。在这段时期，吕碧城将自己的见闻写成《欧美漫游录》，并先后连载于北京《顺天时报》和上海《半月》杂志。

令人不解的是，吕碧城虽姿容优雅却终身未婚。有人说，这是因她早年被人退婚而留下阴影所致，但这只是部分原因。事实上，后来与之交往过的社会名士不乏其人，如英敛之、杨志云等均与其有过感情纠葛，但吕碧城却宁愿独身终老也不曾踏入婚姻的大门。

与吕碧城最有可能发生婚姻关系的是给予她知遇之恩的英敛之。但遗憾的是，英敛之一则已婚（其妻淑仲还是皇族）；二则是旗人（尽管当时“满汉不婚”的禁令已被打破，但民国前满汉通婚的仍极少），以吕碧城的个性，也决不能容忍自己作为“妾”出现。

作为早期的女权主义者，吕碧城个性极强，遇事也极有主见，随着其知名度的一步步提高，其与英敛之的关系也开始出现裂痕，在一些事情上，两人难免会出现矛盾争执乃至言语失和的情况。事实上，英敛之对吕碧城的态度也由最初的欣赏与好感逐渐变为不耐和反感，其日记中甚至出现斥之为“不通”“虚骄刻薄，态极可鄙”的词句。

1908 年，《大公报》上刊载了一篇题为“师表有亏”的短文，文章不点名地批评了某校数名教习打扮妖艳，不中不外，招摇过市，有损师德。由于当时的女教习人数很少，打扮妖艳者更是屈指可数，而吕碧城则性喜奢华，打扮新潮，英敛之此前对之颇具微词。吕碧城读了这篇文章后，或因内心敏感，抑或是借题发挥，她随即在《津报》上发表文章，进行了言辞激烈的反击。

事后，英敛之在日记中写道："碧城因《大公报》白话，登有劝女教习不当妖艳招摇一段，疑为讥彼。旋于《津报》登有驳文，强词夺理，极为可笑。数日后，彼来信，洋洋千言分辩，予乃答书，亦千余言。此后遂永不来馆。"由此，两人的关系彻底走向了破裂。

吕碧城早年遭遇退婚，之后在英敛之的帮助下成名，而后者对她也颇有好感，其情感难免复杂，而以其独立偏执的性格，更是难以在相处中感受自如。之后，吕碧城索性借题发挥并与英敛之乃至《大公报》一刀两断，其中奥秘，恐怕还是一种不自信与不安的表现。作为一个在婚事上受过伤害的女人，吕碧城对于之后的感情和婚姻往往抱着小心翼翼的试探态度，一有阻碍，即知难而退。

民国后，英敛之退居北京香山静宜园并致力于慈善教育事业，他先后参与创办了香山慈幼院和辅仁社。尽管二人后来恢复来往并互通书信，吕碧城还一度前往香山探望英敛之，但相比于当年津门相谈甚欢、笑语盈盈的情景已是隔去三秋。1926 年，英敛之因病去世，而吕碧城当时已在异国他乡。

如同现代都市中的女"金领"，吕碧城事业、才情、样貌、金钱四者一样不缺，她能看上的人屈指可数，而被看上的人，往往又"使君有妇"。当友人问及此时，她自称"生平可称心的男人不多，梁启超早有家室，汪精卫太年轻，汪荣宝人不错，也已结婚，张謇曾给我介绍过诸宗元，诗写得不错，但年届不惑，须眉皆白，也太不般配"。

曾有人说她是袁克文（袁世凯的二公子）的红颜知己，吕碧城笑而不答，稍倾曰："袁属公子哥儿，只许在欢场中偎红依翠耳。"对此，有着师生之谊的严复批评她"心高气傲，举所见男女，无一当其意者"，而其最终的结果是，一生未婚。

1929 年后，吕碧城开始一心向佛并致力于"戒杀护生运动"，曾著有多本佛学作品。1939 年后，吕碧城在欧战的硝烟中返回香港，后于 1943 年辞世，终年 61 岁。此时的香港，同样在战火之中，吕碧城遗命不留尸骨，骨灰和面为丸，投于中国南海。

四五 难缠的"国辫"：一剪了之

清朝之前，汉人对薙发（剃发）极忌讳，只有犯罪或出家当和尚不得已而削发，否则头发不能剪也不能剃。如古代之"髡刑"，剃发即为惩罚手段，而太史公司马迁说的"鬄发受辱"，亦有此意。曹操出征南阳，因坐骑惊奔踏了道旁禾苗，触犯了自己所定的"践苗者斩"之禁令，"割发权代首"，这一自惩，力度已不算小。

清初之《薙发令》，一言而蔽之即"留头不留发，留发不留头"，这大大伤害了汉人的感情。汉人们反抗的未必是留辫，因为辫子无非发式，或缠或绑并不重要，但将前额头发剃去，则于传统大为相背，特别是在头发剃去后，额面露一光溜溜的大瓢，这就像被刺字一样，几乎是一种失败与耻辱的标志，而满洲统治者要的就是这种归顺的效果。

"宁为束发鬼，不作剃头人。"《薙发令》一出，士人们义愤填膺，视之为奇耻大辱，随后各地纷纷造反，满洲铁骑则大兵压境，江南一片血雨腥风。其中，尤以江阴反抗最为激烈，史传"江阴十日"，其杀戮可谓惨矣。

有武力做后盾，剃头也就成了垄断行业。于是，剃头师傅们奉旨剃发，摊头旁边竖一旗杆，挂起《薙发令》的醒目布告，旁边还站一清兵，腰间挎把刀，看到谁额上有发，即抓来剃头，谁敢不从，就砍了脑袋挂在旗杆上。久而久之，汉人剃发成了习惯，摊头上也不用挂布告，站岗士兵也撤了，旗杆上也没了人头，但放旗杆的剃头架倒保留了下来，可以放放磨刀石、磨刀布。

辫子史的血腥还不仅于此。太平军造反时，辫子又成了重点打击对象。建都金陵后，太平天国颁布了同样严厉的"蓄发令"，不过这次成了"剃发不留头，留头不剃发"，想保住颈上脑袋，就得留起前额头发，否则即为"清妖"（太平军绰号"长毛"即由此而来）。只是，太平军经常打了跑，跑了打，等湘军追来，看谁额前留发，抓住也要杀头，老百姓这下可倒了血霉了。有些聪明人搞起了两面派，让额前头发长出一点点，不伦不类，两边应付。最糟的就是阿Q这样的，因脑袋上长了瘌痢生不出头发来，结果被认为是违令不遵给“咔嚓”了。

说来好笑，太平军中按资排辈，不看别的，就看额前头发，头发长的自然参加起义早，起义晚的自然头发短，一目了然。“长毛们”被镇压下去后，辫子收复山河，直到清末留学潮与革命党的兴起，“国辫”的地位才再次受到挑战。革命党是最早剪辫子的，孙中山在1895年广州起义失败后，其逃至日本横滨即将脑后辫子剪去，而更大的剪辫潮，则来自庚子年后众多的留日学生。

中日甲午战争后，日本人的自信心突然爆棚，报上的刻薄文人将清国人之辫讥为“豚尾”，一些日本顽童甚至当街追逐侮辱带辫子的中国留学生。受辱之后，一些留日学生开始剪辫并形成革命风气，当时有个南洋学监（对留日学生进行管理的留学监督）姚文甫，其为人媚上欺下，生活上有伤风化，后被邹容、张继等革命学生强行剪辫，牺牲的辫子次日还被悬挂在中国留学生会馆前，上面大书：“姚文甫之辫！”姚文甫因此而被撤差，而继姚文甫之后，新任南洋学监的沈兆宜也因与学生发生冲突而遭剪辫，革命学生之猖狂，可见一斑。

民国记者包天笑在回忆录中说了两个剪辫的笑话，某留学生自日本留学回国后，装了条假辫子蒙混过关，他家有个女用人不知主人已归，见后惊告同伴：“少奶奶房里来了个和尚！”众皆大笑，此兄想必已真相毕露矣。另一个笑话说两江总督端方的儿子，在日本留学时把旅费、学费挥霍殆尽，向老头子要钱时被拒，这小子就说：“你不给，我就要剪辫子了！”端方一急，便汇了1000元钱过去——满洲人怎能自剪“国辫”呢？

清末剪辫非但需要勇气，而且需要技巧。《官场现形记》第五十三回描绘了这样一个剪辫场面：安徽某大员的儿子要出国留学，剃头师傅拿起剪刀来“咔嚓咔嚓”两声响，从辫子后头一剪刀下去，一大片雪白头皮露了出来。旁人骂道：“再照你这样剃法，不成了个和尚头吗？外国人虽没有辫子，何尝是和尚头呢？”剃头的吓得跪在地上：“小的自小吃的这碗饭，实在没有瞧见过剃辫子是怎样剃的。小的总以为既然不要辫子，自然连着头发一块儿不要……”

据某化名“一勺”的南京陆军中学学生回忆，清末时革命排满之风弥漫学府，学生们对清初《薙发令》所强迫留传的“豚尾”深恶痛绝，一时间剪辫之风流行于全校。两江总督端方虽号称开通，但仍不同意剪辫子，后任总督张人骏尤其腐化顽固，多所诛求。故已剪者复制一假辫，假辫有两种：一则周围刘海儿，覆于顶上，后拖长辫，形颇逼真；一则以假辫缝缀于军帽后沿。前者价 3 元，后者稍贱，理发匠大发其财，直至辛亥，此风始革。

广西陆军小学毕业生李宗仁则回忆说，“当时我们的服饰是十分别致的，学生多数拖着一条长辫子，却穿着现代式的陆军制服和皮鞋。今日回想起来，虽有不调和之感，但在那时是觉得十分神气美观的。我们的留日教官，以及少数得风气之先的梧州籍同学，间或有将辫子剪去的。也有少数将后脑剃光或剪短，把前面的头发编成辫子，再把辫子盘成一个饼，贴在头顶上，然后戴上军帽的。但他们在寝室内或操场上脱掉军帽时，却备觉难看。新军有留辫子也有不留辫子的”。

国内最早提出剪辫倡议的是康有为。早在 1898 年，康有为即向光绪提出“剪辫易服”的建议，但未及讨论，变法即告失败。据莫理逊记载，中国新军剪辫始于 1905 年末，原因是士兵改穿紧身军服，而为方便起见，北京街头的警察也同样被允许将辫子剪短三分之二（但不是剪除）。莫理逊同时又称，当时士兵一般不愿意剪，要由军官带头，没辫子的军人，在大街上常常遭到孩子们嘲笑（与日本顽童迥然相异）。

之后，就辫子“剪与不剪”的问题引起了一场大讨论。1909 年，立宪派领袖汤寿潜在奏折中直接提出了剪辫易服的主张，而几乎同时，回国述职的驻美公使伍廷芳也上奏请求剪除辫子。鉴于“国辫”的象征意义，清廷对于汤寿潜与伍廷芳的意见并未回应。但事实上，“剪辫”在清末的最后几年中已成风潮，譬如陆军部尚书荫昌在上任后即剪除辫子，这使很多武备学堂及其他学校的年轻学生纷纷效仿，官长怪罪下来，他们就以荫昌事例作辩护。至于那些从日本及欧美归来的留学生，其中大多数人已是“牛山濯濯”（即已剪辫，不过很多人在回国后又在帽子后戴上一条假辫子遮人耳目）。

颜惠庆在回忆录中记载了一段他所亲历的滑稽戏：1910年，清廷在保和殿举行第二次留学生归国考试，考生们身穿朝服，很多人的帽子后面则连缀着一条假辫子，监试的蒙古亲王那彦图见天气酷热而允许考生们将帽子摘下，结果在巨大的红色殿柱上，挂满了缝有假辫子的帽子，情形极为可笑……清廷对此也只是睁一眼闭一眼。

同年，从美国访问回来的皇叔载涛也公开表示认同剪辫，一时间引发了京城的讨论热潮。1910年12月，资政院议员开会时，议员罗杰和周震霖明确提出“剪辫易服”议案：官员、士兵、警察、学生四类人剪辫，民众可自由选择；清廷应对国内外服饰进行考察，如果将来易服，只限于官员，且新服饰的衣料均采用国内产品；请摄政王和皇帝率先垂范，模仿赵武灵王和明治天皇，接受外国礼仪惯例。资政院议决时，认为“两案之主旨，皆以中国辫装妨碍运动，朝廷整军经武，非剪除辫发，改制冠服，不足以灿新天下之耳目”。

在此情形下，摄政王载沣不得不做出回应，但他采用的是模糊政策，声称“前经农工商部具奏，已降旨宣示中外矣，著仍遵照前旨办理，此奏即毋庸议”。载沣对资政院的请求模棱两可，他既不公开反对，又不明确允许，结果引发了一场混乱，剪与不剪，大家各行其是。1911年1月，伍廷芳在上海组织了一次大型活动，30个理发师为近千人剪除了辫子，结果引发了上海的剪辫热潮，一些擅长剪短发的日本理发师还趁机发了一笔小财。

剪发浪潮的蜂起使学部不得不发布命令，要求各校停止剪辫行动，这才使这场混乱稍稍平息，但在各大城市中，脑后无辫的年轻人自由出入于公共场合已被人视以为常，见怪不怪了。1911年7月8日《时报》载有《上海之今昔观》一文，其中即称“前三年华人之剪发者尚寥若晨星，今则剧场茗寮之中触目皆是矣”。

革命期间，剪辫子既是一种时尚，同时又意味着风险。福建上杭革命时，革命党人傅柏翠等人加入同盟会后的第一件事就是剪辫子，以示与清王朝决裂，但他们回乡时，“庙会看戏的群众见我们头上没有辫子，很感奇怪，纷纷把视线从戏台转移到我们身上来”。除了诧异之外，一些人见了没辫子的革命党，感觉也有些许“惶恐”。

据当时在浙江湖州中学就读的茅盾回忆，武昌起义爆发后，原本秃头的学生反而戴起了假辫子，原因是担心被人认为是“革命党”而遭到不测。事实上，因剪辫子而被杀的不仅有，而且为数不少，这就是张勋在南京所制造的惨剧。在南京第九镇起事失败后，张勋在城内大肆拘捕，凡无发辫者即为革命党，就地屠杀，据说被杀者近千人，其中以年轻学生居多。司徒雷登当时正在南京任教，他也曾帮助学生缝假辫子出城。直到 1911 年 12 月 7 日，清廷下旨允许自由剪辫，因剪辫而被迫害的事件才告终结。

可怪的是，溥仪的洋帝师庄士敦在《紫禁城的黄昏》中说，辛亥革命时，一些满人完全忘记了是自己的祖先当年强迫汉人留起了辫子，他们反以为是自己的祖先模仿了汉人，因而在革命爆发时，他们剪去了自己的辫子，以示对汉人“造反者”的抗议。

剪辫是个过程，也是一种个人自由，非一夜之间所能完成。事实上，强制的剪辫行为在各地引发了不少暴力事件。以革命起家的山西都督阎锡山为表率，委托同乡好友康佩衍等人回家乡革命，其中以放脚、剪辫为主。康佩衍从自家开始革命，妻子不肯放足，他就威胁说，不放足我就枪毙了你；要给父亲剪辫，其父大骂，我叫你去东洋学本事，想不到你回来却要我的命。因行事过于操切，康佩衍等人引起了家乡父老们的公愤，阎锡山的老家河边村被千余人包围并叫嚣要杀康佩衍，双方发生冲突并导致 3 人死亡。事后，还是靠阎锡山派兵将带头的几个豪绅抓走，事态才告平息。

类似的事件在民国初期还有很多，譬如山东昌邑县未经地方士绅同意而强行剪辫，结果引发暴力政变；广西独立的第二天，主要由湖南人组成的巡防营听说要剪辫，结果发生兵变，乱兵趁机抢掠；陕西安康也因剪辫而闹出血案，并再度激起风潮。1912 年 2 月 19 日《申报》报道，湖南湘潭县城“剪辫者已十居其九，闻有一二未剪者不过顽固之乡愚”，有“一挑水夫尚垂发辫，该兵士迫令剪去”，结果推拉打斗下，挑水夫被殴致死。

清帝退位后，民国政府颁布“剪发令”，北京城一时传唱：“袁世凯，瞎胡闹，一街和尚没有庙。”所谓“和尚”，说的就是那些剃光头的新剪辫者。老舍在小说《我这一辈子》中说，某巡警给行人强行剪辫后，晚上走到背静的胡同里却挨了突如其来的一砖头，被打瞎了眼睛而无处申冤，这似乎也说明一些民众对剪辫并不欢迎。就连最开化的城市——上海，光复两月有余而辫子仍未除净。

徐永昌在回忆录中说，“民元春天，官厅社会，到处提倡剪发辫，即是官厅提倡，社会强迫执行。中国人向极自由，当蓄辫者走到街上，往往被人强剪发辫，侵犯自由，亦无如之何，政府事先毫无计划，事后亦不研讨，一任社会上骚闹”。

直到后来，官员们也搞出些花样，譬如在庙会、集市上搭棚设点，里面预备菜饭粥茶，见未剪发的便扭进棚内，强行剪辫。剪完后，便有官员长揖恭维道:“您剪发辫啦，大吉大利！请您棚里用饭吧！”因事出突然，有些人愤然而去，有的则一边捧着碗吃饭，一边哭辫子。有人走时还要将辫子捡回去，说是留着死后入殓时好放进棺材里，落个“整尸首”。

革故鼎新之际，有些人宁可不出门，也拒不剪辫，如成都在城门设点剪发（很多地方都是如此），一些人听说后吓得不敢进城，就像《阿Q正传》中说的，“几个不好的革命党夹在里面捣乱，第二天便动手剪辫子，听说那邻村的航船七斤便着了道儿，弄得不像人样子了”。

金启孮在《谈北京的满族》中说，民国改元后，年轻人辫子剪得快是因为打架方便，最开始剃光头，全是秃子；中年人剪得慢，老年人则很晚才剪，因为怕冷。即使剪，后脑勺一般也留一围头发，以御早寒。坚决不剪辫的，倒是营房里的山东人。更黑色幽默的是，北伐时山东民谣反张宗昌的暴政，剪辫子即为其中之一，实则张宗昌主政山东时，距民国改元已有十余年，山东民间仍视剪辫为苛政，似有余愤焉。

蒋梦麟在《西潮》中说，辛亥年以前，大多数美国华人都留辫子，很多女人也缠足，但辛亥年后，美国的华人社会与国内情况差不多，辫子消失，缠足也逐渐消失。但有一点，清朝覆亡后，旗袍反而流行起来（应为改良版旗袍），成了中国文化的象征之一。蒋梦麟是1917年回国的，有个长辈刘老丈跟他聊起民国改元见闻，说城里人一夜之间就把辫子剪去了，年轻人再穿西装，像是猴子！

留发是汉人的传统，剃发梳辫只是发型问题。从原始意义上说，剪辫未必是反抗清廷（前额蓄发才是），而是对儒家传统不适合现代社会的一种自然反映，毕竟蓄辫发不便活动，头发长了又容易污秽散乱，确实有碍卫生，而且，时代不同了，审美观也大相径庭。如今若有人在脑后梳个小辫儿，耳朵上再扎个耳洞，套个铜环，街上围观群众一定会指指点点地说，瞧！艺术家！

从这个意义上说，剪辫实际上是一种“符号的革命”，革命党人觉得剪掉辫子就是革命，正如20世纪60年代后西方的年轻人认为蓄起胡子便是革命，实则异曲同工。

四六 天足：小脚里的大革命

如果辫子还仅仅是视角上丑陋的话，那小脚就不仅仅是丑恶而是罪恶了。中国历史上最为荒唐、最为残忍之事莫过于缠足，更令人不可思议的是，这种残酷的肉刑竟然戕害了中国妇女上千年。

过去的女孩大多在五六岁时开始缠足，而所谓“缠足”，实则是用长布条将拇指以外的四个脚趾连同脚掌折断弯向脚心，以人为地形成笋形的“三寸金莲”，其过程之惨痛，虽有千般笔墨亦不能形容。为了孩子能够顺利出嫁，祖母或母亲不得不硬下心肠，任凭孩子哀哀痛哭也毫不怜惜，还自认为是尽到了自己的责任！此等陋习，诚可谓令人发指、罄竹难书。

“小脚一双，眼泪一缸，”缠足后的女孩要经过一年时间才能正常下地走路，而事实上，大多数人已成为准残疾。由于脚掌变形的缘故，缠足的女孩行走十分不便，长大后肌骨弯成弓状，腿部也不能正常发育，这对于还要从事劳动的普通妇女来说，无疑是一种巨大的折磨。

清末传教士立德夫人曾这样描绘缠足的中国女孩：“在这束脚的三年里，中国女孩的童年是最悲惨的。她们没有欢笑……可怜啊！这些小女孩重重地靠在一根比她们自己还高的拐棍上，或是趴在大人的背上，或者坐着，悲伤地哭泣。她们的眼睛下面有几道深深的黑线，脸庞上有一种特别奇怪的只有与束脚联系起来才能看到的惨白。”

《夜雨秋灯录》中说：“人间最惨之事，莫如女子缠足声，主之督婢，鸨之叱雏，惨尤甚焉。”作为一种明显摧残人性的陋习，何以绵延千年不能废绝？这本身就是极其吊诡的。更可怖的是，这种陋习具有强大的社会压迫力，元明清三代的妇女，若不缠足非但被人耻笑，而且有嫁不出去的危险。河南安阳即有歌谣，“裹小脚，嫁秀才，吃馍馍，就肉菜；裹大脚，嫁瞎子，吃糠菜，就辣子”。朱元璋的皇后马娘娘，就因为有一双天然大脚而被人嘲笑，

“露马脚”之典故，即出于此。

缠足的群体性心理如何形成，又如何产生了持久残忍的压迫性力量，这无疑是值得追究的。宋以降，小脚被描绘成“香钩”“三寸金莲”“步步生莲花”，这种人为的、畸形的“变态美”，竟被一些无聊的文人墨客所吹捧，清朝甚至有位叫方绚的“香莲博士”，专门写了一本评判女人小脚的专著曰“香莲品藻”，诚可谓士人败类，无耻之尤。

男人对小脚的迷恋不仅是一种畸形的审美观，还包含了变态的性意识（据称能使臀部肥大）。明朝时，男子择偶的首要标准即看女人的脚是否够小，就连嫖妓，也多玩弄妓女之“金莲”，因此被称为“逐臭之夫”（与裹脚布同臭）。更可怕的是，当缠足成为一种美德而不缠足是一种耻辱时，缠与不缠，已成为对女子是否“贞洁”的考验。

《女儿经》一语道破其中真谛：“为甚事，缠了足？不因好看如弓曲，恐她轻走出房门，千缠万裹来拘束。”换句话说，给女孩缠了足，她就不能随意出游；小脚行动不便，她们就“红杏出不了墙”。宋代大儒朱熹倡导缠足，这样的话，女孩子“静处深闺”，男女隔离“授受不亲”，秩序井然，天下即可大治。如此，缠足事实上成为男权社会对女子的一种“贞洁肉刑”，而这种制度化的“肉刑”，也从侧面反映出男性社会对女性的不自信。宋以降，汉人的柔弱化似与女子缠足有着莫大的关系。

满人入主中原后，清廷曾多次下诏禁止汉人缠脚，但与令到发除的《薙发令》相比，“禁缠令”却收效甚微，其间还有无聊文人自夸“男降女不降”，这就近乎一种无耻了。据《菽园赘谈》中说，康熙元年诏禁缠足，违者拿其父母问罪，某大员遂一本正经地上一奏折，名“奏为臣妻先放大脚事”，士大夫中一时哄传，惹为笑柄。6年后，大臣王熙上奏请求解除禁令，而“禁缠令”因扰民纷纷而未见成效，清廷遂准此奏。之后，民间缠足之风再度高涨，就连原不缠足的旗人女子也受波及。

为防止旗人女子缠足，清廷在皇太极时即针对旗人发布禁令，有“裹足者重治其罪”。顺治元年（1644年），孝庄太后谕令，“有以缠足女子入宫者斩”。在260多年的历史中，清宫中的妃子与宫女全都为旗人女子而无一名汉女，因而也不曾有小脚女人。

事实上，清廷不止一次下诏禁止缠足，如顺治十七年（1660年）还特别规定，“抗旨缠足者，其父若夫杖八十，流三千里”，乾隆年与道光年也一再重申缠足禁令，但因民间的抵制，“禁缠令”只刹住了旗人女子的裹足之风，汉人女子依然裹足如故。

当然也有例外。两广地区的女子即大多不缠足（但上层社会或富裕家庭有缠足陋习），据呤唎在广州的观察，他在街上散步时，“看见很多中国姑娘的天足上穿着欧式鞋”，但奇怪的是，女伶（或为妓女）却都是缠脚的，“她们正像一只青蛙用两只绑在高跷上的后腿直立行走一样。为什么这种形状损坏的脚要称为‘小脚’，我简直莫名其妙，照我看来恰恰是相反的”。呤唎所谓的“相反”，实则是4个脚趾被压在脚板底下引发的可怕畸形。

太平天国时期，天王洪秀全曾下令：“男将女将尽持刀，同心放胆同杀妖。”太平军中也确实有由广西妇女组成的女军，她们基本都是天足大脚（否则也不可能随军跋涉于千里之外）。据时人记载，太平军中“贼妇亦有伪职，与伪官相等，间尝出战，红绡抹额，颇矫健”；而太平军东征时，女将苏三娘率领女军率先攻入镇江，有人作诗咏赞曰：“八百女兵都赤脚，蛮衿扎裤走如风！”由此可见，苏三娘和她的广西女兵都是大脚板。

丁韪良在《花甲忆记》一书中也曾提及，广东女子大多不缠足；李宗仁在回忆录中说，广西妇女并不缠足，做农活与男人同样能干，但到湖南之后，妇女开始缠足并主要从事内务，只有在农忙时，才会步履艰难地来到田间帮助做农活。

准确地说，近代的反缠足运动起源于来华传教士，当这些人来到中国并见到任何国家都不曾有的奇特现象（女人的小脚）时，他们在感到震惊之余又为之大惑不解：“许多野蛮部落曾经发明一些残忍的手段来毁损和破坏人的身体，但像中国这样一个有着高度文明和优良传统的国家，仍然保留有这种行为，真是闻所未闻”“究竟是什么英雄般的气概让中国妇女能忍受这种带给她们终生痛苦的风俗？”

1874年，麦嘉湖牧师在厦门组织了中国第一个反缠足团体“天足会”。按麦氏的说法，妇女缠足实为戕害，“天足会”的宗旨就是要使其恢复原形，即上帝赐予的“天足”状态。在闭塞如堵的风气下，麦嘉湖的努力仍收到了一定的成效，厦门“天足会”在20年中共有超过800名成员加入。

英国传教士立德夫人是“天足运动”中最为积极的，当她来到中国时，缠足这种折磨中国妇女一生的野蛮陋习给了她很深的刺激。之后，她走遍中国南方各大城市，大力宣传“天足运动”。1895年，立德夫人创建了当时规模最大、影响最深的上海“天足会”并由其亲任会长，著名传教士李提摩太的夫人也是该会的会员。上海“天足会”以“劝诫缠足”为主要任务，该会规定，“凡入会者，皆应释放其家中女人之足，且于他日永不再裹女子之足，也不娶缠足女子为媳”。另外，“天足会”还特别约定，入会者若有女儿放足嫁不出去，会内将积极组织联姻，为解除女子因放足而导致出嫁困难的顾虑。

活动之初，“天足会”以社会上层人士特别是有名望的官员为宣传对象，试图通过他们的影响力促使天足运动在全国铺开。事实证明，这种策略是成功的，清末几位知名的封疆大吏如张之洞、袁世凯、岑春煊等都成了放足运动的热忱支持者。

为更好地宣传放足，“天足会”及热心人士编印了很多通俗读物进行广泛宣传，如四川总督岑春煊即撰有一篇白话版的《戒缠足文蒙》广为散发：“因女子缠足，一国男子的身体都会慢慢软弱起来，国家也就会慢慢积弱起来……方缠足时业已受过许多痛苦，你们晓得的。哪个女孩把足缠好，不弄得面黄皮瘦？既缠之后，因行步艰难，所以中国女人害痨病的最多。就是不害病，身子强壮的也少，所以养的儿子，从胎里已先受单弱之气，落地自然个个单弱。祖传父，父传子，子传孙，传一层单弱一层……如今要想把中国强起，必先把百姓强起来，要想把将来的百姓强起来，必先把养将来百姓的母亲，现在的女儿强起来。”

在1901年后，清廷推行新政并以朝廷的名义颁布《劝行放足歌》，其中歌词也是朗朗上口：“照得女子缠足，最为中华恶俗。唯当缠足之时，任其日夜号哭。对面置若罔闻，女亦甘受其酷！为之推原其故，不过扭于世俗……”在各省督抚的督促下，放足运动开始升温。时任直隶总督的袁世凯亲自撰文劝诫缠足，并令自家子女及亲属不得缠足；两江总督端方亲自制定《不缠足章程》，札饬各地遵行。到了1904年，“中国十八省总督皆有禁缠足之示，所缺者唯浙闽与陕甘而已”。

尽管有清廷上层人士的倡导，但短期内戒除缠足陋习显然不现实。早在维新运动之前，康有为曾在家乡成立“不缠足会”并首先给自己的女儿放足，但这一举措却让康有为的父老乡亲们大为愤怒，以致康有为本人在家乡不能立足。革命党人吴玉章也回忆说，清末时节，尽管他们家兄弟三人都反对缠足，但大嫂仍旧把女儿的脚缠上了，而他受到革命思想的影响，无论如何都不让自己女儿缠足。

清末民初的鼎革时期，尽管“天足运动”早于“剪辫运动”，但就成效而言，前者显然不如后者（当然，前者的难度也确实更大）。辛亥革命后，尽管各级政府一再下令严禁缠足，但由于各种原因，民国时很长一段时期内都未能彻底根绝这一陋习。譬如民国成立七八年后，胡适到内地去旅行，仍看到不少的小脚女子，“走路不像人，脸上没有人色”，胡适忍不住沉痛而严厉地抨击道:“全世界的人类里，寻不出第二国有这样的野蛮制度！”

令人哭笑不得的是，胡适的妻子即为小脚太太（胡适的婚姻为其母包办，但胡博士总算为人厚道，对小脚太太终身不离不弃），这种批评，想必也是有感而发。民国后，舆论将“小脚女人”视为辱国标志。据《葑菲闲谈》中说，20 世纪 30 年代，西安严禁缠足妇女出入公共场所，烟台也限制缠足女子在街市上行走，开封的警察见了缠足妇女，竟然要当街剥卸裹脚布。这还不算，最严苛的是漳州，小脚女人上街，居然要冒被鞭子抽打的风险。

1927 年至 1930 年，冯玉祥主政西北时，陕西民政厅长邓长耀编了些放足的鼓词或快板，之后找人组成宣传队下到各县去宣讲，邓厅长本人的名片上也都印着“放足”字样，每到外县开会或演讲时，即以“放足”为主题，有时甚至讲得痛哭流涕。每隔一段时间，民政厅即派出人去各县检查，乡下小脚女人听说后吓得到处乱钻，一时鸡飞狗跳，俨然大祸临头，而检查人员查到仍有人缠足后，即当场将裹脚布没收，以至民政厅成了“裹脚布厅”。

据 1933 年 12 月 18 日《新新新闻》报道，某位好奇的外国人在张家口乡间拍摄女人的小脚，此举大大激怒了当地驻军，士兵们认为此事严重侮辱了“国格”，经层层上报后，连蒋介石都为之惊动。事后，国民政府下令，未经当地政府允许，外国人不准拍摄小脚女人，否则一律查办。由此可见，在一些偏僻地区，缠足现象远未根绝甚至有复苏的趋势，而据当年《中央日报》

的报道，山西省15岁以下女孩中，缠足者竟达32万余人。

历史学者高华在《革命年代》中提及，抗战时期延安地区仍存有缠足陋习，有鉴于此，边区联席会议于1937年7月19日发布禁止妇女缠足的决议，宣布“自禁以后，如有定要缠的或不许放的，政府必处罚其父母或丈夫”。之后，妇女部、青年部等部门组织放足委员会、放足突击队等进行督促。但到1939年1月，边区主席林伯渠仍报告称边区妇女几乎都是文盲，缠足现象非常严重。当年8月，边区政府再次下达《禁止妇女缠足条例》，违反者判处一年以下或半年的有期徒刑。1942年，边区政府再一次发布《废缠足令》。因此，要说真正、彻底地废除缠足陋习，恐怕是在20世纪的50年代。

四七 阿Q的辛亥年：那个圈没画圆

阿Q是未庄唯一听说并亲眼见过革命党的人，但也不知道是谁告诉他或者与生俱来的观念，“革命便是造反”，造反便是与他为难，因而一向“深恶而痛绝之”。城里杀革命党人，阿Q看后兴高采烈地向未庄的愚民们炫耀：“咳，好看。杀革命党。唉，好看好看……”

等到真的革命来了以后，城里的举人老爷为转移财产而与“素不相能”的赵秀才家排了“转折亲”，阿Q看到百里闻名的举人老爷都对“革命”如此害怕，不免有些“神往”，在见到“未庄的一群鸟男女的慌张神情”后，更让阿Q感到“快意”，而他“近来用度窘，大约略略有些不平；加以午间喝了两碗空肚酒，愈加醉得快，一面想一面走，便又飘飘然起来”。这一飘然，阿Q便觉得革命党似乎就是自己，而“未庄人却都是他的俘虏”。得意之余，阿Q禁不住大声嚷道：“造反了！造反了！”

看到未庄的人都用惊惧的眼光看他，这种“可怜的眼光”是阿Q从来没有见过的，这使他“舒服得如六月里喝了雪水”，于是他就更加高兴地走并且喊道：“好……我要什么就是什么，我喜欢谁就是谁……得得，锵锵，得，锵令锵！我手执钢鞭将你打……”

一向骑在阿Q头上作威作福的赵老太爷，这时候也只能怯生生地迎着阿Q叫：“老Q！”而那个为虎作伥的赵白眼也惴惴地尊称阿Q为“阿……Q哥！”革命的快感给阿Q带来了“说不出的新鲜而且高兴”，在微醺的酒意下，他回到土谷祠后进行了“革命的畅想”：“造反？有趣……来了一阵白盔白甲的革命党，都拿着板刀、钢鞭、炸弹、洋炮、三尖两刃刀、钩镰枪，走过土谷祠，叫道：‘阿Q！同去同去！’于是一同去。”

“这时未庄的一伙鸟男女才好笑哩，跪下叫道：‘阿Q，饶命！’谁听他！第一个该死的是小D和赵太爷，还有秀才，还有假洋鬼子……留几条么？王胡本来还可留，但也不要了。”

“东西……直走进去打开箱子来：元宝、洋钱、洋纱衫……秀才娘子的一张宁式床先搬到土谷祠，此外便摆了钱家的桌椅，——或者也就用赵家的罢。自己是不动手的了，叫小D来搬，要搬得快，搬得不快打嘴巴。”

“赵司晨的妹子真丑。邹七嫂的女儿过几年再说。假洋鬼子的老婆会和没有辫子的男人睡觉，吓，不是好东西！秀才的老婆是眼泡上有疤的……吴妈长久不见了，不知道在哪里，——可惜脚太大。”

报私仇、分财产、得女人，这就是阿Q的革命纲领。在此之前，未庄除了小尼姑外，谁都可以而且敢于欺负阿Q。阿Q由不得地想，“革命也好罢”“革这伙妈妈的命，太可恶！太可恨……”同样是最底层的小D（阿Q认为他抢了自己的饭碗并与之做过殊死的搏斗），还有王胡（阿Q认为自己的虱子不如他多而且有被王胡揪住辫子撞墙之辱），所以他们也都成了阿Q名单上的“该死对象”。

郭沫若曾在辛亥革命中做过某义军的文牍，这支队伍虽然只有“一二百人、八十来支后膛枪”，但影响却很大，周围四五十里的劳苦大众都赶来请求为他们申冤报仇。可惜的是，好景不长，“我们在家乡闹过的那一幕便成为悲喜剧了，我们自己被人告发，官司足足打了两年，打到省的阶段，才靠人事关系，和平了结了”。在折腾与被折腾后，郭沫若在《感时》诗中发出了这样的感叹：“兔走乌飞又一年，武昌旧事已如烟！”

据巴金回忆，在四川光复后，他那个大家庭的成员们也反应迥异：小孩子们因为剪了辫子而大都觉得高兴；祖父因为革命而感到悲哀；二叔断送了他的四品官，三叔则给自己起了个“亡国大夫”的笔名。《盛京时报》有则趣闻，说某人数十年来破家营运，好不容易捐了一个候补知府，他听到清帝退位的消息后，忍不住拿着报纸痛哭，因为这项耗资不菲的政治投资眼看就要打了水漂，好在共和后他终于补了官缺，“现为黑龙江之首府”。写稿人行笔于此也不胜感慨：“吾始知反对共和者之意义！”

张鸣在《乡土心路八十年》中说，“对于皇冠的飘落，农民居然没有丝毫的惋惜，即使满口阿弥陀佛的老太婆，也至多发出一声态度暧昧的轻叹：‘皇帝江山从此送掉！’这声农民的叹息，用在日后的岁月，几乎具有谶语般的功效。诚然，辛亥以后的农民照样会巴望一个好皇帝，但‘皇帝的江山’却确确实实永远地被断送掉了”。

张鸣把农民对辛亥革命的期待分成三种类型：一是要求减免租税。辛亥革命期间，各地抗租抗粮、抗税的活动此起彼伏，形成一场非常普遍的“民变潮”。在农民们看来，“皇帝没有了，租米也可以不缴了”，当新政权依旧派人下乡催租收税时，即发生“被佃户聚众攒殴”、连皮袍也剥去了的事件。在此风潮下，地主财产被焚掠之事多有发生。二是否定地主所有制的土地要求。一些更为“不安分”的农民认为，“朝代一换，此田非故主所有”，江苏吴江同里镇七十二芋农民联合抗租，强迫地主交还“方单”，并宣布田地不应归原来的地主所有，“地方绅董畏其蛮横，不敢与较”。三是趁乱发财。扬州革命时，“革命党人”孙天生连张告示都写不出来，但仍带人趁乱占了官衙，分了库银，还对老百姓说：“官署内的家具什物，你们随便去取，我们发大财，你们发小财。”这个假革命党人被捕杀后，后来还演变成了一首民歌：“扬州城，新旧十二门。九月十七日，来了个冒充孙天生，鼓三更，进衙门，库银元宝四下分，放走监牢众犯人，宣统江山坐不成。”

据革命党人白瑜的口述回忆，安徽怀宁县在武昌起义后一片混乱，有一个叫王瞎子的巡防统领胡作非为，大白天抢劫民财，掠官宦家女子为妾。革命党人易白沙上告到安徽都督处，并建议某时都督召王瞎子议事时动手。可到了约定时间，都督处卫兵知道王瞎子是悍匪出身，不敢对他下手。易白沙忍无可忍，便带领他的青年军前去突袭，他先是打折了王瞎子的右臂。王瞎子站起来，用他的左手拿着小铳，上前击打易白沙，易白沙闪到一旁，众人一拥而上将王瞎子打死，怀宁县这才安定下来。

类似这样的故事，辛亥年里还有很多。革命未必是真的，但无论多精彩的过程都无一例外地发展为抢掠、争权、夺权的大结局。不管是轰轰烈烈还是畏畏缩缩，也不管是主动迎合还是半推半就，这些光荣或神圣，或贪婪，或根本就荒诞可笑的历史假说与真相，林林总总拼贴在一起，透过历史的长镜头，后人才能窥出这样一个未必那么完整的辛亥年。

革命过后，一地鸡毛。当假洋鬼子扬起“死踢客”（stick，俗称“文明棍”）不准阿 Q 革命时，阿 Q 竟然“想立刻放下辫子来”以示“报复”，他甚至痛恨而怨毒地想："不准我造反，只准你造反？妈妈的假洋鬼子——好，你造反！造反是杀头的罪名，我总要告你一状，看你抓进县里去杀头——满门抄斩——嚓！嚓！"

在《辛亥革命的一课》中，沈从文这样描述了家乡湘西凤凰县的辛亥年：10 岁的他，"一有机会就常常到城头上去看对河杀头……与其他小孩比赛眼力，一二三四计数那一片死尸的数目……革命后地方不同了一点，绿营制度没有改变多少，屯田制度也没有改变多少……"

阿 Q 的失望，不仅仅是因为假洋鬼子不准他"革命"，也未必是"革命党"们没叫他一起"革命"，其真正的原因恐怕是革命后的"照旧"："革命党虽然进了城，但还没有什么大异样。知县大老爷还是原官，不过改称了什么。而且举人老爷也做了什么——这些名目，未庄的人都说不明白——官、带兵的人也还是先前的老把总。只有一件可怕的事是另有几个不好的革命党夹在里面捣乱，第二天便动手剪辫子，听说那邻村的航船七斤便着了道儿，弄得不像人样子了。"

在半纪实的散文《范爱农》里，鲁迅与主人公在绍兴光复之后，"我们便到街上去走了一通，满眼是白旗。然而貌虽如此，内骨子是依旧的，因还是几个旧乡绅所组织的军政府，什么铁路股东是行政司长，钱店掌柜是军械司长……这军政府也到底不长久，几个少年一嚷，王金发带兵从杭州进来了，但即使不嚷或者也会来。他进来以后，也就被许多闲汉和新进的革命党所包围，大做王都督。在衙门里的人物，穿布衣来的，不上十天也大概换上皮袍子了，天气还并不冷"。

从布衣到皮袍，自然是一种革命性的蜕变，但其中又是谁来支付对价，这似乎是不言而喻的。浙江光复后，军政府刚刚宣布减免辛亥年的租税，都督蒋尊簋一转身就贴出告示，要求全省各地依旧例缴纳钱粮。对于农民们来说，那些共和后的官员们除了脑后没有辫子、头上没有顶戴花翎，实际上和前朝官员并无本质区别。他们的主要任务，仍旧是以"催租征税、拿办乱民"为要，正如时人讽刺的："新朝气象百弊无，唯有租赋难蠲除！"

孙中山曾在革命后自承："在没有革命以前，大多数人的观念，只知道有民族主义……以为只要推翻清朝之后，就是中国人来做皇帝，他们也是欢迎的……就是极有思想的同志，赞成三民主义，明白三民主义是三个不同的东西，想用革命手段来实行三民主义；在当时以为只要能够排满，民族主义能够达到目的，民权主义和民生主义便自然跟着做去，没有别样枝节。所以他们对于民权主义和民生主义，在当时都没有过细研究。”

“革命成功以后，成立民国，采用共和制度，此时大家的思想，对于何以要成立民国，都是不求甚解。就是到现在，真是心悦诚服实行民权赞成共和的同志，还是很少。大家为什么当初又来赞成民国，不去反对共和呢？这个顶大的原因，是由于排满成功以后，各省同志，由革命所发生的新军人，或者由清朝投降到革命党的旧军人，都是各据一方，成了一个军阀，做了一个地方的小皇帝，想用那处地盘做根本，再行扩充。”

民国成立后，时任内阁总理秘书的顾维钧与袁世凯有过这样一次谈话，袁世凯问他中国怎样才能成为一个共和国，像中国这样的情况，实现共和意味着什么。顾维钧说“共和”的意思是“公众的国家或者民有的国家”，但袁世凯认为中国老百姓怎能理解这些道理。他举例说，中国女仆打扫屋子时，把脏东西扫成堆倒在大街上，她所关心的是屋子的清洁，大街上脏不脏她不管。顾维钧说，民众的无知可以通过教育、法律、制度等来推动发展，袁世凯说那岂不要几个世纪？顾维钧由此认为，袁世凯并不懂得什么是共和国，也不知道共和国为什么优越，而且他根本没有实现共和或民主的愿望。

顾维钧认为，袁世凯对共和国的性质完全不懂，但试问当时的中国人，理解共和制的又有几人？袁世凯的担忧和几个世纪之说，如今看来并非毫无道理。

英国驻华使馆武官柏来乐说：“在中国遥远西部地方的居民，对于政府是帝制还是共和，可能感觉不到任何差别，因这个问题在相当长的时间内还不会影响到构成中国人口绝大部分的农民、苦力、车夫等的生活。扰乱给盗匪以一个大机会，他们是危险的大根源。贪污的流弊渗透到中国人的生活中是如此之深，结果我怀疑它是否能在一个世纪以内铲除。”

民国成立伊始，英国驻南京领事伟晋颂在致朱尔典的信中说：“值得说明的是，此地的下层人士中，通常谈到孙文博士是新皇帝，他们不了解总统这个专门名词，认为它只不过是更高头衔的一个委婉的说法。”溥仪的洋师傅庄士敦也在《紫禁城的黄昏》中不无刻薄地说，“中国多数国民口里虽然不反对共和，但脑子里实在装满了帝制时代的旧思想，欧美国家的文明制度，连影儿都没有……袁世凯要做皇帝，也不是妄想，他实在见得多数民意相信帝制，不相信共和。就是反对帝制的人，也多半是反对袁世凯做皇帝，而不是真心从根本上反对帝制”。在他看来，“全国人民心理多倾向共和”的说法根本不曾得到过证实，大部分中国人根本不知道共和意味着什么，也不知道他们的生活和前途会随着共和制的建立发生什么样的变化，因此，他们对共和制的优劣毫不关心。

清末的一次演习结束后，冯玉祥去拜会朋友，遇上一位 60 多岁的老先生跟他说话，头一句就是：“你置了多少地了？”冯玉祥说：“咱们的国家如今衰弱已极，国家危险到这种地步，自己哪有心思去置产业？”老先生笑了一笑。这一笑里，蕴藏着他饱满的世故阅历同他的人生哲学。他说：“你究竟年纪轻，还不知道世上的艰苦。什么外国人占高丽，占这占那，这和我们有什么相干？我劝你最好还是置几顷地，有上三顷五顷的，再好也没有了。说什么也是地好。古话说，有地能治百病，你是良友的朋友，我要把老实话告诉你。你千万不要上人家的当。”冯玉祥说：“要是我们的国家亡了，有地也是无用的了。”老先生说：“为什么无用？谁来做皇帝，就给谁纳粮好了。”冯玉祥觉得再也没法说下去了，但他后来思考后不得不承认，这位老先生的话实则代表了中国一般老百姓的意识和观念。

辛亥革命没有触动到社会的基础，传统专制势力仍旧猖獗，民众还是那般的愚昧，“只有满人已退席，和先前稍不同”。在“形式共和”与“形式民主”未能焕发出生命力时，回归传统专制也就成为近代历史发展的必然。对广大的底层人民而言，辛亥革命的意义和切身体会与以往的改朝换代并无实质上的不同，皇帝虽然没有了，但政权的组织结构并无翻天覆地的改变，把持政权的依旧是前清时期的官吏和乡绅。

在袁世凯称帝败亡后，鲁迅在北京《晨报·副刊》上发表了其代表作《阿 Q 正传》。可笑而可悲的是，阿 Q 之前犯的是抢劫罪（也可能是盗窃罪，而且还是个从犯），但最终却被作为“革命的代表”处决——而所谓的“革命”事实，却是阿 Q 想做但并没有做的。

由此可见，辛亥革命其实是“少数人革了极少数人的命”，或者根本就是“极少数人革了极个别人的命”，而千千万万个像阿Q那样的民众，那些沉默的大多数，是完全被排斥在革命之外的。革命被那些新派人物和旧乡绅所垄断，即使在民国建立之后，占据人口绝大比例的一般民众也仍旧被排斥在机构之外，鲁迅的小说反映的不过是一般民众对新生民国极其疏远的事实。

老同盟会员吴稚晖曾说，他们这批人开始是真心实意地想从井中将人救出来的，但结果是自己也掉到井里去了，恢复了祖宗的原形，中国人还是在18世纪原地踏步。正如革命党人蔡济民那首传诵一时的七言诗：“无量金钱无量血，可怜赢得假共和。早知今日如斯苦，反悔当年种恶因。”——此诗何尝不是一种痛苦的反思？

朱宗震先生说，“民主共和不仅是一种社会制度，而且是一种逐步成熟起来的社会生活”，此语可谓道破近代中国百年历史的真谛。是的，辛亥革命消除了形式上的帝制，却没有消除本质上的专制，如果将这种建立在沙滩之上的胜利，想当然地视为一种重大进步的话，自然会为民国后的种种乱象感到失望。换句话说，辛亥革命开创了一个“民治”时代，但并没有达成一个“民治”时代。沿袭数千年历史的帝制虽然在形式上被废除了，但中国要进入真正的“民治”时代，可能还有很长很长的路要走。

鲁迅在《〈呐喊〉自序》中说，“凡是愚昧的国民，即使体格如何健全，如何茁壮，也只能做毫无意义的示众材料和看客，病死多少是不必以为不幸的。所以我们的第一要著，是在改变他们的精神”。可怜的阿Q要求革命而不可得，结果反成了革命的牺牲品，更可悲的是，他到死也不知道自己是怎么死的。辛亥革命后的中国人，依然是那样麻木，杀头前依然是游街示众，依然是看客如云，即便在阿Q被砍头后，谁又能保证没有人拿着馒头去蘸阿Q颈上喷涌出的鲜血呢？

革命潮来潮往，阿Q被砍了头，范爱农投了水，鲁迅自此远离了家乡，哗啦啦一场大戏的帷幕已降落，历史的舞台上依旧是“狐狸方去穴，桃偶已登场”。鲁迅以极具内力的笔触和极其沉郁的感情甚至鲜血写就的这部不朽名作，不仅仅是一部文学作品，而更像是一幅真实的历史图景。只是，阿Q画的那个不圆的圆圈，绕了一周后又回到了它的起点上。

四八 辛亥探源：清廷覆亡的先兆

历史从不会因为人们的主观愿望而改变，但人们的主观愿望有时能够改变历史，只是需要指出的是，在很多时候，这种改变未必就是当事者的初衷。正如前清遗老缪荃孙曾说的，清廷“因兵败而图强，因图强而变政，因变政而召乱，因召乱而亡国”，沿着这条直白的清朝覆亡路线，清末10年至辛亥革命爆发前的历史进程或许能相对清晰地厘清。

客观地说，鸦片战争的失败还不能算是中国近代屈辱的开始，因为古老的帝国虽然被扎了一下，但对整个社会的触动并不大，一切旧有的生活仍在先前的轨道中运行。至于太平军及英法联军，对清王朝来说也只是一场阵痛，之后的洋务运动在某种程度上来说仍旧是一种“小变”式的应景之作，因为它对近代中国的历史进程并没有起到根本性的推动作用。事实上，被称为“同光中兴”的这30年，在当时的士绅们看来仍旧是值得满足而骄傲的，只是这种浑然不觉的骄傲在随后的中日甲午战争中被彻底地打了个粉碎。

作为中国近代史上极其重要的节点，甲午战争的惨败不仅震撼了清王朝，由此带来的愤怒与屈辱更是让整个士绅阶层及普天下的读书人陷入了一种不可抑制的痛楚与激动。不错，长期被视为“蕞尔小国”的东邻日本，竟然把一向自命为“老师”的天朝王国打得落花流水、割地赔款，年轻的知识分子怎能不群情激奋，《马关条约》签订前的“公车上书”正是这种激动情绪的集中体现。

失败之后，激进的求变情绪弥漫全国，各种救国方案纷至沓来，由此演变而成的是戊戌年的变法运动。变法的结果人尽皆知，自然毋庸赘言，但需要指出的是，维新派的失败并不能完全归结为守旧派势力的颟顸与反扑，相反，康有为、梁启超等人的毛躁激进与不切实际也是失败的重要原因，其间的“围园杀后”密谋更是令事态火上浇油，之后的乙亥建储、义和团运动及八国联军侵华都与之有着千丝万缕的联系。

从戊戌变法到庚子国变，由庚子国变到清末新政，历史的吊诡往往在于，培养出诸多民国大师的庚款留学生计划在某种程度上要归功于义和团大师兄的滚滚头颅，而1900年这场极其落后的排外运动却在无意中触发了新政的开始。世事难料真荒唐，三年前，“戊戌六君子”尚且喋血街头，而3年后，慈禧太后不但接过了变法派的旗帜，其步子甚至比康有为、梁启超等人迈得更大，走得更远。吊诡归吊诡，但历史就是如此。

中国近代史的发展，或许可以用一种“冲击—反应”型的理论来解释，清末新政也可说是继洋务运动和戊戌变法后的第三次波浪，但这次的变革在广度与深度上都远远超过之前的两次。侯宜杰先生在《二十世纪初中国政治改革风潮》中说，清末新政后，“单纯的封建专制制度已不存在，民主政治及有关法律有些在试行，有些在准备和确立之中，整个政治制度正在向资本主义近代化演变迈进”。并不夸张地说，清末新政可以算是中国告别传统社会的第一步，近百年来，如教育、法律等方面的制度变革，几乎都可以在这里找到起点。

从理论上说，以农耕文明为基础的中国传统社会一向以“小政府、大社会”的低成本模式维系，但在19世纪后“弱肉强食”的国际环境倒逼下，这种模式乃至整个国家都受到了欧美列强的严重挑战。“小政府”模式以“不扰民、少作为”为准则，大体上说，政权只及于县，县以下依靠士绅自治，其管理成本虽低，但与之伴随的则为低效率，由于其不足以抵御外来侵略，由此也引发了国内民众的极大不满并进而导致清廷合法性的丧失。

清末新政的转型过程，实则暗含了“小政府”向“大政府”转变的轨迹。为实现“富国强兵”的目标，清廷不得不痛下决心，更弦改辙，其在编练新军、废除科举、创办警政、司法改革、官制改革、实业促进、地方自治乃至宪政制度等问题上分头并进，其规模之大、速度之快，在令人惊叹的同时也不乏隐忧。

事实上，清末10年中的各项举措已远远超过了整个社会所能承载的压力，由此引发的财政问题更是成为一个致命的死结。毋庸讳言，新政的铺开均以财赋为支撑，无钱则不能办事，办事就得花钱，由此，“永不加赋”的朝训被一破再破，各项加征摊派有增无减，羊毛出在羊身上，其落脚点无一不在百姓身上设法。清末新政的困境就在于，要想在列强的虎视下“存国存种”乃至尽洗前辱，就必须改革变政，但多一项新政举措，就多一项庞大的经费支出，而财政的增收远远跟不上新政支出的急剧膨胀，就算没有武昌起义，“赤字财政”恐怕也难以为继。

以作为新政第一要务的新军编练为例，仅北洋六镇每年的维持费用就高达 900 万两，如按计划建成三十六镇常备军的话，每年维持费用至少在 5000 万两。在 1911 年清廷的财政预算中，陆军部提出的总预算超过 1 亿两，经资政院的大力削减，其 7800 万两的预算额也已接近全国总预算（2.6 亿两）的三分之一。再以司法改革为例，中国传统社会以各地行政长官（如州县官）兼理司法，如要推行司法独立、政审分开，势必要在各级官衙外另设审判机构，全国各州县也将因此新增至少 3000 万两的支出，经费如何出，势必成为一个头痛的问题（这项工作到民国后也未能完成）。

清末新政中，1905 年的废科举无疑是一件大事。古老的科举制度走到 20 世纪初，其考学内容固然陈旧腐朽，对推进社会的进步也一无用处，但需要指出的是，科举不仅是一种教育制度，同时也是一种选官制度，从某种意义上来说，废科举实则是体制上的自我摧毁，不但令清廷丧失了数量庞大的支持者，而且连机制本身也一并丧失。隋唐以来，科举制度将朝廷与读书人联系在一起，通过科举，朝廷授予读书人功名、地位及官职，读书人则通过这一途径实现自己的抱负、改变自己的命运，纽带一旦断裂，朝廷便失去依托，成为无本之源，正所谓“无赏罚则失名器，无名器则天下离心”，朝廷也就不再被读书人尊崇，政权基础几乎被掏空。

从长远来看，废除科举清除了中国社会转型的一大障碍，但从短期来说，废科举在丧失了一个向上流动的合理机制的同时，也割断了士绅阶层与清王朝的联系，使清廷陡然失去原有的中坚力量，这也可以说是一种自废武功的自残之举。在社会精英分子从原有机制中疏离出来后，现存政治体制与意识形态对这些新型知识分子毫无吸引力，其离心倾向和反叛意识也随局势的恶化而增强。更严重的是，无格可依的“后科举时代”为亲贵擅权、买官卖官等腐败现象提供了方便之门，而清廷却没有意识到失去“公正的授官权”的严重性，这或许是士人们在辛亥年对清廷的覆亡报之以冷漠的根本原因。

科举的废除无疑大大促进了新教育的发展，据统计，清末学堂由1904年的4000余所迅速增长到5万余所，学生总数由不足10万人飞速增至156万人，其用时不过5年。新政的教育成果固然可喜，但这一大批接受了新知识的年轻人在毕业之后何去何从，其出路问题也同样成为一个巨大的社会隐患。古代科举为求官，中国人也一向有“读书做官”的传统，但通过科考获得官职的幸运儿毕竟是少数，与昔日的读书人相比，新学堂出来的学生在数量上更加庞大，在社会机会有限的前提下，他们在寻找出路时无疑会遇到各种挫折。在传统的上升方式已无路可走而新的选官方式又无标准可言的现实面前，亲贵擅权、裙带关系、派系权争等不公平现象更容易引发年轻人上升机会的被剥夺感，这些人对前途感到绝望的同时也对社会充满了怨愤，由此产生“求变、速变”的念头。

以新军中的下层军官为例，张之洞在1906年开办陆军小学堂，学堂分陆军、海军、测绘、经理、军医五班，后毕业的学生约1500人，但得到提升的不及100人。1911年1月，江苏第九镇第三十六标有近百名士兵开小差出逃，原因是部分士兵想升入不入流官佐而升迁途径被阻，由此产生的失望怨愤情绪引发了这次事件。可以理解的是，年轻的知识分子遇到挫折后往往把问题归咎于社会不公、政治腐败等确实存在的事实，久而久之，其消极情绪往往会转化为强烈的对立意识，这种清末式的“愤青”思维，也成为引发革命的重要根源。

1911年，在“皇族内阁”事件中，权贵阶层赤裸裸地攘夺公权引发了士绅阶层的极大不满，这自然是清廷极不明智的自取灭亡之举。从心理学上说，恶念不是来自于内心，而是来自于不得志的生活，在整个社会缺乏公正公平的情况下，一部分被体制排斥的年轻人会去追问其制度的根源，在其利益诉求得不到充分的关注与表达时，其走向清廷的反面也属必然。

作为一个合理的结果，清朝所固有的民族问题正好成为年轻人愤怒的发泄口。在漫天漫地的“扬州十日”“嘉定三屠”等仇恨性宣扬中，就连饱学的章炳麟也高擎革命大旗，“公理未明，即以革命明之；旧俗俱在，即以革命去之”，革命似乎成为一剂治国济民的仙丹灵药，但凡有不平之处，即以“革命”革之。在“反满”的旗帜下，革命党更是轻易地取得了江湖会党和秘密会社的支持，而后者的危险性却是不容忽视的。

更要命的是新军，皇朝的覆灭虽然早露迹象，但朝廷却因此而自掘坟墓。科举废除后，年轻人另谋出路，其大体情况又不外如此：家境好的出国留学（日本最多），其次投考新学堂，无钱无势的则投军入伍，而当时新军招收读书识字的人似乎已成为一种风气。在辛亥年中崛起的那些新军将领，大多是年轻的留日士官生，譬如山西都督阎锡山、江西都督李烈钧、云南都督蔡锷、贵州都督唐继尧等，这些人在日本留学期间即受到革命党的影响或加入了革命团体，而革命党对军队下层的渗入，更是令新军变得更加危险而不稳定。历史的讽刺就在于，清廷编练新军的本意在于抵御外侮，但这支重金打造的新兴力量却在之后的革命中倒戈相向，成为埋葬清王朝的主因。

在清廷宣布预备立宪并推行地方自治后，士绅阶层也开始由稳健走向激进。就事论事，新政后的清廷已没有了保守派而只有激进派和缓进派，而清朝的覆灭，很大程度上不是因为走得太慢，反而是因为走得太快。以清末立宪为例，在外国评论家的眼中，9年的预备立宪期未免“出奇的乐观”，但这样一个短得不能再短的激进方案，还有人认为不够激进，甚至连最温和的士绅都已等不及了。多才博识者如梁启超当时就指出，预备立宪清单上所规定的任务是绝对办不到的，但言犹在耳，他在1910年第三次请愿之前又激愤地说，“现今之政治组织不改，不及三年，国必大乱，以至于亡，而宣统八年（1916年）召集国会为将来历史上必无之事。”

在1910年风起云涌的国会请愿运动中，尽管领导者为文质彬彬、讲求“有风度对抗”的立宪派士绅，但其中也不乏白刃割股、断指血书的激烈之举，类似的举动在舆论的推波助澜下，民众的情绪更加激化而走向非理性的旋涡。温婉的士绅运动尚且如此操切，更不要说急躁而任性的革命党人气质，由此，清末社会偏出理性的轨道也属正常。

清末舆论也是如此，各种如雨后春笋般兴起的报纸、杂志多为激进的知识分子所掌握，而清廷各级政府对这个新兴事物显然未尽了解。在舆论缺乏多元制衡机制的现实下，激进甚至煽动性的思潮更容易被民众所接受，一些保守而不乏中肯的观点则被新派的媒体编撰人认为是不合时宜而拒绝登载，由此也被当时的“主流舆论”完全边缘化，就算是官方的观点，在当时也往往处于弱势地位。

值得注意的是，清末新政进程中有一对明显的矛盾，那就是清廷试图通过各项新政举措来挽救国运，但下层民众却因自身利益受损而极力反对新政。原因其实很简单，民众意识到改革的成本主要由自己来承担，如朝廷财税收入的过快增长、滥印铜圆带来的通货膨胀、与民争利的“铁路国有化”政策等，都会令新政本身成为民怨的主要来源。

固然，清末新政的各项举措都很重要，但推行新政的实际负担在转移给下层民众的同时，好处却大都为上层所得，那底层的百姓们就不免要把他们的愤怒发泄到所谓“新政”的学堂、警署、自治公所之上了。譬如清末各地屡屡发生的“毁学”事件，其原因无非是乡民们看到新学堂并不能让自己的子弟获得教育的机会，而自己却要承受因此带来的捐税，其愤怒之火便直接引向了各所新建的学堂。同一时期，为反对举办新政而引发的新增捐税，各地又屡屡发生捣毁官署及罢市之事，在情绪化的民意浪潮中，整个社会的裂痕越来越大，最终使得本就有限的改革成果化为泡影，改革不成反激生了新的反对力量。清末10年中，大大小小的“民变”事件竟然达到2000余起，这无疑是值得警醒的。

在近代化的过程中，革命与改良通常表现为此扬彼抑、互为消长的关系，如果改良获得成效，革命就会消沉；改良道路行不通，革命就会迅速蔓延。改良与革命在同时赛跑，任何一方的不谨慎都将会带来意想不到的灾难。从历史的眼光来看，清末新政与立宪是一场迟到的变革，而历史经验表明，在近代化进程中，起步越晚困难越大，情况也就越复杂。由此，在这场改良与革命的赛跑中，前者最终倒在了后者的脚下。

四九 祖宗啊祖宗：清帝退位的历史瞬间

公元1912年2月12日，也就是宣统三年的十二月二十五日，养心殿里举行了清王朝也是中国封建王朝的最后一次朝见仪式。这一天，摄政王载沣已退归藩邸，内阁总理大臣袁世凯则称病不入朝，委派了外交大臣胡唯德作为自己的代表，令其领着民政大臣赵秉钧、陆军大臣王士珍、海军大臣谭学衡、司法大臣沈家本、邮传大臣梁士诒、度支大臣绍英、工商大臣熙彦、理藩大臣达寿等前去朝见。

这些大臣，也可以说是清王朝的最后一班大臣，这天仍像以往一样，头戴翎顶，衣冠楚楚，冠带一新，一大早就来到乾清宫东南角上的廊子里候旨。当时的空气颇为沉闷，气温又是如此之低，各人捧着热气腾腾的盖碗茶，一个个都不说话，低着头各有各的心思。

透过氤氲的茶气，还是可以看出各人在表情上的不同：胡唯德、赵秉钧、梁士诒3人平静中略带喜色，似乎急不可待；绍英、熙彦、达寿3人面有愤色，却又无可奈何；王士珍、谭学衡两人一副怅然若失的模样，仿佛在为得而复失的高级职位惋惜；而司法大臣沈家本表情冷漠，似乎这一切都不关他的事，一副置身事外的样子。

这时，一个小太监的通报声打破了尴尬的沉默："太后已到，请各位大臣上殿！"

大臣们听后纷纷起身，他们习惯性地整了整冠帽朝服，随后由胡唯德领着，一起向养心殿走去。等到了大殿后，大臣们发现宝座上空无一人，唯有内务府大臣世续和内阁协理大臣徐世昌早早在殿中等候。那些带刀的侍卫倒像往常一样，依旧是一副威风凛凛的样子。

片刻后，殿外传来太监的通报声："太后驾到！"

各大臣齐齐转身，只见隆裕太后在两个太监的引领下，牵着6岁的小皇帝溥仪进了殿，慢慢地走向了宝座。因为这是最后一次朝见，也就不按以前的规矩，隆裕太后也不用垂帘，大臣们也不必向皇帝三拜九叩，只是由胡唯德领着向隆裕太后和宣统皇帝三鞠躬，就算是给太后和皇上行大礼了。

待隆裕太后和小皇帝在宝座上坐定后，胡唯德上前启奏："内阁总理大臣袁世凯因病不能上朝，特委托臣等前来向皇上和皇太后请安。"隆裕太后听后点点头，说："袁世凯为国家鞠躬尽瘁，为皇室也出了不少力。他能为皇室争取到如此的优待条件，也实在不容易。今天我就按照南北议和的条件，颁布诏书，实行退位，让袁世凯去做好善后事宜。"

说到"退位"二字，隆裕太后还是忍不住眼圈一红，几乎又要掉下泪来。底下的那些大臣们见了，也是心有戚戚，但又不知道说什么好，一群人只是局促地站在那里，哭也不是，笑也不是，尴尬异常。

好在这时御前太监将早已准备好的退位诏书捧至御案，隆裕太后拿起诏书看了数行，泪水终于忍不住夺眶而出，她也顾不得太后的体面，当众抽泣起来。隆裕太后满怀悲痛，心想祖宗这260多年的江山，最终在自己手里断送，日后如何去见地下的列祖列宗？想到这里，隆裕太后由抽泣变成号啕大哭，嘴里还喊着："祖宗啊祖宗……"

看到这里，底下的大臣们也被感染，好几个人开始用朝服的袖子抹泪。作为领班大臣的胡唯德干哭了几声，见大家老这么惺惺作态下去也不是个事儿，只好假装哽咽地对已哭得死去活来的隆裕太后说："太后，如今大局已如此，还望太后保重。太后英明睿智，顾全天下百姓，保全皇室上下，臣等深感太后恩德，一定不会辜负太后和百姓的期望。如今优待条件已定，还请太后放宽心，安心退养。"

隆裕太后听到这里，反而哭得更加伤心了，她将退位诏书紧紧地攥在手里，泪珠几乎就要把诏书给打湿。赵秉钧几个人见了不免有点着急，他们连连向胡唯德使眼色，让他赶紧把诏书要回来。胡唯德很是为难，只得用眼睛一个劲儿地瞟内阁协理大臣徐世昌和内务府大臣世续，想请这两位资深大臣想想办法，可这两位对南北议和一向就持反对意见，他俩非但不肯出头，反而扭过头去，装作没看见。

这时，胡唯德想起他袖里还有一份南方议和代表伍廷芳发来的电报，于是急忙从袖中取出，故作惊慌地奏道：“太后，你先别哭，我这里还有南方革命党发来的一份紧急电文，要向太后奏报！”

隆裕太后一听“革命党”三个字，忍不住又打了个冷战，慌忙止住哭声，带着哭腔问：“电报里说什么？是不是革命党又要变卦？”

胡唯德见“革命党”起了作用，心里一乐，便故作镇静展开电报念道：“万急。南方伍廷芳代表电：今日经参议院同意，如15日下午12点之前清帝不逊位，则收回优待条件。此布，即转北京。”

隆裕太后听后也顾不上抹泪了，便慌忙将退位诏书交出，命世续和徐世昌赶紧用御玺盖印，生怕晚了真的要收回优待条件。

等盖好印后，胡唯德捧起清帝退位诏书，大声念道：“前因民军起事，各省响应，九夏沸腾，生灵涂炭，特命袁世凯遣员与民军讨论大局，议开国会，公决政体。两月以来，尚无确当办法，南北睽隔，彼此相持，商辍于途，士露于野。徒以国体一日不决，故民生一日不安，今全国人民心理多倾向共和，南方各省既倡议于前，北方诸将亦主张于后，人心所向，天命可知。予亦何忍因一姓之尊荣，拂万民之好恶。是用外观大势，内审舆情，特率皇帝将统治权公诸全国，定为共和立宪国体，近慰海内厌乱望治之心，远协古圣天下为公之义。”

“袁世凯前经资政院选举为总理大臣，当兹新旧更替之际，宜有南北统一之方，即由袁世凯以全权组织临时共和政府与民军协商统一办法。总期人民安堵，海内乂安，仍合满、汉、蒙、回、藏五族完全领土为一大中华民国，予与皇帝得以退处宽闲，优游岁月，长受国民之优礼，亲见郅治之告成，岂不懿欤！”

在念完懿旨后，清王朝最后一次朝见仪式便宣告结束，胡唯德拿着懿旨，领着各大臣向隆裕太后和宣统皇帝再次三鞠躬，随后便退出殿外，从此就不再是清朝的大臣了。

隆裕太后愣愣地看着这些人走出殿外，而身边的小皇帝溥仪仍旧像往常一样懵懵懂懂的，他哪里知道发生了什么事情。等大家都走了以后，溥仪便也要急着跳下宝座，想走出这阴森的大殿去玩耍。隆裕太后见后，急忙将小皇帝抱下，不料刚才哭得过于伤心，两人差点摔倒在地，好在太监们急忙赶过来扶住。在太监们的搀扶下，隆裕太后和小皇帝溥仪怆然还宫。

清朝 268 年，入关后从摄政王多尔衮定都燕京开基，最后也是以摄政王结束，莫非也是天数所致？辛亥之役中，仅凭革命党的实力实不足以颠覆清王朝，但在这场多方角力的竞赛中，结果却是“清室完败，民党虚赢，地方军事实力派坐收全功”。论局势，当时的形势实际上对北方有利，山西的阎锡山已被北洋军赶出了太原，跑到晋西北打游击；陕西的革命军也已被前陕甘总督率大军围困，西安城破指日可待；革命首义地武汉，汉口、汉阳相继沦陷，武昌危在旦夕，唯独值得安慰的是，江浙联军攻下南京，如果南京被破，南方恐怕是传檄而定（就像 1913 年的“二次革命”一样）。

但运气好的是，袁世凯下令不打了。因为他没有钱，新政后靠赤字财政维持的清廷也没有钱，列强严守中立，拒绝给任何一方贷款。打仗是天底下最花钱的，没有钱就不能打仗，除非像流寇和军阀一样不守规矩。革命党也同样没钱，他们也无法维持数量庞大而毫无作用的革命军，谈判成了南北双方都能接受的选择。

伍廷芳与唐绍仪主持的南北和谈最终达成的结果是，召开国民会议以决定“国体问题”（即共和还是君主立宪），但孙中山海外归来后（1911 年 12 月 25 日抵达上海），其坚决反对国民会议而抢先于 1912 年 1 月 1 日成立南京临时政府，宣布实行共和。

袁世凯未必热爱清廷，“以国民会议议决国体问题”也是为避免欺凌“孤儿寡母”之讥，同时为清廷倒台提供了台阶（同时尚可优待清帝及皇族）。事与愿违的是，南方革命党在共和问题上的决绝态度及南方“另立中央”的既定事实令其无所适从，回旋余地减无可减，在“战既无饷，和又无策”的局势下，袁世凯也只能与南方继续周旋下去，以求最终的解决之道。

在与南方代表反复争辩谈判后，双方最终在一桩幕后的交易上达成默契，那就是牺牲清廷并由袁世凯迫使清帝退位，在全国归于共和后，孙中山将临时大总统让于袁世凯，由袁世凯出面组织民国政府。就事论事，这也是当时中外各方所能接受的最佳方案。

1 月 17 日、18 日、19 日，隆裕太后连续召开了 3 次御前会议，讨论清帝退位与优待事宜。在会上，部分年少亲贵（如恭亲王溥伟等）极力反对，但真正能说上话的两个人——庆亲王奕劻已是年老力衰，无力再争，而摄政王载沣则性格柔弱，无意再争，两人对大局均感悲观失望，自觉回天乏术，因而清帝退位之事既成定局。

由于溥伟、良弼“宗社党”的阻挠，发布退位诏书的时间一再延后，直到彭家珍炸死良弼，而同一日，湖北前线的北洋军主将段祺瑞领衔发布共和通电，其中威胁要“率全体将士入京，与王公剖陈利害，挥泪登车，昧死上达”，文中杀气腾腾，虎狼之师已成反噬之势。北洋军的倒戈，最终令清廷残存的抵抗势力土崩瓦解。

无论是摄政王载沣还是隆裕太后，他们治国或许无方，但人品上都不是什么坏人，至少他们顺应了时代的潮流，首创了中国历史上以谈判和平移交政权的先例，这也使得国家免于分裂对立、人民免于兵燹浩劫。这种姿态与举动，无疑是识大体的，不应抹杀，更不应贬低。相比于六七年后沙皇或德皇的遭遇，清帝的退位还不能算是一出悲剧。在“一战”进行中或结束后，奥匈帝国、德国、俄国、土耳其帝国的皇帝们都陆续步清帝之后尘而走下皇位，从这个角度来说，辛亥革命或许是世界历史发展的必然而不是简单的一场国内革命。

隆裕皇后是个什么样的人，历史上的记载并不多，从目前留下的相片来看，隆裕皇后的长相确实称不上美丽。据入宫服侍过慈禧太后的德龄公主说，隆裕皇后是一个优雅、有知识的女子，她在宫中并不如意，除了与光绪皇帝不和之外，她还得时刻紧跟在慈禧太后的身后，并没有一丝的自由。庚子年后，慈禧太后屡次邀请在京的外国使节夫人们入宫参观，据她们的回忆，隆裕皇后脸色苍白，身材瘦削，但看起来“非常有教养”“温雅有礼”。

在一些影视作品里，隆裕皇后往往被人描述成一个嫉妒成性、愚蠢昏庸而又热衷于权力的女人，说她“因失宠而生妒忌，又因妒忌而生怨恨。她利用自己统摄六宫的地位与慈禧姑侄的身份，‘频频短之于慈禧’，向姑母慈禧太后告珍妃的状”。譬如《清宫怨》中，隆裕就被刻画成一个监视光绪并盲目反对维新变法的反面角色，这种形象，实则是一种“被慈禧太后化”的结果。

千秋万代终是梦，俱往矣，换了人间。1913 年 2 月 22 日，隆裕太后因痰症发作而去世，当时离清帝退位仅一年零十天。隆裕太后弥留之际，对 7 岁的溥仪说:“汝生帝王家，一事未喻而国亡，而母故茫然不知也。”随后，她又对旁边侍立的太保世续说:“孤儿寡母，千古伤心。”其语凄惨悲凉，为世人所知。

隆裕太后去世后，民国政府给予了隆重的礼遇，大总统袁世凯通令全国下半旗一天，文武官员服丧 27 天，全体国务员前去致祭，袁世凯本人还亲自在衣袖上缠了黑纱，以示哀悼。随后，袁世凯又安排在太和殿举行了国民哀悼大会，由参议长吴景濂主祭。

隆裕太后下懿旨辞去皇位，于民有利，于国有功，加上其夫光绪皇帝为人所同情，她在丧亡后有如此待遇，倒也算说得过去。

五〇 宫廷杂记：皇帝家的那点事

道光吝啬：连个片儿汤都吃不上

古今皇帝中，道光皇帝可能是最节俭或者说是最吝啬的。《清稗类钞》里说，道光有条套裤，膝盖处不小心弄破了，后让内务府的人在上面缀了一圆绸，即所谓“打掌”。大臣们见了，纷纷效仿，也在膝间缀一圆绸，竟然风行一时。

有一次，道光召见军机大臣，正好大臣曹文正离御座近，道光见其膝间有缀痕，便问：“你这套裤也打掌了？”曹文正说：“改做太花钱，所以还不如补缀一下。”道光问：“你打掌花了多少钱？”曹文正说：“要银三钱。”道光大吃一惊：“外面东西真便宜！我这里，内务府说要银五两。”

道光由此对内务府的人起了疑心，便又问曹文正：“你家吃的鸡蛋，要多少钱？”曹文正是个聪明人，他怕得罪内务府的人，便诡称：“臣小时患气病，从来不吃鸡蛋，所以我也不知道鸡蛋的价钱。”

幸好曹文正没说。之前也有个笑话，说乾隆某次早朝问大臣汪文瑞：“你这么早来，可在家里吃过点心？”汪文瑞答：“臣家里穷，每天早上不过吃 4 个鸡蛋而已。”乾隆愕然：“鸡蛋一枚，需要十两银子，我都不敢吃多，你一天吃 4 个，还敢说自己穷？”汪文瑞知道内务府的人搞鬼，但也不敢明说，只好敷衍道：“外面卖的鸡蛋，都是些残次品，没法与宫中贡品相提并论，所以我家买的都是便宜货，不过几文钱罢了。”

《清室外纪》中说，道光到了老年，越是小气。宫中膳品，本沿袭旧例，有时道光想吃某样东西了，但听说这东西太贵，往往又忍住，不让宫里的人去买。道光禁欲不消费，弄得内务府的人大为头疼，怨言多多。不过，他们还是有办法来对付道光的。

有一次，道光想吃片儿汤，让内务府的人按他说的制法去做。内务府报告说，若是按皇上的做法，就必须另盖一间厨房，并请专人来负责，这样的话，请上面拨经费6万两来办理此事；另外，还需要一万五千两的维护费。道光大皱眉头：“朕知道前门外有一饭馆，能做此汤，每碗不过40文。算了，以后每天就让太监去买吧。”

几天后，内务府的人报告说，前门外的饭馆已关门，原因不明（估计里面大有文章）。道光叹道：“朕向来不为口腹之欲而滥费国帑，没想到朕贵为天子，而想吃一碗片儿汤都办不到，真是可叹啊！”

内务府的人其实是想找个借口来造厨房，这样可以中饱私囊，由于伎俩没有得逞，道光就吃不到片儿汤了。正所谓“上情下达”“下情上达”，说来容易做来难，就好比道光皇帝，虽然他贵为天子，但久居深宫，未必不为群小所摆弄，这何尝不是一种悲哀呢？

咸丰震怒：修个门要5000两银子

《南亭笔记》中说，咸丰亲政时，和他父亲道光皇帝一样躬行节俭。有一次，上书房的门枢坏了，内务府请求换个新门，咸丰没批准，说修理一下还可以继续用。后门修好了，内务府的人报账说费银5000两。咸丰勃然大怒，下令讯问有关人员到底怎么回事。下面的人见咸丰认真了，慌忙说数字报错了，是50两，这事才算了结。

另有一次，咸丰有一条新的杭纱套裤，因不小心烧了个蚕豆瓣大的窟窿，左右太监说丢了吧，咸丰再三惋惜，说：“物力艰难，弃之可惜，尽量给补补吧。”咸丰后来才知道，这样补一下，下面的人竟然报销了数百两银子。听到这里，咸丰慨然叹道：“做皇帝想勤俭都不容易，何况是奢侈呢？”

勤俭本是中华民族的美德，皇帝想给臣民们做个榜样，这本来也是好事，但好事最终办成了坏事；本想节省点钱，可下面的人去办理时，反而大大增加了成本，这就未免不是一种讽刺了。

《南亭笔记》中说，光绪大婚时，阎敬铭正做军机大臣，内务府承办100个皮箱，每箱报价银子60两。阎敬铭大为惊讶，便上奏慈禧太后：“外间购买皮箱，每个至多不过6两，内务府浮冒之弊，可想而知。”慈禧太后摇头说：“恐怕没这么便宜吧。”阎敬铭知道内务府的人在搞鬼，便坚持说就是这个价格。慈禧太后也是小气人，便说：“既然如此，半月之内，你就试着代我买100个。”

第二天，阎敬铭拿着银子去市场上购买，不料皮箱店居然全部关了门。阎敬铭大为惊奇，便敲开一家皮箱店，问老板这是怎么回事，老板说：“昨天老公（太监）来吩咐，半月内不准开张交易，如有违反，必将货物打成粉碎，今后甭再开店了。”无奈之下，阎敬铭只得让人带信到天津赶紧买了送到北京。不想半月过去，事情竟然没有办成，原来送信的亲随也被内务府用1000两银子买通，连人带信，早已逃之夭夭，阎敬铭只能徒呼奈何。

历史上很多时候，皇帝不坏，但身边的人太坏；上面的政策很好，但下面执行起来就乱套了，积习难返，简直防不胜防。正如那句俗话说的，“歪嘴和尚念倒经”，再好的经文到了歪嘴和尚那里也会被念歪，而念歪的人，总有各种借口来为自己推脱责任。

叔侄翻脸：同治罢免恭亲王

圆明园被焚是慈禧太后一生中最为痛心的事，在之后的10余年中，天下太平，颇有“同治中兴”之相，慈禧太后的“姨太太心理”发作，便打算在同治亲政后退居二线，享享清福。但是，重修圆明园耗费巨大，预算为1000万两白银，这对大清帝国的财政来说，是一笔不小的开支。

在慈禧的授意下，同治提出重修圆明园，但很快便遭到一些大臣的反对。御史沈淮、游百川上疏请停园工，但同治以慈禧太后的旨意明告谏者，坚持要进行这一浩大的工程。《谷亭随笔》中记载，游百川上奏后，同治立刻召见他，并大骂道：“你也有父母，岂有父母想要的，而故意违抗的吗？”游百川说，皇太后想颐养天年的话，不如就近增饰西苑，作为临幸之地，一来容易建造，二来费用低很多。同治说好，那你现在就写个奏章，我交上去。说完，把御笔丢给游百川，让他当场就写。游百川战栗道：“不敢。”同治说：“朕让你写，不必废话！”游百川不得已，只好当场写好交给同治。

事情还没这么快就完。没多久，由于财力窘迫，恭亲王奕䜣和10位御前大臣联名上书，请求停修圆明园。同治拿到折子没看两行，就勃然大怒：“我就不停工，你们拿我怎么办？你们叽叽歪歪地想干什么？”

恭亲王见这少年皇帝说出来的话极没水准，便仗着自己是皇叔，说：“折子上说的不仅仅是停工一事，还有其他事情，请容臣慢慢宣诵，逐条读讲。”但恭亲王还没讲两句，同治便拍桌子骂道：“你这么喜欢说，朕这个位置让给你来做，行了吧？”

御前大臣文祥听到这混账话，当时又急又气，晕倒在地。同治见老头儿晕了，命人扶出后也想开溜。但恭亲王把他拦住，非要把话说完。同治开始还嘴里嘟囔，等到恭亲王说到微行出游一条，同治才紧张起来，他开始还死不承认，直到恭亲王把时间、地点和证人都摆出来了，同治这才没话可说。

被恭亲王抓着小辫子后，同治怀恨在心，随即草拟了一份上谕，说恭亲王和御前大臣“跋扈弄权，欺朕年幼”，奕䜣、文祥、沈桂芬、李鸿藻等10人“朋比为奸、谋为不轨”，将10人革去一切差使。

这下事情闹大了。两宫太后得知后，只得出面调解，将同治训斥一番。当日，两宫垂涕于上，同治长跪于下。慈禧太后说，10年以来，无恭邸何以有今日，皇上少未更事，昨著即撤销云云。此时的慈禧太后还算清醒，虽然她和恭亲王有矛盾，但当时要缺了恭亲王，大清王朝还真运转不灵。

在停修圆明园的问题上，恭亲王等人暂时取得了胜利。同治在各位大臣的压力下，只得传旨停工。但是，恭亲王也为自己埋下了祸根，他不但得罪了同治，而且得罪了慈禧太后。1884年中法战争期间，包括恭亲王在内的一批军机大臣被黜退，直到10年之后，恭亲王才在中日甲午战争中被起用，但此时的他，早已不是当年那个意气风发的恭亲王了。恭亲王被废的10年，本是他作为政治家最黄金的10年，但因慈禧太后的意气用事，一代中兴名臣，就此了结。

买官碰壁：光绪罢斥文盲道员

《四朝逸闻》中说，光绪时内务府下有个叫玉铭的旗人，本是个木商，靠做皇宫的生意赚不少钱，当时颇善于花钱打点关系，讨得上头的欢心，后来还掏了大把银子出资赞助修建颐和园，老佛爷心里一高兴，就让人授予他为四川盐茶道。不过，玉铭只是个商人，而且是个文盲商人，哪里懂得什么做官。他去做官，不过是想着好好捞一票。

盐茶道是个肥差，玉铭得授后，屁颠屁颠地赶去谢恩，光绪见此人说话和举手投足都粗鄙不堪，一点都不像读书之人，便觉得大有问题，于是问："你原来在哪个衙门当差啊？"玉铭答不上来，便说："奴才一向在某某木厂当差。"

光绪一下没反应过来，哪有木厂叫衙门的？于是又问了一遍，究竟在哪个衙门当差？玉铭见光绪不明白，便说："皇上您不知道某某木厂啊？那可是西城第一大木厂，皇宫里的木料大多是那里来的，奴才一向在那里管事。"光绪这才明白过来，哂然笑道："那你就是木厂掌柜了。既然木厂生意这么好，那你干吗不做下去，反要去做什么官呢？"玉铭是个粗人，直言快语："奴才听说四川盐茶道挣的钱，要比木厂多好几倍呢。"

光绪本就很不高兴，听了这话，便冷笑道："你想做官，可会国语（满语）吗？"玉铭说："不会。"（当时满人已大部分汉化，已不知道满文为何物了）光绪哼了一声，问："会写汉文吗？"玉铭心里没底，嗫嚅了半天，才低声说："会。"光绪便问："你读过什么书？"玉铭说："读过《百家姓》和《大学》。"光绪听后，便把纸和笔掷到地上，命一太监将他引出去写好自己的履历再交上来。

可怜玉铭其实是个文盲，哪里会写什么字？他老人家在乾清宫的阶上，写了半天也写不出什么来，这时光绪帝又命交卷。光绪拿过玉铭写的东西一看，只见上面似乎有"奴才玉铭，某旗人"几个字，字大如茶杯，还东倒西歪，笔画都看不清楚，就连"玉铭"两字也没完全写对，简直就是乱七八糟。光绪大怒，立刻命相关部门查查这到底是怎么回事。

事情当然很简单，就是花钱买官罢了。

这上头一认真起来，玉铭的四川盐茶道随后也就被撸了。只可怜玉铭不但空欢喜一场，还白白浪费了大把银子。玉铭失官后，又跑回木厂重操旧业，后在承办醇亲王祠庙工程时贪污公款。事发后，为逃避官府追捕，玉铭只好剃发为僧，遁入西山佛寺，他那买官被罚写字的故事，一时被传为笑柄。

和玉铭遭遇相似的还有个叫鲁伯阳的人，他也是靠花钱买到苏松太道，但到江南后，正好碰到刘坤一做两江总督。刘总督知道他的底细，故意不让他上任，数月后，便找了借口将他弹劾开缺。鲁伯阳当时被气得半死，据说他为了买这个官，前前后后总共花了 7 万两银子，竟然一天官都没做成，最后弄得血本无归。鲁伯阳一气之下，便看破红尘，跑去做了道士。

买官路上跌跟头，这“一僧一道”的事，颇值得世人引以为鉴。

溥仪登基：一语成谶“快完了”

1908 年，慈禧太后临终前钦定醇亲王载沣的儿子溥仪继位。溥仪当时只有 3 岁，根本不懂事，见太监来抱他，连哭带打的，死活不依，最后在父亲醇亲王载沣的陪同下，由乳母哄着，半睡半醒地进了宫。

半个多月后，紫禁城内为小皇帝准备了庄严的登基大典，只可惜溥仪不像康熙小时候，好好的一个庆典被这个大哭大闹的小皇帝弄得十分尴尬，大煞风景。

原来，皇帝登基时，必须要经过一道道烦琐的程序，先要在中和殿接受内务府大臣和侍卫们的叩拜，紧接着又要到太和殿去接受文武百官的朝拜，等等，小孩子的注意力哪能经得起这样来回折腾。还没等接受正式朝拜，溥仪早已是鼻涕眼泪直流，哭着嚷着要回家，回自己的家（醇王府）。

《澄斋日记》里记载了这样一出滑稽戏。还在中和殿时，那些内务府大臣刚刚开始行三跪九叩礼，溥仪已开始放声啼哭，偏偏小皇帝的声音还特别高、特别尖，空荡荡的大殿本就有扩音的效果，弄得那些大臣们拜也不是，不拜也不是，哭笑不得，最后只能匆匆行礼完毕，再由太监们强行抱到了太和殿。

文武百官早已在太和殿里等待，小皇帝从来没有见过那么多人，吓得直哭着往外跑。这时，醇亲王载沣赶过来，他在大臣们的众目睽睽之下，抱着哄了半天，好不容易把小皇帝弄到了高大庄严的宝座之上。载沣侧身半跪在小皇帝的旁边，防止溥仪从宝座上溜下来，一边连声叮嘱他别乱动，一会儿就好了。

小皇帝不听，哭着嚷着说：“我不挨这儿，我要回家！我要回家！”大臣们不知所措，不知道是拜好还是不拜好，载沣在一边也是急得满头大汗，连忙命太监上来按住小皇帝，然后招呼大臣们赶紧行三跪九叩礼。

正当大臣们开始拜时，小皇帝因身体被按住，动弹不得，结果更是放声大哭。堂堂太和殿内，充斥的全是小皇帝的哭叫声。载沣也觉得这样实在不成体统，只好低声劝慰儿子：“不要哭了，一会儿就完了，快完了啊！”

载沣连说了好几遍，小皇帝这才收声不哭，登基大典也就这样草草收场。事后，大臣们私下里议论，说摄政王载沣怎么能在皇帝登基时说“快完了”这样的话，未免太不吉利了！

果不其然，3 年时间不到，大清王朝便轰然倒塌，中国 2000 多年的封建王朝历史就此结束——载沣的预言还真准。

无独有偶，“快完了”的笑话在“张勋复辟”时又闹了一次，当时段祺瑞的“讨逆军”派了几架飞机到城内投炸弹，飞机在皇宫上盘旋。吓得那些宫女和太监们钻桌子的钻桌子，钻床的钻床，一片混乱。唯有溥仪开心得要命，他也不怕，飞机来时就躲在屋檐下，飞机一飞走，就跳出来对那些宫女太监们拍手大喊：“快出来吧，完了完了！”

瑜太妃听到后很生气，跑出来大骂溥仪：“你小时候坐朝就爱哭，你父亲说‘快完了’，这下好，果然没两年清室就完了；现在恢复王室尚未成功，你又在这里大喊大叫‘完了完了’，大清还有什么指望？”结果，这次又应了溥仪的话，复辟不过半个月就“完了”。

后 记

《历史中国》系列以通俗讲史为特色，必将在历史读物的出版史上留下精彩的一笔。

笔者写史，最重细节，杨度之墓，最有趣的是有两块墓碑，一块曰“湘潭杨皙子先生之墓”，另一块却是卧碑，上面赫然镌刻着“杨度同志”的抬头，其中奥秘有三：一是今人已不知“杨皙子”为何人，所以要另立一块“杨度之墓”；二是称杨度为“同志”，原因是杨度晚年已加入共产党；第三则需要读者去揣度、去了解，素有“才子”之称的杨度一生多变，民国初年甚至为袁世凯称帝摇旗呐喊，历史又何至于此呢？

所谓“细节”，顾名思义，就是细微末节，它是历史过程中的最小单位。正如浩瀚的草原由无数小草簇拥而成，历史也像是涓涓细流最终汇成的奔腾长河万古天荒地不停流淌，而历史细节就是其中奔涌的一朵朵浪花。

历史由无数的人与事重构而成，但历史的有趣不在宏大的叙述，而是对细节的观照。细节对于植物来说，或许只是一枝树杈的生长方向，而对于历史，却是对一个时代最好的注解。最让人感叹的是，历史的细节原本都是当时举国轰动的大事，只是被岁月的流沙掩埋之后，显得微不足道而已。

曾有读者说，缺失细节的历史往往令人生疑，而一个重要的历史细节足以颠覆人们之前好不容易建立起来的判断。历史的细节不仅有助于丰满和深化人们的认识，还可以使已有的结论更加完整和深刻。在越发浮躁的今日，与其执着地争论历史的真假、反复地去触碰那些所谓的敏感地带，倒不如先从人性出发，将历史细节化、生动化、故事化。

说到底，历史本就是由一个个鲜活的个体组成，所有的历史都是碎片化的，因它的不可重复性，所以历史不可能有绝对的真相。正如1000个人有1000个哈姆雷特，每个人对历史文本的解读都是不一样的，即便是历史学家，也只能说无限接近历史的真相，但不可能完全还原真相。

当然，说历史没有绝对的、纯粹的真相，并不是要主张一种虚无主义。事实上，真与假、理性与谎言，一定有着鸿沟般的距离。作为作者，并不需要去灌输什么观念、什么是真相，因为拥有独立思考能力的读者，才是最终的判断者。

晚清大事年表

1839 年

3 月，林则徐赴广东查禁鸦片。

6 月，林则徐在虎门海滩销毁鸦片，史称“虎门销烟”。

1840 年

6 月，英军入犯广州，第一次鸦片战争爆发。

7 月后，英国舰队北上骚扰沿海城市。

1841 年

1 月，琦善同英方签订《穿鼻草约》。

5 月，英军攻入广州。

1842 年

7 月，英军攻占镇江。

8 月，英国舰队到达南京江面，清廷被迫签订《南京条约》。

1843 年

7 月，洪秀全创立拜上帝会。

9 月，中英签订《五口通商章程》并附《海关税则》。

1844 年

7 月，中美签订《望厦条约》。

10 月，中法签订《黄埔条约》。

1846 年

2 月，清廷宣布弛禁天主教。

11 月，容闳等 3 人赴美求学。

1850 年

2 月，道光皇帝驾崩，咸丰继位。

11 月后，拜上帝会会众陆续到达广西金田村团营。

1851 年

1 月，洪秀全在广西金田村起义，建号“太平天国”。

12 月，洪秀全于广西永安建制，分封五王。

1852 年

4 月后，太平军进入湖南。

12 月后，太平军进入湖北。

1853 年

3 月，太平军顺长江而下攻占江宁，并改名“天京”，定为都城。

5 月，太平军发动北伐与西征。

1854 年

4 月后，两广总督叶名琛与英美公使发生冲突。

10 月后，太平军与清军在湖北、江西等地激战，互有胜败。

1855 年

2 月，石达开在江西九江大败湘军。

5 月，太平天国北伐军覆灭。

8 月，黄河改道，后经山东大清河入渤海。

1856年

9月，太平天国发生内讧，史称“天京事变”。

10月，“‘亚罗’号事件”爆发。

1857年

2月，英法联军攻占广州。

1858年

5月，中俄签订《瑷珲条约》。

6月，清廷与英、法、美、俄4国签订《天津条约》。

当年，太平军击破江北大营，三河镇大败湘军，陈玉成、李秀成等年轻将领崛起。

1859年

6月，中国守军于大沽口大败英法舰队。

1860年

2月，英法联军扩大战争。

8月，大沽口被攻占，天津失陷。

9月，英法联军攻入北京，咸丰逃亡热河。

10月，英法联军火烧圆明园，清廷与英法签订《北京条约》。

1861年

8月，咸丰驾崩，同治继位。

11月，慈禧太后与恭亲王奕䜣联手发动辛酉政变。

1862年

6月，京师同文馆开办。

1863年

6月，石达开兵败四川大渡河。

1864年

6月，洪秀全死。

7月，天京陷落，太平天国运动失败。

1865年

2月，中亚浩罕汗国军事头目阿古柏率军侵入新疆喀什噶尔。

当年，太平军余部相继被消灭。

1866年

9月，左宗棠被任命为陕甘总督，受命镇压捻军与平乱。

1867年

当年，捻军相继失败。

1868年

当年，左宗棠平定陕甘。

1869年

9月，太监安德海被山东巡抚丁宝桢处死。

1870年

6月，“天津教案”爆发。

1871年

6月，俄军趁阿古柏之乱攻占伊犁。

11月，琉球渔民因飓风而漂流至中国台湾，部分人被土著所杀，史称

“牡丹社事件”。

1872年

3月，曾国藩去世。

8月，首批幼童赴美留学。

10月，同治大婚。

1874年

3月，日本借“牡丹社事件”入侵中国台湾，后来中日签订《台事专条》，日本撤军。

1875年

1月，同治驾崩，光绪继位。

1876年

4月，左宗棠率军入疆平叛。

1877年

8月，左宗棠相继收复失地，并请在新疆设立行省。

1879年

3月，日本侵占琉球，改置冲绳。

1881年

2月，中俄签订《伊犁条约》，俄国归还伊犁，但仍割去大片土地。

1883年

12月，中法战争爆发。

1884年

4月，“甲申政潮”爆发，恭亲王奕䜣等被逐出军机处。

8 月，法国舰队突袭福建水师，中方损失惨重。

10 月，刘铭传击退进犯中国台湾的法军。

1885 年

3 月，冯子材大败法军，取得“镇南关大捷”。

6 月，《中法新约》签订，中法之战结束。

10 月，设立台湾行省。

1886 年

8 月，“定远”等舰访问日本，北洋水兵与日本警察发生冲突，史称“长崎事件”。

1888 年

12 月，北洋水师正式成军。

1891 年

3 月，康有为在广州创设万木草堂。

6 月，北洋水师访问日本。

1894 年

7 月，日本舰队偷袭“济远”等舰，中日甲午战争爆发。

8 月，中日正式宣战。

11 月，孙中山在檀香山成立兴中会。

1895 年

2 月，北洋水师覆没。

4 月，李鸿章赴日本议和并签订《马关条约》。

5 月，康有为领导“公车上书”，反对签约。

1896 年

8 月，李鸿章访问美国。

9 月，清廷设立铁路总公司。

1897 年

1 月，清廷发行“昭信股票”。

11 月，德国借“巨野教案”派兵强占胶州湾。

1898 年

6 月，光绪下诏变法。

7 月，英国强行租借威海卫。

9 月，慈禧太后发动戊戌政变，变法失败。

1899 年

7 月，康有为创立“保皇会”。

12 月，袁世凯出任山东巡抚。

1900 年

1 月，清廷颁布诏书，立端王载漪次子溥儁为大阿哥，史称“乙亥建储”。

5 月，义和团席卷直隶。

8 月，八国联军攻破北京，慈禧太后挟光绪逃往西安。

1901 年

1 月，慈禧太后在西安发布谕旨，宣布推行新政。

8 月，清廷下诏永远停考武科、乡试及会试等均试策论，废八股。

9 月，签订《辛丑条约》。

1902 年

1 月，慈禧太后携光绪从西安回京。